Felix Friedrich / Vitus Froesch

Orgeln in Sachsen – Ein Reiseführer

Kamprad

Felix Friedrich / Vitus Froesch

Orgeln in Sachsen – Ein Reiseführer

Kamprad

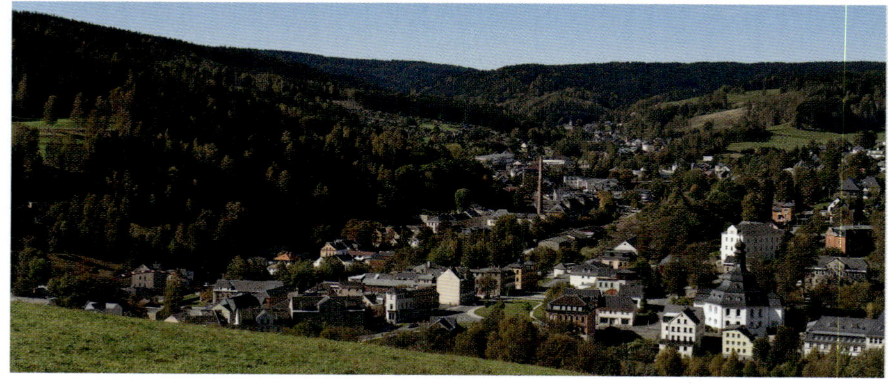

Inhalt

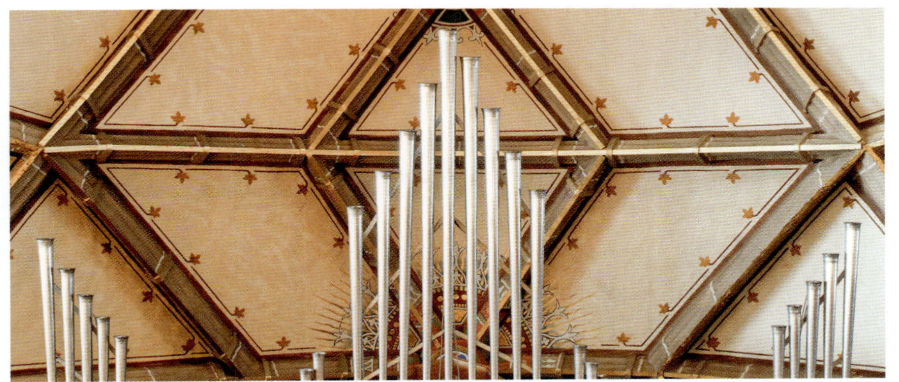

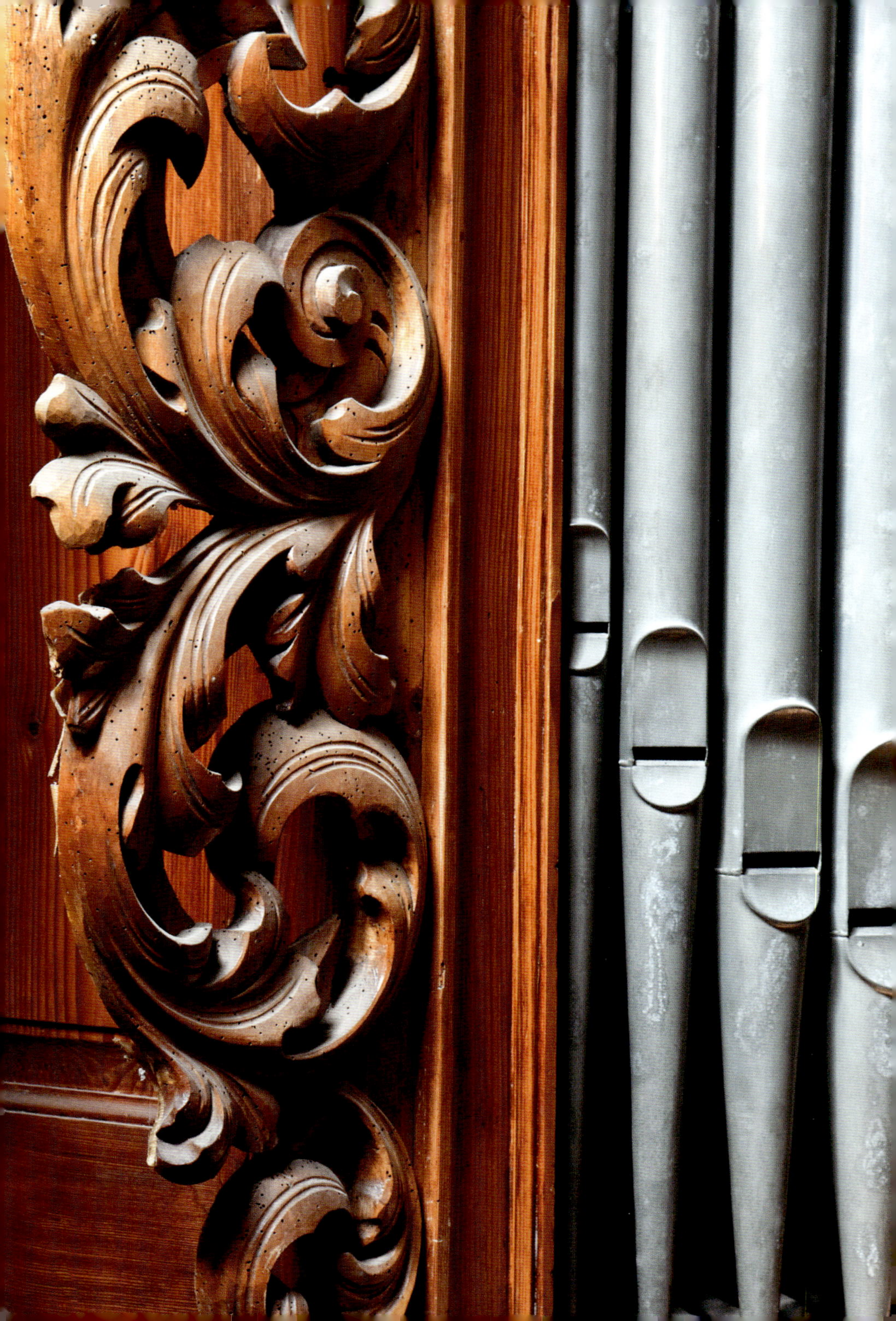

Vorwort

Sachsen kann man mit Recht zu den markantesten und bedeutendsten Orgellandschaften in Deutschland zählen. Die zentrale Lage und die in Vergangenheit und Gegenwart gleichermaßen beachtliche kulturelle Entwicklung dieser Region beförderte auch die Künste jeglichen Genres. Die Kirchen- und Orgelmusik und damit verbunden die Orgelbaukunst profitierten nicht nur von einem starken ökonomischen Fundament, das in Sachsen durch wirtschaftliche Potenzen stets präsent war. Auch die frühe und bleibende Verbindung zu Luthers Protestantismus begünstigte die Musica Sacra in hohem Maße. Daneben unterstützten mehrere kunstliebende Potentaten die Kultur, indem sie bedeutende Künstlerpersönlichkeiten nach Sachsen und speziell nach Dresden beriefen.

Der Verlauf der sächsischen Geschichte ist mit den unterschiedlichsten territorialen Gebilden verbunden. Aus dem meißnisch-sächsischen Territorialstaat ging im Laufe der Entwicklung das Kurfürstentum und später (1806) das Königreich Sachsen hervor. Von 1871 bis 1918 gehörte Sachsen als ein Bundesstaat zum Deutschen Reich. In der Weimarer Republik wurde Sachsen zum Freistaat. Die beiden Diktaturen 1933 – 1945 und 1949 – 1989 unterbrachen diese Entwicklung.

Erst seit 1815 lässt sich Sachsen ungefähr in seinen heutigen Grenzen nachweisen, wobei Teile der Lausitz, also die Regionen um Hoyerswerda und Görlitz, erst 1945 dazukamen. Die Grenzen des heutigen Freistaates Sachsen umfassen im Wesentlichen die ehemaligen drei DDR-Bezirke Dresden, Karl-Marx-Stadt und Leipzig.

Die frühesten sächsischen Orgeln sind für die Jahre 1298 (Görlitz/St. Peter und Paul), 1370 (Dresden/Kreuzkirche), 1372 (Meißen/Dom), 1379 (Bautzen), 1383 (Zwickau), 1384 (Leipzig/St. Thomas) und 1396 (Zittau) belegt. Mit diesen exponierten Eckdaten ist der Beginn einer glänzenden Orgelbaugeschichte fixiert.

Mit einem überaus reichen Fundus an erhalten gebliebenen und inzwischen vielerorts vorzüglich restaurierten historischen Orgeln, beginnend im 17. Jahrhundert, präsentiert sich heute Sachsen als eine Orgellandschaft voller klanglicher und orgelbaulicher Schönheiten.

Eine Schlüsselrolle nimmt dabei der Freiberger Orgelbaumeister Gottfried Silbermann (1683 – 1753) ein. Nicht nur der Orgelbau, sondern auch die Musizierpraxis wurde in starkem Maße von seiner Künstlerpersönlichkeit geprägt. Dieser ohne Zweifel bedeutendste Orgelbaumeister des 18. Jahrhunderts in Mitteldeutschland zeigte durch seine geniale und durchdachte Konzeption eine äußerst nachhaltige Wirkung über seine Schüler und Enkelschüler bis auf den heutigen Tag. Daneben hatten es andere vorzügliche Orgelbauer wie zum Beispiel Zacharias Hildebrandt, Johann Gottlob Trampeli, Johann Jacob Schramm oder Johann Jacob Donati, von denen einige direkt oder indirekt aus seiner Schule hervorgingen, nicht leicht, mit eigenständigen Konzepten zu bestehen.

Orgelbau mit hohem Qualitätsanspruch und innovativen Ideen bestimmte auch in den folgenden Jahrhunderten das Wirken der Orgelbauer in Sachsen mit Namen wie Herbrig, Bärmig, Kreutzbach, Schubert, Jehmlich, Eule u. v. a.

Mit 31 ausgewählten Orgeln will die vorliegende Publikation das Interesse an diesem reichhaltigen Schatz wecken. Natürlich gibt es wesentlich mehr zu entdecken. Eine erste Anregung soll mit diesem Orgelreiseführer gegeben werden.

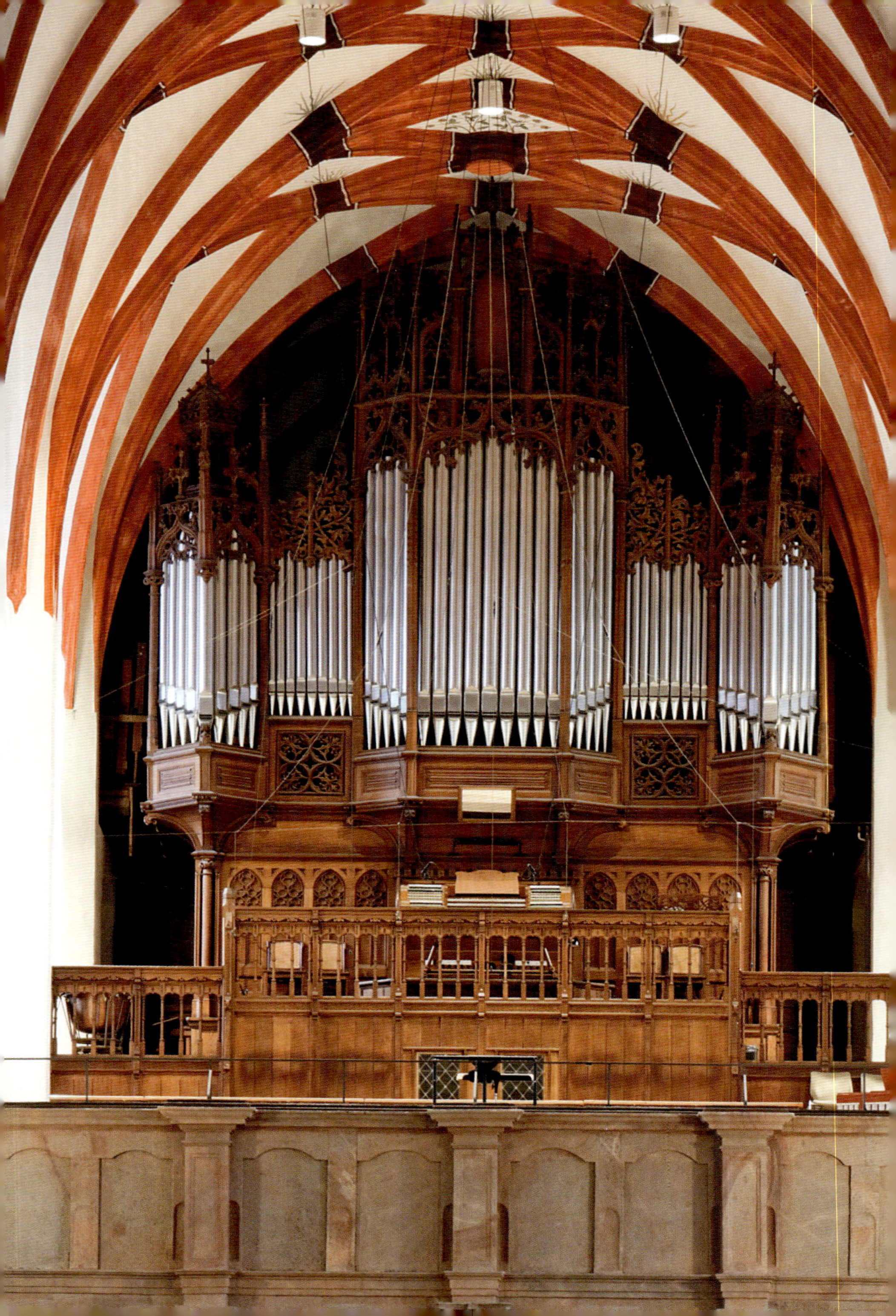

Die Sauer-Orgel in der Thomaskirche zu Leipzig

Disposition > Seite 199

Orgelbauer:
Wilhelm Sauer
Erbauungszeit:
1886 – 1889
Restaurierungen, Umbauten:
1902, 1908, 1947, 1988, 1992/93, 2005

Fast solange die Leipziger Thomaskirche besteht, ist sie von Musik durchdrungen. Schon ein paar Jahrzehnte nach der Fertigstellung des ersten Baus ist 1212 ein Schülerchor nachweisbar, der in den Mauern dieses Gotteshauses regelmäßig sang. Und hier liegen die Anfänge des heute weltberühmten Thomanerchors. Weltruhm erlangte dieser Knabenchor letztlich durch seinen wohl bedeutendsten Thomaskantor und seine Werke: Johann Sebastian Bach. Er hatte dieses Amt von 1723 bis zu seinem Tod im Jahre 1750 inne, allerdings erinnerte man sich lange nicht an ihn. Erst durch den Einsatz eines ebenfalls in Leipzig tätigen Musikers, des Gewandhauskapellmeisters Felix Mendelssohn Bartholdy, kamen Bachs Kompositionen wieder stärker ins Bewusstsein. Neben Bach gehören aber auch andere große Komponisten und Interpreten ihrer Zeit wie Johann Hermann Schein, Johann Kuhnau, Johann Adam Hiller oder Karl Straube in die Reihe der Thomaskantoren. Doch nicht nur der Thomanerchor mit seiner langen Tradition und dessen Kantoren zeugen noch heute von der starken Musikbezogenheit der Leipziger Thomaskirche. Ungewöhnlich früh gab es hier auch schon Orgelinstrumente, von denen relativ rasch sogar mehrere im Raum vorhanden waren. Und letztlich fällt es bei der Fülle von Reparaturen, Umbauten, Erweiterungen und Standortwechseln manchmal schwer, die Orgelgeschichte in St. Thomas exakt zu differenzieren. Offenbar wurden Orgeln schon im 14. Jahrhundert zur Begleitung oder Ergänzung liturgischer Gesänge in der Thomaskirche verwendet. Von einer Marienmesse mit „Orgelsang" ist schon 1384 die Rede. Und dies ist nicht der einzige Fall, bei dem Orgelmusik vorgeschrieben war. Ganze viermal tauchen in nächster Zeit Nachweise für weiteres Spiel der Orgel zum Gesang auf. Das dazu notwendige Instrument stand vermutlich im Chor- bzw. Altarraum an der Ostseite der Kirche. Details über Aussehen und Register kennen wir nicht, aber es ist im 15. Jahrhundert zweimal repariert worden. Genauso wenig ist das Nachfolgeinstrument bekannt. Es muss mitten in größten Umbaumaßnahmen der Kirche entstanden sein, denn 1496 war aus der Thomaskirche ein gotischer Hallenbau geworden. (Etwas Ähnliches wiederholte sich später im Zusammenhang mit der Sauer-Orgel.) Das während der ersten Umgestaltung zur Hallenkirche entstandene Instrument war eine 1489 gebaute Schwalbennestorgel, die in der Vierung an der Ostwand über dem Triumphbogen existierte.

Doch nach dem erwähnten Umbau dürfte den Sängern, dem Organisten und der Gemeinde klar geworden sein, dass dieses Kleininstrument für den großen Raum spätestens bei zahlreichem Besuch klanglich nicht ausreichte. Und so beauftragte wohl der damalige Organist Johann Scharnagel einen seinerzeit hoch angesehenen Orgelbauer, Blasius Lehmann aus Bautzen, ein größeres Werk zu bauen. Lehmann nahm den Auftrag an und stellte es im Jahre 1511 auf der Westseite auf. Die damaligen Kosten beliefen sich auf 500 Gulden und sind der einzige Hinweis darauf, dass die Orgel wahrscheinlich mittlerer Größe war und wohl aus zwei Manualen und Pedal bestand.

So standen sich nun eine große Orgel im Westen und eine kleine Orgel im Osten des Kirchenraums gegenüber – eine Anordnung, auf die man später wieder

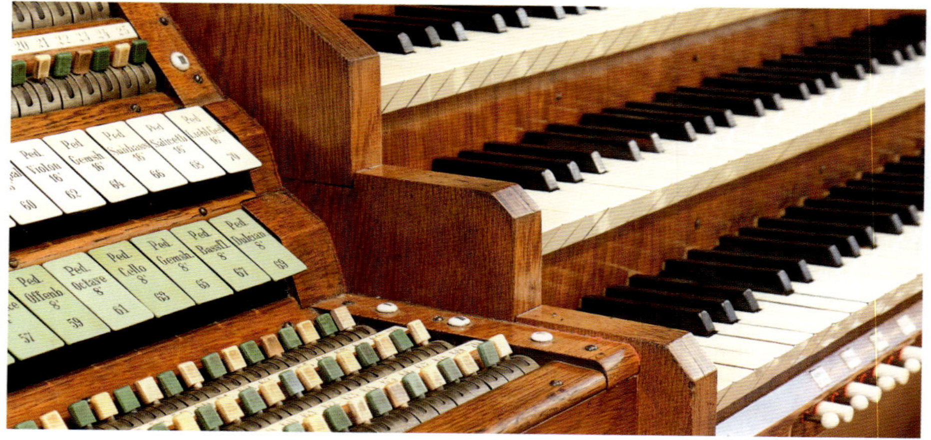

Detail der Spielanlage

zurückkam. Doch bald sollte der gesamte Orgelklang mit unterschiedlichen Instrumenten von der Westseite her erschallen. Zunächst erschien den Leipzigern der Klang ihrer neuen Lehmann-Orgel wohl nicht kräftig genug. Deshalb wurde 14 Jahre später eine kleine Orgel aus der Marienkirche im etwa 20 Kilometer entfernten Eicha erworben – ein Instrument von 1356 – und der Lehmann-Orgel vermutlich angefügt. Und genau neben diese somit vergrößerte Orgel Blasius Lehmanns wurde das kleine Schwalbennestinstrument aus der Vierung gesetzt. Der vorerst letzte große Schritt in der Orgelgeschichte der Kirche war die substantielle Veränderung des großen Instruments: Was der Orgelbauer Johann Lange aus Kamenz zunächst als Begutachtung und ergänzenden Umbau plante, kam schließlich einem Neubau gleich. Das war 1598, ein Jahr nach der Vertragsunterzeichnung zwischen Orgelbauer und Stadtrat. Die Orgel hatte schließlich 25 Register und war auf zwei Manuale und Pedal ausgelegt. Nun folgten an beiden Instrumenten unterschiedliche Umbauten und Erweiterungen, die stets Ausbesserungen oder Vergrößerungen waren. Dazu gehörte z. B. der Einbau von neun zusätzlichen Registern an der großen Orgel im Jahr 1619 durch Josias Ibach aus Grimma. Aber auch die kleine Orgel erhielt kurz vor dem Ende des Thomaskantorats von Johann Hermann Schein eine prägende Umgestaltung durch den Hallenser Orgelbauer Heinrich Compenius. Er ergänzte sie bis 1630 um ein Positiv, einen Subbass und einen Zimbelstern.

Erst in den Jahren 1639 und 1640 änderte sich wieder etwas Herausragendes, nämlich der Standort des kleinen Instruments. Nachdem Andreas Werner aus Wittenberg und Erhardt Müller aus Leisnig sich diese Orgel genau angesehen und gründlich erneuert hatten, wurde sie wieder an die alte Position, auf den östlichen Triumphbogen, gesetzt und blieb dort noch bis in die Kantoratszeit Johann Sebastian Bachs hinein. Die Lange-Orgel auf der Westseite erhielt etwa drei Jahrzehnte später eine umfangreiche Reparatur und Erweiterung durch Christoph Donat und seine Söhne, sodass sie schließlich 35 Register besaß und aus drei Manualen mit Pedal bestand. Und Christoph Donat war es auch, der 1678 die kleine Vierungsorgel in ihre endgültige Gestalt brachte. Er reparierte sie, baute sechs neue Register ein und teilte die Orgel in Oberwerk, Brustwerk, Rückpositiv und Pedal auf. So hatte sie inzwischen 21 klingende Stimmen. Und in dieser Gestalt erlebte sie Johann Sebastian Bach, als er sein Leipziger Thomaskantorat antrat. (Dafür, dass sie überhaupt funktionsfähig war, hatte übrigens zuvor der ortsansässige Orgel-

bauer Johann Scheibe gesorgt. Noch unter dem Kantorat des Vorgängers Johann Kuhnau reparierte er die große und vor allem die kleine Orgel, die vorher „gantz unbrauchbar gewesen" war.)
Jedenfalls setzte Bach die kleine Schwalbennestorgel anfänglich offenbar gezielt in Aufführungen seiner Kirchenmusik ein. Abgesehen von den üblichen Präludien und der akkordischen Kantatenbegleitung wurden wohl die Einlagesätze in der Erstfassung seines Magnificats und die Choralmelodien in zwei Chören der Matthäus-Passion an der kleinen Orgel zum Klingen gebracht. Vor allem die ausdrückliche Bezeichnung „con Sesquialtera" in der Passionspartitur weist darauf hin. So wollte also Bach dieses Register, das im Rückpositiv der kleinen Orgel vorlag, verwendet wissen.
Doch alle Instandsetzungen dieses Vierungsinstruments halfen wohl wenig, denn es wurde 1740 in beklagenswertem Zustand endgültig abgebrochen. So war nun die Ostempore frei geworden, auf der nie mehr eine Orgel stehen sollte und die schließlich als Loge umgebaut wurde. Ihr endgültiger Abbruch erfolgte dann bei der kompletten Umgestaltung des Kirchenraums bis 1889.
Verschiedene Veränderungen und Reparaturen gab es weiterhin noch an der verbliebenen großen Orgel auf der Westseite. Die wesentlichste Maßnahme war der letzte große Umbau 1773. Die Orgel erhielt ihre prinzipiell endgültige Gestalt durch Johann Gottlob Maurer. Insbesondere das Rückpositiv entfernte er und fügte es als Oberwerk ein. Die Orgel besaß nun 50 Register auf drei Manualen und Pedal, wobei sogar 14 Stimmen auf die alte Lange-Orgel zurückgingen. Und so präsentierte sie sich, als 1789 Wolfgang Amadeus Mozart bei seinem Besuch in der Thomaskirche auch auf dieser Maurer-Orgel spielte. Nachdem zwischenzeitlich das Instrument durch Johann Gottlob Trampeli aus Adorf leicht verändert worden war, kam ein ähnlich denkwürdiges Ereignis im darauffolgenden Jahrhundert zustande, als Felix Mendelssohn Bartholdy auf der Orgelbank in der Thomaskirche Platz nahm. Sein öffentliches Orgelkonzert fand 1840 statt. Die an diesem Donnerstagabend, dem 6. August, versammelten Zuhörer lauschten beeindruckt Mendelssohns feinsinnigen Auslegungen von Bach-Orgelwerken, ergänzt durch zwei Improvisationen. Und das bei diesem Konzert eingenommene Geld kam schließlich der Finanzierung eines von ihm gestifteten Denkmals zugute, das zu Ehren Bachs „in der Nähe seiner ehemaligen Wohnung, der Thomasschule" aufgestellt wurde. Es existiert noch heute.
Die Maurer-Orgel wäre vermutlich, auch aufgrund ihres guten Erhaltungszustandes, in der Thomaskirche verblieben, wenn das Gotteshaus nicht einschneidend umgebaut worden wäre. Denn als der Umbau 1885 gerade begonnen hatte, beriet der Kirchenvorstand über die Anschaffung einer neuen Orgel. Auch musikalisch sollte offenbar ein Neuanfang gemacht werden. So wurden die Orgelbauer Ladegast (Weißenfels), Kreutzbach (Borna), Walcker (Ludwigsburg) und Sauer (Frankfurt/Oder) angeschrieben und reichten ihre Entwürfe ein. Eine Gruppe von Sachverständigen (Thomaskantor Wilhelm Rust, Thomasorganist Carl Piutti und der Universitätsmusikdirektor Hermann Langer) entschied sich für das Angebot von Wilhelm Sauer. Ausschlaggebend war u. a., dass Sauer noch im selben Jahr eine Orgel für die hiesige Peterskirche gebaut hatte, die klanglich absolut überzeugte und exakt den gewünschten Dimensionen entsprach. Zudem war der Orgelbauer einer der damals sehr geschätzten und erfahrenen Meister, der eine faszinierende Eigenschaft hatte: Er war neuen technischen Entwicklungen gegenüber durchaus aufgeschlossen, hielt aber auch an bestimmten klassischen Orgelbauprinzipien fest.
Und so kam es am 19. Januar 1886 zum Vertragsabschluss. Die Fertigung der Orgel dauerte nun über drei Jahre und verlief, soweit wir wissen, ohne nennenswerte

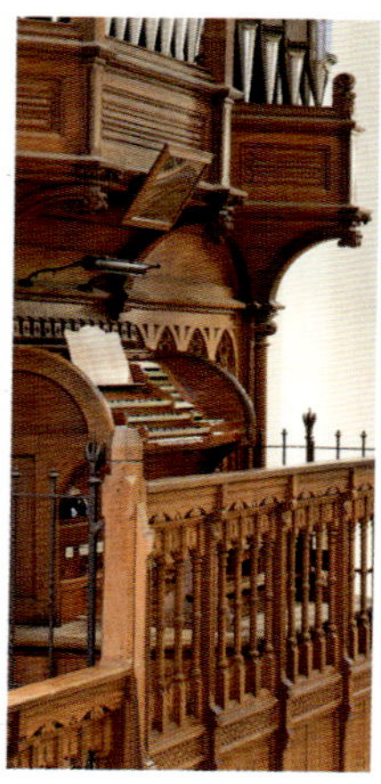

Spieltisch

Zwischenfälle. Doch beim Einbau des Instruments ergaben sich Komplikationen. Dies lag allerdings weniger am Orgelbauer als vielmehr an schlechter Kommunikation der Bauleitung des Kirchenumbaus: Ohne vorherige Absprache mit der Orgelbaufirma war stillschweigend die Orgelempore um 62 Zentimeter erhöht worden, sodass das Instrument bzw. seine Pfeifen zu wenig Platz hatten. Einige Pfeifen mussten deshalb gekröpft werden.

Dennoch erhielt die Orgel nur Lob und Anerkennung, als sie schließlich anstelle des Vorgängerinstruments in der Thomaskirche erklang. Bei der Abnahme am 5. April 1889 bestand sie aus nun 63 Registern auf drei Manualen und Pedal und erhielt drei Magazinbälge. Ihre festliche Einweihung fand am ersten Pfingstfeiertag des Jahres statt. Sie war in dieser ursprünglichen Variante ein Höhepunkt des Sauerschen Orgelbaus mit besonderem Eigenwert. Dazu zählten beispielsweise die außergewöhnlich farbenreiche Disposition und die zur besseren Spielbarkeit eingesetzte Barkermaschine.

Doch schon bald wurden erste Klagen wegen des zu schwachen Klangs der Orgel „bei gefüllter Kirche“ laut. Sofort brachte Wilhelm Sauer Verbesserungsvorschläge ein. Er wollte die Orgel mit pneumatischer Traktur versehen, eine stärkere Intonation realisieren, einen Gebläsemotor einbauen und einzelne Registeränderungen vornehmen. Entsprechend seiner Vorschläge wurde die Orgel schließlich um weitere zwei Register ergänzt, anders intoniert und technisch modernisiert. Noch während dieser Maßnahmen starb im Juni 1902 Thomasorganist Carl Piutti. Ihm folgte am 14. November Karl Straube ins Amt.

Auch wenn die Orgel in ihrer nun umgestalteten Form ein positives Abnahmegutachten erhielt, das u. a. Gewandhausorganist Paul Homeyer ausgestellt hatte, war Straube mit seinem Instrument nicht vollauf zufrieden. Er plante unmittelbar nach Amtsbeginn als Thomasorganist eine wesentliche Erweiterung der Orgel, auch wenn er sich mit solchen Vorstellungen zunächst nicht durchsetzen konnte. Erst eine kleine „Erpressung“ führte vier Jahre später zum Ziel: 1906 drohte Straube in einem Brief gegenüber dem Superintendenten Oskar Pank mit Abwanderung an die Kaiser-Wilhelm-Gedächtniskirche Berlin, da dort eine Sauer-Orgel nach seinen Vorstellungen (mit 94 Registern, erbaut 1895) existierte. Schließlich erreichte Straube die Umsetzung seiner gewünschten Orgelrenovierung, aber nicht nur das: Sein Gehalt wurde merklich erhöht, und er erhielt den Professorentitel.

Nach dem abgeschlossenen Umbau des Instrumentes war es in manchen Punkten sehr verändert worden. Die 23 neuen Register, mit denen die Gesamtzahl der klingenden Stimmen inzwischen auf 88 anwuchs, waren ein wesentlicher Punkt. Koppeln gab es nun in allen Kombinationen, und weiterhin verfügte die Orgel über verschiedene Schweller und zahlreiche Spielhilfen. Der erneuerte Spieltisch wies in allen Manualen einen um vier Töne erweiterten Umfang auf. Zur besseren Klangabstrahlung, aber auch wegen des benötigten Platzes für die zahlreichen Pfeifen der ergänzten Register, wurde schließlich der Prospekt um 90 Zentimeter vorgerückt. Diese vielfältigen Umbaumaßnahmen verschlangen erwartungsgemäß eine hohe Geldsumme von 15.000 Mark. Die Orgel hatte nun zwar eine deutliche Umjustierung hin zu spätromantischer Klanglichkeit erfahren, doch sie besaß eine akustische und technische Vollkommenheit, die weitere Restaurierungen zunächst unnötig machte. Lediglich die auch dieser Orgel nicht erspart gebliebene Ablieferung ihrer Zinnpfeifen im Prospekt zu Munitionszwecken im Jahre 1917 und das Ersetzen durch solche aus Zink beeinträchtigten ihre Gesamterscheinung.

Erst in den 1930er Jahren änderte sich die Situation: Auch vor dem Hintergrund der inzwischen längst aktiven Orgelbewegung war das Bewusstsein für einen barock beeinflussten Orgelklang geschärft worden. Diese neue Klangästhetik wirkte sich auch und insbesondere auf die Darstellung der Werke Johann Sebastian Bachs aus. Solch neobarocke Einflüsse gingen auch an Leipzigs Thomaskirche nicht spurlos vorbei. Und so gab es in den Jahren zwischen 1934 und 1940 erste nachweisbare Veränderungen an der Orgel, besonders durch zusätzliche neobarocke Register und die Entfernung allzu tiefenbetonter Stimmen. In diesem Sinne äußerte sich auch der damalige Thomasorganist Hans Heintze, der in einem Brief vom März 1940 Planungen zur Barockisierung des Klangs der Sauer-Orgel formulierte.

Doch zu der Umsetzung dieser Pläne Hans Heintzes kam es nie, und spätestens nach dem Bombenangriff auf Leipzig im Februar 1944, von dem auch die Thomaskirche betroffen war, änderten sich die Maßstäbe. Nach dem Wiederaufbau musste das Instrument zunächst 1947 restauriert werden. Und sieben Jahre später schien man eingesehen zu haben, durch weitere Dispositionsänderungen die große Orgel der Thomaskirche nicht verbessern, sondern letztlich nur verschlechtern zu können. Der nun amtierende Thomasorganist Hannes Kästner schlug daher den Bau einer kleineren Bach-Orgel im Osten des Kirchenraumes vor, die schließlich 1967 von der Firma Schuke in Potsdam errichtet wurde. Seither blieb die Sauer-Orgel unverändert.

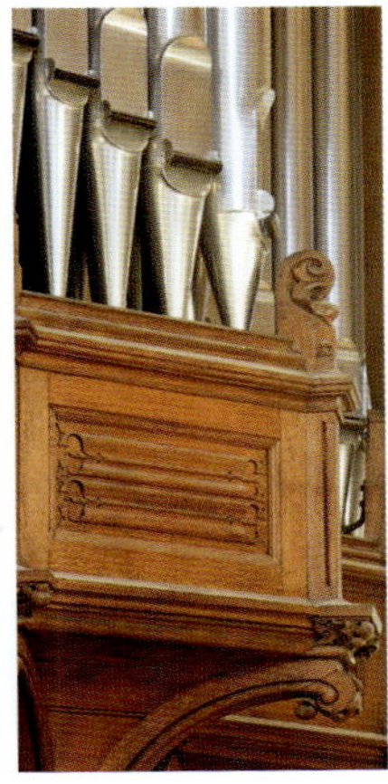

Prospektdetail

Doch die vielen Umbauten der letzten Jahre hatten ihr schwer zugesetzt. Und alle Renovierungen förderten nur zu Tage, dass die klangliche und auch technische Seite des Instruments inzwischen nicht mehr optimal waren. Zu einer größeren Restaurierung im Sinne einer behutsamen Rückführung fehlten wohl in erster Linie die finanziellen Möglichkeiten.

Diesen Missstand erkannte der neue Thomasorganist Ullrich Böhme, nachdem er 1986 in sein Amt eingeführt war. Und er bemühte sich umgehend, eine realisierbare Rückführung der Sauer-Orgel auf den Zustand von 1908 zu ermöglichen. Schon zwei Jahre später folgten erste Restaurierungsarbeiten durch die Erbauerfirma, u.a. an der äußerst komplizierten technischen Anlage. Und dies wurde auch beim Orgeljubiläum aus Anlass des 100jährigen Bestehens des Instruments 1989 erwähnt und allgemein bemerkt. Damit war aber noch keine konsequente Rückführung im gewünschten Sinne erreicht worden. Sie setzte erst nach der politischen Wende, 1992, ein. Die Orgelbauwerkstatt Christian Scheffler in Sieversdorf nahm sich dieser reizvollen Aufgabe mit vorbildlicher Sorgfalt an: Register wurden detailgetreu zurückgewonnen und das Instrument von Grund auf gereinigt. Der Hauptteil dieser Arbeiten war bereits ein Jahr später geschafft, wobei wenige Einzelmaßnahmen noch 2005 durchgeführt werden mussten.

Damit war eines der umfangreichsten und aufwendigsten Orgelrestaurierungsprojekte abgeschlossen, die bis dahin in Deutschland durchgeführt worden waren. Insbesondere die Aufbereitung des Instruments von technischer Seite hatte allen Beteiligten sehr viel Energie abverlangt. Selten gelang es bis dahin, eine solche spätromantische Großorgel wieder ihrem ursprünglich intendierten Klang zuzuführen. Dies dürfte nicht zuletzt daran gelegen haben, Orgeln dieses Typs über lange Zeit vernachlässigt oder sogar abgelehnt zu haben.

Jedenfalls setzte diese Restaurierung Maßstäbe, und noch in den 1990er Jahren erfolgten daher Rückführungen, auch speziell von Instrumenten der Firma Sauer, etwa in den Domkirchen von Berlin und Bremen.

Nun erklingt die Orgel gemäß des 1908 abgeschlossenen Umbaus. Abgesehen von ihrer so zurückgewonnenen, abgerundeten Klangausstrahlung, ist es mit ihr wieder möglich, vor allem Musik der Spätromantik im Sinne der Entstehungszeit darzubieten. Und insbesondere Werke Max Regers, die Karl Straube in Leipzigs Thomaskirche häufig aufgeführt hat, können nun in wahrhaft authentischer Weise dargestellt werden.

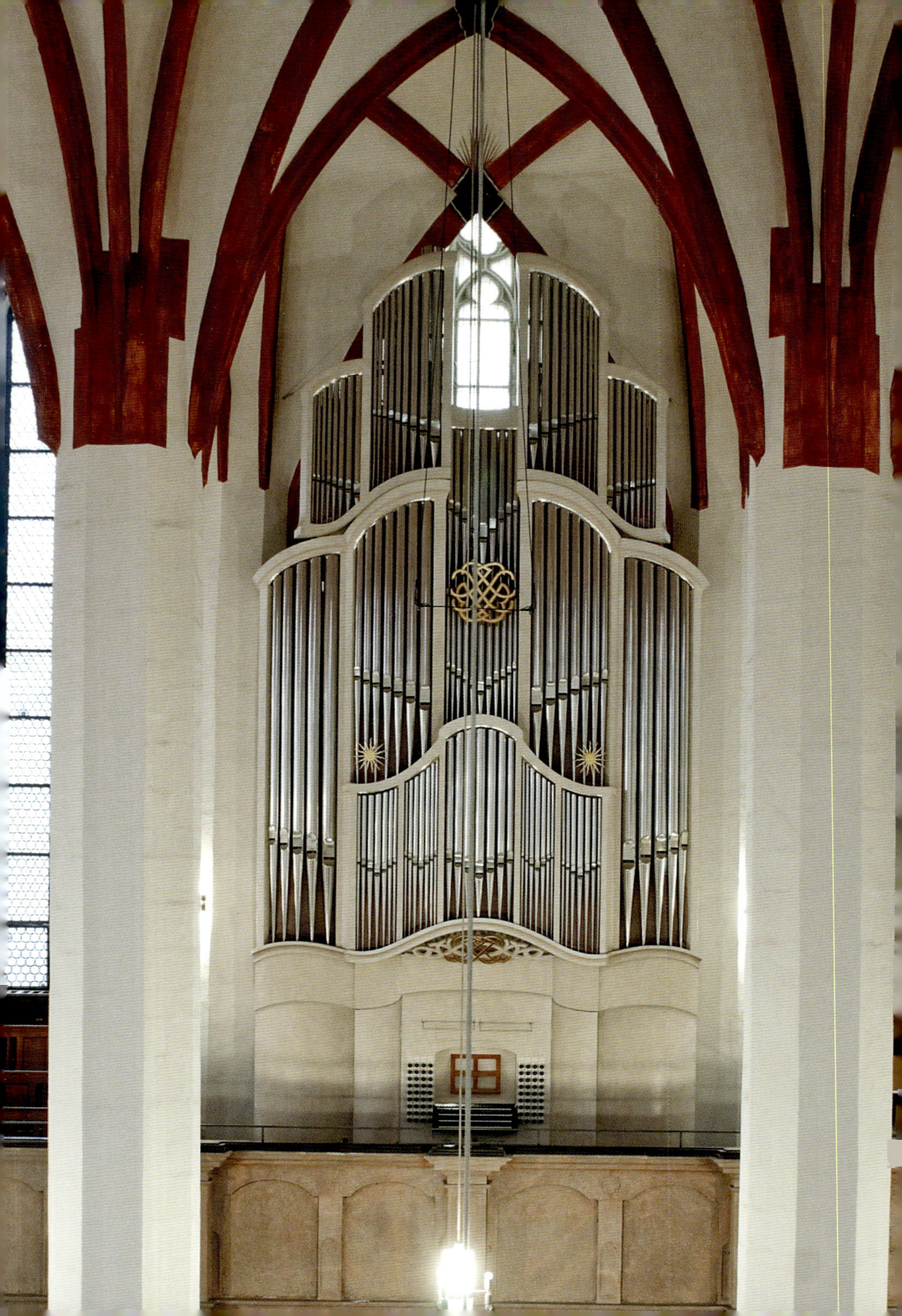

Die Woehl-Orgel („Bach-Orgel") in der Thomaskirche zu Leipzig

Disposition > Seite 200

Orgelbauer:
Orgelbauwerkstatt Woehl
Erbauungszeit:
1998 – 2001

Die jüngste Orgel in Leipzigs Thomaskirche, die Bach-Orgel, geschaffen im großen Bach-Jubiläumsjahr 2000, hat mehrere Vorläufer. Zunächst ist sie das direkte Nachfolgeinstrument einer Orgel, die den gleichen Namen trug, aber mittlerweile nicht mehr in dieser Kirche existiert. Und dann geht sie in manchen Punkten auf ein weiteres Orgelwerk zurück, das im Leben Johann Sebastian Bachs eine wahrhaft prägende Rolle spielte.

Den Gedanken an eine adäquate und damit neuesten orgelbaulichen Erkenntnissen standhaltende Orgel zu Ehren Bachs und für eine einigermaßen stilgebundene Wiedergabe seiner Musik hatte Thomasorganist Ullrich Böhme wohl schon lange. An seiner Wirkungsstätte gab es zwar eine Bach-Orgel, die sich aber inzwischen als ein eher problematisches Instrument zeigte. Klanglich war sie streng genommen keine Barockorgel. Erbaut wurde sie 1967 von der Firma Schuke in Potsdam und verfügte über Registerfarben, die zur damaligen Zeit barocker Klangvorstellung entsprachen, heutigen Ansprüchen in diesem Zusammenhang aber nicht mehr genügen konnten. Zudem war der Aufstellungsort äußerst ungünstig gewählt: Die Nordostecke des Gotteshauses ermöglichte keine optimale Klangentfaltung, und zudem befanden sich aus Platzgründen einige Pedalpfeifen in einem gesonderten Raum außerhalb der Thomaskirche. Zu guter Letzt durchbrach das Rückpositiv der Orgel die historisch wertvolle Empore von Hieronymus Lotter von 1572. All diese Punkte führten bei Ullrich Böhme wohl eher zu einem kritischen Verhältnis der Bach-Orgel gegenüber, die er bei seinem Amtsantritt an Leipzigs Thomaskirche 1986 vorfand. Doch zehn Jahre sollten vergehen, bis die ersten konkreten Ideen während einer Konzertreise mit dem Thomanerchor ins elsässische Straßburg aufkamen. Damals, im November 1996, gestaltete Böhme auch ein Konzert in der Kirche St. Johann mit und dürfte vom Klang der dort vorhandenen Andreas-Silbermann-Orgel fasziniert gewesen sein. Umgehend formulierte er erste Gedanken zu einer neuen Bach-Orgel für die Leipziger Thomaskirche, die nach heutigen Erkenntnissen zum barocken Orgelbau erstellt werden sollte.

Nach erster erfolgreicher Überzeugungsarbeit gegenüber dem Landesamt für Denkmalpflege kamen 1997 drei Orgelbauer nach Leipzig, um zusammen mit Böhme über ein mögliches Konzept zu beraten. Neben den Firmen Wegscheider und Eule gehörte damals schon der Orgelbauer Woehl aus Marburg dazu.

Die größte Schwierigkeit lag darin, eine historische Orgel zu finden, an der sich die neue Leipziger Bach-Orgel klanglich ausrichten ließ und die möglichst viele Berührungspunkte mit Johann Sebastian Bach aufweisen sollte. Nach langen Überlegungen kam man auf eine ganz besondere Orgel, die als Vorbild dienen konnte, auch wenn sie längst nicht mehr vorhanden war: die vormalige Stertzing-Orgel in St. Georgen zu Eisenach. Dieses Instrument war zwischen 1697 und 1707 nach den Wünschen des damaligen Organisten Johann Christoph Bach – eines Onkels von Johann Sebastian – durch Georg Christoph Stertzing erbaut worden. Das meiste, aber nicht alles am Dispositionsentwurf konnte er umsetzen. Einige Register wurden schließlich nicht ausgeführt, wobei Platz- oder Geldmangel wohl eine

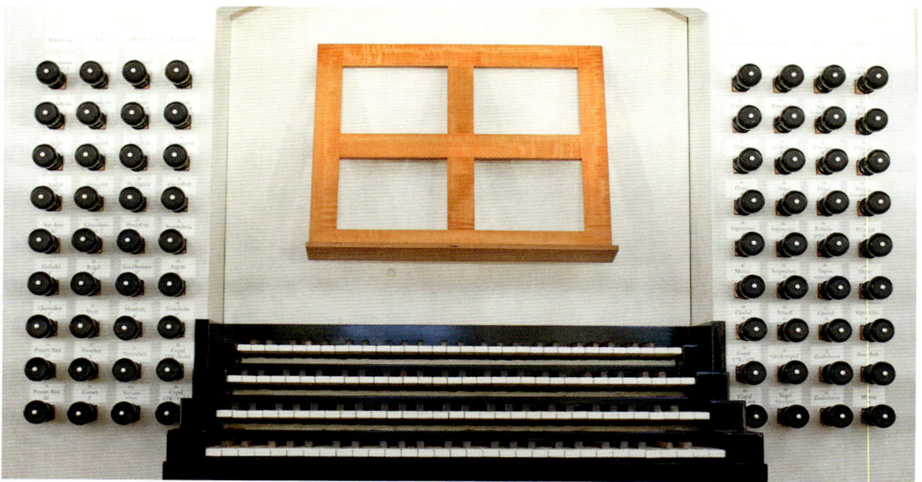

Spieltisch und Registerzüge

Rolle gespielt haben dürften. Und manche der orgelklanglichen Vorstellungen Johann Christophs hatten auch beim jüngeren Johann Sebastian Bach eindeutig ihre Spuren hinterlassen. Auch wenn der spätere Leipziger Thomaskantor zur Zeit des Baus der Stertzing-Orgel nicht mehr in Eisenach lebte und nur gelegentlich seine Geburtsstadt besuchte, zeigen seine eigenen Dispositionsvorschläge bei Orgelneubauten und Abnahmen einige Parallelen zur Eisenacher Stertzing-Orgel, etwa das auffällig massive Bassfundament.

Ein Vorbild für die neue Bach-Orgel war damit gefunden. Soweit vorangekommen, wurde 1997 eine Orgelkommission eingerichtet, auf deren Anfrage sich letztlich vier Orgelbauer um den Auftrag der Bach-Orgel bewarben. Und schließlich bekam die Firma Woehl aus Marburg den Zuschlag, u.a. wegen des ungewöhnlich modernen Prospektentwurfs, der aber Elemente historischer Orgeln aufnahm. Vor der genauen Planung und Mensurierung wurde noch eine Orgelreise zu speziellen Instrumenten unternommen, etwa zur einzigen teilerhaltenen Stertzing-Orgel in Büßleben, daneben zu Instrumenten in Freiberg, Ponitz, Waltershausen, Abbenrode und Grauhof. All diesen Orgeln war neben einem gewissen Bach-Bezug gemeinsam, dass sie aus dem frühen 18. Jahrhundert stammen oder auch einige Spezialregister besitzen, die in Johann Christoph Bachs Eisenacher Disposition für die dortige Stertzing-Orgel vorgesehen waren.

Nach der Vertragsunterzeichnung im Dezember 1998 ging die Errichtung der neuen Bach-Orgel, gemessen an ihrer Größe, relativ schnell voran. Inzwischen wurde die bisher vorhandene Bach-Orgel von 1967 in der Thomaskirche abmontiert und an ihre neue Wirkungsstätte, den Dom von Fürstenwalde, verbracht. Und so konnte schon im Januar 2000 die Intonation der 4266 Pfeifen des neuen Instruments beginnen. Allerdings verlief diese unter erschwerten Bedingungen, da zur gleichen Zeit die Thomaskirche renoviert wurde. Als dann am 11. Juni des Jahres, dem Pfingstsonntag, die Einweihung von Orgel und saniertem Gotteshaus gemeinsam stattfand, war die Intonation noch nicht vollständig beendet. Erst im Herbst 2000 konnte die Orgel mit allen Stimmen in der gewünschten Klanggestalt ertönen. Die erste große Gelegenheit dazu war ein Orgelkonzert im November, bei dem Werke von Johann Christoph, Carl Philipp Emanuel und Johann Sebastian Bach erklangen. Thomasorganist Ullrich Böhme, der sich als Initiator intensiv

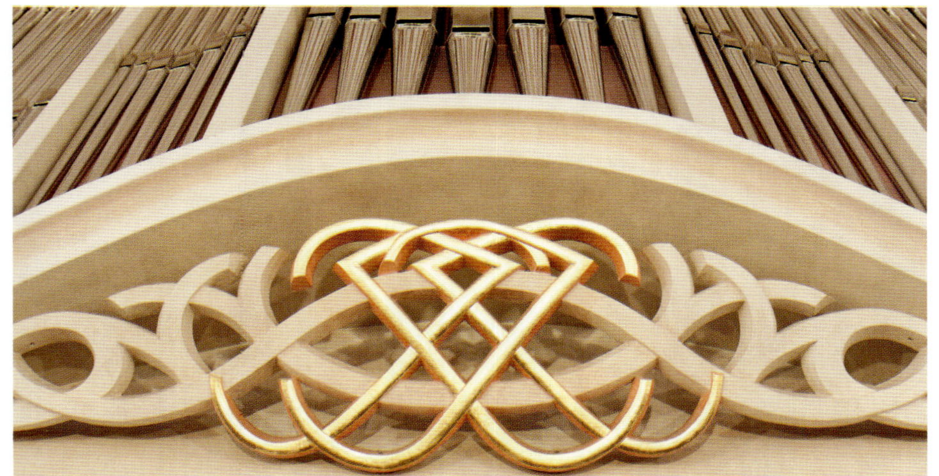

Prospektdetail

für die neue Bach-Orgel eingesetzt hatte, konnte nun deren klangliche Vorzüge erfolgreich präsentieren.
Auf der Mitte der Nordempore war eine viermanualige Orgel mit Pedal entstanden, die über 63 Register verfügt. Klanglich ist sie stark am späten 17. und frühen 18. Jahrhundert orientiert. Eine Besonderheit sind ihre unterschiedlichen Stimmungssysteme und Stimmtöne, die je nach Situation eingesetzt werden können. Und technisch stellt sie schließlich eine moderne, kreative Lösung dar. Sie hat sich mittlerweile in der Praxis gut bewährt, ja, sie ist ein unverzichtbarer Teil des Musiklebens in der Thomaskirche geworden. Die Orgel beeindruckt genauso bei den regelmäßigen Gottesdiensten wie auch bei konzertanten Darbietungen. Insbesondere die Werke Johann Sebastian Bachs haben durch sie ein ideales Aufführungsinstrument unserer Tage erhalten, das klanglich in der Barockzeit verwurzelt ist.

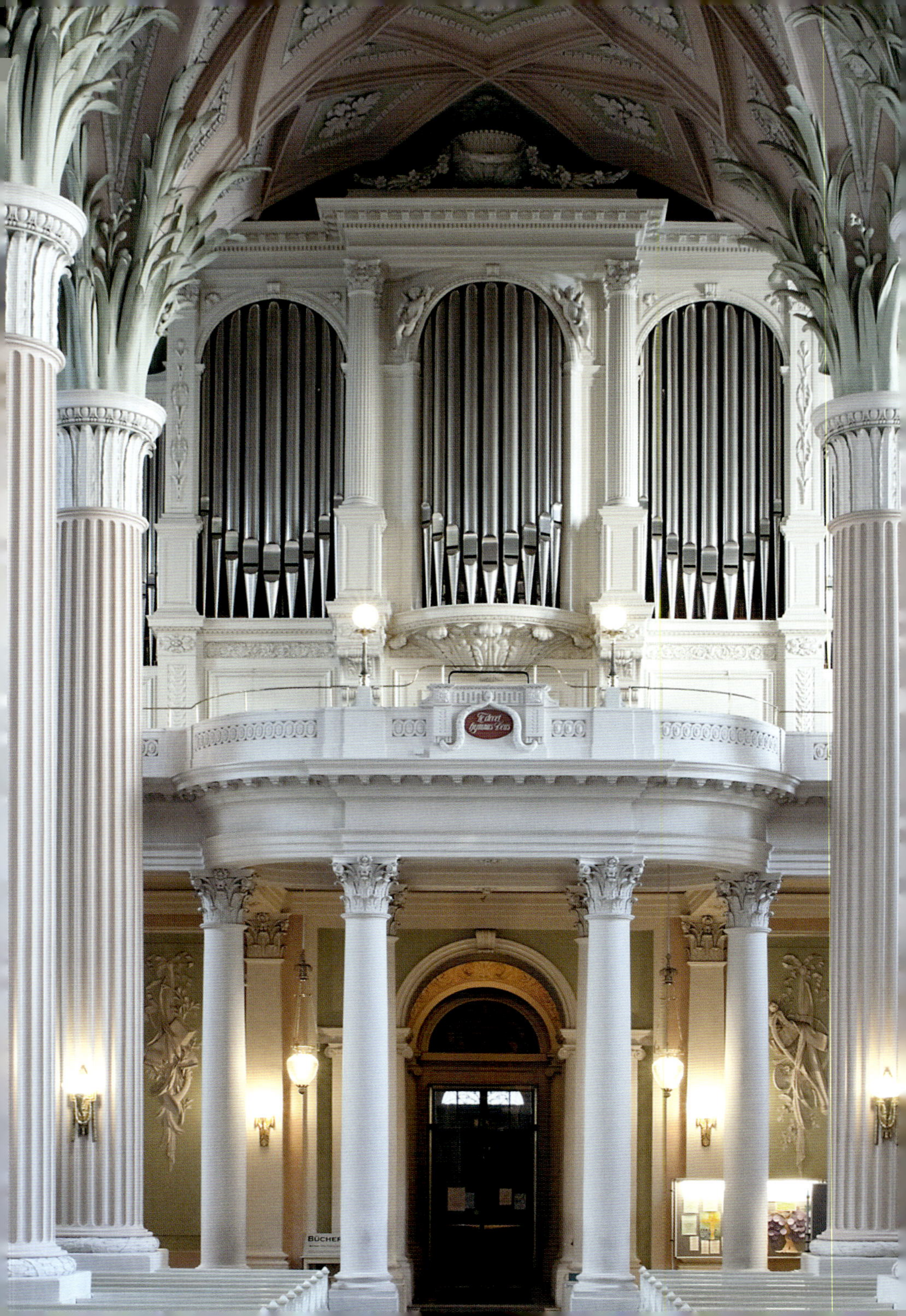

Die Ladegast-Eule-Orgel in der Nikolaikirche zu Leipzig

Diese Gelegenheit durfte er sich nicht entgehen lassen. Die Möglichkeit, an der damals größten Orgel Deutschlands beim Einweihungskonzert spielen zu können, musste Hermann Schellenberg wahrnehmen. Zuvor schon an einigen Leipziger Kirchen tätig, war er gerade in das Amt des dortigen Nikolaiorganisten berufen worden. Und als am 26.September 1855 die neue, von Friedrich Ladegast aus Weißenfels gebaute Merseburger Domorgel bei einem Einweihungskonzert zu hören sein sollte, wurde auch Schellenberg um einen musikalischen Beitrag gebeten. Er spielte bei dieser Gelegenheit gleich ein eigenes Werk, sein Opus 3, eine in romantisch-expressiver Tonsprache gehaltene Fantasie über den Choral „Ein feste Burg ist unser Gott". Der Augenblick, in dem dieses Werk an der prächtigen Ladegast-Orgel erklang, sollte ihm unvergesslich bleiben.

Eine solche oder ähnliche Orgel entsprach Schellenbergs Klangvorstellung, die er sich in vergleichbarer Form auch für seine Leipziger Nikolaikirche machte. Nicht unbedingt eine Ladegast-Orgel, jedoch ein neu gebautes Instrument mit aktuellen Klang- und Spielmöglichkeiten schwebte ihm vor. Das in Leipzigs Nikolaikirche vorhandene Instrument, eine Trampeli-Orgel von 1786, mochte kurz nach der Entstehung zufriedenstellend gewesen sein, entsprach aber nicht mehr den Klangidealen der Zeit und hatte sich inzwischen qualitativ rückentwickelt. Vor allem besaß die Nikolaiorgel mittlerweile zu wenig Klangfülle, und manche Register erschienen farblos. Die offenbar häufigen Verbesserungen brachten letztlich relativ wenig. Teilweise lagen die Gründe auch in unzureichender Fertigungsqualität von Pfeifen und Mechanik. Und schließlich war wohl der Verfallsprozess dieser dreimanualigen, aus 50 Registern bestehenden Trampeli-Orgel trotz ständiger Reparaturen nicht mehr aufzuhalten.

Ähnliches hatte es in der Nikolaikirche schon einmal gegeben, dies allerdings erst bei einem Instrument des 16.Jahrhunderts. Lange davor muss in St.Nikolai schon eine Orgel existiert haben. Bereits 1457 ist indirekt auf ein Instrument zu schließen: Eine Messstiftung vom 3.Oktober sah neben speziell vorgeschriebenen liturgischen Gesängen auch ausdrücklich Orgelspiel vor.

Die erste konkret nachweisbare Orgel stammte vom Kamenzer Orgelbauer Johann Lange. Ihre Geschichte hat einige Parallelen zur späteren Trampeli-Orgel. Sie wurde nach ihrer Einweihung am Michaelistag 1598 über einen Zeitraum von knapp einem Jahrhundert ständig gepflegt, repariert und nach schwerer Beschädigung im Dreißigjährigen Krieg vom Wittenberger Orgelbauer Andreas Werner sogar aufwendig instandgesetzt. An ihr bemängelte man übrigens, genauso wie später beim Trampeli-Orgelwerk, die zu geringe Klangstärke. Alle Restaurierungen führten schließlich zu einem grundlegenden Umbau durch Zacharias Thayßner bis 1694, der fast einem Neubau gleichkam.

Diese Thayßner-Orgel bestand aus 35 Registern, verteilt auf Oberwerk, Brustwerk, Rückpositiv und Pedal. Sie erklang noch, als der Thomaskantor Johann Sebastian Bach mit seinem Thomanerchor regelmäßig auch in den Gottesdiensten der Nikolaikirche zu hören war. Und sie war das Instrument, dem 1741 ein weiterer hoher Besuch abgestattet wurde: Johann Andreas Silbermann, der im Elsass tätige Sohn

Disposition > Seite 201

Orgelbauer:
Friedrich Ladegast/
Hermann Eule Orgelbau
Erbauungszeit:
1857 – 1862/2002 – 2004
Restaurierungen, Umbauten:
1880, 1895, 1897 – 1903, 1934, 1974, 1988

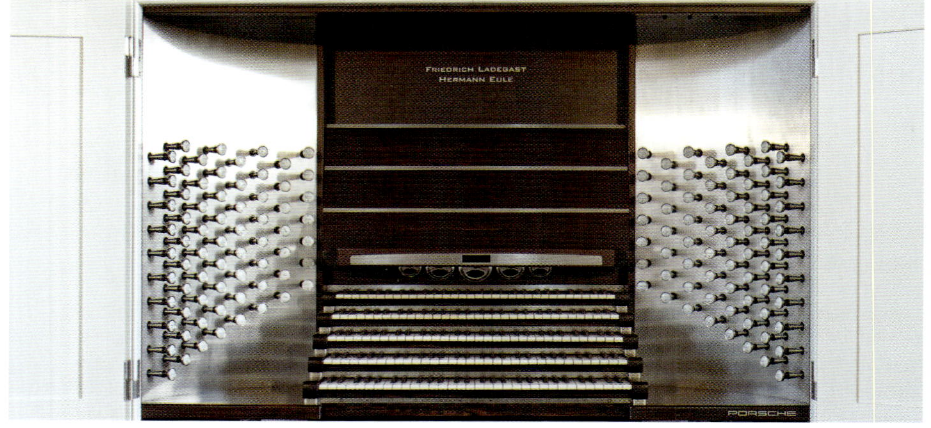

Spieltisch und Registerzüge im Porsche-Design

Andreas Silbermanns, besichtigte die Orgel, ließ sie sich vorführen und machte sich seine Notizen dazu. Er schien von klanglicher Seite zufrieden zu sein, wobei er einige technische Mängel, vor allem an den schwerfälligen Registerzügen, bemerkte.

Auch wenn in der Folgezeit u.a. Zacharias Hildebrandt und sein Sohn Johann Gottfried die Orgel pflegten und instandsetzten, schien irgendwann der Zeitpunkt ihres Abbruchs gekommen. Die Brüder Trampeli erhielten schließlich den Auftrag, eine völlig neue Orgel zu bauen. Ihren Dispositionsentwurf für Leipzig reichten sie übrigens ein Jahr vor Baubeginn ein, als sie sich 1785 um das neue Orgelprojekt in der Dresdner Kreuzkirche bewarben. Der Erfolg blieb in Dresden allerdings aus, da sich das dortige Gremium für den Entwurf der Gebrüder Wagner entschied ...

Die dreimanualige Trampeli-Orgel der Leipziger Nikolaikirche fand zunächst positive Resonanz. Klanglich wurden ihre gute Intonation und die teilweise gravitätische, pompöse Ausstrahlung hervorgehoben. Allerdings sparten beide Orgelbauer bei diesem Auftrag offenbar gelegentlich am Material, was den allmählichen Verschleiß und empfindliche Klangeinbußen wohl unvermeidbar machte.

Und so sehr, wie irgendwann die alte Lange-Orgel von 1598 komplett umgebaut werden musste, hatte deshalb Nikolaiorganist Hermann Schellenberg 1855 die Auswechslung der Trampeli-Orgel ins Auge gefasst. Relativ zügig nach seiner Rückkehr aus Merseburg verfasste er noch im November 1855 eine Denkschrift zur Dringlichkeit eines Orgelneubaus und fügte gleich einen bereits eingeholten Dispositionsvorschlag und eine Kostenaufstellung des damals noch in Leipzig tätigen Orgelbauers Leopold Kohl bei. Der Leipziger Rat machte den Vorschlag, auch andere Angebote einzubeziehen. Und so wurde schon am 29. Dezember genau der Orgelbaumeister zu einer Besichtigung in St. Nikolai eingeladen, der die Domorgel in Merseburg als seinen ersten Großauftrag gebaut hatte: Friedrich Ladegast.

Geboren wurde er 1818 in Hochhermsdorf bei Geringswalde. Bei seinem älteren Bruder Christlieb ging er in die Lehre, dessen Orgelbauwerkstatt in Geringswalde war. Die Gesellenzeit verbrachte er ab 1838 bei mehreren Orgelbauern, so bei Johann Gottlob Mende in Leipzig, Urban Kreutzbach in Borna und auch in der Dessauer Werkstatt von Zuberbier. Und schließlich ließ er sich 1846 in Weißenfels mit dem eigenen Betrieb nieder.

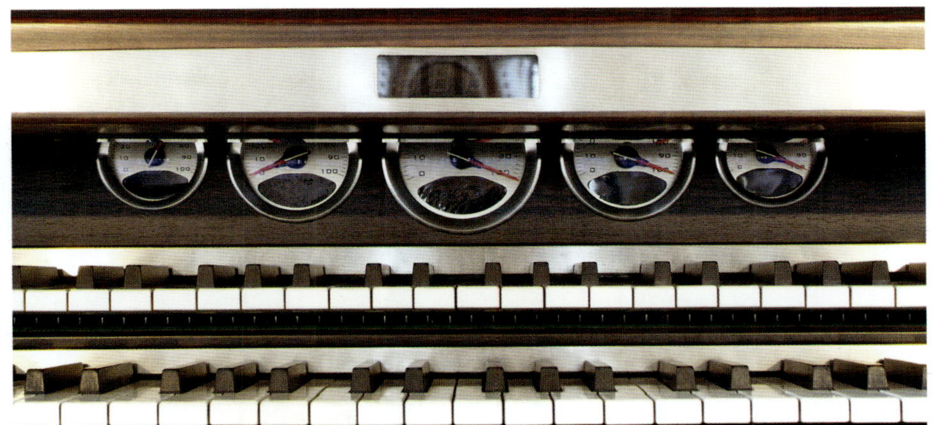

Nach Ladegasts Besichtigung der Orgelsituation in der Nikolaikirche reichte er zwei Wochen später einen Entwurf ein – die Disposition war zuvor schon mit Schellenberg abgestimmt worden. Inzwischen war Leopold Kohl irritiert, da man ihn offenbar nicht mehr einbezogen hatte, und bat doch um die Auftragserteilung. So waren Nikolaiorganist und Leipziger Rat hin- und hergerissen, für welchen Orgelbauer sie sich aussprechen sollten. Der angesehene Dresdner Hoforganist Johann Gottlob Schneider – selbst ein Befürworter Kohls – sollte schließlich die Entscheidung treffen – und empfahl einen Kompromiss: Die Orgel sollten doch Kohl und Ladegast gemeinsam bauen. Das lehnte wiederum Ladegast ab. Um sich endlich für einen der beiden Orgelbauer auszusprechen, reiste eine Ratsdelegation zusammen mit dem Dresdner Hoforganisten am 29. August 1856 von Leipzig nach Merseburg, um die dortige Ladegast-Orgel zu hören. Alle votierten für den Weißenfelser Orgelbauer, der endlich am 1. März 1857 den Auftrag erhielt. Kohl ging somit leer aus und dürfte sich vielleicht auch aufgrund dieser Niederlage nach Bautzen als zukünftig erfolgreicher Orgelbauer umorientiert haben.

Anzeigen für die Schweller und Crescendowalze

Doch mit der Entscheidung für Friedrich Ladegast konnten die Arbeiten an der neu zu errichtenden Leipziger Nikolaiorgel noch nicht beginnen. Änderungswünsche Schneiders etwa machten eine aktualisierte Konzeption erforderlich. Ebenso hatte Ladegast einige Erweiterungsideen, die er u. a. mit dem anerkannten Organisten, Orgeltheoretiker und Komponisten Johann Gottlob Töpfer entwickelt hatte.

Als dann im Mai 1860 die Trampeli-Orgel abgebrochen und die Empore erneuert wurde, sollte schließlich eine Orgel mit 81 Registern auf vier Manualen und Pedal entstehen. Und bezüglich der Registeranordnung und ihrer Steuerung nahm Ladegast einige speziell französische Entwicklungen mit auf.

Noch während der Errichtung seiner Leipziger Orgel musste Ladegast gemerkt haben, dass gegebene Raumenge auf der Westempore, Registeranzahl, Pfeifenmenge und Windversorgung insgesamt Probleme verursachten. Denn er empfahl noch zehn Monate vor der Fertigstellung, die Orgel mit Barkermechanik umzurüsten.

Hermann Schellenberg, der sich so sehr für die neue Orgel eingesetzt hatte, konnte deren Komplettierung und erstes Erklingen nicht mehr erleben. Bedauerlicherweise starb er Ende August und damit gute zwei Monate zu früh, um die Ladegast-Orgel noch zu hören. Nach der vorzüglich verlaufenen und langwierigen

Detail Registerzüge

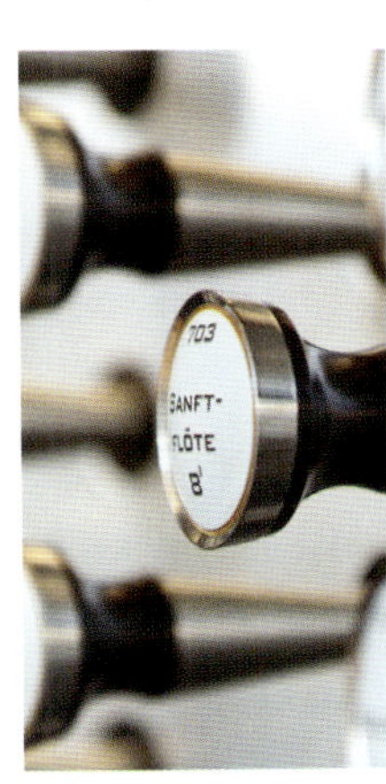

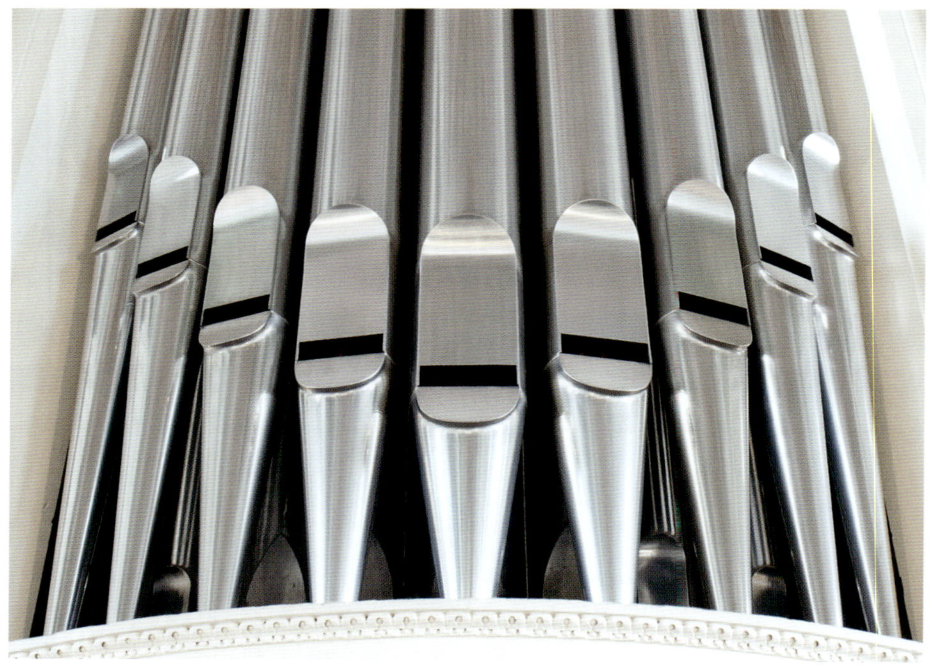

Prospektpfeifen

Prüfung des Instruments durch Hoforganist Schneider wurde sie in einem Einweihungskonzert am 30. November 1862 der Öffentlichkeit präsentiert.
Somit schien alles in Ordnung zu sein. Doch bald zeigten sich erste Probleme der inzwischen desolaten Prospektpfeifen und der Intonation. Und so war Ladegast nochmals 1880 und 1895 gefordert, seine Großorgel zu optimieren – ohne allerdings das Instrument so restauriert zu haben, dass es unbeanstandet blieb. Eine Kehrtwende brachte dann das Gutachten eines Zittauer Organisten, Hans Menzel, der sich für einen Neubau aussprach: Die Disposition sei veraltet, die Spielanlage gleichermaßen unmodern bzw. schwerfällig und der Windladenverschleiß enorm. Und so bekam zwei Jahre danach die Firma Wilhelm Sauer aus Frankfurt an der Oder den Auftrag, die Ladegast-Orgel umzubauen – eine Maßnahme, die schließlich 1903 beendet war. Windsystem, Windladen, Manuale und Register waren erneuert oder auch ergänzt worden, wobei das Gehäuse und ganze 67 Register der Ladegast-Orgel beibehalten wurden. So war eine Ladegast-Sauer-Orgel mit 90 klingenden Stimmen und zahlreichen Spielhilfen entstanden, die auf relativ beengtem Raum konzipiert war. Ihr nun spätromantisch ergänzter Klang konnte sich nur bedingt entfalten, doch schien das jetzige Instrument, wenn auch nicht optimal, so doch zufriedenstellend zu sein. Sieben Jahre später erneuerte die ergänzende Firma lediglich die Prospektpfeifen.
Ein paar Jahrzehnte danach hatte sich der Zeitgeschmack und damit die Einstellung zum Orgelklang grundlegend geändert. Dazu trug u. a. die Orgelbewegung der 1920er Jahre bei, die den von der Spätromantik herkommenden tiefenbetonten und zugleich dynamisch großzügigen, teils expressiven Klang verabscheute. Vorbilder waren nun die historischen Orgelklänge insbesondere der Barockzeit, deren Kompositionen auch auf einer Großorgel angemessen darge-

stellt werden sollten. Und daher wurden an der Nikolaiorgel 1934 zwölf neobarock bestimmte Registerfarben hinzugefügt.
Doch die nun nochmals bereicherte, ursprünglich von Ladegast gebaute und durch Wilhelm Sauer wiederum veränderte Orgel konnte klanglich und technisch einfach nicht mehr überzeugen. Musikalisch wirkte sie inzwischen dick und unprofiliert, und einige Register hatten ausdrücklich schlechte Klangqualität. Auch die Spielanlage schien in die Jahre gekommen zu sein. So rieten die beiden Organisten Günter Metz (Zwickau) und Christoph Schwarzenberg (Crostau) 1974 zur teilweisen Umdisponierung und Elektropneumatisierung der Orgel. Letzteres wurde dann bis 1988 durch einen neuen fahrbaren Spieltisch vollzogen.
Aber die wesentliche, klangliche Seite des Instruments war damit noch nicht verbessert worden. Für eine grundlegende Renovierung setzte sich schließlich zehn Jahre später der Nikolaiorganist Jürgen Wolf ein. Was war zu tun, um die Orgel klanglich und letztlich auch technisch in einen optimalen Zustand zu bringen? Sollte sie im Sinne des ersten Erbauers – Friedrich Ladegast – konsequent zurückgeführt werden? Oder war ihr jetziges Erscheinungsbild so zu belassen und lediglich an einigen Stellen zu verbessern? Oder sollte sogar ein kompletter Neubau favorisiert werden? Auf Wolfs Initiative hin wurden (unabhängig voneinander erstellte) Gutachten eingeholt, die zum selben Ergebnis kamen: Eine Ladegast-Rekonstruktion wäre nicht sinnvoll, da damit die Sauer-Ergänzungen komplett zu beseitigen wären. Und die Orgel mit technischer Optimierung grundsätzlich in ihrem jetzigen Erscheinungsbild auch klanglich zu belassen, hätte kein befriedigendes, weil widersprüchliches und unprofiliertes Ergebnis gebracht. So fiel 2002 die Entscheidung: Ladegast-Register waren weitestgehend zu restaurieren, aber im Prinzip ein Neubau zu erstellen. Dieser sollte einige Register der Firma Sauer zusätzlich aufnehmen und für ein abgerundetes Klangbild wesentliche Stimmen neu ergänzen. Schließlich bekam die Firma Eule aus Bautzen den Auftrag, dieses Konzept umzusetzen, und am Reformationstag 2004 wurde die Orgel in ihrer neuen Gestalt eingeweiht.
Die seitdem größte Orgel Sachsens hat 103 Register, die auf mittlerweile 5 Manuale und Pedal verteilt sind. Die zugehörigen Abschnitte des Instruments sind Hauptwerk, Schwellwerk, Oberwerk, Brustwerk und Echowerk. In der Disposition dominieren die Stimmen Ladegasts, wobei einige neugebaute Register klangliche Lücken schließen. Die meisten der neun beibehaltenen Sauer-Register prägen das Schwellwerk, wobei an passender Stelle auch in den anderen Werken vereinzelt entsprechende Stimmen zu finden sind. Und auch wenn das damalige Instrument völlig beseitigt wurde, haben sich sogar drei Trampeli-Register in Hauptwerk und Pedal erhalten.
Schließlich ist die Orgel, nicht nur durch ihren komplett erneuerten Spieltisch, ein Instrument des dritten Jahrtausends geworden. Übrigens wurde das Design des Spieltisches von Mitarbeitern der u. a. ortsansässigen Firma Porsche AG entworfen – ein positives Beispiel regional motivierten kulturellen Engagements, wobei sich diese Firma auch erheblich an der Finanzierung des Orgelprojekts beteiligt hat.
Es ist zu hoffen, dass diese einerseits rekonstruierend, andererseits gegenwartsbezogen konzipierte Orgel in ihrer Präsenz und Funktionsfähigkeit noch lange bestehen kann. Es erstaunt, wie sich drei unterschiedliche Stile des Orgelbaus in der Leipziger Nikolaiorgel glücklich und klanglich überzeugend vereinigen ließen.

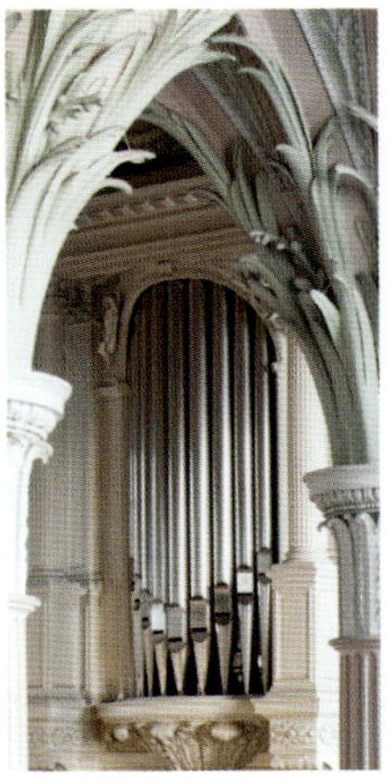

Blick durch das Gewölbe zum Prospekt

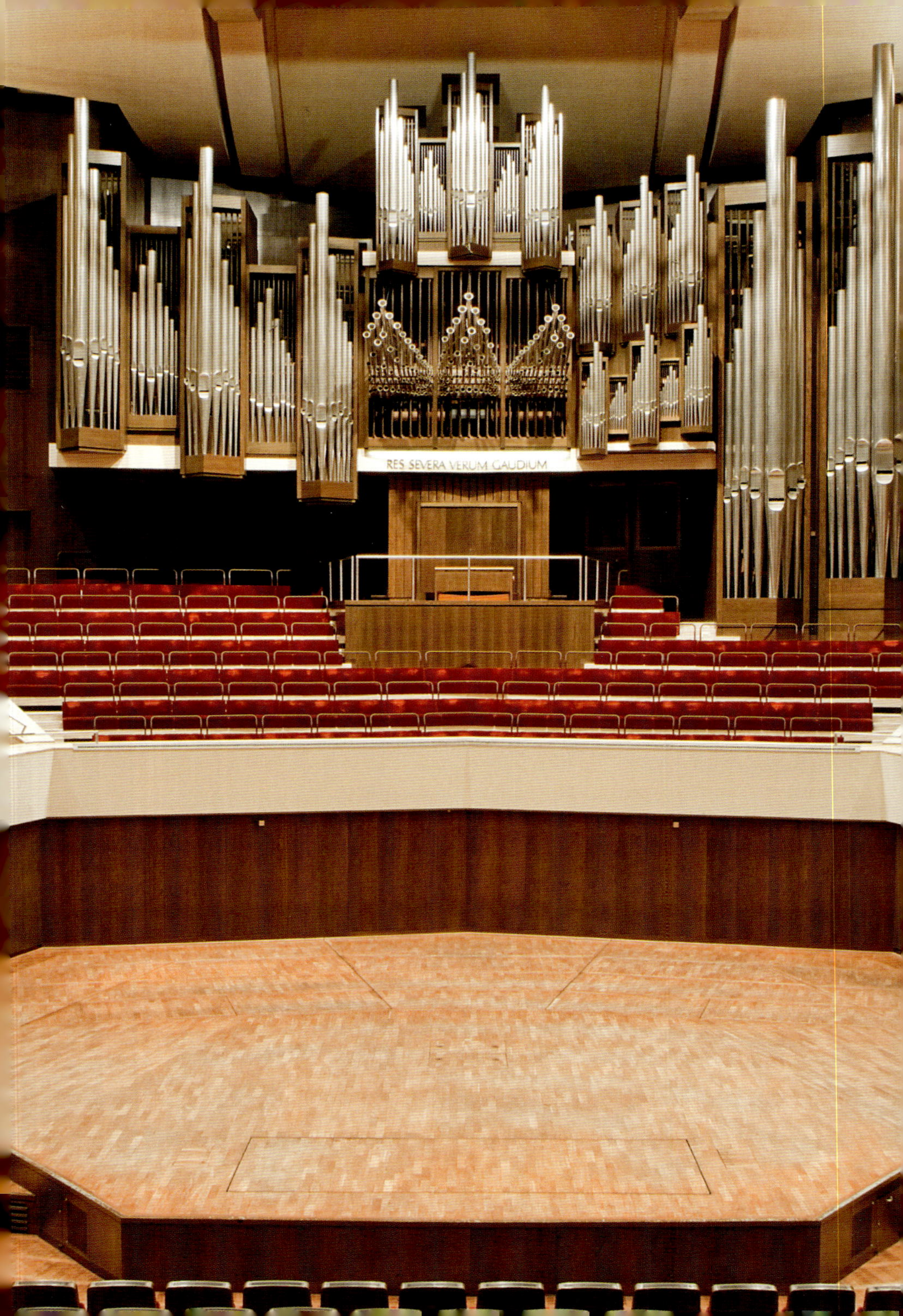
RES SEVERA VERUM GAUDIUM

Die Schuke-Orgel im Gewandhaus zu Leipzig

Disposition > Seite 202

Orgelbauer:
VEB Potsdamer Schuke Orgelbau
Erbauungszeit:
1975 – 1981
Restaurierungen, Umbauten:
1987, 2008

Von Beginn an sollte diese Orgel ein Prachtstück werden. Ein Instrument, das zum Raum gehört und an der Stirnseite ein prägender Blickfang ist. Es sollte aber nicht nur optisch, sondern auch klanglich in den neuen Großen Saal des Gewandhauses ideal integriert sein. Und dies alles ist die neue Leipziger Gewandhausorgel geworden.
Mit ihr wollte man kein orgelinstrumentales Stiefkind installieren, im Gegensatz zu ihrer unmittelbaren Vorgängerin im Kongresshallensaal. Wenn überhaupt, so war der Orientierungspunkt die erste Leipziger Gewandhausorgel aus dem 19. Jahrhundert, die – genau wie das jetzige Instrument – von Beginn an bei der Planung des Baues vorgesehen war.
Der Entwurf von Martin Gropius für das damalige Neue Gewandhaus sah eine Orgelnische an der Stirnseite des Saales auf dem 1. Rang über dem Podium vor. Gropius hatte den Prospektentwurf der großen Orgel gleich mitgeliefert, den die ausführende Firma E. F. Walcker aus Ludwigsburg auch übernahm.
1883 erhielt sie den Auftrag, für das gerade entstehende Leipziger Gewandhaus eine Orgel zu fertigen. Auch wenn andere Orgelbauer (wie Ladegast, Marcussen, Jehmlich oder Steinmeyer) ebenfalls ihre Dispositionen und Kostenvoranschläge eingereicht hatten, fiel die Wahl auf Walcker. Das an zahlreichen Großorgeln der Zeit beteiligte Unternehmen hatte einerseits eine lange Tradition mit reicher fachlicher Erfahrung, vertrat aber andererseits auch eine progressive Haltung im Orgelbau. Neueste Entwicklungen, vor allem eine mechanisch-pneumatische Traktur mit Barker-Hebel (eine besondere Technik, um eine leicht gängige und spielbare Traktur zu ermöglichen), setzte sie erfolgreich um. Und schließlich bot sie günstigere Lieferbedingungen als die Konkurrenz.
Die Firma Walcker baute schließlich eine Gewandhausorgel mit 54 klingenden Stimmen und 18 Nebenregistern bzw. Spielhilfen, die sich auf drei Manuale und Pedal verteilten. Und bei der Einweihung des Saales am 11. Dezember 1884 erklang sie erstmals durch den Gewandhausorganisten Paul Homeyer. Er interpretierte die bekannte d-Moll-Toccata und -Fuge von Johann Sebastian Bach. Das Presseecho auf diese Orgel ließ nicht lange auf sich warten und war durchweg positiv bis euphorisch. Den sehr transparenten Klang, die klaren Bässe und die gleichmäßige, gute Intonation hoben die Rezensenten hervor. Ähnlich dürfte der Eindruck eines bedeutenden Komponisten seiner Zeit gewesen sein, als er sich kurz nach der Einweihung an der Orgel hören ließ: Anton Bruckner war in Leipzig – eigentlich, um der Uraufführung seiner 7. Sinfonie durch das Gewandhausorchester unter Arthur Nikisch beizuwohnen, die zufällig wenige Tage nach der Einweihung des damaligen Neuen Gewandhauses stattfand, allerdings nicht in diesem, sondern im Stadttheater. Bei seiner Ankunft in der Stadt wurde er gebeten, am 29. Dezember 1884 vor geladenem Publikum auf der Gewandhausorgel zu spielen. Bruckner kam diesem Wunsch nach und legte insbesondere ein beeindruckendes Zeugnis seiner Improvisationskunst ab.
In der Folgezeit erklang die Orgel mehr oder weniger regelmäßig solistisch im Rahmen der Abonnements- und Extrakonzerte, wobei sie wohl kontinuierlich

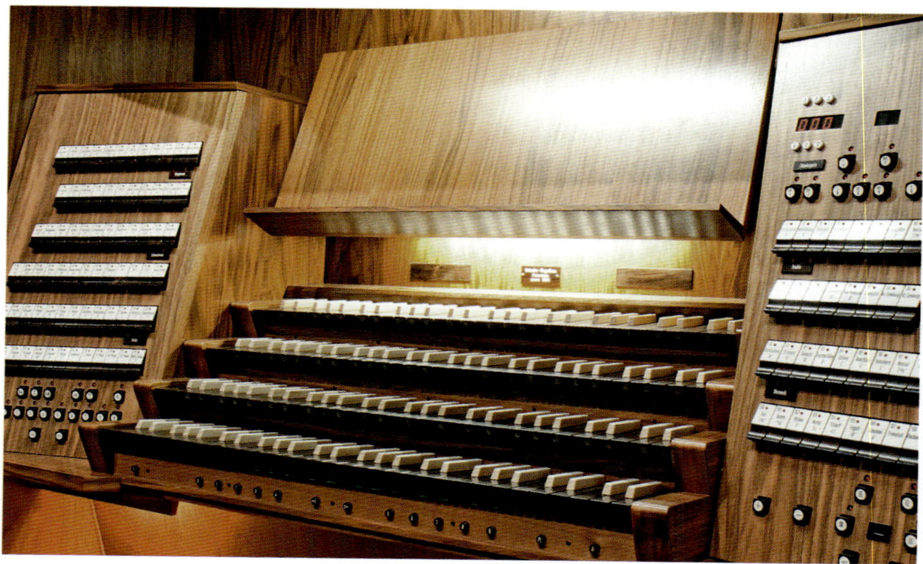

Spielanlage

gepflegt und nicht verändert wurde. Nachdem Paul Homeyer allerdings 1908 gestorben war und sein Amt auf Karl Straube überging, bewirkte dieser eine Erweiterung und Elektropneumatisierung des Instruments. Zur allgemeinen Zufriedenheit setzte die Änderungen schließlich die Firma Sauer (Frankfurt/Oder) um. Und unmittelbar danach bekam das Repertoire, insbesondere das durch Straube fortan gespielte, eine andere Färbung. Werke der von ihm favorisierten (spät-)romantischen Komponisten wie etwa Franz Liszts oder auch seines Freundes Max Reger erklangen gleich im ersten Konzert nach dem Orgelumbau 1909. In den weiteren Jahren schälte sich ein bestimmter Zeitpunkt als gleichzeitig beliebter und traditioneller Moment heraus, an dem die Orgel (neben den solistischen Konzerten) in jedem Fall erklang: Jedes Neujahrskonzert des Gewandhauses wurde mit einem Orgelstück eröffnet. 1943 war die Walcker-Orgel wahrscheinlich zum letzten Mal zu hören: Im darauffolgenden Jahr fand das Neujahrskonzert zwar statt, aber ohne Orgelsolostück im Programm, und beim Bombenangriff auf Leipzig am 20. Februar 1944 wurde das Instrument – wie das gesamte Gewandhaus – zerstört.

Auch wenn dadurch diese Walcker-Orgel für immer verstummte, hat sich glücklicherweise noch eine Tonaufnahme erhalten, die vier Jahre vor der Vernichtung mit dem Gewandhausorchester unter Hermann Abendroth entstand. Gespielt wurde damals das Festliche Präludium op. 61 für großes Orchester und Orgel von Richard Strauss. Und anhand der Publikation dieser Aufnahme durch das CD-Label querstand (Gewandhausorchester Leipzig – History Edition, Folge 1) ist es nun allgemein möglich, dem Klang dieser besonderen, ersten Gewandhausorgel Leipzigs heute noch nachzuspüren.

Nach der Zerstörung seines angestammten Aufführungsortes hatte das Gewandhausorchester Leipzig keinen eigenen Konzertsaal mehr. Man musste innerhalb der Stadt umziehen und fand eine Spielstätte im Großen Saal des zur Kongresshalle umgebauten ehemaligen Festsaales im Zoo – eine zumindest vorübergehend akzeptable Lösung, auch wenn der Saal akustisch nicht besonders gut

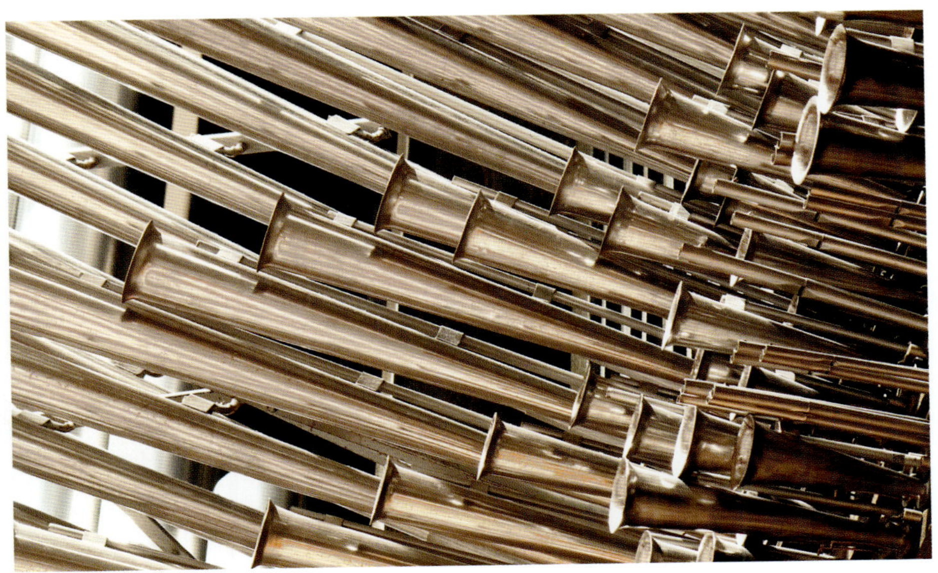

Horizontaltrompeten im Prospekt

geeignet war. Schnell wurde auch der Wunsch nach einer neuen Orgel laut, doch man erkannte sofort die Probleme, die sich wegen der Raumproportionen und von klanglicher Seite her ergeben würden. Schon 1946 setzte sich ein Gremium zusammen, das u.a. aus den ehemaligen bzw. aktuellen Thomaskantoren Karl Straube und Günther Ramin sowie dem Leipziger Chorleiter Otto Didam bestand. Nach den teils kontroversen Debatten über mehrere Konzepte kam man schließlich zu der Überzeugung, eine Orgel an den seitlichen Bühnenrändern in Ranghöhe als zweigeteilte Anlage vorzusehen. Und ein entsprechendes Angebot der Gebrüder Jehmlich aus Dresden kam zur Ausführung. Dass dieses Instrument kein Dauerzustand sein würde, war den Gremiumsmitgliedern direkt klar. Eigentlich sollte diese Orgel nur zur Bühnenbegleitung dienen, da man irgendwann ein großes Instrument auf der gegenüberliegenden Seite einbauen wollte. Doch dazu kam es nie.

Generell stand der Kongresshallen-Orgelbau unter keinem guten Stern. Die Probleme der Materialbeschaffung und der unvorhergesehene zusätzliche Aufwand waren zu groß, um den vom Leipziger Baudezernat sehr knapp kalkulierten Wunschtermin zur Fertigstellung einzuhalten. Letztlich war die Premiere der Orgel am 12. Februar 1948 nicht mehr zu verschieben und musste unter den Händen von Günther Ramin an einem noch unvollständigen Instrument stattfinden. Vier Rohrwerksregister waren noch nicht eingesetzt. Das erste Erklingen der neuen Orgel geriet, unabhängig von der Interpretation, entsprechend zum klanglichen Desaster. Und erst am 2. Juni des Jahres konnte sich die fertiggestellte Orgel akustisch von weit besserer Seite zeigen. Doch fristete sie in den nächsten Jahrzehnten leider ein Schattendasein. Zu wenig wurde sie gespielt und gepflegt. Sie war stets ein Provisorium, das als Konzertorgel nie vorgesehen war und entsprechend als solche nicht bestehen konnte. Nur fünfmal war sie bis 1980 in den Gewandhauskonzerten zu hören. Wesentlich für ihren allmählich einsetzenden Verfall war auch die fehlende Wartung der Orgel. Schon Günther Ramin wies 1948 in seinem Gutachten auf die Notwendigkeit von Stimmung und Reinigung

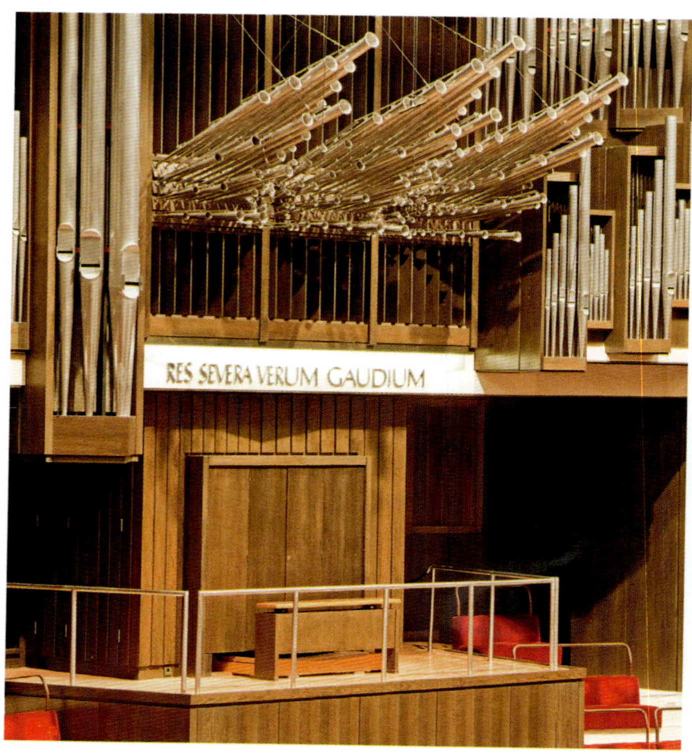

Leitspruch des Gewandhausorchesters über der geschlossenen Spielanlage

in kurzen Intervallen hin – vor allem, da der Saal ja nicht nur für Konzerte benutzt wurde und so mit einer großen Staubentwicklung zu rechnen war. Doch an diese Empfehlung schien sich in der Folgezeit keiner zu halten, sodass die Orgel zunehmend verwahrloste. Letztmalig erklang sie am 30. Oktober 1980.
Inzwischen waren für das Gewandhausorchester und seinen Konzertsaal neue Zeiten angebrochen. Seit 1977 ging der Bau des Neuen Gewandhauses am damaligen Karl-Marx-Platz Schritt für Schritt voran. Und schon zwei Jahre zuvor wurde geplant – nicht nur die Architektur des Gebäudes und speziell des Großen Saales. Auch eine adäquate Orgel war in die Planungen direkt einbezogen worden. Anfang 1975 lagen erste Prospektentwürfe vor, die eine dominierende Position an der Stirnseite vorsahen. Zur Prospektgestaltung gab es noch unterschiedliche Meinungen. Fast zwei Jahre später legte die inzwischen ausgewählte Firma Schuke aus Potsdam einen ersten Entwurf vor, der mit einigen späteren Änderungen zur Ausführung kam: Die Orgel hat eine werkgeteilte Aufstellung, wobei die Pfeifenfelder aus je sieben Pfeifen (als Tonleitersymbol) bestehen. Was an der äußeren Gestaltung noch auffällt, sind die horizontal angeordneten spanischen Trompetenregister, die dem Prospekt ein zusätzliches Gepräge geben. Darüberhinaus sind aufgrund nötiger Platzersparnis die Gehäuseteile asymmetrisch angeordnet. (Bei symmetrischer Aufstellung wäre die Orgel breiter als der Saal geraten!) Das ursprünglich vorgesehene Rückpositiv – es sollte sich unterhalb des Spieltischs befinden – ist aus räumlichen Gründen nicht mehr vorhanden, da die Orgel fast bis zum Orchesterpodium hin gezogen wurde und dadurch

die Anordnung eines Rückpositivs auch wegen der unmittelbar anschließenden Publikumssitzreihen nicht mehr möglich war.
1978 lagen die endgültigen Orgelpläne vor. So begann nun die Herstellung der Einzelteile, wobei die Deutschen Werkstätten Hellerau (damals VEB Möbelkombinat Hellerau) das Gehäuse anfertigten. Im Juni des nächsten Jahres mussten die Orgel-Einzelteile erst im Rechenzentrum der Universität zwischengelagert werden, da der Saal noch nicht so weit fertig war, dass die Orgel schon hätte eingebaut werden können. Erst zwei Monate danach begannen die ersten Montagearbeiten. Jeder Bauabschnitt der Orgel war unter ungünstigen Bedingungen zu bewältigen, da immer noch das eigentliche Gebäude fertigzustellen war. So baute die Firma Schuke (damals VEB Potsdamer Schuke Orgelbau) erst im Oktober 1980 die ersten Pfeifen ein, und im darauffolgenden April begann die aufwendige Intonation. Wegen des üblichen Baulärms war klar, dass der gesamte Intonationsprozess nur zwischen dem späten Nachmittag und den Nachtstunden vorgenommen werden konnte. Bei der Abnahme des prächtigen Instrumentes im September 1981 wurden seine besonderen Vorzüge sofort deutlich: Die Einheit von Saal und Orgel, die Klanggüte aufgrund der akustisch optimalen Abstimmung und das vielseitige stilübergreifende Klangkonzept fielen schon den Gutachtern auf – Gewandhauskapellmeister Kurt Masur sowie den Leipziger Organisten Wolfgang Schetelich und Hannes Kästner. In der Folgezeit erklang das Instrument häufig unter den Händen des Gewandhausorganisten Matthias Eisenberg; seit 1986 bekleidet Michael Schönheit dieses Amt.
Weitere Ergänzungen erhielt die Orgel zunächst 1987. Diese waren allerdings eher technischer Art. Sie erhielt einen fahrbaren Spieltisch für das Orchesterpodium und eine 64-fache Registerkombination. Klanglich wurde sie durch 39 Cymbelglocken bereichert. Inzwischen fand noch eine Generalreinigung statt. Bei dieser Gelegenheit erhielt die Orgel im Jahre 2008 eine technisch moderne neue umfangreiche Setzeranlage, daneben auch ein zusätzliches Cornett-Register sowie einen Untersatz 32 Fuß im Pedal. Zudem wurde wie schon 1987 eine Nachintonierung vorgenommen, um das Instrument noch optimaler an die akustischen Verhältnisse des Raumes anzupassen. Mit ihren nun 90 klingenden Stimmen auf vier Manualen und Pedal verfügt die Orgel des Leipziger Gewandhauses über eine klangliche Vielfalt, die nie ausgeschöpft zu sein scheint. Dabei ist sie eine von Beginn an selbstbewusst und gegenwartsnah konzipierte Konzertorgel ihrer Zeit, die freizügige stilistische Anleihen früherer Orgelbaustile erkennen lässt, aber vor allem ein Beitrag des ausgehenden 20. Jahrhunderts ist. Dies lässt in ähnlicher Weise auch ihre äußere Gestalt erkennen, die ebenfalls primär modern und in einem bestimmten Aspekt zugleich traditionsreflektierend ist: Über dem Spielschrank prangen die Worte des jungen Seneca „Res severa verum gaudium", was soviel bedeutet wie „Wahre Freude ist eine ernste Sache". Dies erinnert an die Tradition des Gewandhausorchesters, das sich seit 1781 diesen Satz als eigenen Leitspruch gewählt hat. Die besonders hohe klangliche Qualität des Instruments drückt sich auch dadurch aus, dass es u. a. allwöchentlich zu regelmäßigen Orgelkonzerten erklingt, die sich großer Beliebtheit erfreuen.

Sehenswertes in Leipzig

Leipzig ist mit vielen Attributen zu belegen: Der Ort ist schon seit Jahrhunderten Messestadt, zugleich Stadt des Buchdrucks und Buchhandels und nicht zuletzt Musikstadt. Hier steht eine der ältesten und ausstrahlungskräftigsten Universitäten – dies schon seit 1409. Und Leipzig ist bis heute ein einerseits wirtschaftlicher, andererseits kultureller Kulminationspunkt, somit schon lange anziehend für besondere Persönlichkeiten. Leipzig hat im Laufe seiner Geschichte viele Künstler, Literaten und Musiker gesehen, und seine Faszination besteht bis heute.

Von alldem war noch nichts zu ahnen, als sich etwa zwischen dem 7. und 9. Jahrhundert am Zusammenfluss von Elster, Pleiße und Parthe eine dörfliche, slawische Ansiedlung als Ursprung der Stadt bildete. Doch als nach diesen Anfängen erste städtische Ausmaße erkennbar waren, wurde schon klar, dass Leipzig von Musik geprägt sein würde. Denn kaum früher als hier ist ein Knabenchor nachweisbar, der später als Thomanerchor Weltruhm erlangen sollte. Schon 1212 verweisen die alten Quellen auf einen Schülerchor, der regelmäßig die Gottesdienste mitgestaltete. Dies geschieht seit jeher in der bekannten Thomaskirche.

Thomaskirche

Als romanische Marktkirche entstand sie schon Mitte des 12. Jahrhunderts und wurde einige Jahrzehnte später zur Stiftskirche des benachbarten Thomasklosters der Augustinerchorherren erhoben. Dies war genau zu dem Zeitpunkt, als der Schülerchor erstmals erwähnt wird. Doch mittlerweile hat die Leipziger Thomaskirche ein ganz anderes Gesicht – einerseits durch die Umwandlung zur gotischen Hallenkirche Ende des 15. Jahrhunderts, und andererseits durch die einschneidende Veränderung ihres Baues zwischen 1885 und 1889, geplant vom Architekten Constantin Lipsius. Die Schäden des Zweiten Weltkrieges setzten der Kirche ebenfalls zu und führten letztlich zu weiteren Umgestaltungen. So können nur wenige Ausstattungsstücke etwa von mittelalterlichen Zeiten erzählen. Der prächtige, im Ostchor stehende Hochaltar aus dem 14. Jahrhundert gehört dazu. Auch aus den nachfolgenden Jahrhunderten hat sich vergleichsweise wenig erhalten, beispielsweise der achteckige Turm. Sein Obergeschoss war gerade zwei Jahre vollendet, als Martin Luther am Pfingstsonntag 1539 in der Thomaskirche predigte und damit die Reformationseinführung im Herzogtum Sachsen auslöste. Die bemerkenswerten Emporen von Hieronymus Lotter entstanden erst später, 1570. Von der Barockzeit hat sich rückblickend am wenigsten erhalten, und so können wir uns genau genommen nur aus bildlichen Dokumenten eine Vorstellung davon machen, wie die Thomaskirche während der Amtszeit des wohl bedeutendsten Leipziger Thomaskantors, Johann Sebastian Bach, ausgesehen und wie es in ihr vermutlich geklungen hat. Die heute hier befindlichen Orgeln beispielsweise sind viel jünger. Die große Sauer-Orgel an der Westseite war 1889 eingebaut und bis 1908 im Sinne ihres heutigen Erscheinungsbildes verändert worden. Und die im Norden stehende Bach-Orgel wurde erst 2000 errichtet. Doch der schon von Bach geleitete Thomanerchor besteht als älteste kulturelle Einrichtung Leipzigs bis heute. Und seine im 19. Jahrhundert eingeführten Aufführungstraditionen in der Thomaskirche werden ununterbrochen beibehalten: An jedem Freitagabend und Samstagnachmittag findet die bekannte Motette statt, und im sonntäglichen Gottesdienst erklingt gemeinsam mit Mitgliedern des Gewandhausorchesters eine anlassgebundene Bach-Kantate. Auf diese Weise ist Bach, auch wenn es im Laufe der Geschichte des Thomanerchors noch manch andere große Komponisten in den Reihen der Kantoren gab, heute unbestritten der Orientierungspunkt des Repertoires. Dies zeigt sich

Das Bach-Denkmal vor der Südseite der Thomaskirche

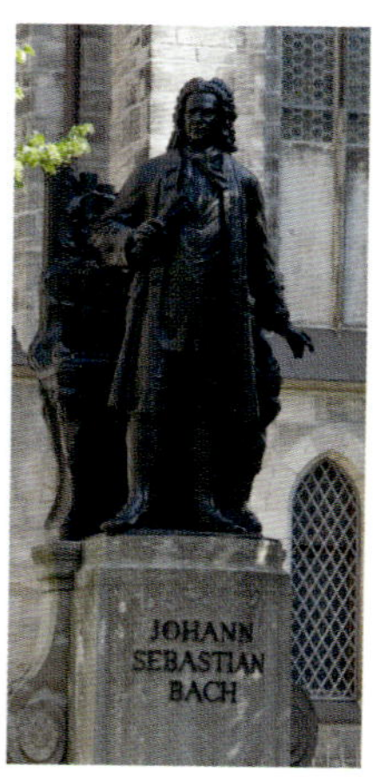

neben den wöchentlichen Traditionen auch im Brauch der regelmäßigen Aufführungen seiner oratorischen Werke. Selbst von den beiden Orgeln erklingen häufig Stücke Bachs, wobei sich die Auswahl auch wegen der spätromantisch beeinflussten Sauer-Orgel nicht auf diesen Komponisten beschränkt. Werke von Max Reger etwa, die in der Thomaskirche seit dem Wirken von Thomasorganist Karl Straube oft aufgeführt wurden, und seiner Zeitgenossen werden vergleichsweise häufig dargeboten.

Doch Bach bestimmt unbestreitbar die Thomaskirche und ihr Umfeld. So ist der große Komponist auch optisch nicht zu verfehlen, sobald man vor das Gotteshaus tritt. Als großes Denkmal steht er hier seit 1908, geschaffen nach einem Entwurf von Carl Seffner. Und als das mächtige Werk enthüllt und eingeweiht wurde, fand gleichzeitig das erste Leipziger Bach-Fest statt. Dieses Bach-Denkmal ist das mittlerweile bekannteste, aber nicht älteste und einzige seiner Art in Leipzig. Schon 1840 plante ein gleichfalls großer, in Leipzig wirkender Musiker – Felix Mendelssohn Bartholdy –, zu Ehren des bedeutenden Thomaskantors die Aufstellung eines Denkmals zu ermöglichen. Ein beeindruckendes Konzert Mendelssohns in der Thomaskirche war der Beginn, und 1843 wurde schließlich das Denkmal, ausgeführt von Hermann Knauer, errichtet und am 23. April des Jahres festlich eingeweiht. Dieses ältere Monument steht heute noch, und zwar in den Grünanlagen am Dittrichring, ebenfalls in der Nähe der Thomaskirche.

Eine weitere Sehenswürdigkeit mit herausragendem Bach-Bezug in unmittelbarer Nachbarschaft des Gotteshauses befindet sich direkt gegenüber. Das Bose-Haus (Thomaskirchhof 16) ist eines der wenigen Gebäude, die in konkreter Verbindung zu Bach stehen und heute noch erhalten sind. Zur Amtszeit des Thomaskantors wohnte hier der Gold- und Silberwarenfabrikant Georg Heinrich Bose, der übrigens fünffacher Bach-Pate war. Er ließ dieses weitestgehend am Ende des 16. Jahrhunderts erbaute Haus in den Jahren 1709 bis 1711 zu einem vierflügeligen Barockbau umgestalten. Seit 1985 zum Bach-Haus geworden, ist

Bach-Museum

dieses Gebäude seitdem Sitz des Bach-Archivs und des Bach-Museums Leipzig. Hier befindet sich damit eine seltene Kombination aus Forschungsinstitut, Spezialbibliothek, Veranstaltungsort und Museum. Der gesamte Komplex wurde 2010 – natürlich an Bachs Geburtstag, dem 21. März – nach umfangreicher Renovierung neu eröffnet. Seitdem zeigt sich insbesondere das Museum in modernerem und vielfältigerem Gewand als zuvor. Aber auch Konzerte im nun prächtig

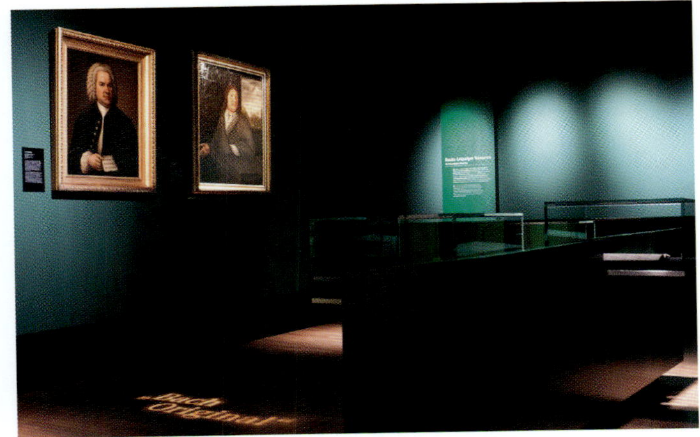

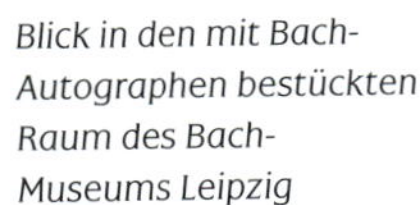
Blick in den mit Bach-Autographen bestückten Raum des Bach-Museums Leipzig

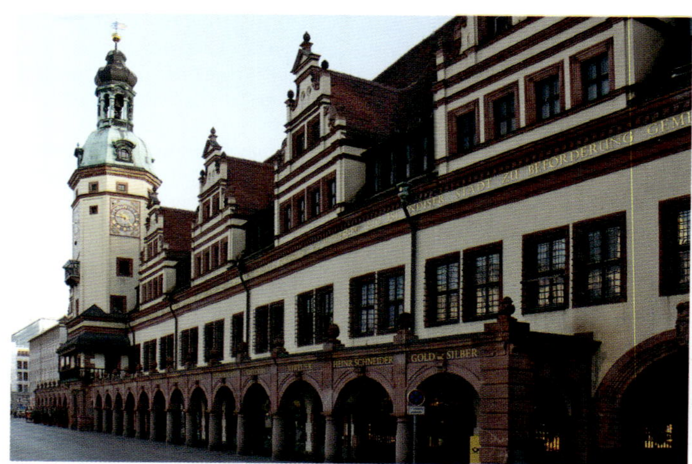

Das Alte Rathaus am Leipziger Markt

restaurierten historischen Sommersaal, der sich im 2. Stock befindet, sind erwähnenswert und gehören zu den begehrten Veranstaltungen des Hauses.

Eine ganz besondere Art, sich ihres großen Thomaskantors Bach zu erinnern, praktiziert die Stadt Leipzig durch bestimmte, alljährlich stattfindende Veranstaltungen. Da wäre zunächst das Bach-Fest, 1908 erstmals durchgeführt und in der Folgezeit in unregelmäßigen Abständen wieder aufgenommen. Erst seit 1999 ist aus diesem Fest eine regelmäßige Einrichtung geworden, die das Bach-Archiv im Auftrag der Stadt Leipzig stets im Juni veranstaltet. Gleichzeitig findet auch der begehrte Internationale Johann-Sebastian-Bach-Wettbewerb statt. In Bachs 200. Todesjahr, 1950, wurde er ins Leben gerufen und wird seit 1996 alle zwei Jahre in drei jeweils wechselnden Instrumentengruppen ausgetragen. Er genießt ein sehr hohes Ansehen in der Fachwelt und ist zudem ein bemerkenswerter Spiegel der jungen, aktuellen Bach-Interpretation.

Nikolaikirche

Mit dem Komponisten ebenfalls verbunden ist natürlich auch die Nikolaikirche, die mindestens genauso oft wie St. Thomas der Uraufführungsort so mancher Bach-Kantate zwischen 1723 und 1750 war. Doch dies ist nur ein Aspekt, der sich mit der Nikolaikirche verbindet – mittlerweile ein eher nebensächlicher. Viel stärker ist dieses Gotteshaus inzwischen als Wiege der Friedlichen Revolution bekannt. 1981 mit Friedensgebeten beginnend, versammelten sich hier regelmäßig zahlreiche Menschen, um für Freiheit und menschenwürdige Verhältnisse in der damaligen DDR einzutreten. Daraus erwuchsen im Herbst 1989 die bekannten Montagsdemonstrationen, die ihren vorläufigen Höhepunkt am 9. Oktober fanden. Von hier ging eine energische, oppositionelle, aber zugleich gewaltfreie Stimmung aus, die schließlich zu Mauerfall und Wiedervereinigung führte. An die Friedliche Revolution erinnern heute zwei Besonderheiten: Das damals aufgestellte Schild „Offen für alle“, das viele motivierte, sich den Versammlungen in der Nikolaikirche anzuschließen, existiert heute noch und ist neben seinem Erinnerungswert ein Symbol für das auch gegenwärtige Selbstverständnis speziell dieser Kirche. Weiterhin wurde zehn Jahre nach den genannten Montagsdemonstrationen am Nikolaikirchhof eine Gedenksäule errichtet. Andreas Stötzner hat sie entworfen.

Gedenksäule vor der Nikolaikirche

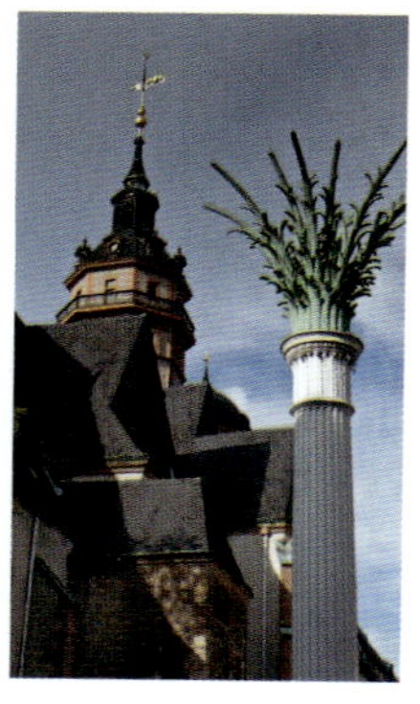

So ist die Nikolaikirche ein Ort mit relativ aktuellem geschichtlichem Bezug. Und dabei ist sie die älteste Kirche der Stadt. Sie war schon als zentrale Kaufmannskirche vorhanden, als Leipzig 1165 das Stadtrecht bekam. Aus dieser Zeit haben sich aber nur Grundmauern erhalten. Prägender dagegen ist die gotische Epoche, die zumindest die äußere Gestalt der Kirche bestimmt. Doch innen zeigt sich ein ganz anderes Bild: Die besondere Säulen- und Deckengestaltung stammt in dieser Form erst aus dem 18. Jahrhundert und geht auf Carl Dauthe zurück, der den gesamten Innenraum bis 1797 komplett im damaligen klassizistischen Geiste aktualisierte. Und schließlich besitzt die Kirche die größte Orgel Sachsens, ein Werk, in dem drei Orgelbaufirmen, nämlich Ladegast (1860), Sauer (1908) und Eule (2004) ihre Spuren hinterlassen haben. Regelmäßige Orgelkonzerte geben häufig die Möglichkeit, dieses herausragende Instrument zu hören.

Altes Rathaus

Nicht sehr weit entfernt ist Leipzigs alter Marktplatz. Und genau zwischen diesem und dem Naschmarkt steht prägend das Alte Rathaus. Dabei ist es gar nicht der älteste Bau an dieser Stelle. Schon zwei Jahrhunderte zuvor stand hier ein prächtiges Ratsgebäude, das allerdings 1555/56 unter Leitung des Stadtbaumeisters Hieronymus Lotter durch ein neues ersetzt wurde. In seiner heutigen Gestalt geht es auf eine Grundrenovierung in den Jahren 1905 – 1909 zurück. Im Anschluss daran wurde das bis heute bestehende Stadtgeschichtliche Museum hier eingerichtet. Als Besonderheiten des Alten Rathauses sind noch der große Festsaal, die Ratsstube, die Schatzkammer und das einzige authentische Bach-Porträt zu nennen, das Elias Gottlob Haußmann 1746 schuf.

Auch wenn Leipzigs Musikleben stark von Bach bestimmt wird, ist er nicht der einzige bedeutende Musiker, der hier gelebt und gearbeitet hat. Daher erinnert man sich in Leipzig auch anderer großer Interpreten und Komponisten, die mit der Stadt in Verbindung stehen. So gibt es auch weitere, nicht auf Bach ausgerichtete musikalische Festveranstaltungen in der Stadt, die das Spektrum wesentlich erweitern: Das A-Cappella-Festival gehört dazu, genauso wie die Leipziger Jazztage, der Leipziger Klaviersommer, das Wave Gotik Treffen zu Pfingsten oder auch die Schumann-Festwoche, die seit 2002 jährlich im September stattfindet.

Manche Musiker, die in Leipzig weilten, haben wahrhaft Musikgeschichte geschrieben. Die in diesem Zusammenhang wohl bedeutendste Persönlichkeit des 19. Jahrhunderts war Felix Mendelssohn Bartholdy. Als 26-jähriger Musiker kam er nach Leipzig und initiierte hier bemerkenswert viel, das bis heute das kulturelle Leben der Stadt prägt. Die Gründung des Konservatoriums als Vorläufer der heutigen Musikhochschule geht auf ihn zurück, genauso wie er als Leipziger Gewandhauskapellmeister dieses älteste bürgerliche Orchester auf deutschem Boden zu bis dahin nicht gekannter Brillanz führte. Und schließlich schuf er durch seinen Einsatz für den Komponisten den Beginn einer Bach-Tradition, die im Prinzip bis heute erhalten blieb.

Mendelssohn-Haus

Ein besonderes Gebäude, das mit Mendelssohn in Verbindung steht, hat sich in Leipzig erhalten. Sein letztes Wohnhaus, in dem er von 1845 an zwei Jahre mit seiner Familie lebte, befindet sich in der Goldschmidtstraße. Zu Ehren des Komponisten wurde in den ehemaligen Wohnräumen im 1. Stock ein Museum eingerichtet. Neben der Präsentation so mancher Autographen kann es etwa im authentisch hergerichteten Arbeitszimmer ungefähr die Atmosphäre vermitteln, in der Mendelssohn z. B. sein Oratorium „Elias“ schrieb. Und der seit kurzem vorbildlich restaurierte Kammermusiksaal ist stimmungsvoller und beliebter Veranstaltungsort für Konzerte oder auch Vorträge. Die anderen Stockwerke des Hauses wurden inzwischen durch verschiedene Bereiche des Musikwissenschaftlichen Instituts der hiesigen Universität bezogen. Mendelssohns Denkmal befindet sich seit 2008 am Promenadenring vor dem Hauptportal der Thomaskirche. Das ursprüngliche Denkmal war von Werner Stein geschaffen und am

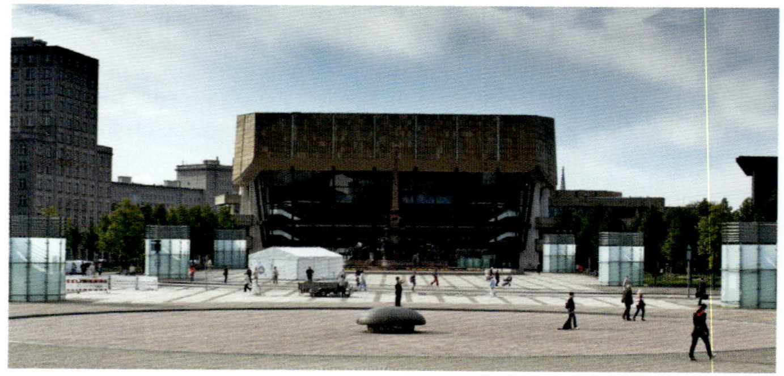

Blick über den Augustusplatz zum Neuen Gewandhaus

26. Mai 1892 auf dem Platz vor dem damaligen Gewandhaus im Musikviertel enthüllt worden. Die Nationalsozialisten rissen es aufgrund der jüdischen Wurzeln Mendelssohns am 9. November 1936 ab.

Mit Mendelssohn stehen selbstverständlich das Gewandhaus und sein Orchester in engster Beziehung, obwohl der Komponist weder das Ensemble gegründet hat noch dessen Spielstätte in der heutigen Form jemals erlebte. Die Gründung des Orchesters vollzog sich einige Jahre vor Mendelssohns Geburt, 1781; es ging letztlich aus den im 3. Stock des Alten Gewandhauses ab 1743 organisierten Konzerten hervor. In diesem textilbestimmten Gebäude in der heutigen Kupfergasse leitete Mendelssohn nicht nur die Konzerte, als er Kapellmeister wurde. Hier lagen auch die Anfänge des von ihm ins Leben gerufenen Konservatoriums, bis dieses – fast zeitgleich mit dem Gewandhausorchester – in den 1880er Jahren eine neue Stätte im sogenannten Musikviertel in Leipzigs Südwesten fand.

Gewandhaus

Das heutige Gewandhaus am Augustusplatz ist ein Bauwerk des ausgehenden 20. Jahrhunderts. Am Ort des im Krieg zerstörten Museums der bildenden Künste wurde sein Grundstein 1977 gelegt und das nach dem Entwurf von Rudolf Skoda errichtete Gebäude vier Jahre später fertiggestellt. Damit konnte es 200 Jahre nach der Gründung des Gewandhausorchesters eingeweiht werden. Seine bewusst moderne Gestaltung und weitgehend kompromisslose Ausrichtung auf optimale akustische Verhältnisse macht es zu einem der eigengeprägtesten und klanglich besten Konzerthäuser. Bei aller Modernität ist die Verbindung zum Gewandhauskapellmeister Felix Mendelssohn Bartholdy aber auf zweierlei Art hergestellt: Das zunächst außen plazierte, mittlerweile im Gebäude befindliche Denkmal zu Ehren des Komponisten von Jo Jastram wurde 1993 geschaffen, und seit 2007 wird im Gewandhaus alle ein bis zwei Jahre der Internationale Mendelssohn-Preis Leipzig verliehen. Daneben bilden die Werke Mendelssohns regelmäßige Programmpunkte in den Gewandhauskonzerten. Und neben dem namenführenden Orchester gehören zum Hause auch als feste sowie prägende Institutionen bzw. Persönlichkeiten Gewandhausorganist, GewandhausChor und GewandhausKinderchor.

Oper

Direkt gegenüber dem Gewandhaus befindet sich das Opernhaus. Es hat weniger zu Mendelssohn, dafür aber mehr zu anderen Komponisten und Interpreten der Stadt eine Beziehung. Große Namen wie Georg Philipp Telemann, Heinrich Marschner, Albert Lortzing, Gustav Mahler oder Arthur Nikisch tauchen in Leipzigs Operngeschichte auf. Und es besteht seit 1766 die Tradition, dass die Opernaufführungen grundsätzlich mit dem heutigen Gewandhausorchester erklingen. Dieses drittälteste bürgerliche Musiktheater Europas, schon 1693 gegründet, ist heute in einem vergleichsweise jungen Gebäude beheimatet, das erst 1960 mit klassizistischer Formgebung fertiggestellt wurde. Der Vorgängerbau aus dem 19. Jahrhundert fiel

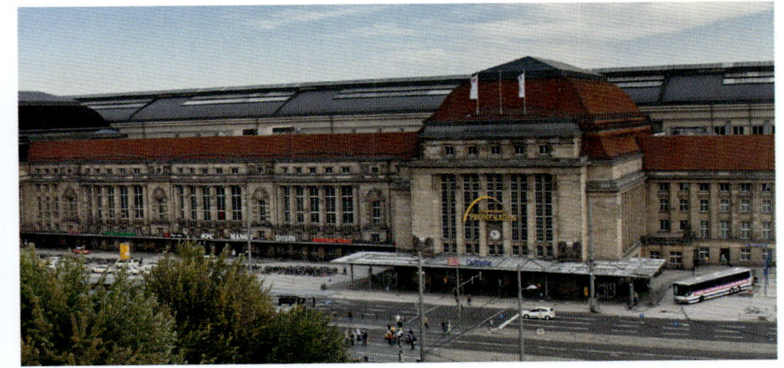

Eines von Leipzigs „Toren zur Welt“: der Hauptbahnhof

den Bombenangriffen auf Leipzig im Zweiten Weltkrieg zum Opfer. Doch längst reicht die Bedeutung dieser besonderen Bühne wieder weit über Leipzigs Grenzen hinaus. Seit 2007, nach umfangreichen Renovierungen, erstrahlt das Leipziger Opernhaus wieder in neuem Glanz.

Hauptbahnhof

Ein anderes herausragendes Gebäude befindet sich ebenfalls im Stadtzentrum, hat aber keinerlei musikbezogene Bedeutung. Leipzig verfügt mit seinem Hauptbahnhof über den zweitgrößten Kopfbahnhof der Welt. Und in dreizehn Jahren wurde er schließlich errichtet, nachdem zuvor Eisenbahnteilstrecken aus verschiedenen Richtungen entstanden und zwischen den preußischen sowie sächsischen Staatseisenbahnverwaltungen 1892 der Bau eines Zentralbahnhofs vereinbart worden war. Grundsteinlegung war 1902, und realisiert wurden die Pläne der Dresdner Architekten William Lossow und Max Hans Kühne. Herausgekommen ist ein Prachtexemplar der Bahnhofsarchitektur mit zwei Eingängen, 26 (heute 24) Gleisen und dem Ausbau auf drei Ebenen. Umfangreiche Erneuerungen von 1998 und zuletzt ab 2006 haben den Bahnhof zusätzlich modernisiert und damit noch attraktiver gemacht.

Östlich der Altstadt liegt Leipzigs Johannisfriedhof. In seiner Nähe gibt es einiges zu entdecken, das wiederum von Musikbezug in besonderer Weise bestimmt ist. Zunächst war der Johannisfriedhof ursprünglich der Ort, an dem Johann Sebastian Bach bestattet wurde. Seine vermutlichen Gebeine – ein Grabstein war nicht vorhanden – wurden zum Bach-Jahr 1950 in den Altarraum der Thomaskirche verbracht. Die zum Friedhof gehörende Johanniskirche existiert inzwischen nicht mehr, und auf dem ehemaligen Friedhofsgelände sind drei besondere Museen zu finden: das Grassimuseum für Angewandte Kunst, das Völkerkundemuseum und nicht zuletzt das Museum für Musikinstrumente der Universität. Letzteres befindet sich erst seit 1929 hier – zuvor war es dort, wo heute das Bach-Museum eingerichtet ist: im Bose-Haus am Thomaskirchhof. Ausgangspunkt für dieses besondere Musikinstrumentenmuseum war eine Sammlung von Paul de Wit, der sie 1886 der Leipziger Universität übereignete. Viele der Exponate haben einen Bezug zur Leipziger Musiktradition und damit zum Umfeld Bachs, Mendelssohns oder Schumanns. Dabei geschieht die Präsentation häufig so, dass der soziale und kulturelle Kontext deutlich wird und beispielsweise auch der Wandel der Ensemble- und Orchesterkultur erlebt werden kann. Auch eine umfangreiche Studiensammlung und ein interaktives Klanglabor hat das Museum zu bieten. Und schließlich verfügt es in seinen Beständen noch über 20 verschieden dimensionierte Orgeln. Eine spielbare Kinoorgel ist darunter, aber auch ein sagenumwobenes kleines Instrument, das ursprünglich für die Dorfkirche in Hilbersdorf in der Nähe von Freiberg errichtet wurde. Die Bauzeit lag genau zwischen dem

Museum für Musikinstrumente

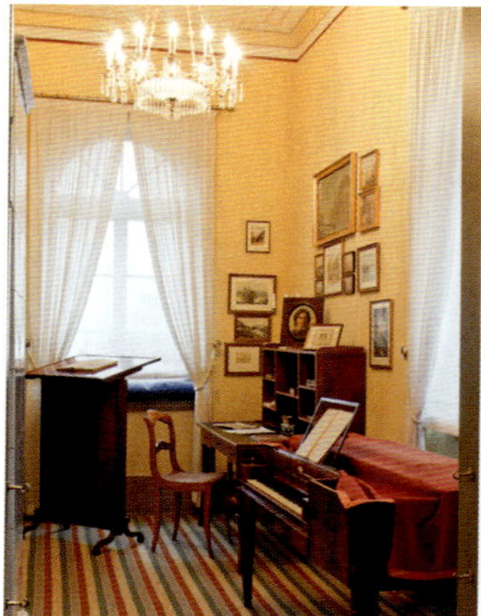

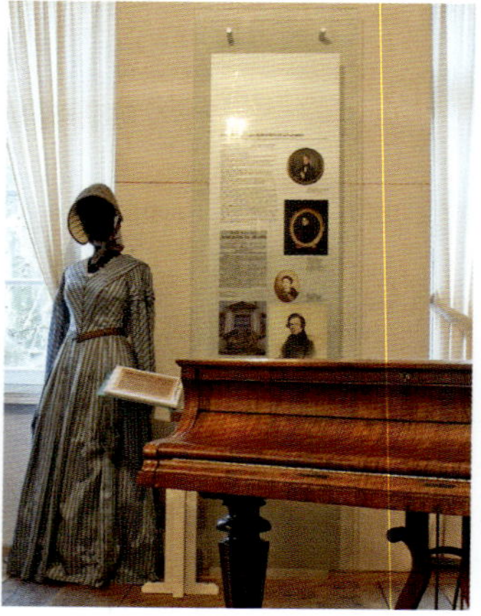

Zwei der berühmten Komponistenhäuser Leipzigs: das Mendelssohn-Haus und das Schumann-Haus

23. Mai und 5. Juni 1724. Sagenumwoben war lange, wer diese Orgel nun gefertigt hat: Gottfried Silbermann oder sein Schüler Zacharias Hildebrandt. Nach umfangreichen Recherchen ist man sich inzwischen sicher, dass nur Silbermann als Orgelbauer des Hilbersdorfer Instruments in Frage kommt.

Schumann-Haus

Etwas weiter nördlich vom Gelände des Johannisfriedhofs befindet sich noch eine musikverbundene Besonderheit, die zugleich Gedenkstätte und Schulgebäude ist. In der Inselstraße steht das Haus, das Robert und Clara Schumann in ihren ersten vier Ehejahren bewohnten, bevor sie 1844 nach Dresden zogen. Dort, wo sie einst lebten, im 1. Stock des Gebäudes, befindet sich das Leipziger Schumann-Museum, das übrigens auch über einen vorbildlich sanierten Konzertsaal verfügt, der regelmäßig für Veranstaltungen genutzt wird. Und die übrigen Räume gehören zur Freien Grundschule Clara Schumann, die sich durch ihr musisches Profil auszeichnet.

Völkerschlachtdenkmal

Ein hierzu in größtem Kontrast stehendes, geradezu einschüchterndes Bauwerk befindet sich im Südosten der Stadt: das Völkerschlachtdenkmal. Es erinnert an die Niederlage Napoleons gegen österreichische, preußische, russische und schwedische Truppen, die sich im Oktober 1813 am selben Ort zutrug. Nach Ausschreibung eines Ideenwettbewerbs wurde schließlich der Entwurf von Bruno Schmitz aus Berlin umgesetzt und dazu 1898 der Grundstein gelegt. 1913 war das Monument vollendet – 100 Jahre nach erwähnter Völkerschlacht. Es ist mit seinen 91 Metern eines der höchsten Denkmale überhaupt und eine weithin sichtbare Landmarke der Stadt. Auffallend ist im Inneren die überdimensionale Krypta als Symbol für die ca. 120.000 Opfer der Schlacht. In jüngerer Vergangenheit war das Denkmal sanierungsbedürftig geworden, die Renovierung des Turmes wurde (nicht von ungefähr) 2013 abgeschlossen.

Michaeliskirche

So erinnert dieses Bauwerk speziell an eine bestimmte militärische Auseinandersetzung, und viele andere Gebäude Leipzigs sind Opfer von Kriegszerstörungen geworden. Nur wenige Kirchen blieben beispielsweise von Bombenangriffen verschont – so wie die Michaeliskirche. Sie ist die Hauptkirche der Nordvorstadt. Kriegsschäden hat sie nicht erlebt. Ungewöhnlich ist sie bereits von außen, und zwar bezogen auf ihre seltene Nord-Süd-Ausrichtung. Damit passt sich der Kirchenbau ausdrücklich nicht dem Sonnengang, sondern den vorherrschenden Straßenzügen an. Die an der Chorseite umliegenden Kapellen fallen ebenfalls auf, und der zentral positionierte Turm ist mit seinen 70 Metern

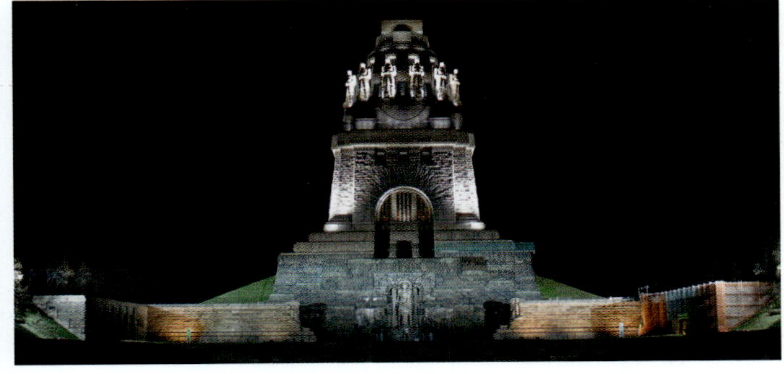

Nächtlicher Blick zum Völkerschlachtdenkmal

einer der höchsten Leipzigs. Besonderes Ausstattungsstück ist eine bedeutende Orgel. Sie entstand, wie so oft, zum Abschluss des Gesamtbaus der Kirche, 1904. Ihr Orgelbauer war Wilhelm Sauer, der zu diesem Zeitpunkt bereits die Instrumente in St. Petri und St. Thomas errichtet hatte. Die farbenreiche Disposition besteht aus 47 Registern, die auf drei Manuale und Pedal verteilt sind. Dazu kommen noch mehrere Koppeln und Spielhilfen. Das Besondere an dieser Orgel ist: Sie konnte in ihrer ursprünglichen Gestalt erhalten werden. Seit 1999 erklingt das Instrument wieder in seiner vom Orgelbauer angedachten Weise, nachdem die Firma Christian Scheffler aus Sieversdorf eine dreijährige, umfangreiche Restaurierung durchgeführt hat. Häufig wird diese zugleich machtvoll und weich klingende Orgel in den Gottesdiensten und mehreren Konzerten im Jahr eindrucksvoll zum Klingen gebracht.

Leipziger Notenspur

Für Leipzig ist charakteristisch, dass es sich stets einerseits traditionsbewusst, andererseits gegenwartsbezogen gibt. Und so geht die Stadt heute im wörtlichen Sinne ganz neue Wege, um die zahlreichen musikhistorischen Stationen im Stadtgebiet hör- und erlebbar zu machen. Im Mai 2012 wurde die Leipziger Notenspur eröffnet, eine in dieser Form einmalige Initiative. Drei Wanderwege sind eingerichtet, die ausgewählte musikkulturelle Punkte Leipzigs erkennbar miteinander verbinden: Die „Notenspur" führt an den wichtigsten Stationen der Innenstadt vorbei, der „Notenbogen" ist ein ergänzender Spaziergang durch das Gründerzeitviertel im Westen, und das „Notenrad" stellt einen längeren musikalischen Radwanderweg durch Leipzigs Vororte dar. Zusätzlich finden schon seit einiger Zeit an verschiedenen Orten innerhalb der drei Routen einzelne Musik-Salons als Veranstaltungen statt.

Leipzig

Information	Leipzig Tourismus und Marketing GmbH, Tourist-Information Katharinenstraße 8 04109 Leipzig Tel. 0341 7104-260 Fax 0341 7104-271 E-Mail: info@ltm-leipzig.de
Sakrale Bauten	Thomaskirche, Nikolaikirche, Paulinum, Propsteikirche, Peterskirche, Reformierte Kirche, Russische Gedächtniskirche, Michaeliskirche, Gedächtniskirche Schönefeld, Taborkirche, Gnadenkirche, Lutherkirche
Museen	Bach-Museum, Stadtgeschichtliches Museum, Museum für Musikinstrumente, Galerie für Zeitgenössische Kunst, Museum für Angewandte Kunst, Museum der bildenden Künste, Naturkundemuseum, Deutsches Buch- und Schriftenmuseum, Gedenkstätte Museum in der „Runden Ecke", Zeitgeschichtliches Forum, Panometer, Museum für Völkerkunde, Ägyptisches Museum, Deutsches Kleingärtnermuseum

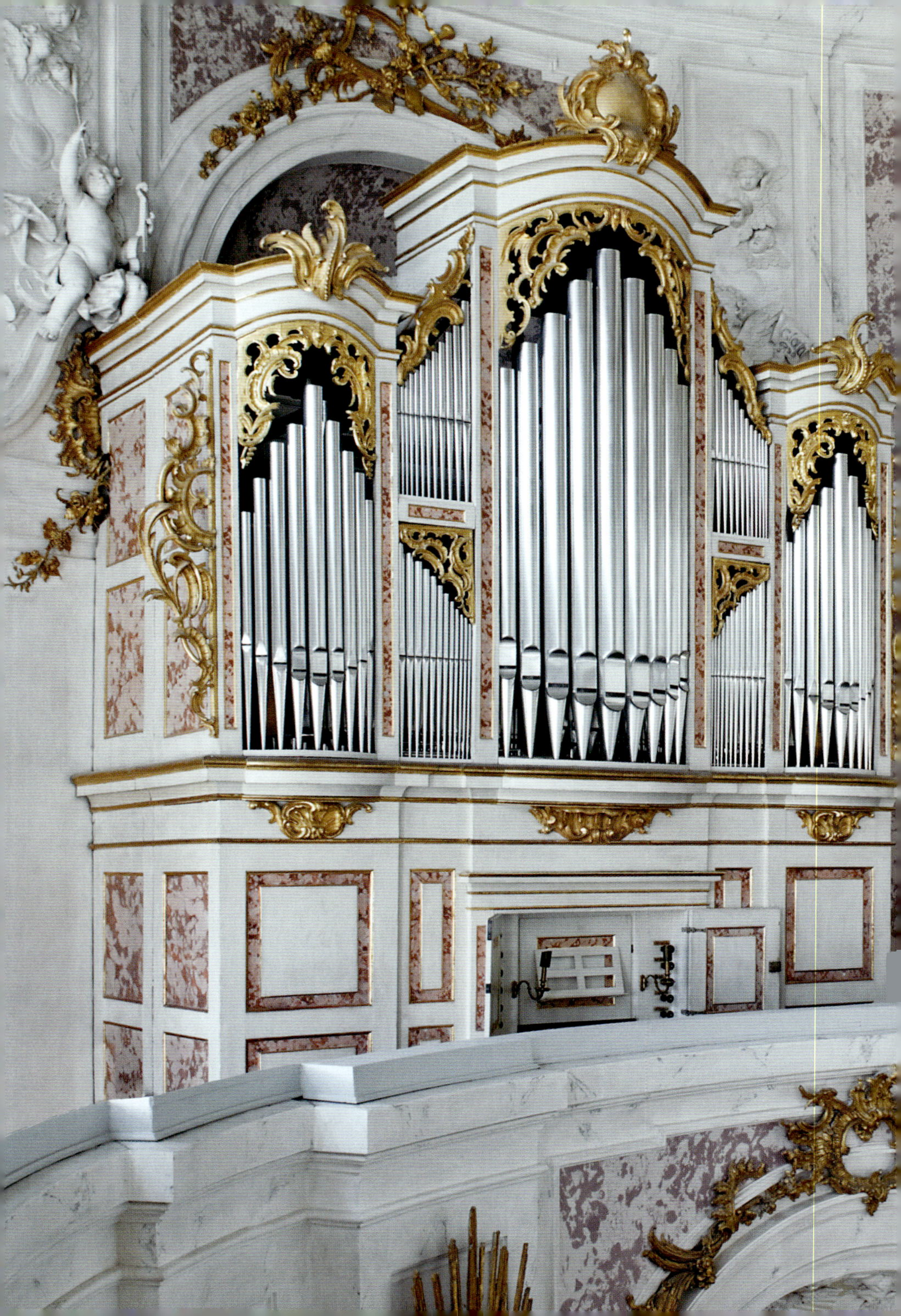

Die Schramm-Orgel in der Schlosskapelle zu Hubertusburg

Disposition > Seite 202

Orgelbauer:
Tobias Schramm
Erbauungszeit:
unbekannt
Restaurierungen, Umbauten:
1928 – 1939, 2001

Könnte man Hubertusburg auch als „Klein-Dresden" bezeichnen? Das liegt jedenfalls nahe, denn die Bezüge zwischen dieser prächtigen Schlossanlage und der sächsischen Metropole sind zahlreich. In der Schlossgeschichte fallen Namen wie August der Starke, Johann Christoph Knöffel, der am Bau der Dresdner Hofkirche beteiligt war, oder Johann Baptist Grone, der die Malereien der Frauenkirchenkuppel in Dresden gestaltete. Dennoch scheint es unpassend, Hubertusburg – auch im Vergleich mit Dresden – als klein zu bezeichnen. Denn klein ist Hubertusburg keineswegs. Hier steht das größte Jagdschloss Sachsens, wobei sich der Bezug zur Jagd auch im Schlossnamen widerspiegelt. Die erste Bauvariante ließ sich August der Starke 1721 – 1724 etwa auf halbem Weg zwischen Oschatz und Wurzen errichten. Und dessen Sohn veranlasste dann, dass Johann Christoph Knöffel in sieben Jahren bis 1751 das Schloss völlig umzubauen hatte. Diese Kompletterneuerung der Schlossanlage verschlang übrigens eine beträchtliche Summe von 1,2 Millionen Talern – das entsprach zu dieser Zeit etwa einem Sechstel der jährlichen sächsischen Staatseinnahmen. Der enorme Aufwand stand rückblickend in keinem Verhältnis zur relativ kurzen Zeit, die der sächsische Hof hier gelegentlich weilte: Bereits zehn Jahre nach der endgültigen Fertigstellung des Schlosses wurde es im Siebenjährigen Krieg verwüstet und geplündert. Abgesehen von der Kapelle. Diese blieb als einziger Ort original erhalten. Dafür sorgte u.a. der damalige Hofkaplan A. N. Schubert, auf dessen Bitten hin die Schlosskapelle nicht angetastet wurde. So entging sie der Zerstörung. Seit 1827 fungiert sie als katholische Gemeindekirche.

Von außen ist sie nicht wahrnehmbar. Doch im Inneren des Eingangsflügels befindet sie sich – ein über die drei Stockwerke reichender Raum in solch prachtvoller Größe und Ausstattung, wie es auch den anderen Teilen des Schlosses entsprochen haben mag. Auch wenn bereits eine bescheidenere Kapelle in der erstgebauten Schlossanlage bestanden hatte, wurde sie ebenfalls bis 1745 erneuert. Zu den Ausstattungsstücken zählt ein kleines und prächtiges Orgelwerk. Selbst dieses hat Dresdner Bezüge. Denn der in der Elbestadt tätige Orgelbauer Tobias Schramm (1701 – 1771) errichtete es ursprünglich für die Kaiserkapelle in Dresden-Neustadt. Erst anschließend gelangte die Orgel, eine Stiftung der Königin Maria Josepha, von dort nach Hubertusburg. Der Zeitpunkt ist unbekannt.

Wie Tobias Schramm zum Orgelbau gelangte und wer seine Lehrmeister waren, kann man nicht sagen. Wohl dürfte feststehen, dass er kein Schüler Gottfried Silbermanns war. Er wuchs nicht weit von Dresden auf, in Bad Schandau. Und erst als fast 42-Jähriger bekam er das Bürgerrecht von Dresden zuerkannt, wo er bis zu seinem Lebensende bleiben sollte. Er wurde gleich Stadtorgelbauer und 1766 Hoforgelbauer. So gehen einige Orgelneubauten und vor allem Restaurierungen, etwa in der Dresdner Sophienkirche, Frauenkirche und Hofkirche, teilweise auf ihn zurück.

Schramms kleine Orgel in Hubertusburg, auf der Empore über dem Altar postiert, ist ein Blickfang. Ihre reichen Verzierungen im Rokokostil stechen besonders hervor. Sie hat zehn Register, die auf jeweils einer Manual- und Pedalklaviatur ver-

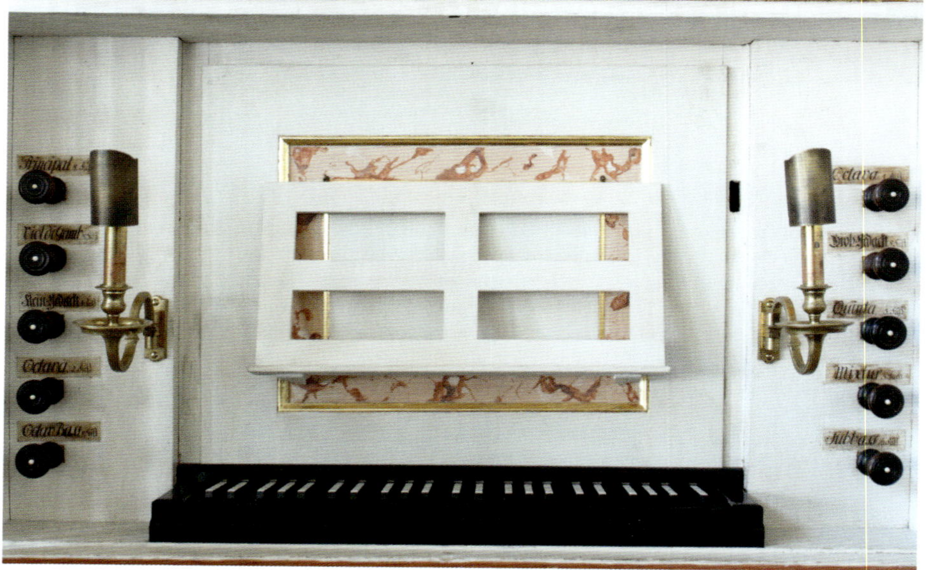

Spielanlage

teilt vorliegen. Dass sie heute wieder mit ihren ursprünglichen Klangcharakteren erklingt, geht zunächst auf langjährige Gespräche und Verhandlungen mit dem damaligen VEB Eule Orgelbau Bautzen zurück, die schon in den 1980er Jahren begannen. Zu dieser Zeit war das Instrument in einen beklagenswerten Zustand geraten. Dabei waren die munitionsbestimmte Abgabe der Zinnpfeifen im Jahr 1917 und die zeitgebundenen Aktualisierungen durch Alfred Schmeisser zwischen 1928 und 1939 noch nicht das Gravierendste. Erst Kriegseinwirkungen 1945 setzten dem kleinen Orgelwerk bis zur Unspielbarkeit zu.

Bei den ersten Beratungen mit der restaurierenden Orgelbaufirma bestand schnell Einigkeit darüber, die Schramm-Orgel wiederaufzubauen. Doch finanzielle Mittel fehlten. Als diese dann durch gemeinsames Engagement von Gemeinde, Förderverein und Land aufgetrieben waren, kam die Restaurierung durch den Eule Orgelbau relativ schnell voran. Schließlich gelang nach etwa einem Jahr die behutsame Erneuerung des Instruments, das am Pfingstmontag 2001 feierlich wiedergeweiht werden konnte. So erhielt die Kirchengemeinde den Klang ihrer kleinen Schramm-Orgel nach jahrzehntelangem Schweigen wieder zurück. Und dies in der klanglichen Originalgestalt – so, wie die Orgel zuletzt knapp hundert Jahre zuvor erklungen haben mag.

Allegorische Instrumentendarstellung (Stuckrelief mit Teilvergoldung) an der Wand rechts neben der Orgel

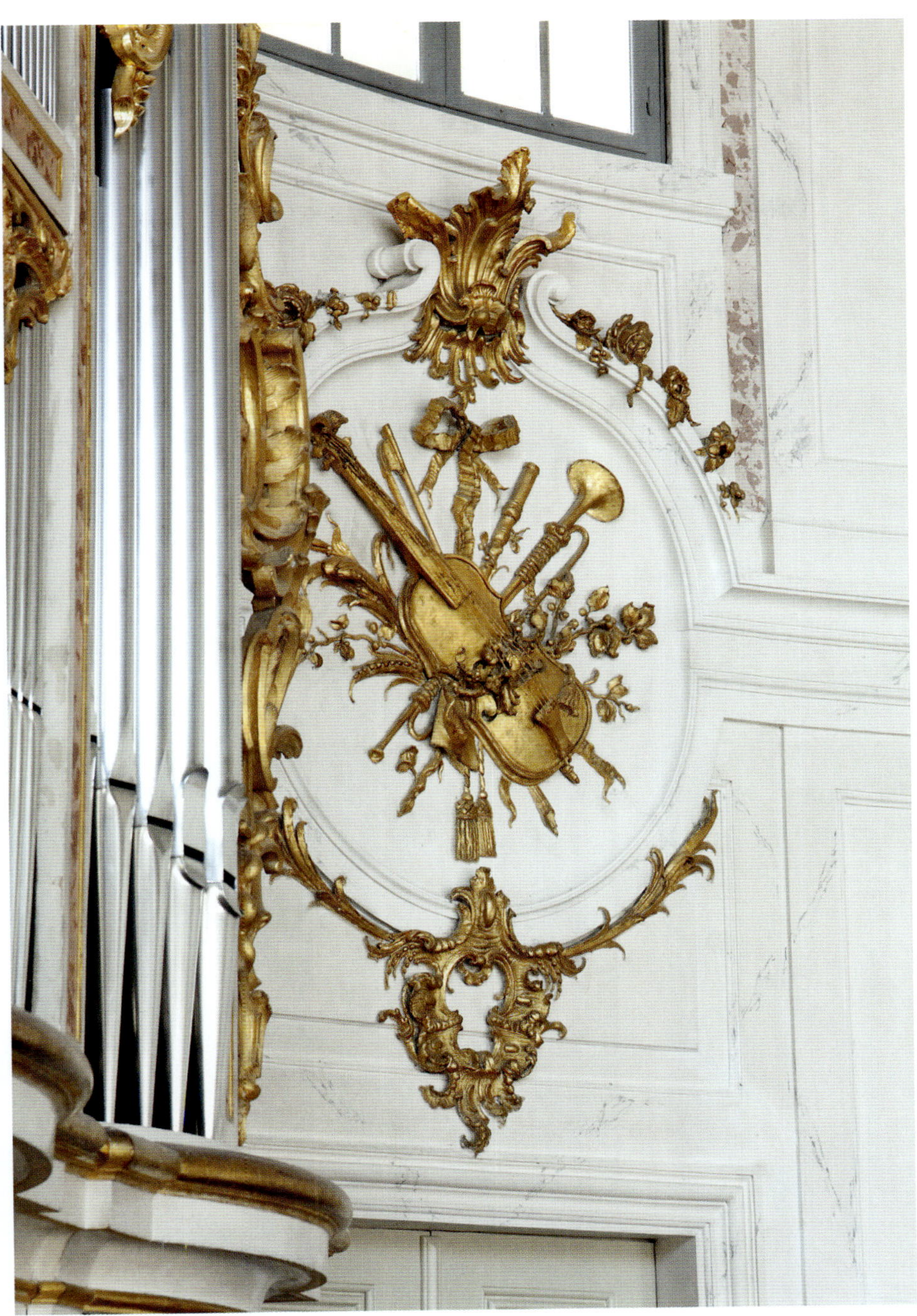

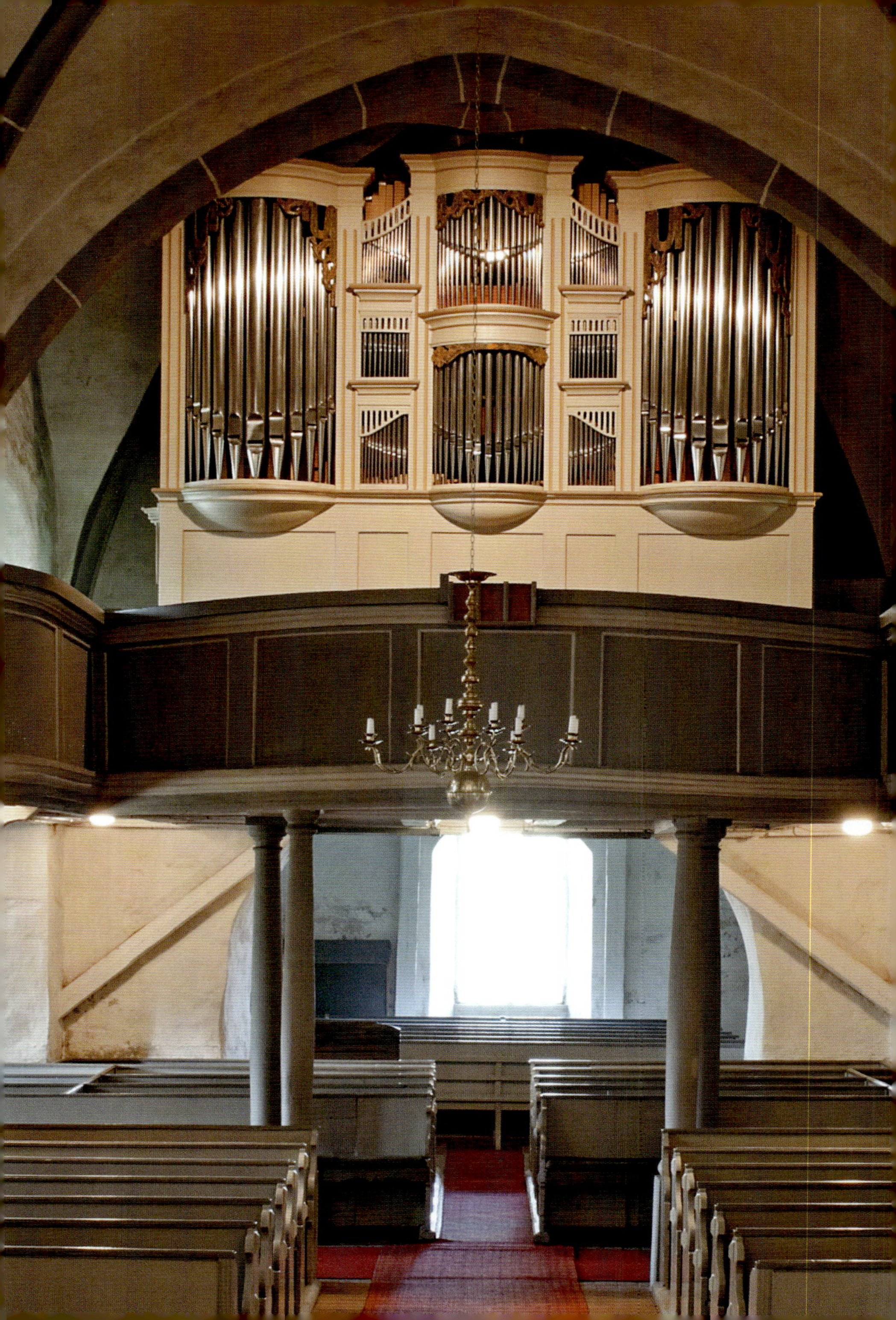

Die Vogler-Orgel in der Stadtkirche St. Marien zu Schildau

Disposition > Seite 203

Orgelbauer:
Mathias Vogler
Erbauungszeit:
1805
Restaurierungen, Umbauten:
1939, 2000 – 2003

Als 1586 ein Gremium nach Schildau kam, um in der Marienkirche pflichtgemäß eine Visitation durchzuführen, waren die beteiligten Personen entsetzt: Der Platz des Organisten war verwaist, das Instrument deswegen neuerdings völlig unbespielt. Dabei hatte der Schildauer Rat schon unmittelbar nach dem Einbau der Orgel 1583 zugesichert, einen Organisten zu halten und dafür eigens Geld bereitzustellen. Aber er kam dieser Zusicherung nicht nach, und der Organist wurde letztlich mit Kirchgeld aus dem Gotteskasten entlohnt, das nach drei Jahren komplett aufgebraucht war – ein (in Anlehnung an den Ortsnamen) echter Schildbürgerstreich! Der Organist wurde entlassen, und so war die Orgel zum Zeitpunkt der Visitation „ungeschlagen".

Damit taucht zum ersten Mal in der Schildauer Stadtkirchengeschichte eine Orgel auf. Zuvor gibt es für ein solches Instrument hier keine Hinweise. Wie es aussah oder disponiert war, ist auch nicht bekannt. Aber diese Orgel ist ein Beispiel für einige Orgelneubauten, die in der Gegend um Torgau seit etwa dem Ende des 15. Jahrhunderts für ungefähr 100 Jahre entstanden. Beispielsweise wurde ein Instrument für die Stadtkirche Torgau im Jahre 1535 von dem seinerzeit geschätzten Blasius Lehmann aus Bautzen geschaffen, der viele große und qualitativ hervorragende Orgeln baute.

Doch das einst so verwaiste Instrument in Schildau sollte nur verhältnismäßig kurz bestehen. Denn eine Feuersbrunst, verursacht durch einen schwedischen Angriff im Dreißigjährigen Krieg, richtete 1637 an einem Großteil der Kirchenausstattung und damit auch an der Orgel erheblichen Schaden an. Das Nachfolgeinstrument bleibt im Nachhinein sehr unpersönlich. Wir wissen von ihm ungefähr genauso wenig wie von der zuerst nachgewiesenen Orgel des Gotteshauses. Es entstand zwölf Jahre nach dem Brand, gelangte von Dresden nach Schildau und wurde im 18. Jahrhundert restauriert.

Und erst hier wird die Orgelgeschichte in der Marienkirche konkret: Der gleichfalls in der Gegend angesehene Orgelbauer Johann Christian Friedrich Flemming (1745 – 1810) aus Torgau führte eine aufwendige Reparatur an der Orgel durch. Flemming war bereits in zweiter Generation in der Stadt tätig und einer der vielbeschäftigten Meister seines Faches in der Region. Zwischen den 1770er Jahren und dem Beginn des 19. Jahrhunderts lieferte er insgesamt 24 Neubauten in die zumeist kleineren Kirchen der Umgebung. Und zu seinem umfassenden Arbeitsbereich gehörten auch Orgelreparaturen, wie 1776 in Schildau.

Doch so aufwendig diese Überholung wohl war – die genauen Maßnahmen kennen wir nicht –, wird langfristig nicht die Qualität beibehalten worden sein, oder der Gemeinde genügte generell die Klangausstrahlung ihrer Orgel nicht mehr. Jedenfalls ist es schon erstaunlich, welch vergleichsweise großes Orgelwerk dann 1805 in Schildau errichtet wurde. Diese Orgel stellte alles Bisherige in den Schatten. Für sie musste sogar die Kirche, speziell der Chorraum, umgebaut werden, damit sie mit ihren doch beträchtlichen Ausmaßen überhaupt Platz finden konnte. Der mittlerweile im entfernten Naumburg tätige, ursprünglich aber mit der Umgebung Schildaus verbundene Mathias Vogler (1750 – 1828) hatte sie

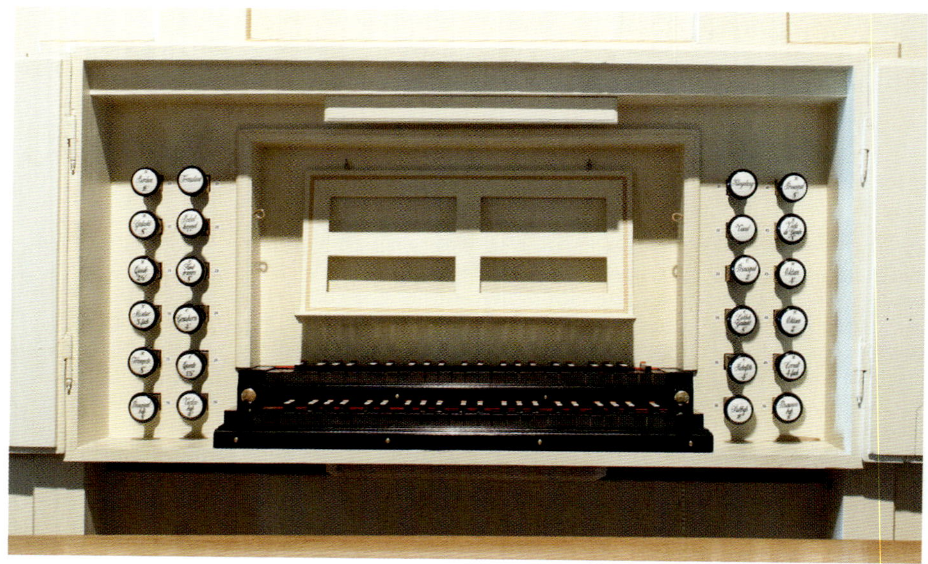

Spielanlage

gebaut. Er versah sie mit 20 Registern, deren Pfeifen auf Hauptwerk, Oberwerk und Pedal verteilt sind. Teils orientierte er sich noch an einer barock beeinflussten Klangästhetik, ging aber auch bewusst andere Wege in der Disposition. Wenn er auch den Charakter der Werke klar voneinander absetzte, wurden doch die Registerfarben schon allmählich wärmer, weniger obertönig. Und deswegen war Vogler ein im Nachhinein wichtiges Bindeglied zwischen barockem und romantischem Orgelbau.

Ursprünglich stammte er aus dem bayerischen Altstadt. Vermutlich war er ein Schüler Flemmings. Dies wird deswegen angenommen, weil er während einer Arbeit an der Wurzener Domorgel unter der Leitung Flemmings erstmals als Orgelbauer auftaucht. Nach seiner Lehre war er wohl zunächst in Leipzig, dann in Naumburg tätig, und viele seiner Instrumente entstanden schließlich von hier aus in einem Umkreis von etwa 30 km. Vogler errichtete handwerklich hervorragende Instrumente, die dank seiner großen Intonationskunst auch klanglich höchsten Ansprüchen genügen.

Doch seine Schildauer Orgel blieb leider nicht unversehrt. Abgesehen von dem an vielen Orgeln vorgenommenen Abtransport der Zinn-Prospektpfeifen zu Munitionszwecken im Jahre 1917, hatte vor allem ein umfassender und entsprechend einschneidender Eingriff fast nur negative Folgen für die Vogler-Orgel: Gustav Heinze aus Sorau führte seinen Umbau 1939 zum großen Teil unsachgemäß aus. Als positiv zu wertende Maßnahmen beseitigte er den inzwischen massiv fortgeschrittenen Holzwurmbefall und baute ein Gebläse ein. Doch darüber hinaus nahm er größere Veränderungen an Disposition, Mensur, Stimmung und Registeranordnung vor, beseitigte und erneuerte die Manualklaviaturen (mit geändertem Tonumfang), änderte die Registerbeschriftung und verunstaltete zu guter Letzt das Instrument durch eher unsensibles Anbringen elektrischer Leitungen und Schalter. Da sich diese Umbauten u. a. erheblich auf Klang und Spielbarkeit auswirkten, war nach mehreren Jahrzehnten eine erneute Großreparatur unvermeidlich. Und diese sollte gleich mit dem Ziel durchgeführt werden, mög-

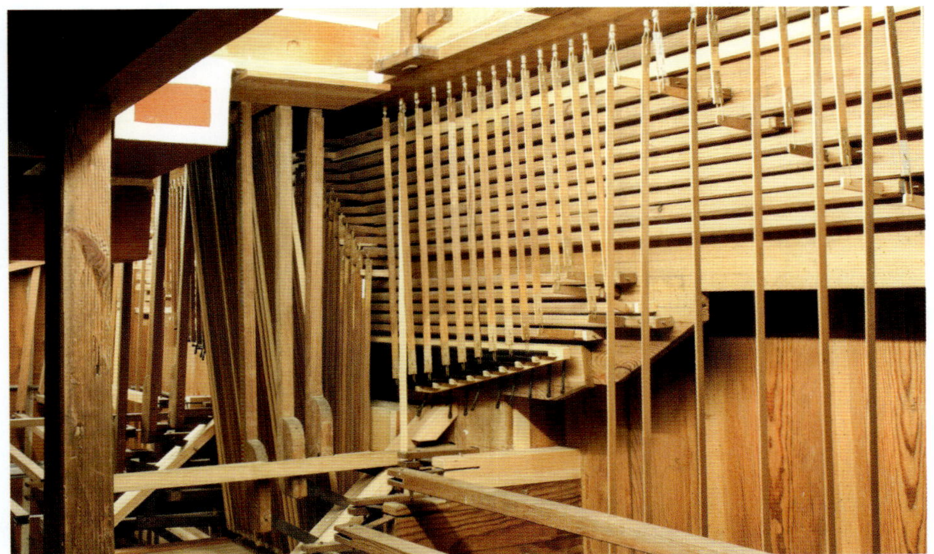

Wellenbrett mit Trakturdetail

lichst die alte Klangsubstanz der Vogler-Orgel wiederzugewinnen. Zahlreiche Förderer vornehmlich aus dem engeren Umkreis, aber auch weiter darüber hinaus, machten dieses Vorhaben erst finanziell möglich.
In einer lang angelegten, insgesamt dreijährigen Restaurierung nahm sich die Firma Mitteldeutscher Orgelbau A. Voigt aus Bad Liebenwerda des Instrumentes umfassend an. Nach ersten Gesprächen, die ein paar Monate vorher stattfanden, erstellte sie im Dezember 2000 ein erstes Restaurierungskonzept. Und sie nahm sich auf speziellen Reisen einige Vogler-Orgeln (in Dothen und Prittitz) zum Vorbild. Die Erkenntnisse wurden dann auf Schildau und sein Instrument übertragen. Auch die ursprüngliche und mittlerweile mehrfach übermalte Farbfassung wurde minutiös wiederhergestellt. Der Klang der Register dürfte seit dem Abschluss der Arbeiten 2003 den Vorstellungen Voglers entsprechen. Einziges Zugeständnis blieb, dass die Stimmtonveränderung Heinzes nicht rückgängig gemacht wurde. Unmittelbar nach dem Ende der Restaurierung, am 21. September, erklang die Orgel zum ersten Mal in annähernd originaler Gestalt und überzeugte sowohl Spieler als auch anwesende Hörer.

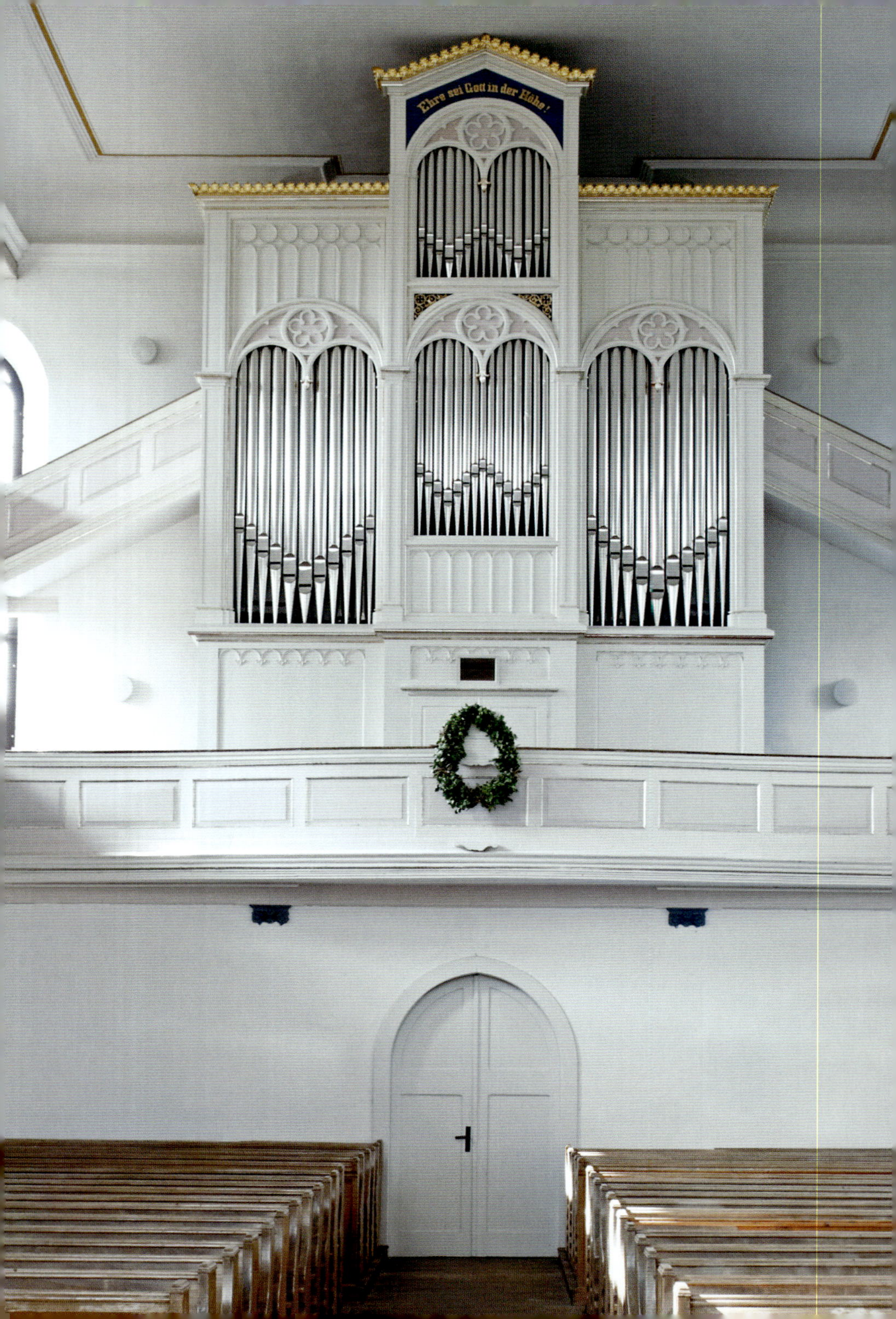
Ehre sei Gott in der Höhe!

Die Ladegast-Orgel in der Kirche Altleisnig zu Polditz

Disposition > Seite 203

Orgelbauer:
Friedrich Ladegast
Erbauungszeit:
1868
Restaurierungen, Umbauten:
1996/97

Eigentlich ist die Kirche des kleinen Dorfs Polditz viel zu groß geraten. Ein solches Bauwerk passt nicht in dörfliche, sondern eher städtische Umgebung. Sein Innenraum ist so geschaffen, dass er etwa 1000 Sitzplätze bieten kann, was schon der Fülle eines mittleren Konzertsaals entspricht. Die ungeahnt mächtige Außenansicht der Kirche wirkt in der Atmosphäre ihres Standorts irritierend und anziehend zugleich.

Dass sie so überdimensioniert ausgefallen ist, war durchaus keine Fehlplanung. Als sie gebaut wurde, rechnete der Ort mit einem großen Bevölkerungszuwachs. Es war die Zeit zunehmender Industrialisierung. Torfkohlevorkommen in der Gegend versprachen einigen Gewinn abzuwerfen und viele Menschen anzuziehen. Doch soweit kam es nicht. Die Vorkommen im nicht weit entfernten Thümmlitzwald waren weniger ergiebig als erhofft. Die Größe der Lagerstätte erwies sich als relativ gering, und Torfkohle selbst war nichts anderes als minderwertige Braunkohle mit einem hohen Holz- und Schwefelanteil. Daher hielt sich der einst so erwartungsvoll begonnene Abbau in Grenzen, und Polditz blieb letztlich so, wie es war: bescheiden und klein. Doch die zu große Kirche war inzwischen gebaut.

Gezielt hatte die Gemeinde sie an dieser Stelle errichten lassen. Durch ihre Position und die Lage auf einer kleinen Anhöhe ist sie nicht hochwassergefährdet. Das war bei der Vorgängerkirche anders, die bis 1860 im benachbarten, etwa drei Kilometer entfernten Altleisnig stand. Sie wurde regelmäßig ein Opfer des Mulde-Hochwassers. In dieser doch wesentlich kleineren Kirche gab es auch eine Orgel, ein aus 15 klingenden Stimmen bestehendes Werk des Orgelbauers Johann Georg Friedlieb Zöllner von 1790. Im Laufe der Jahre wurde sie wohl ziemlich vernachlässigt, denn sie war schon 1848 in einem solch beklagenswerten Zustand, dass sie grundlegend überholt werden musste. Tragisch ist nur, dass den Restaurierungen des Orgelbauers Carl Gottlob Häcker aus Borna kein langes Weiterleben der Orgel folgte. Denn schon 1860, genauer am 25. März, gingen bei einem Brand die Altleisniger Nikolaikirche, ihre Turmuhr, die Glocken und die Orgel in Flammen auf.

Schon während des Baus an der neuen, großen Polditzer Kirche machte sich die Gemeinde Gedanken über eine Orgel. Und der Weißenfelser Orgelbauer Friedrich Ladegast legte Anfang 1864 ein Angebot vor, das letztlich angenommen wurde: ein Orgelneubau mit 33 Registern, verteilt auf drei Manuale (Hauptwerk, Oberwerk und Schwellwerk) und Pedal mit 4 Nebenzügen – all dies zu einem Gesamtpreis von 2954 Talern. Doch obwohl die Gemeinde diesem Kostenanschlag zustimmte, konnte das Orgelprojekt erst zu späterem Zeitpunkt begonnen werden. Der Kirchenbau war noch nicht vollendet und die finanziellen Mittel im übrigen weitgehend erschöpft. Alles zog sich in die Länge. Doch etwa anderthalb Jahre später wandte man sich wieder an Ladegast, diesmal mit der Bitte, eine kleine Interimsorgel für die im nächsten November bevorstehende Kircheneinweihung erhalten zu können. Ladegast bot zwei unterschiedliche Instrumente an, von denen er das größere ausdrücklich empfahl – es müsste nur bei

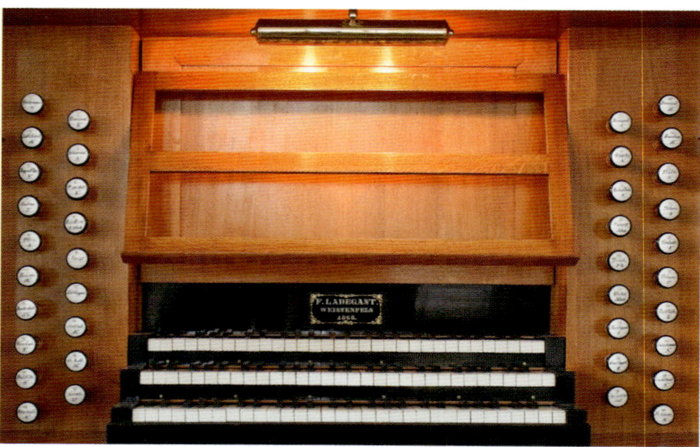

Spielanlage

seinem Kollegen Conrad Geißler in Eilenburg abgeholt werden. Diese aus sechs oder sieben Registern bestehende Notbehelfsorgel sollte dann dem großen Besucheransturm bei der Kircheneinweihung am 5. November nicht lange standhalten. Denn bereits zwei Tage später wurde klar, dass sie erheblichen heulenden Schaden genommen hatte. Der Grund war wohl, dass einige der Anwesenden bei der Kirchweihe ihre Hüte und Regenschirme in der Orgel hinterlegt hatten!
Ladegasts große Polditzer Orgel war gut drei Jahre später fertig, und in einer festlichen „Feier der Orgelweihe" am 1. Adventssonntag 1868 wurde sie ihrer Bestimmung übergeben. Ein paar Tage zuvor war sie bereits knapp zwei Stunden lang umfangreich geprüft worden, von Musikdirektor Hermann Langer aus Leipzig. Er zeigte sich wahrhaft beeindruckt von der Qualität. Aus seinem Gutachten spricht, dass er mit buchstäblich allem, was diese Orgel zu bieten hatte, vollauf zufrieden war. Er hob lobend die hervorragende technische Verarbeitung hervor, erwähnte die „durchgängig schön gelungenen und ganz vorzüglichen Stimmen" der Orgel und betonte die „edle, kräftige, erhabene Wirkung des vollen Werkes".
Doch die hohe Qualität, die der Orgel einst zueigen war, wurde nicht konstant beibehalten. Im Laufe der Zeit trugen Feuchtigkeit, erheblicher Verschleiß, beträchtliche Verschmutzung und erzwungene Pfeifenabgabe dazu bei, dass die Orgel in einen immer schlechteren Zustand geriet. Zu Zeiten der DDR war es kaum möglich, angemessene Reparaturen an Orgel (und mittlerweile auch Kirche) durchzuführen. Entweder fehlten die Materialien oder die finanziellen Möglichkeiten. Und schließlich wäre die Kirche nach einem Beschluss der Gemeinde vom Beginn der 1980er Jahre sogar fast aufgegeben und die Orgel verkauft worden. Das Dach sollte abgetragen werden und die Mauern des Gotteshauses als Ruine stehenbleiben, da selbst für den Abriss das Geld fehlte.
Dies alles wäre wohl so gekommen, wenn sich für die Ladegast-Orgel ein Abnehmer gefunden hätte. Da ein solcher aber ausblieb, bot sich 1985 für den in Polditz neu eingesetzten, energischen Pfarrer die Möglichkeit einer Kehrtwende. Durch seine Initiative und größtes bürgerliches Engagement wurde die Kirche über Jahre gesichert und restauriert, sodass 1992 der Innenraum wieder eingeweiht werden konnte.
Und inzwischen hatte sich auch einiges zum Erhalt der vernachlässigten Ladegast-Orgel getan: Die Organisten Michael Schönheit und Martin Rost besuchten kurz nach der politischen Wende 1989 die Polditzer Kirche und waren vom

Trakturdetail

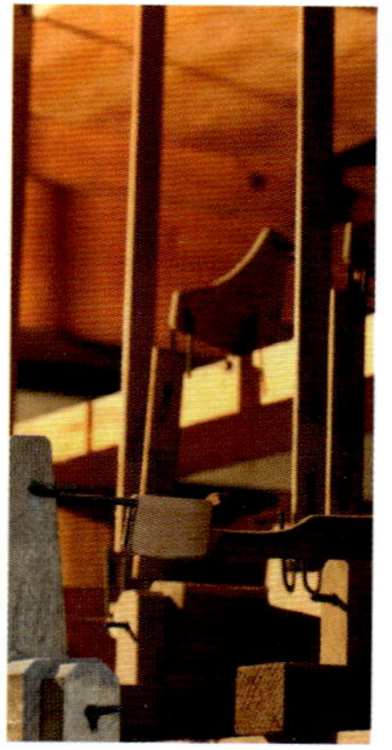

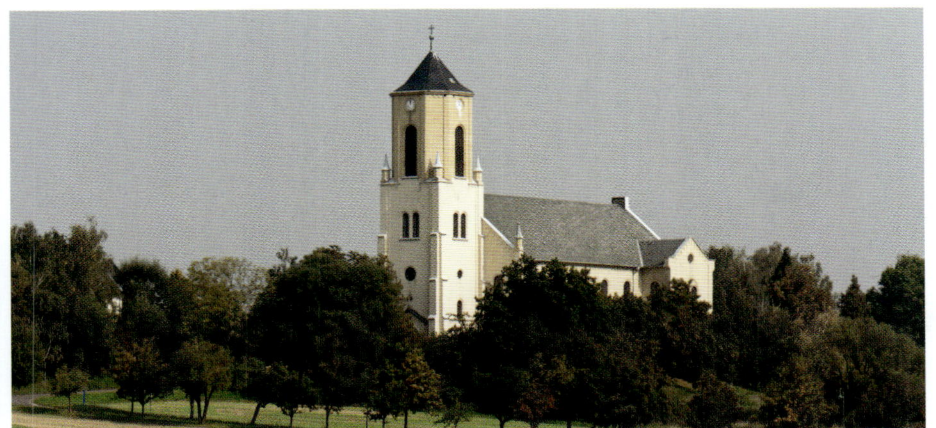

Blick zur Kirche

Zustand der Ladegast-Orgel entsetzt, gleichzeitig aber auch überzeugt, dass dieses Instrument restauriert werden musste. Und so begann ein Jahr später die umfangreiche Renovierung der Ladegast-Orgel. Verantwortlich hierfür war die Werkstatt Christian Scheffler aus Sieversdorf. Es stellte sich heraus, dass einerseits vieles an diesem Instrument inzwischen marode erschien, andererseits aber kaum etwas verändert worden war. Die Originalsubstanz war weitgehend erhalten geblieben. Und so wurde die Orgel in allen Teilen optimiert und behutsam auf ihren Originalzustand zurückgeführt. Das geschah aber erst fünf Jahre später, also 1996, denn zunächst mussten Landeskirchenamt und Regierungspräsidium ihre Unterstützung zusichern. Sonst wäre das umfangreiche Projekt nicht zu finanzieren gewesen. Nach Abschluss der Arbeiten konnte dann am Pfingstmontag 1997 die Polditzer Orgel von Friedrich Ladegast wieder so prächtig wie unmittelbar nach ihrer Errichtung erklingen; eine enorme Spendenbereitschaft von Einwohnern und lokalen Unternehmen hatte dafür gesorgt, dass mit der Kollekte des Einweihungsgottesdienstes bereits der letzte finanzielle Baustein für die 245.000 DM teure Restaurierung aufgebracht werden konnte.
Aber was wäre all dies wert, würde die restaurierte Orgel nicht genutzt? Zum Glück gibt es in Polditz auch in dieser Hinsicht ein Musterbeispiel für bürgerschaftliches Engagement. Der Orgelverein Polditz e.V., 1992 gegründet und aktuell etwa 30 Mitglieder zählend, veranstaltet alljährlich eine Orgelwoche um das Pfingstfest herum sowie eine „Orgelreigen" betitelte Konzertreihe mit je einem Orgelkonzert monatlich von April bis November. Zu diesen gut besuchten Konzerten konnten bereits namhafte Organisten begrüßt werden, die oftmals davor oder danach noch an anderen bedeutenden mitteldeutschen Ladegast-Orgeln wie derjenigen im Merseburger Dom spielen. Auch für CD-Aufnahmen wurde das Instrument schon mehrfach herangezogen. Und um originelle Ideen ist man in Polditz nie verlegen: 2010 etwa kochte der Organist Denny Wilke vor dem Konzert noch Thüringer Klöße für die Besucher.

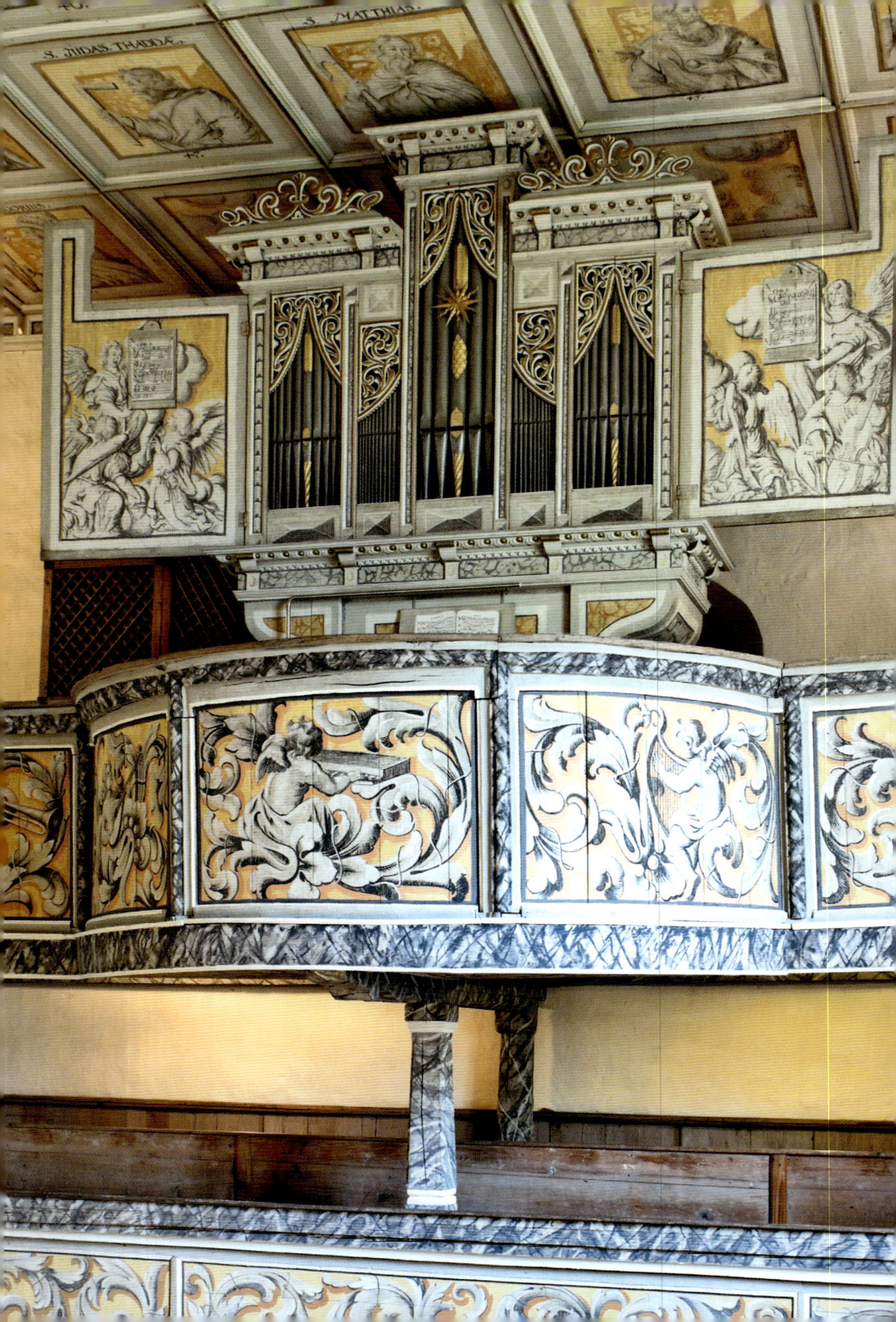
S. MATTHIAS.

Die Richter-Orgel in der Dorfkirche zu Pomßen

Disposition > Seite 203

Orgelbauer:
Gottfried Richter
Erbauungszeit:
1670/71
Restaurierungen, Umbauten:
1727, 1887, 1933/34, 2000 – 2006

Das Dorf Pomßen mit seinen ca. 700 Einwohnern liegt etwa 20 Kilometer von Leipzig entfernt an der alten Verbindungsstraße nach Grimma. Der Dorfkern hat zwei größere Wahrzeichen – das mehrfach umgebaute Schloss (ursprünglich eine Wasserburg) und die ungewöhnliche Dorfkirche.
Ungewöhnlich ist sie schon wegen ihres trutzigen, das ganze Bauwerk dominierenden Turmes. Altehrwürdig steht das Gotteshaus seit dem 13. Jahrhundert fast unverändert da. Die gegenwärtige Innenausstattung stammt ganz wesentlich aus dem Jahre 1668, so auch die Orgelempore. Einer durch Quellen nicht belegbaren Überlieferung zufolge soll hier sogar einmal Johann Sebastian Bach zugegen gewesen sein, als er nämlich 1727 beim Trauergottesdienst für den Königlichen Kammerherrn Johann Christoph von Ponickau die Kantate „Ich lasse dich nicht, du segnest mich denn" (BWV 157) aufführte. Und schließlich befindet sich in der alten Wehrkirche die älteste Orgel Sachsens.
Trotzdem ist sie nicht ganz so alt, wie lange vermutet wurde. Nach wie vor das am längsten erhaltene Instrument seiner Gattung, musste es inzwischen leicht umdatiert werden. „Um 1600" war der vage Zeitrahmen, in dem man mindestens die Außenansicht der Orgel, ihren Prospekt, verortete. Und doch ist dieser Prospekt nicht so alt wie angenommen. Mittlerweile steht fest, dass er bewusst altmodisch, historisierend im Renaissancestil angefertigt wurde. Nach neueren Erkenntnissen ist die komplette Orgel 1670/71 von Gottfried Richter aus Döbeln (1643 – 1717) erbaut worden. Vermutlich war an dem Bau auch sein Bruder Georg beteiligt.
Dass die Entstehungsgeschichte der Orgel leicht umzuschreiben ist, kam erst durch deren gründliche, denkmalpflegerisch exakte Restaurierung ans Licht. Und was bei einer solchen konsequenten Rückführung zu beachten ist, mag dem Außenstehenden kaum bewusst sein. In die Wege geleitet hatte dies erst ein Förderverein, der sich in Pomßen zum Erhalt der Orgel 1996 gegründet hatte. Und als die Firma Wegscheider im Jahr darauf den Auftrag erhielt, sich der Orgel tatsächlich anzunehmen, waren viele Einzelschritte nötig. Dabei ging es stets um die Frage, wie die Orgel wohl ursprünglich ausgesehen und geklungen haben mag und wie der Originalzustand wiederherstellbar war. Die Ursprungsdisposition kannte man aus erster Quelle. Sie steht in der glücklicherweise erhaltengebliebenen „Orgell-Predigt", die der damalige Pomßener Pfarrer Immanuel Weber am Palmsonntag 1671 zur Weihe des Instruments hielt.
Bei einer Bestandsaufnahme mussten alle Teile der Orgel minutiös auf ihren Zustand und ihr Alter untersucht werden – also das gesamte Pfeifenwerk, die komplette Mechanik, die Windversorgung, die Klaviaturen und Registerzüge sowie Beschaffenheit des Gehäuses und Farbgebung des Prospekts. Genauere Untersuchungen des Holzes brachten schließlich den Hinweis: Die Orgel musste „in einem Guss" 1670/71 entstanden sein.
An der kleinen einmanualigen Orgel mit 13 Registern war inzwischen viel verändert worden. Schon 57 Jahre nach Entstehung hatte der Orgelbauer Johann George Gordt aus Mittweida ein neues Pedalregister hinzugefügt und dafür ein originales

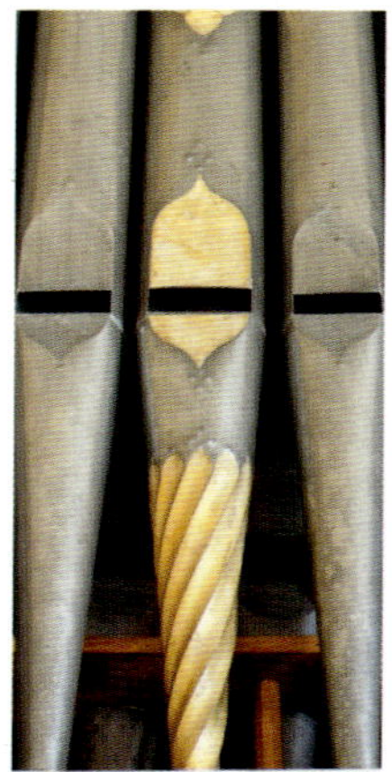

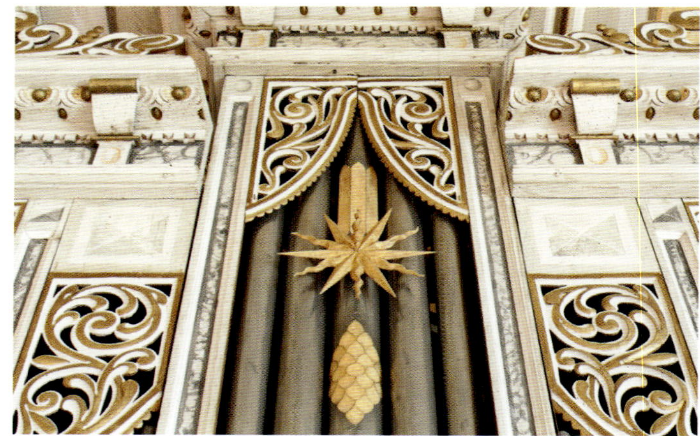

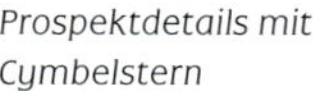
Prospektdetails mit Cymbelstern

kurzerhand beseitigt. Die Originalklaviaturen waren dann seit 1887 verschwunden, als sie Gottfried Hildebrand aus Leipzig erneuerte und gleichzeitig wohl zwei weitere Register ersatzlos ausbaute. Und auch wenn der Rochlitzer Orgelbauer Alfred Schmeisser sich in den 1930er Jahren bemüht haben wird, die ursprüngliche Disposition wiederherzustellen, gelang ihm dies nur unzureichend, da er sich dafür einiger selbst gesammelter alter Register aus seinem „Orgellager" bediente, die sich nur schwer ins Orgelwerk von Richter integrieren ließen. Und zu einem der von Schmeisser eingefügten Orgelregister, einer Vox humana 8', existiert eine interessante Geschichte:

Schmeisser war der Überzeugung, diese Vox humana sei von Gottfried Silbermann geschaffen. Dass er in diesem Punkt irrte, konnte er kaum wissen. Höchstens wenn er die Pfeifenform mit einem ähnlichen Register von Silbermann verglichen hätte, wäre ihm vielleicht etwas aufgefallen. Jedenfalls hatte er das Register ungenutzt auf dem Dachboden der Kirche in Mylau gefunden, als er dort 1911 die Silbermann-Orgel restaurierte. Da es allgemein als von Silbermann stammend galt, hatte Schmeisser keinen Grund, daran zu zweifeln. Er nahm es in seine eigene Sammlung auf – nicht ahnend, dass er keine Vox humana von Silbermann, sondern eine von einem Orgelbauer der Familie Trampeli mitgenommen hatte.

Einige Jahre zuvor, 1890, stellte nach Vollendung des Kirchenneubaus in Mylau der Orgelbauer Carl Eduard Schubert das Innenleben der alten Silbermann-Orgel in ein komplett neues Gehäuse. Anschließend bemerkte er am Register Vox humana solche Unstimmigkeiten, dass er an ihm allein drei Wochen relativ erfolglos herumintonierte – und es deshalb gelegentlich auch „Vox bankrotta" nannte. Sechs Jahre später ersetzte er das Register durch eine andere achtfüßige Stimme und verbrachte die Vox humana von Silbermann angeblich auf den Dachboden der Kirche. Tatsächlich wird es wohl so gewesen sein, dass Schubert als großer Silbermann-Verehrer das Register mitnahm und gegen ein anderes austauschte – wohl ein gleichlautendes aus der nicht mehr existenten Trampeli-Orgel in Neumark, an der Schubert 1894 arbeitete.

Schließlich hat Kristian Wegscheider bei seiner Restaurierung in Pomßen dieses geschichtenumwobene Register nicht beibehalten, da es nicht auf Gottfried Richter zurückgeht. Der Plan des Restaurators, die Vox humana in einer Trampeli-Orgel, z. B. in Bad Lausick, zu verwenden, wurde bisher nicht verwirklicht.

Auch wenn Wesentliches ihrer Substanz erhalten blieb, musste vieles an der Pomßener Orgel mühevoll rekonstruiert werden, um annähernd ihren Originalzustand zurückzugewinnen. Um dabei völlig sicher zu gehen und auch stimmige Vorbilder zu haben, unternahm die Firma Wegscheider einige Studienreisen zu drei der wenigen noch vorhandenen Orgeln Gottfried Richters in Rossau, Kleinolbersdorf und Lippersdorf. Und viele der dort gemachten Entdeckungen konnten überzeugend auf die Orgel in Pomßen übertragen werden.
Seit 2006 ist die gelungene Rekonstruktion dieser ältesten erhaltenen Orgel Sachsens vollendet. Dabei können Klang und Ansprache aus heutiger Perspektive etwas eigenwillig anmuten. Das liegt neben einigen obertönigen Registerfarben vor allem an der historisch korrekten mitteltönigen Stimmungsart. Durch sie erklingen manche Tonarten außergewöhnlich rein, andere hingegen umso schwebender und schärfer. Das Instrument verlangt somit jedem – Spieler wie Hörer – eine ganz kurze Zeit der Annäherung ab. Dann aber ist die gegenseitige Übereinstimmung beglückend und belebend.

Spielanlage

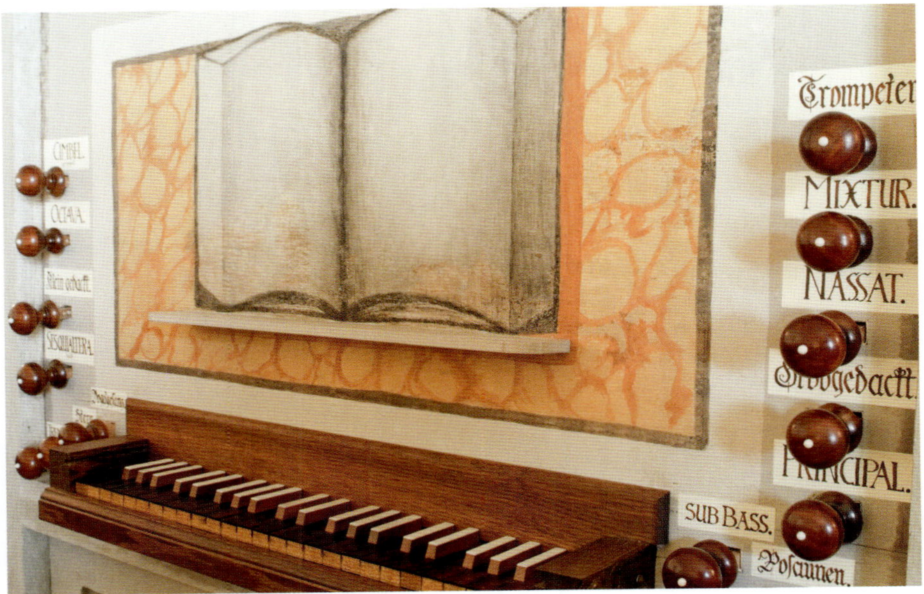

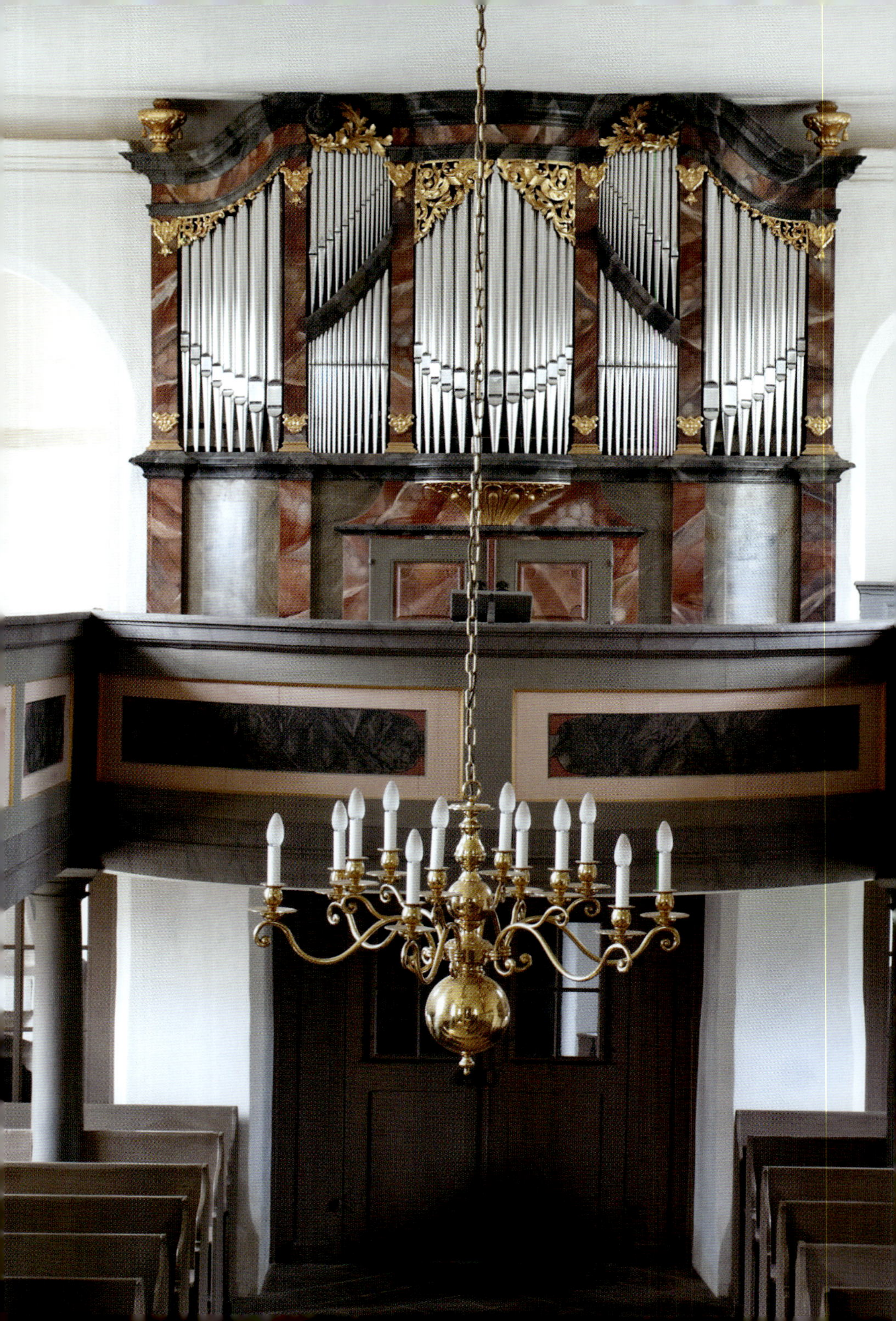

Die Hildebrandt-Orgel in der Kreuzkirche zu Störmthal

Disposition > Seite 204

Orgelbauer:
Zacharias Hildebrandt
Erbauungszeit:
1722/23
Restaurierungen,
Umbauten:
1840, 1934, 2008

Manche Orte drohen schon wegen ihrer kleinen Ausmaße übersehen zu werden. So geht es meist auch den in diesen kleineren Ortschaften befindlichen Kirchen und Orgeln. Es sei denn, eine kleine Dorfkirchenorgel ist von solcher Qualität und mit so herausragenden Persönlichkeiten in Verbindung stehend, wie diejenige in Störmthal bei Leipzig.

Zwei große Namen fallen bei Störmthals Musikgeschichte ins Auge: der herausragende Orgelbauer Zacharias Hildebrandt und der wohl bedeutendste Thomaskantor Leipzigs, Johann Sebastian Bach. Und beide haben sich wohl in Störmthal erstmals kennen und schätzen gelernt.

Als Zacharias Hildebrandt (1688 – 1757) den Auftrag zu einer kleinen Orgel in der dortigen Kirche erhielt, war diese selbst ein Neubau. Ihre Vorgängerin hatte man bereits im 17. Jahrhundert errichtet, und diese wiederum stand auf den Resten eines romanischen Vorgängerbaus. Und in der Störmthaler Kirche befand sich nachweislich seit 1702 eine Orgel mit acht Registern. Wer sie erbaut hat, ist nicht bekannt. Wir wissen allerdings, dass sie mitsamt Einbau 110 Taler kostete und (wie der gesamte Kirchenbau) eine Stiftung des ortsansässigen Kirchenpatrons, des Kammerherrn Statz von Fullen auf Schloss Störmthal, war. Nachdem auf Dauer Gebäude und Instrument für die Gemeinde wohl unzureichend gewesen sein müssen, veranlasste ebenfalls Statz von Fullen den Neubau von Kirche und Orgel.

Den Auftrag für das zu errichtende Instrument erhielt damals, spätestens 1722, Zacharias Hildebrandt. Mit ihm war ein Orgelbauer gewonnen, der noch am Beginn seiner beruflichen Laufbahn stand und zu den begabtesten Schülern Gottfried Silbermanns zählte. Die dreijährige Lehre in Freiberg schloss er 1716 ab und arbeitete dort zunächst als Geselle Silbermanns weiter. Sein Meisterstück lieferte er dann 1722, also unmittelbar vor dem Störmthaler Auftrag, für die Kirche in Langhennersdorf.

Wie verhängnisvoll eine schriftliche Vereinbarung mit seinem Lehrmeister werden sollte, die Hildebrandt bei Lehrbeginn 1713 zu unterzeichnen hatte, konnte sich dieser wohl kaum vorstellen. Jedenfalls verpflichtete er sich darin, „Herrn Silbermannen in Sachßen und Elsaß, in keinerley Wege Ihm zum Nachtheill etwas zu arbeiten, oder arbeiten zu laßen". Dieser Kontrakt musste irgendwann zu Schwierigkeiten führen, da Hildebrandt sicherlich zunächst Aufträge insbesondere aus Sachsen erhalten würde, wenn er nicht seinen Wirkungskreis bewusst verlegte. Genauso kam es, und ausgerechnet Störmthal wurde zum ersten neugebauten Streitobjekt zwischen Silbermann und Hildebrandt. Eine weitere Auseinandersetzung gab es zuvor um den Orgelreparaturauftrag der Petrikirche in Freiberg im Jahre 1722. Letztlich schränkte Silbermann seine strikten Vorgaben, welche Aufträge sein vormaliger Schüler anzunehmen hatte, zumindest so ein, dass Hildebrandt all das ausführen könnte, das Silbermann zuvor ohnehin abgelehnt hatte. Doch war auch diese Situation für Hildebrandt auf Dauer nicht zufriedenstellend. Er zog sich deshalb in Gebiete zurück, in denen Silbermann im Normalfall keine Aufträge ausführte. Dazu gehörte etwa die Gegend um Leipzig oder

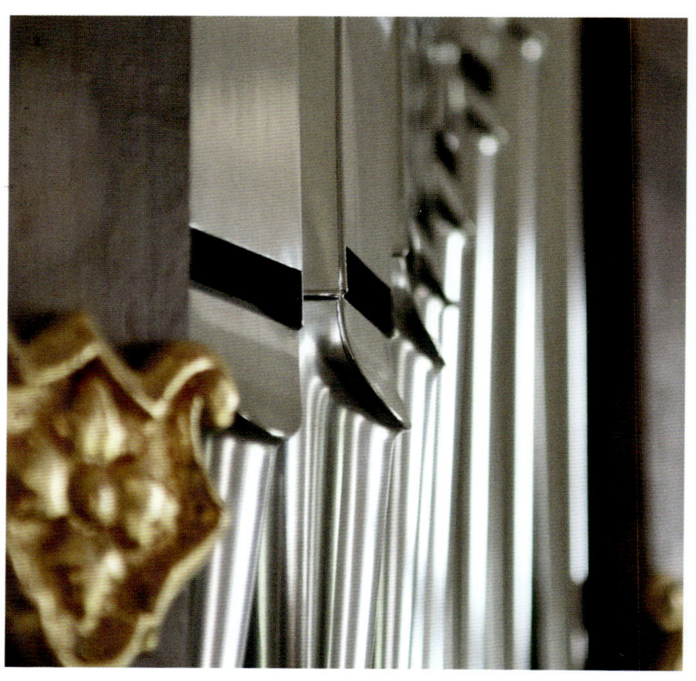

Prospektdetail

auch um Naumburg. Schließlich ließ er sich zeitweilig in letzterer Stadt nieder und baute etwa seine größte Orgel für die dortige Wenzelskirche.

Sein zweiter selbstständig durchgeführter Orgelneubau entstand für Störmthal. Kirchen- und Orgelbau müssen zumindest zeitweise parallel vonstatten gegangen sein, denn kurz nach der Kircheneinweihung 1723 wurde auch die fertiggestellte Orgel sehr wohlwollend bewertet (nur über den Termin 31. Oktober oder 2. November 1723 ist sich die Forschung nicht ganz einig). Der Gutachter, von dem sie „vor tüchtig und beständig erkannt, und gerühmet worden", war kein Geringerer als Johann Sebastian Bach. Er lobte das Instrument außerordentlich. Die am selben Tag stattgefundene Weihe war ein besonderes Ereignis. Bach brachte mit seinem Thomanerchor ein für diesen Anlass komponiertes Werk zur Aufführung: die Kantate „Höchsterwünschtes Freudenfest", inzwischen unter der BWV-Nummer 194 zu finden. (Allerdings bediente sich der Komponist teilweise eines gleichlautenden, zuvor in Köthen entstandenen Werkes, eigentlich einer Glückwunschkantate für das Fürstenhaus Anhalt-Köthen. Dieses sogenannte Parodieverfahren war seinerzeit üblich, und selbst einige Sätze aus Bachs Weihnachtsoratorium sind „nur" Zweitverwertungen aus einer weltlichen Glückwunschkantate.) Bach ließ sich während dieses öffentlichen Gottesdienstes auf der Orgel solistisch vernehmen. Ob er auch bei der Kantatenaufführung das Continuospiel am Instrument übernahm, ist nicht bekannt. Jedenfalls wird er einzelne Orgelstücke gespielt haben, da die Kantate keine Orgelsolopassagen enthält.

Begutachtung und Weihe der Störmthaler Orgel waren der Anfang einer beständigen Freundschaft zwischen Bach und Hildebrandt. Der Thomaskantor schätzte den Orgelbauer sehr und stellte bei Abnahme seiner Instrumente stets höchst löbliche Gutachten aus. Er wird ihm auch manchen Auftrag verschafft haben,

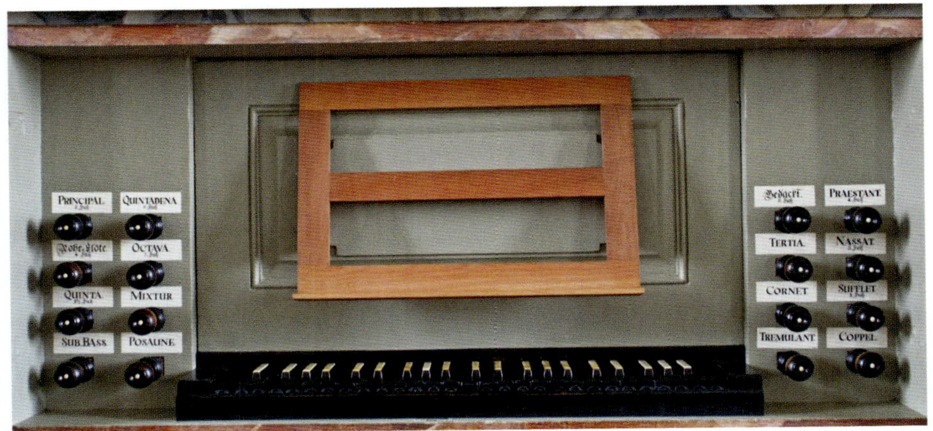

Spielanlage

etwa für die Jakobikirche in Sangerhausen (1728) oder möglicherweise sogar für die Wenzelskirche in Naumburg (1743 – 1746). Umgekehrt nahm Hildebrandt Empfehlungen Bachs gerne an, gerade in Bezug auf die Disposition. Und nach Bachs Idee tat er sich auch als Entwickler eines Lautenklaviers hervor.

Das kleine Orgelinstrument in Störmthal besitzt 15 Register auf einem Manual und Pedal. Seine Grundsubstanz blieb weitgehend erhalten, auch wenn 1840 sowie 1934 einige Veränderungen, vornehmlich in Stimmung und Disposition, vorgenommen wurden. Erst eine umfangreiche Restaurierung der Firma Eule (Bautzen) im Jahre 2008 brachte eine technische und klangliche Rückführung im Sinne der Entstehungszeit. Ein heller kräftiger Prinzipalklang bestimmt den Charakter der Orgel, genauso wie ergänzende, obertönige Registerfarben. So ist die ursprüngliche Klanglichkeit des Instruments inzwischen wiedergewonnen. Übrigens werden sich die Unstimmigkeiten zwischen Silbermann und seinem Schüler Hildebrandt später gelegt haben. Beide Gutachter seiner größten Orgel in Naumburg standen ihm, den positiven Formulierungen nach zu urteilen, äußerst wohlwollend gegenüber. Es waren im Jahre 1746 Johann Sebastian Bach und Gottfried Silbermann.

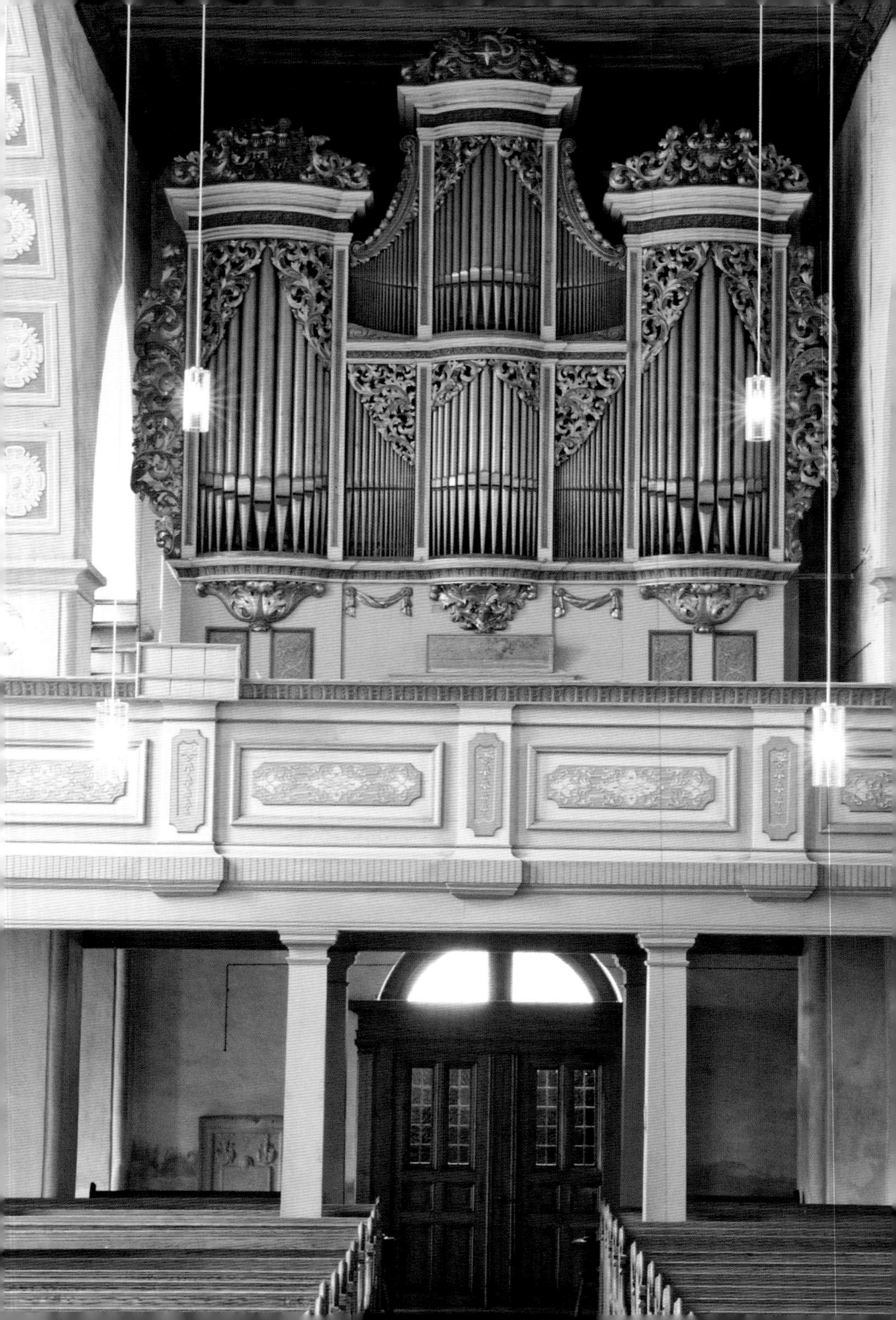

Die Silbermann-Orgel in der Georgenkirche zu Rötha

Disposition > Seite 204

Orgelbauer:
Gottfried Silbermann
Erbauungszeit:
1718 – 1721
Restaurierungen, Umbauten:
1796, 1832/33, 1930, 1935, 1979/80

Wie lange Röthas große Stadtkirche St. Georg schon über Orgeln verfügt, liegt genau genommen im Dunkeln. Ob bei der langen Baugeschichte des Gotteshauses (seit etwa 1140) nicht schon vor einem gewissen Orgelwerk von Josias Ibach aus Grimma hier ein entsprechendes Instrument gestanden hat, ist nicht bekannt. Die Ibach-Orgel wurde jedenfalls erst 1614 gebaut. Und sie war wohl kein besonders beständiges Instrument, da sie mehrfach erneuert werden musste und schließlich völlig unspielbar wurde.

Das war der Anlass, um Gottfried Silbermann zusammen mit seinem damaligen Gesellen Zacharias Hildebrandt zu beauftragen, eine komplett neue Orgel für die Georgenkirche zu errichten. So wurde der Vertrag zwischen den beiden Orgelbauern einerseits und dem Kirchenpatron, Christian August Freiherr von Friesen, andererseits im Dezember 1718 geschlossen. Und eigentlich haben Silbermann und Hildebrandt ihm nur teilweise entsprochen.

Sie hielten sich anfänglich an die vereinbarte Disposition, 22 Register auf zwei Manualen und Pedal. Diese ergänzte Silbermann im Nachhinein durch eine Tertia 1 3/5' „zur Ausfüllung der Harmonie und guter Variation". Die vorgesehenen Kosten von 1000 Talern änderten sich dadurch nicht. Doch dem ebenfalls im Vertrag festgelegten spätestmöglichen Abschlusstermin, dem Michaelistag 1720, konnten Silbermann und Hildebrandt nicht entsprechen. Den Grund kennen wir nicht.

Es verzögerte sich das gesamte Projekt um mehr als ein Jahr, und erst als sich sein erfolgreiches Ende abzeichnete, beauftragte von Friesen im August 1721 den Hof- und Jagdmaler Johann Christian Buzäus mit der Farbfassung des Orgelgehäuses. Am 8. November 1721 konnte endlich die Orgel von Leipzigs Thomaskantor Johann Kuhnau sowie Altenburgs Hoforganisten Gottfried Ernst Bestel abgenommen werden. Deren Zufriedenheit mit den technischen und klanglichen Eigenschaften des Instruments wird sehr groß gewesen sein. Die Orgelweihe fand am darauffolgenden Tag statt.

Seit ihrer Errichtung erlebte die Orgel der Georgenkirche vergleichsweise wenige Eingriffe. Registeränderungen oder Umstellungen waren so minimal, dass sie inzwischen leicht wieder rückgängig gemacht werden konnten. Eine zusätzliche Pedalkoppel von 1796 griff nicht in die akustische Substanz ein. Nur die Umstimmung auf gleichstufige Temperatur im Jahre 1832 durch Urban Kreutzbach aus Borna wirkte sich spürbar auf den Klang aus. Auch die Prospektpfeifen aus Zinn wurden zwar 1917 beschlagnahmt, waren aber 13 Jahre später schon wieder ersetzt. Was dieser Silbermann-Orgel allerdings zusetzte, war ein im Laufe der Jahre zunehmender Holzwurmbefall. Als ihn die Firma Eule (Bautzen) 1935 beseitigen wollte, mussten sehr viele Holzteile der Orgel gegen neue ausgetauscht werden – sogar die meisten der entsprechenden Pfeifen. Dank denkmalgerechter Großrestaurierung zwischen 1979 und 1980, wiederum durch den Bautzener Orgelbaubetrieb Eule, präsentiert sich die Orgel seitdem in der ursprünglich von Silbermann und Hildebrandt vorgesehenen Weise.

Messingschild auf der Emporenbrüstung

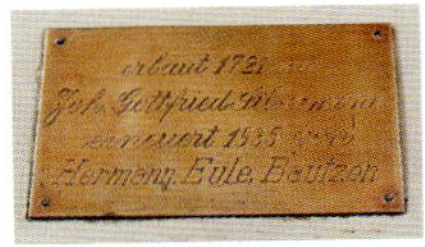

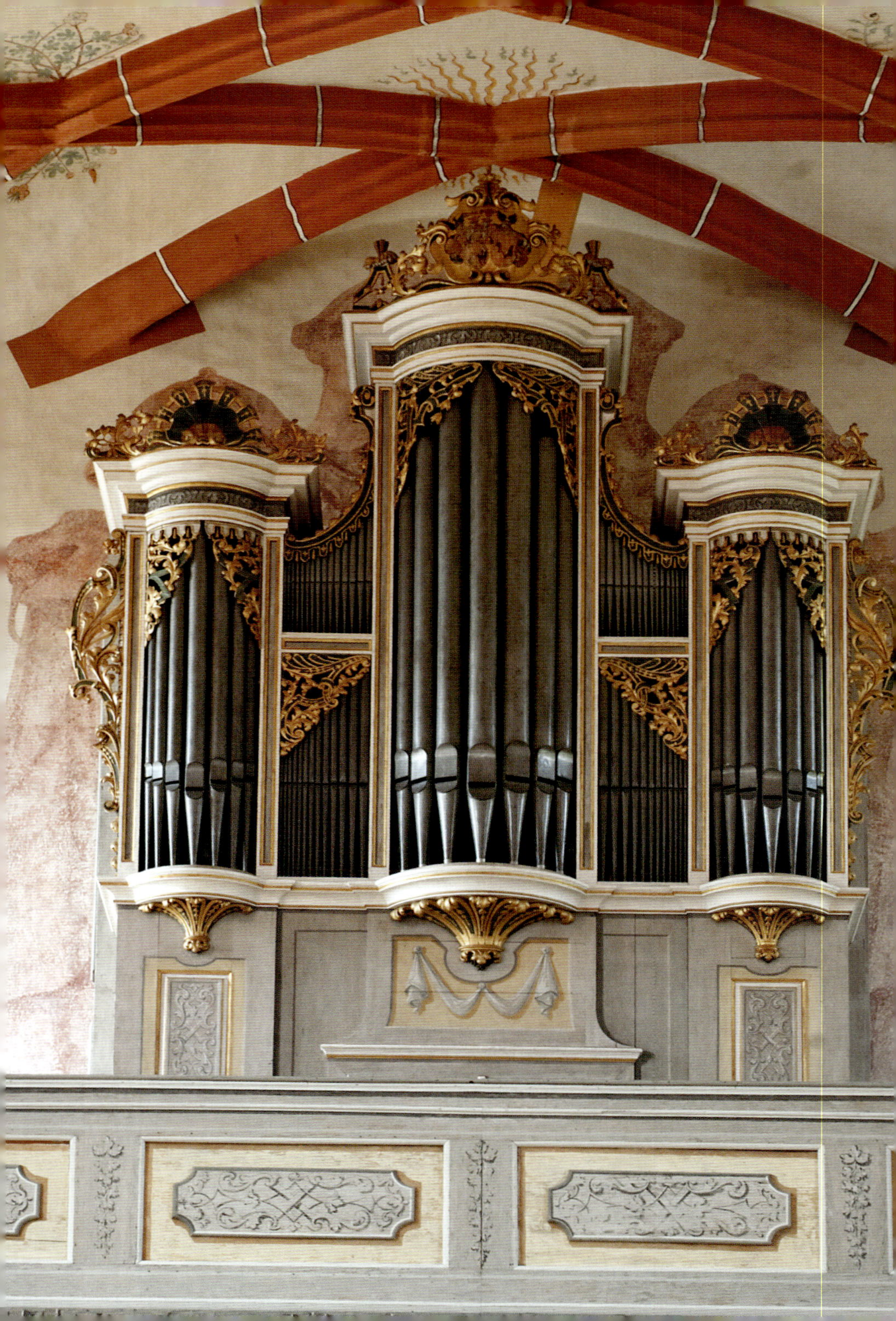

Die Silbermann-Orgel in der Marienkirche zu Rötha

Disposition > Seite 204

Orgelbauer:
Gottfried Silbermann
Erbauungszeit:
1721/22
Restaurierungen, Umbauten:
1833/34, 1935, 1960, 1975, 1977, 2008

Zwei Orgelgeschichten hängen selten so eng zusammen wie im Fall der Silbermann-Instrumente für die Georgen- und die Marienkirche zu Rötha. Wobei die größere „Georgen-Orgel" zuerst entstanden war und ihre kleine Nachbarorgel nach sich zog.

Die Marienkirche hätte nicht genügend Raum, um ein ähnliches Instrument wie in St. Georg aufzunehmen. Sie war als Wallfahrtskirche unter Leipziger Nonnen 1511, also kurz vor der Reformation, begonnen worden, und bis 1518 war eine spätgotische Hallenkirche relativ kompakten Ausmaßes entstanden, deren Patronat in diesem Jahr an den Rittergutsbesitzer Wolf Pflug auf Rötha überging. Er und seine Nachfolger kümmerten sich in den nächsten Jahren, Jahrzehnten und Jahrhunderten um eine angemessene Ausstattung des Kirchenraumes.

Wenngleich die räumlichen Verhältnisse bescheiden waren, sollte auch die Marienkirche im 18. Jahrhundert nach dem Wunsch des Patrons Christian August Freiherr von Friesen eine angemessene Orgel erhalten. Dafür dachte er, bereits beim Vertragsabschluss zwischen ihm und den beiden Orgelbauern Gottfried Silbermann und Zacharias Hildebrandt gesorgt zu haben. Gegenstand dieses Vertrages war nicht nur der Neubau für die Georgenkirche, sondern auch die Umsetzung des Vorgängerinstruments von dort in die Marienkirche. Dies wäre vielleicht ein guter Ersatz für das kleine Marien-Positiv gewesen, das 1715 aus Leipzig beschafft worden war, aber längst nicht mehr den Ansprüchen genügte. Doch Gottfried Silbermann riet von der Übernahme des 1614 erbauten Ibach-Instruments wegen dessen katastrophalen Zustands ab und empfahl einen Neubau. Am 12. November 1721, also drei Tage nach der Orgelweihe in der Georgenkirche, schloss Silbermann einen entsprechenden Kontrakt mit dem Kirchenpatron. Darin war u. a. festgelegt, Silbermann die alte Orgel zu überlassen und ihm ein Fass Zinn von Altenberg nach Freiberg zu schicken, „weil er das Principal 8. Fuß, so sonsten in der Tieffe von Holtze gemachet werden sollen, durchgehends von Zinn verferttigen will, damit das Werck einen desto beßeren Klang und Ansehen bekomme". Außerdem wurde die Orgel nur einmanualig und ohne Pedal konzipiert und sollte über neun klingende Stimmen verfügen. Schließlich fügte der Orgelbauer aber doch noch zwei weitere Register und das Pedal hinzu, um die klanglichen Möglichkeiten des Instruments zu erweitern. Die Prospektgestaltung hat übrigens verblüffende Ähnlichkeit zum Meisterstück seines Schülers Zacharias Hildebrandt, das etwa zur gleichen Zeit in Langhennersdorf entstand.

Silbermann errichtete seine Orgel für die Röthaer Marienkirche auf der zweiten Westempore, doch etwas später als vereinbart. Ursprünglich war als Fertigstellungstermin der Ostersonntag 1722 vorgesehen. Da Silbermann aber seit dem Baubeginn an der Marienorgel über ein halbes Jahr in Rötha lebte, wird er den Wunschtermin nicht eingehalten haben. Der genaue Zeitpunkt der Orgelabnahme oder Orgelweihe ist uns unbekannt.

An dieser Silbermann-Orgel haben sich ebenso wie an ihrer „großen Schwester" in der Georgenkirche teilweise große Musiker hören lassen. Zu diesen zählte

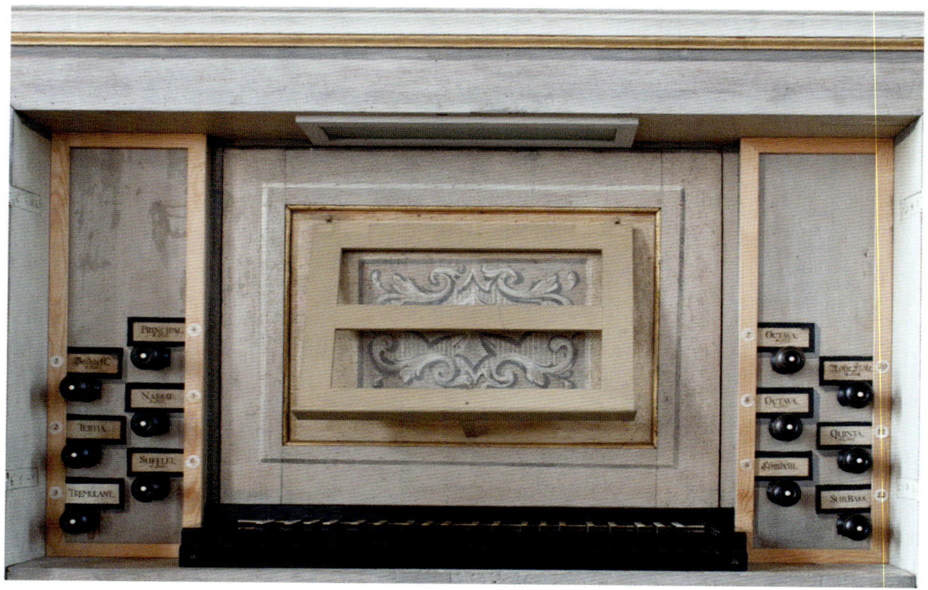

Spielanlage

auch Felix Mendelssohn Bartholdy (1809 – 1847), der am 20. Juni 1840 zusammen mit dem Leipziger Singverein eine „Landparthie" nach Rötha unternahm. Dort angekommen, habe er gesungen und sich an den beiden Silbermann-Orgeln begleitet. Er verließ Rötha selbstverständlich nicht, ohne auch an diesen Orgeln Bach-Fugen gespielt zu haben. Somit liegt also mit dieser „Landparthie" von 1840 ein frühes Beispiel des Orgeltourismus vor.

Neben kleineren Reinigungen und Veränderungen durch Urban Kreutzbach 1833/34 blieb das Instrument in der Folgezeit fast so, wie es Silbermann erbaut hatte. Die auch an ihm vollzogene Prospektpfeifenabgabe 1917 war noch der einschneidendste Punkt in seiner Geschichte. Dennoch sah sich der damalige Kantor Alfred Kirsten 1935 veranlasst, eine durchgreifende Renovierung durch die Firma Eule aus Bautzen durchführen zu lassen.

1942 drohte die Marienkirche einzustürzen, weswegen man die Orgel auslagerte, nach Kriegsende in der Georgenkirche aufstellte und sie ab 1950 auf größere Reisen schickte. Beim Bachfest in Leipzig fand sie im Saal des Alten Rathauses ihren Platz und kam daraufhin in die Berliner Bachausstellung. Erst 1960 gelangte die Orgel, versehen mit einer nötigen Restaurierung, wieder in die Marienkirche Rötha zurück und steht seitdem an dem für sie vorgesehenen Platz.

Doch inzwischen ist die Zeit weiter vorangeschritten. Der alte Kirchenbau schien irgendwann derart gefährdet, dass zu seinem weiteren Bestehen gehandelt werden musste. Deshalb gründete sich 2003 der „Förderverein für die Restaurierung der Marienkirche Rötha" und sorgte zunächst mit dem Einwerben umfangreicher Spenden für die Stabilisierung des Gotteshauses. Anschließend begann vor Ort eine Reihe großer und kleiner Konzerte, deren Erlös zu weiteren Renovierungsmaßnahmen im Innenraum verwendet wurden und werden. 2008 erhielt auch die Silbermann-Orgel eine erneute gründliche Ausbesserung, da das empfindliche Orgelinnere ohnehin wegen einschneidender Kirchenbaumaßnahmen ausgebaut werden musste. Lediglich das Gehäuse und der Blasebalg konnten im

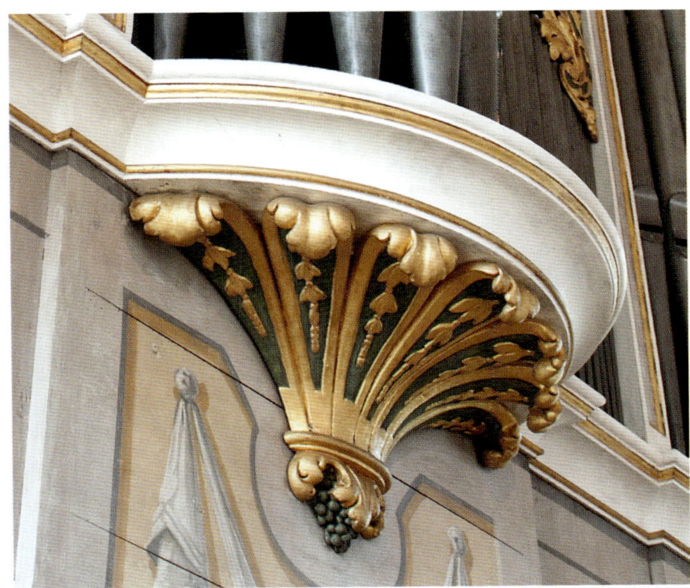

Konsole des Mittelturmes

Gotteshaus verbleiben. Die detailgetreue Restaurierung des Instruments übernahm der Orgelbauer Ekkehart Groß aus Waditz bei Bautzen. Er restaurierte die mittlerweile stark oxidierten und teilweise verbeulten Pfeifen, stellte den ursprünglichen Tremulanten und auch die historische Stimmungsart wieder her. Daneben wurde die alte Farbfassung des ebenfalls optimierten Orgelgehäuses rekonstruiert.
So konnten am 28. September 2008 Kirchenraum und Orgel gemeinsam wiedereingeweiht werden. Bereits beim morgendlichen Gottesdienst war das kleine Instrument wieder in seiner wohl ursprünglichen Klanglichkeit zu hören. Voll zur Geltung kam die reiche Farbpalette der Register dieser Orgel schließlich bei einem Orgelkonzert, das Felix Friedrich mit virtuosen barocken Orgelwerken wenige Stunden später gab. Die Silbermann-Orgel der Marienkirche zu Rötha hatte ihre originale Stimme wiedererhalten.
Damit konnte die Orgelrestaurierung inzwischen erfolgreich beendet werden, auch diejenige des Innenraums und der Portale ist bis auf wenige Restarbeiten vollendet.

Sehenswertes um Leipzig

Es lohnt sich auch ein Besuch in der unmittelbaren Umgebung Leipzigs. Die Gegend, die die sächsische Metropole im Umkreis von etwa 50 Kilometern umschließt, ist in mehrfacher Hinsicht reizvoll: Für Naturliebhaber bietet sie genauso viel wie für Kulturbeflissene und Geschichtsorientierte.

Leipziger Neuseenland

Faszinierend präsentiert sich mittlerweile beispielsweise das Leipziger Neuseenland. Dabei ist diese besondere Landschaft erst im Entstehen begriffen und war vor einigen Jahren noch weitaus weniger einladend. Denn aus dem Areal, das zwischen Bitterfeld, Delitzsch, Leipzig und Borna vor allem durch den Braunkohlenabbau geprägt war, ist schon jetzt ein beliebtes Naherholungsgebiet geworden. Natürliche Wasserfüllung bzw. geplante Flutung der einstigen Abbauflächen soll eine Landschaft mit 22 Seen entstehen lassen. Sie dienen als Wassersport- und Badeseen, aber auch dem Naturschutz sowie als Speichergewässer für den Hochwasserschutz.

Rötha

Inmitten dieser Landschaft befindet sich eine kleine Stadt, die ihren eigenen, bescheidenen Reiz ausstrahlt und selbst auch über einen Stausee verfügt. Rötha wurde 1127 erstmals erwähnt und ist wohl eine der Städte, die es im Umkreis am schwersten getroffen hat. Kriegszerstörungen, etwa im Mittelalter und während des Dreißigjährigen Krieges, erlebte sie mehrfach. Und die wiederholt in Rötha grassierende Pest forderte sehr viele Opfer in der Bevölkerung. Der schon erwähnte Braunkohlenabbau in der Umgebung brachte ab den 1950er Jahren zusätzliche Schicksalsschläge, da einige Ortsteile daraufhin weichen mussten. Ein Schloss besitzt Rötha auch nicht mehr, da es 1969 – ungeachtet der großen Proteste – gesprengt wurde. Doch trotzdem haben sich Schlossteich und Schlosspark erhalten.

Eine Vorstellung vom einst vorhandenen Schlossbau kann sich der Besucher im Stadt- und Heimatmuseum machen. Neben zahlreichen Exponaten zur Stadtgeschichte enthält es auch ein Schlossmodell sowie eine Galerie mit wechselnden Ausstellungen. Von dort aus quer durch die Stadt zum reizvollen, großzügig angelegten Marktplatz gelangend, stößt man auf die Stadtkirche St. Georg. Ihre Ursprünge liegen bereits in romanischer Zeit, etwa um 1140, wobei sich nur einige Außenmauern, wenige Säulen, aber vor allem ein Großteil des markanten Turms aus dieser Zeit erhalten haben. Große bauliche Veränderungen erhielt die Kirche etwa vier Jahrhunderte später, als der offenbar baufällige Chorraum abgebrochen und 1510 durch einen neuen im gotischen Stil ersetzt wurde. Die Umgestaltung des Langhauses, der achteckige Turmaufsatz und die Änderung der übrigen Fenster im 17. Jahrhundert brachten schließlich die architektonische Gestalt, wie sie bis heute die Georgenkirche prägt. Bei ihrer Ausstattung fällt zunächst der Chorraum auf, der durch sein Sterngewölbe auf Wappenkonsolen bestimmt ist. Aus etwa gleicher Zeit dürfte der spätgotische Taufstein stammen, der übrigens ursprünglich ein Ausstattungsstück der mittlerweile dem Braunkohlentagebau geopferten Kirche in Kreudnitz war. Nicht zu vergessen ist natürlich die Silbermann-Orgel, die der bedeutende barocke Orgelbauer zusammen mit seinem Schüler Zacharias Hildebrandt 1721 errichtete. Sie besitzt 23 Register auf zwei Manualen und Pedal und erklingt aufgrund guter Pflege und Restaurierung bis heute nach den Vorstellungen ihrer Erbauer. Eine weitere klingende Besonderheit der Georgenkirche befindet sich für den Besucher normalerweise unsichtbar im Turminneren: Über die zahlreichen Kriegszerstörungen Röthas hinweg hat sich ihr unverwechselbares, dreistimmiges Geläute aus dem 16. Jahrhundert erhalten. Sehenswert ist auch die Marienkirche. Eigentlich ist sie eine Wallfahrtskirche,

Turm der Georgenkirche Rötha

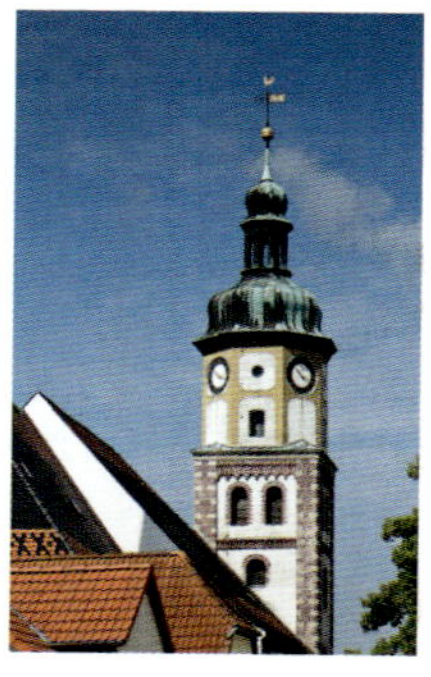

mit deren Bau Leipziger Nonnen 1511 begannen. Spätestens 1518, besagt eine Urkunde des Bischofs Adolf von Merseburg, muss sie in Funktion gewesen sein. Die lichtdurchflutete, mittlerweile fast vollständig restaurierte Marienkirche hat ihre ganz besondere Faszination. Sie ist ein kleines, wohl proportioniertes Gotteshaus geblieben, dessen Ausstattungsstücke oft auf das 16. Jahrhundert zurückgehen. Die kleine Orgel ist etwas jünger. Wie in St. Georgen von Gottfried Silbermann erbaut, ist sie ein kleines, aber nicht minder klanglich überzeugendes Werk mit elf Registern, die sich auf ein Manual und Pedal verteilen. Wie der gesamte Kirchenraum konnte auch sie in den vergangenen Jahren mustergültig restauriert werden, sodass sie heute wieder in der ursprünglichen Klanglichkeit erstrahlt.

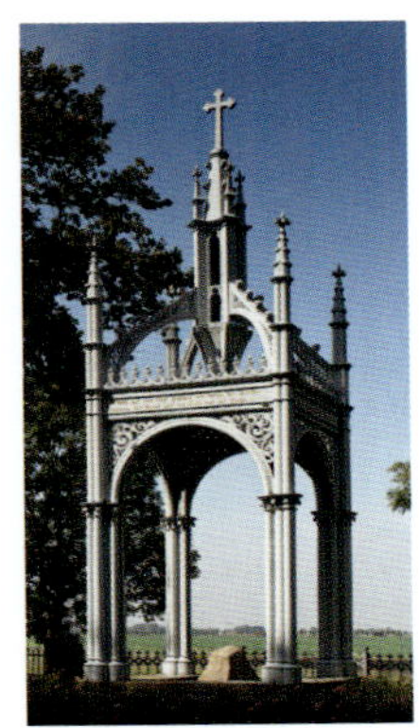

Gustav-Adolf-Gedächtniskapelle Lützen

Lützen

Auch das Leipziger Umland wurde vom Dreißigjährigen Krieg stark geprägt und schwer betroffen. Gelegenheit, der Geschichte dieses lang anhaltenden Krieges in einem besonderen Zusammenhang nachzuspüren, gibt ein Abstecher ins benachbarte Sachsen-Anhalt, nach Lützen. Hier ereignete sich 1632 eine der Hauptschlachten des Dreißigjährigen Krieges, bei der sich protestantische, vorwiegend schwedische, sowie katholisch-kaiserliche Truppen von Wallenstein gegenüberstanden. Am Ende fiel der Schwedenkönig Gustav II. Adolf, an dessen Todesstelle man zu seinen Ehren zunächst einen schlichten Findling rollte. Erst 1837 wurde dieser durch einen Baldachin von Karl Friedrich Schinkel überdacht und schließlich 1906/07 hier eine Gustav-Adolf-Gedächtniskapelle erbaut. Mittlerweile ist der Ort zur Gedenkstätte an den König geworden, wobei eines der benachbarten jüngeren schwedischen Häuser ein entsprechendes Museum beherbergt. Daneben besitzt Lützen aber auch ein sehenswertes Schloss, das vorwiegend im 13. Jahrhundert errichtet wurde. In ihm ist ebenfalls ein Museum zur Stadt- und Regionalgeschichte untergebracht.

Borna

Kreisstadt des Leipziger Landkreises ist Borna. Der Ort verfügt über mehrere Besonderheiten. Für Musikfreunde ist interessant, dass Borna auch eine Stadt der Tasteninstrumente ist. Zunächst befand sich hier der Firmensitz des in der Region bekannten Orgelbauers Urban Kreutzbach (1796 – 1868), der ab 1828 von Borna aus viele Orgelneu- und Umbauten durchführte. Anschließend übernahm zunächst sein Sohn Richard die Orgelbaufirma, bis er 1903 starb und der Betrieb dann unter dem Namen zweier Mitarbeiter, Wilhelm Schmidt und Wilhelm Berger, weitergeführt wurde. Darüberhinaus ließ sich in Borna auch ein weltbekannter Harmoniumbauer nieder: Olof Lindholm kam 1894 in die Stadt und fertigte zahlreiche, aufgrund ihrer besonderen Qualität weithin anerkannte Instrumente. Urban Kreutzbach und Olof Lindholm, den beiden herausragenden Tasteninstrumentenbauern Bornas, sind gleichermaßen Ausstellungen im vielseitig konzipierten Stadtmuseum gewidmet.

Eine vorwiegend von Urban Kreutzbach hergestellte, allerdings inzwischen ergänzte Orgel befindet sich in der Stadtkirche St. Marien. 24 Register verteilen sich auf Hauptwerk, Oberwerk und Pedal und gehören größtenteils zu einer Orgel, die ursprünglich 1848/49 für die Kirche in Mochau bei Döbeln gefertigt wurde. Erst 1983 verbrachte sie der damalige VEB Orgelbau Dresden an Kreutzbachs früheren Wirkungsort. Inzwischen wurde sie in einigen Details umgestaltet.

Die Stadtkirche ist ein prägendes Bauwerk Bornas. Wiederum romanischen Ursprungs, hat sie ihre entscheidende stilistische Änderung im 15./16. Jahrhundert erfahren. Ein besonderes Juwel ihrer Ausstattung ist der spätgotische Schnitzaltar, den Hans Witten 1511 schuf.

Emmauskirche Borna

Gleich gegenüber dieser größten Kirche Bornas steht inzwischen das kleinste Gotteshaus der Stadt. Und die Emmauskirche ist eine im wörtlichen Sinne „verrückte“ Kirche. Dies nicht wegen ihres Aussehens, sondern aufgrund ihrer jüngsten Geschichte. Ursprünglich stand sie in Heuersdorf, einem kleinen, etwa

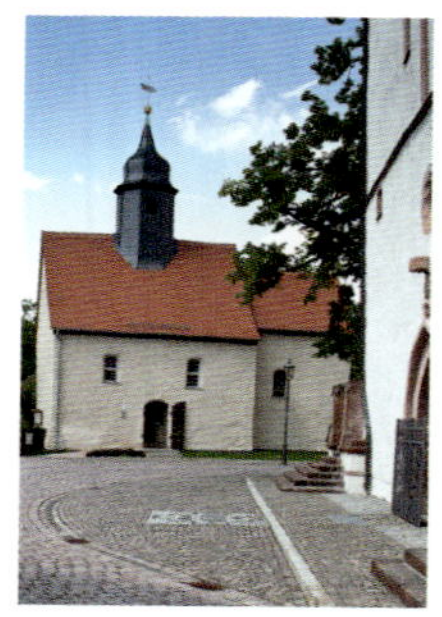

Die kleine Emmauskirche am heutigen Standort neben der großen Stadtkirche in Borna

zwölf Kilometer entfernten Ort und war dessen ältestes Bauwerk. Vermutlich wurde sie im 13. Jahrhundert gebaut. Doch vor ein paar Jahren war ihr alter Standort gefährdet. Fast hätte der nach Heuersdorf vorrückende Braunkohlenabbau eine der ältesten sächsischen Kirchen vernichtet. Doch sollte sie aufgrund ihres großen kulturhistorischen Wertes in jedem Fall erhalten bleiben, und so entschloss man sich zu einer bis dahin in Deutschland einmaligen Aktion: Vom 23. bis 31. Oktober 2007 wurde die Emmauskirche mittels spezieller Kran- und Fahrvorrichtungen im Ganzen vorsichtig von Heuersdorf nach Borna transportiert. Bereits Ostern 2008 konnte sie am neuen Standort gegenüber der Stadtkirche eingeweiht werden. Sie besitzt übrigens auch eine Orgel aus der Werkstatt Kreutzbach. Allerdings wurde diese vor dem Transport ausgebaut, von der Firma Johannes Lindner restauriert und nach der Sanierung des kleinen Gotteshauses wieder an ihrem angestammten Platz eingefügt.

Störmthal

Ähnlich wie Heuersdorf wäre es bald Störmthal ergangen. Umliegende Ortschaften hatten schon dem Braunkohlentagebau weichen müssen, als in den 1980er Jahren beschlossen wurde, langfristig auch Störmthal zu opfern. Glücklicherweise wurde das Dorf nur sich selbst überlassen, verfiel auf diese Weise zwar, wurde aber nicht zerstört. Nach der politischen Wende konnte dann mit großer ideeller und finanzieller Kraft Störmthal langsam wieder hergerichtet werden. Die Schlossgebäude der früheren adeligen Ortspatrone harren noch ihrer Restaurierung. Doch weite Teile des Straßendorfs erstrahlen wieder nach ihrer Erneuerung. Dazu zählt nicht zuletzt die Dorfkirche, der Mittelpunkt des Ortes, in der immerhin Johann Sebastian Bach bei der Weihe von Gotteshaus und Orgel musizierend und begutachtend zugegen war. Diese Orgel war ein kleines, besonders gelungenes Instrument von Zacharias Hildebrandt mit 15 Registern auf einem Manual und Pedal. Glücklicherweise haben sich Kirche und Orgel erhalten.

Polditz

Wie aus einer anderen, eher städtischen Gegend an die jetzige Position gerückt scheint die Kirche in Polditz zu sein. Sie ist die größte Attraktion des Ortes und eigentlich in ihrem dörflichen Umfeld zu groß geraten. Mitte des 19. Jahrhunderts war sie der Ersatz für eine wesentlich kleinere und desolate Gemeindekirche im benachbarten Altleisnig. Der neue Standort in Polditz war vor allem eines: nicht hochwassergefährdet. Und außerdem war hier mit weit größerem Bevölkerungswachstum gerechnet worden, als es sich schließlich entwickelte. Daher ist die Kirche vergleichsweise überdimensioniert. Sie besitzt als ihren herausragenden Schatz auch eine der größten Ladegast-Orgeln Sachsens. 33 Register können bei diesem prächtig restaurierten Instrument zum Klingen kommen, die auf drei Manuale und Pedal verteilt sind.

Pomßen

Eine wahrhaft bemerkenswerte Orgel hat auch der kleine Ort Pomßen aufzuweisen: In seiner alten, wehrhaft trutzigen Dorfkirche aus dem 12. Jahrhundert steht Sachsens älteste erhaltene Orgel. Das kleine, besonders eigengeprägte Instrument hatte Gottfried Richter 1670/71 errichtet, und es lässt sich inzwischen dank gewissenhafter, denkmalgerechter Restaurierung wieder im Sinne der Entstehungszeit hören. Darüberhinaus ist die alte Pomßener Dorfkirche auch aufgrund ihrer besonderen Proportionen und der außergewöhnlichen Innengestaltung sehr sehenswert. Letztgenannte stammt im wesentlichen von einem barocken Umbau aus dem Jahre 1668, nachdem der Turm eingestürzt war und das Kirchenschiff zerschlagen hatte. Von Pomßens Bedeutung als ländlicher Adelssitz zeugt auch das Schloss. Ursprünglich war es eine Wasserburg, die im 16. Jahrhundert schon zum Schlossgebäude umgestaltet wurde und schließlich im 19. Jahrhundert das jetzige klassizistische Erscheinungsbild erhielt.

Schloss Hubertusburg

Ebenmäßigkeit der Gesamtanlage und geglückte Raumgestaltung sind die prägenden Eigenschaften, die Schloss Hubertusburg neben seiner ungewöhnlichen

Größe aufweist. Ursprünglich auf Geheiß von August dem Starken unter Hofbaumeister Johann Christian Naumann bis 1724 errichtet, führte erst ein großzügiger Umbau bis in die 1750er Jahre durch den sächsischen Thronnachfolger Friedrich August II. zum letztlich größten barocken Jagdschloss Sachsens. Wesentliches des Originalbestandes wurde schon im Siebenjährigen Krieg vernichtet und geplündert. Nur die Schlosskapelle mit ihrer kleinen Schramm-Orgel blieb unversehrt. Viel hat sich in den Mauern des Schlosses inzwischen abgespielt: Es diente nach der Aufgabe durch das sächsische Königshaus ab 1770 als Steingutfabrik, dann als Militärmagazin, Erziehungseinrichtung, Lazarett und Hospital. Mittlerweile übernimmt Schloss Hubertusburg mehrere Funktionen: Es steht zur Besichtigung offen, beherbergt ein Fachkrankenhaus und ist Sitz eines Restaurierungsinstituts des Sächsischen Staatsarchivs.

Schildbürgerbrunnen in Schildau

Gneisenaustadt Schildau

Schildau im Kreis Torgau ist die kleinste Stadt der Dahlener Heide und als solche mitten in reizvoller Landschaft gelegen. So bescheiden sie zu wirken scheint, führt sie doch eine viel beachtete Persönlichkeit in ihrem vorgelagerten Beinamen. Schildau ist Gneisenaustadt und erinnert damit an den großen Heeresreformer und preußischen Generalfeldmarschall August Neidhardt von Gneisenau, der hier 1760 geboren wurde. Ob er auch lange in Schildau gelebt hat, ist nicht zu sagen. Jedenfalls starb die Mutter schon ein Jahr nach seiner Geburt, worauf er durch den Vater zu Pflegeeltern kam, die möglicherweise in Hildesheim lebten ... Wie dem auch sei: Schildau verehrt seinen bekannten Sohn nicht nur im Namen, sondern auch durch ein Museum, das als Gedenkstätte mit einigen illustrierenden Exponaten das Leben Gneisenaus präsentiert. Und selbst wer diese Ausstellung nicht besucht, stößt beim Gang durch Schildau auf Gneisenau, da er sein Denkmal auf dem Marktplatz kaum übersehen wird. Walter Flemming schuf es 1960.
Noch einen anderen Bezug leitet Schildau aus seinem Namen ab. Der Ort gilt als Stadt der Schildbürger – eine Bezeichnung, die übrigens auch das brandenburgische Schilda für sich in Anspruch nimmt. Da man fest davon überzeugt ist, die damaligen Verhältnisse seien die Vorlage für die in einem Schwankroman aus dem 16. Jahrhundert überlieferten Schildbürgergeschichten gewesen, befindet sich in Schildau auch ein Schildbürgermuseum.
Dominierendes Bauwerk des Ortes ist die Marienkirche. Sie ist das älteste Gebäude der Stadt – übrigens gegenüber dem ältesten Maulbeerbaum auf deutschem Boden stehend – und darüberhinaus auch historisch bedeutend. Der älteste Bauteil ist der Turm, an den um 1170 eine spätromanische Basilika angebaut

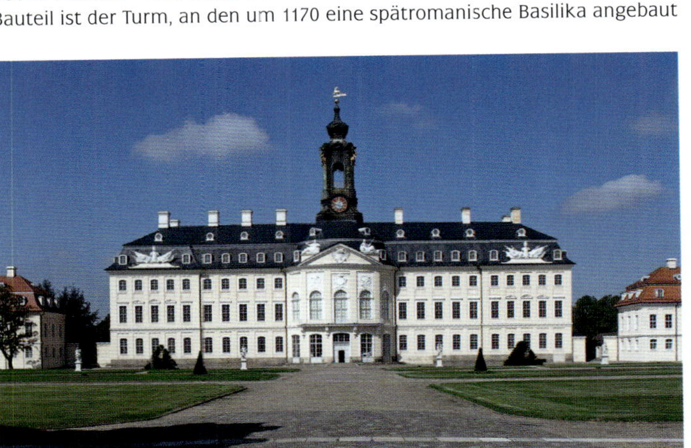

Barocke Prachtentfaltung auch im ländlichen Raum: Schloss Hubertusburg

wurde. Im 15. Jahrhundert erfuhr die Kirche wohl einige Umbauten, wahrscheinlich aufgrund der vorangegangenen Zerstörung des Bauwerks durch die Hussiten. Aus dieser Zeit stammen noch die Sakristei und der Flügelaltar, der neben einigen Auszügen der Lebensgeschichte Jesu mehrere Heiligendarstellungen aufweist. Musikalisches Prachtstück ist die Orgel, 1805 von Mathias Vogler errichtet und seit neuestem dem ursprünglichen Klangideal sowie der äußeren Gestalt kurz nach der Entstehung angenähert.

Torgau

Die nicht weit entfernte Stadt Torgau hat solchen kunsthistorischen Wert, dass sie weit über sächsische oder deutsche Grenzen hinausstrahlt. Sie ist mittlerweile ein flächendeckendes Denkmal von internationaler Bedeutung, das aus 240 Einzelobjekten besteht. Das wird deutlich, wenn man sich allein auf dem Marktplatz umschaut. Das gut erhaltene Ensemble verschiedener Bürgerhäuser nimmt bereits für sich ein. Dazu gehört etwa die Mohrenapotheke, 1503 mit herrschaftlichem Privileg eingerichtet. Genauso ist das dominierende Rathaus zu nennen, ein Renaissancebau, der zwischen den Jahren 1561 und 1565 errichtet wurde und dessen Runderker ein besonderes Schmuckstück ist. Caspar Reinwald und Andreas Buschwitz fügten ihn 1577 an.

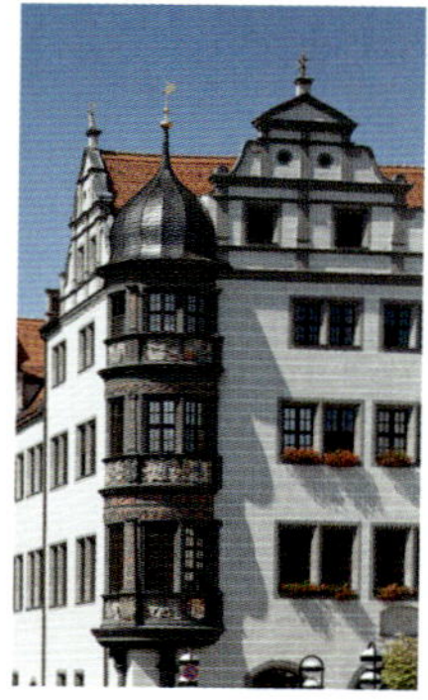

Runderker am Rathaus von Torgau

Und in einem der am Markt gelegenen Häuser (in der heutigen Katharinenstraße 11) hat sich etwas Besonderes zugetragen. Dieses Gebäude ist das Sterbehaus der Katharina von Bora, der Frau Martin Luthers. Eigentlich war sie auf der Flucht vor der Pest, als sie auf das vertraute Torgau zusteuerte und kurz vor den Toren der Stadt wohl einen tragischen Unfall erlitt, an dessen Folgen sie schließlich im Dezember 1552 starb. In dem Haus, das sie somit zuletzt bewohnte, ist mit der Katharina-Luther-Stube eine Gedenkstätte zu ihren Ehren eingerichtet. Ihre Ausstellungsstücke enthalten Erstdrucke, Münzen, Gegenstände der Alltagskultur des 16. Jahrhunderts, und sie geben auch Aufschluss über die künstlerische Auseinandersetzung mit der Ehefrau Luthers.

Ihr Grabstein ist in Torgaus Marienkirche zu sehen, einer spätgotischen Hallenkirche, die größtenteils nach 1390 entstanden ist. Vom romanischen Ursprungsbau des 12. Jahrhunderts zeugt nur noch der Westteil. Ein herausragendes Ausstattungsstück der Kirche ist ein Gemälde Lucas Cranachs, „Die 14 Nothelfer", geschaffen 1507, ebenso die 75 Jahre später entstandene prächtige Kanzel von Georg Wittenberger oder der prägende Hochaltar von Giovanni Simonetti, den dieser 1698 fertigstellte. Deutlich jüngeren Datums ist die Orgel, ein Werk von Siegfried Schuster aus Zittau von 1984. Sie hat ausschließlich mechanische Traktur und verfügt über 41 Register auf drei Manualen und Pedal.

Martin Luther und Katharina von Bora waren häufig in Torgau. Dies erklärt sich schon daraus, dass Luthers Verbindungen zu der Stadt sehr intensiv waren. Hier schrieb er 1526 seine „Torgauer Artikel", die vier Jahre später die Grundlage der Augsburger Konfession werden sollten. Und hier kam er auch in Kontakt mit dem ortsansässigen Kantor Johann Walter, der erstmals eine protestantische Kantorei leitete und überhaupt Wesentliches zu den ersten Schritten der evangelischen Kirchenmusik beitrug. Und schließlich kann man Torgau die „Amme der Reformation" nennen, denn die Kapelle auf Schloss Hartenfels von 1544 stellt den ersten protestantischen Kirchenneubau dar. Sie ist als Wandpfeilersaal mit Netzrippengewölbe bis heute fast unverändert erhalten geblieben. Ihr Eingang fällt kaum auf und befindet sich etwas zurückgenommen im westlichen Teil des Nordtraktes der Schlossanlage. Mit für eine Kapelle relativ großer Raumfülle und zwei Emporengeschossen versehen, ist sie großzügig und zugleich schlicht. Die Ausstattung ist auf wenige Einzelobjekte beschränkt, sodass nichts vom Wesentlichen – der Wortverkündigung – ablenkt. So wurde dieser Kirchenraum zum Vorbild für manch andere Schlosskapellen der folgenden Jahrzehnte im säch-

Schloss Hartenfels in Torgau

sischen Raum, etwa in Dresden oder Augustusburg. Die Einweihung in Torgau fand am 5. Oktober 1544 statt, bei der Martin Luther predigte und Johann Walter die Musik beisteuerte. Die später ergänzte Kanzel steht aufgrund ihrer wesentlichen Funktion als Ort der Wortverkündigung im Zentrum, ein prächtiges Werk, das Simon Schröter d. Ä. 1554 schuf und dessen Bildgestaltung auf Lucas Cranach zurückgeht. Von letzterem hat sich übrigens ein Bild (von ursprünglich neun) in der Kapelle erhalten.

Die Kapelle ist Teil einer prächtigen Gesamtanlage. Schon 1547 soll sie Karl V. als „eine recht kaiserliche Burg" betitelt haben. Bedeutende Baumeister wirkten an ihrer Entstehung mit – Arnold von Westfalen etwa, der die Meißner Albrechtsburg schuf, oder Conrad Pflüger, der an Schloss Moritzburg und der Vollendung von St. Peter und Paul in Görlitz beteiligt war, und auch Konrad Krebs, auf den das Langhaus in Coburgs Moritzkirche zurückgeht. Mit dem Bau an Schloss Hartenfels wurde 1470 begonnen, und ab 1485 residierten hier die Ernestiner, mussten aber den Besitz schon 1547 an die Albertiner übergeben. Das auffallendste Einzelobjekt des Schlosses ist sein außergewöhnlicher Wendelstein, den Konrad Krebs 1536 errichtete. Seine großzügige und künstlerisch ambitionierte Gestaltung fällt unmittelbar ins Auge. Seit einigen Jahren ist er auch wieder begehbar. Als im Sommer 2004 auf Schloss Hartenfels die bemerkenswerte Ausstellung „Glaube und Macht. Sachsen im Europa der Reformation" stattfand, wurde er nach etwa 30-jähriger Restaurierung der Öffentlichkeit zugänglich gemacht. Er war praktisch herausragendes Teil der zahlreichen Exponate zum Thema, die die Sächsischen Kunstsammlungen Dresden zur 2. Sächsischen Landesausstellung zusammengestellt hatten. Ein besserer Ort als Schloss Hartenfels konnte für diese Ausstellung aufgrund seiner Bedeutung für die Reformation in Sachsen kaum gefunden werden. Ab 1815 wurde die Anlage übrigens anderen Zwecken zugeführt. Unter der Herrschaft der Preußen wurde sie zur Kaserne, und ab 1904 nutzte man sie als Gericht. Heute ist Schloss Hartenfels Sitz staatlicher Verwaltungen und zugleich Museum, das zum Besuch herzlich einlädt.

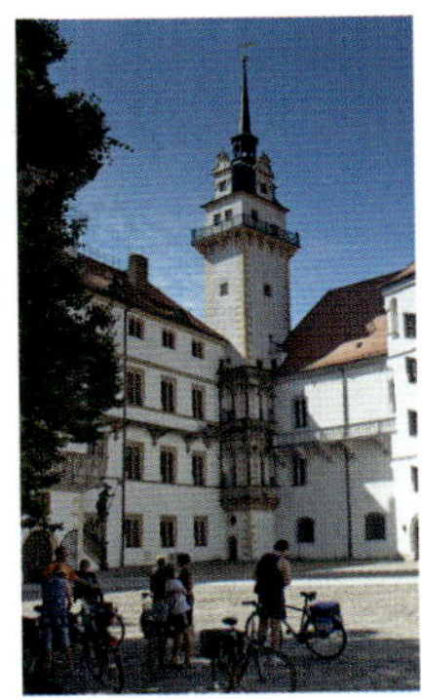

Innenhof von Schloss Hartenfels

Information	Tourismusverein Leipziger Neuseenland e.V. Rathausstraße 22 04416 Markkleeberg Tel.: 0341 33796718 Fax: 0341 33796719 E-Mail: tourist-info@leipzigerneuseenland.de	Tourismusverband „Sächsisches Burgen- und Heideland" e.V. Niedermarkt 1 04736 Waldheim Tel.: 034327 966-0 Fax: 034327 966-19 E-Mail: info@saechsisches-burgenland.de
Sakrale Bauten	Georgenkirche, Marienkirche (beide Rötha), Emmauskirche, Kunigundenkirche, Stadtkirche St. Marien (alle Borna), Kreuzkirche Störmthal, Kirche Pomßen, Nikolaikirche Polditz, Marienkirche Schildau, Katholische Pfarrkirche St. Hubertus (Schlosskirche) Hubertusburg, Evangelische Pfarrkirche Wermsdorf, Marienkirche, Schlosskapelle (beide Torgau), Burgkapelle, Dorfkirche (beide Gnandstein), Marienkirche Nenkersdorf, Auenkirche Markkleeberg, Kirchenruine Wachau, Aegidienkirche Oschatz, Dorfkirche Podelwitz, Matthäikirche Leisnig, Nikolaikirche Geithain, Dorfkirche Tautenhain, Kilianskirche Bad Lausick, Klosterruine Nimbschen, Frauenkirche Grimma, Dom Wurzen	
Museen	Stadtmuseum Borna, Heimatmuseum Rötha, Volkskundemuseum Wyhra, Schildbürgermuseum Schildau, Gneisenaumuseum Schildau, Schlossmuseum Hubertusburg, Stadt- und Kulturgeschichtliches Museum Torgau, Sanitäts- und Lazarettmuseum Seifertshain, Torhaus Markkleeberg, Museum Burg Gnandstein, Ausstellungspavillon KAP Zwenkau, Bergbau-Technik-Park Großpösna, Westphalsches Haus Markkleeberg, Turmuhrenmuseum Naunhof, 1. Sächsisches Pilzmuseum Taura, Museum Burg Düben, Burg Mildenstein, Töpfermuseum Kohren-Sahlis, Schwindpavillon Rüdigsdorf, Museum Schloss Colditz, Göschenhaus Grimma	

Umgebung von Leipzig

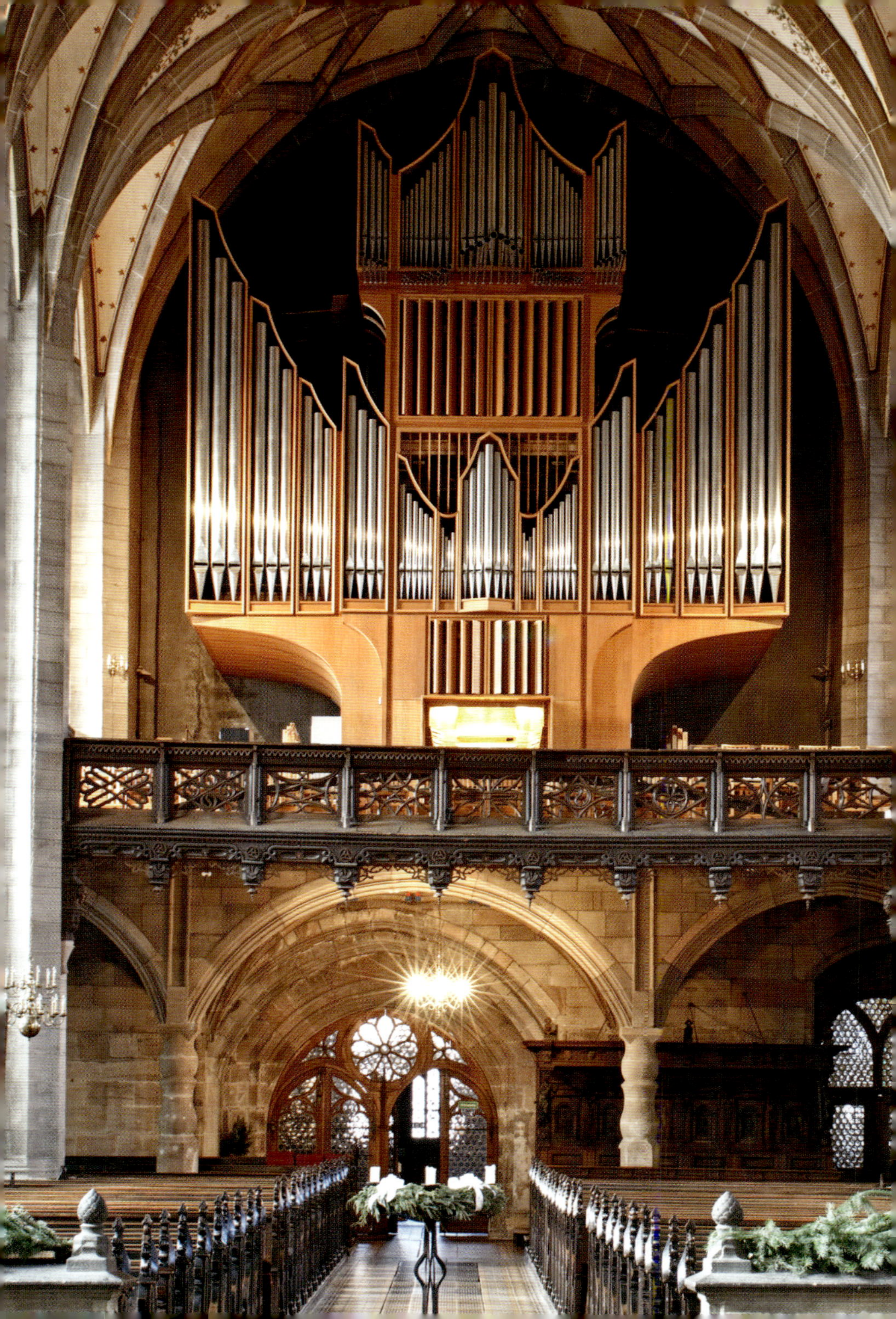

Die Eule-Orgel im Dom zu Zwickau

Disposition > Seite 205

Orgelbauer:
Eule Orgelbau Bautzen
Erbauungszeit:
1966 – 1969
Restaurierungen, Umbauten:
1993/94, ab 2000

Die Marienkirche in Zwickau, erst seit 1935 Dom genannt, hat eine interessantere Orgelgeschichte, als es vielleicht zunächst den Anschein haben mag. Mit ihr sind herausragende Instrumente, berühmte Musiker und Orgelbauer verbunden, deren Bedeutung weit über Zwickau hinausgehen.

Allein die Tatsache, dass die Marienkirche Zwickau schon extrem früh über eine Orgel verfügt haben muss, hebt sie besonders heraus. Wohl ist der erste Nachweis einer Orgel leider ein negativer Beleg: Hier wird nicht von der Existenz einer Orgel, sondern bedauerlicherweise von deren Vernichtung gesprochen. Aber immerhin muss die Kirche schon 1383 eine Orgel besessen haben, da sie – gemeinsam mit Kirchenbau und Glocken – beim verheerenden Stadtbrand dieses Jahres zugrunde ging. Beschaffenheit und Erbauer dieser Orgel bleiben im Dunkeln, wie wir auch für den Fortgang der Zwickauer Domorgel-Geschichte zunächst nur vage Andeutungen finden. Aber man kann sich umso mehr atmosphärisch vorstellen, wenn beispielsweise von einer Messstiftung gesprochen wird, die im Jahr 1504 nachgewiesen ist und auch die zusätzliche Entlohnung des Organisten vorschreibt. Da Orgeln zu diesem Zeitpunkt noch eher zu besonderen Anlässen gespielt wurden und keineswegs den musikalischen „Normalfall" im akustischen Geschehen der Messfeier darstellten, kann man auf die Pracht und Bedeutung dieser Messe schließen, bei der sicherlich auch Gesang nicht fehlte.

Bald kommt der erste besondere Orgelbauer ins Spiel, der für den Zwickauer Dom arbeitete: Blasius Lehmann aus Bautzen. Dieser hatte schon manches Orgel-Großprojekt realisiert, etwa für die Marienkirche in Danzig oder die Kreuzkirche in Dresden. 1543 nun baute er das Instrument für Zwickau – wie so oft als letzten Akt, nachdem der Kirchenbau kurz zuvor abgeschlossen war. Doch bei dem besonderen Ruf, den Lehmann wegen seiner qualitätvollen Instrumente genoss, ist es merkwürdig, dass es nur ein paar Jahrzehnte bestanden hat. Ob es relativ schnell Ermüdungserscheinungen zeigte oder aus der Mode kam, ist nicht bekannt. Jedenfalls wurde schon 1612 ein kompletter Orgelneubau, diesmal von Joachim Zschugk aus Plauen, realisiert. Diese Orgel, die immerhin über 200 Jahre bestehen sollte, muss ein typisches Renaissanceinstrument mit schließbaren Flügeltüren gewesen sein. Es besaß 20 Register und fand auf der Westempore seinen Platz. Aufgeteilt war es in Haupt- und Brustwerk, wobei letzteres an der Emporenbrüstung vorgelagert wurde.

Auch wenn man stellenweise darüber nachdachte, die Orgel gelegentlich zu erneuern, blieb es bis zu ihrem Ende ausschließlich bei Renovierungen. Einer derjenigen Musiker, die sich in jedem Fall einen Neubau wünschten, war gleichzeitig der bekannteste des Zwickauer Domes: Der Bach-Schüler Johann Ludwig Krebs bekam nach der Empfehlung seines Lehrers und einem erfolgreichen Probespiel im Jahre 1737 die Anstellung an der Zwickauer Marienkirche. Krebs drängte sehr auf die Ersetzung des vorgefundenen Instruments und holte hierzu ein Angebot des von ihm favorisierten Orgelbauers Gottfried Silbermann ein. Geplant war schließlich eine Silbermann-Orgel mit 32 Registern auf zwei Manualen und Pedal. Alles scheiterte leider am fehlenden Geld. Krebs bewarb sich noch im selben Jahr

um die Organistenstelle an der Frauenkirche in Dresden, die damals bereits ein Instrument nach seinen Vorstellungen besaß. Das Dresdner Gremium sprach sich wegen seines herausragenden Probespiels tatsächlich für ihn aus. Doch letztlich wollte Krebs die Stelle doch nicht antreten, was er allerdings über Dritte berichten ließ. Auch wenn die fehlgeschlagene Erneuerung in Zwickau ein Grund für Krebs gewesen sein wird, sich räumlich umzuorientieren, sollte er noch lange warten müssen, bis er eine Anstellung erhielt, bei der er über eine prächtige Orgel verfügte: 1744 ging er zunächst nach Zeitz, ohne mit dem dortigen Instrument sehr zufrieden zu sein. Erst 1756 wurde er Schlossorganist in Altenburg und hatte mit der dortigen Trost-Orgel ein wahres Prachtinstrument zur Verfügung.
Der Ersatz der bestehenden Zwickauer Orgel durch ein Werk Silbermanns realisierte sich also nicht. Allerdings wurde im Laufe der Zeit an der Orgel einiges verändert, um ihren Fortbestand zu sichern oder auch sie zeitnah zu modernisieren. Der vor Ort ansässige Orgelbauer Johann Jacob Donati d.J. renovierte dabei das Instrument 1767 so grundlegend, dass er nicht nur offenbar eine Reinigung und Korrektur der Trakturen vornahm, sondern gleich etwa 200 Pfeifen und damit wohl auch die Substanz des ursprünglichen Klangs beseitigte. Letztlich brachten solche Erneuerungsversuche, von denen es noch einen weiteren gab, das Instrument nicht mehr in einen optimalen Zustand. Es war 1839 derart marode, dass es auf Visitationsanweisung hin mitsamt der Empore abgebrochen wurde. Ihr einige Zeit später entstandenes Nachfolgestück existiert in ursprünglicher Funktion bis heute: die Empore einer relativ frühen Jehmlich-Orgel von 1842. Erbaut hat sie Carl Gottlieb Jehmlich, der in Zwickau ansässig war, noch bevor die bekannte Orgelbauerfamilie sich in Dresden niederließ. Sein qualitätvolles Instrument verfügte über 40 Register auf zwei Manualen und Pedal. Zusätzlich waren acht Nebenregister vorhanden. Allerdings schien etwa dreißig Jahre später den Zwickauern die Ausstrahlungskraft ihres Instrumentes nicht mehr zu genügen, da weitreichende Erweiterungen durch Richard Kreutzbach erfolgten.
Am Ende des 19. Jahrhunderts entledigte man sich im Dom endgültig aller Zutaten, die nicht zur Entstehungszeit des Bauwerks passten, insbesondere was die Innenausstattung betraf. In dieser Phase der konsequenten Reduzierung wurde auch die Orgel, allerdings mit wesentlich unbescheidenerem Vorgehen, erneuert. Das entstehende Instrument, nun durch Carl Eduard Jehmlich aus Dresden erbaut, sollte alles Bisherige in den Schatten stellen: Zahlreiche Pfeifen des Vorgängerinstruments wurden verwendet, und die Gesamtzahl der Register wuchs auf 76 an, wobei man sogar zwei spezielle Tuba-Register (8' und 4') aus England importierte. Das überaus massive Orgelgehäuse verfehlte seine Wirkung nicht.

Spielanlage

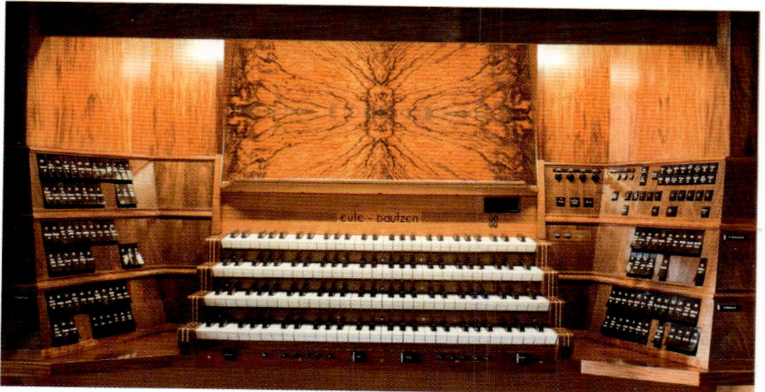

Und doch war dieses mächtige Orgelwerk erst der Anfang zu weiterer Steigerung. Vor allem der 1889 nach Zwickau gelangte Paul Friedrich Ernst Gerhardt – einer der größten Orgelvirtuosen seiner Zeit – setzte sich für die stetige Erweiterung des Instruments im spätromantischen Sinne ein. Das Endergebnis war 1929/30 schließlich die größte Orgel Sachsens mit 101 Registern. Das Instrument war allerdings genauso übergroß wie störanfällig. Letzteres verwundert aus heutiger Sicht kaum, da die Trakturen längst auf Elektropneumatik umgestellt waren. Äußerlich überdauerte die Orgel sogar den Zweiten Weltkrieg, auch wenn der Dom 1945 teilweise stark durch Bombenangriffe betroffen war. Innerlich verfiel das Instrument jedoch immer mehr. Nach Kriegsende war klar, dass eine neue Orgel gebaut werden musste, nur hatte zunächst die Instandsetzung der Domarchitektur Priorität. Erst gegen Ende der 1950er Jahre konnte an einen Orgelneubau zumindest gedacht werden, auch wenn die Finanzierung längst nicht geklärt war. Und als 1966 endlich die ersten Arbeiten am neuen Instrument begannen und der größte Teil schon am 18. September des Jahres geweiht werden konnte, musste die Gemeinde St. Marien noch drei Jahre warten, bis die Eule-Orgel durch ihr Brustwerk komplettiert war. Die Orgel war in mehrfacher Hinsicht ein Neuanfang: Sie war eines der ersten Instrumente des Zwickauer Doms „aus einem Guss", das zudem Besonderheiten seiner Entstehungszeit aufweist. Erste Überlegungen stellte bereits 1949 der neu amtierende Domorganist Günter Metz an. Der Orgel lag bewusst kein historisierendes Konzept zugrunde. Im Sinne der Orgelbewegung erhielt sie eine dominierend obertönige Disposition und wurde zusätzlich mit neuen Registern versehen, die bis zum Ende der 1950er Jahre entwickelt waren. Entsprechend modern präsentiert sich auch das äußere Erscheinungsbild.

Inzwischen hat sich leider gezeigt, dass das relativ unkonventionelle Konzept dieser Eule-Orgel mehrfach an seine technischen und klanglichen Grenzen stieß oder handwerklich unzureichend umgesetzt wurde. Bis zum Ende der 1980er Jahre waren die Restaurierungen nur auf das Notwendigste beschränkt. Die erste umfassende Reinigung und Reparatur erfolgte erst 1993/94 durch die Erbauerfirma – und es zeigte sich ein ständig zunehmender, beträchtlicher Überholungsbedarf an Pfeifen, Registern, Windladen, Traktur und der weiteren technischen Anlage. Am marodesten war inzwischen der Spieltisch, den man eigentlich auch reparieren wollte. Doch dazu kam es vorerst nicht: Der Instandsetzungsbedarf nahm ohnehin fast wöchentlich zu, doch dann trat ein Wasserschaden auf, der zusätzlich das Gebläse und die Kleinpedallade beschädigte. Ab 2000 erfolgten mit einigen Unterbrechungen in einem Zeitraum von insgesamt acht Jahren weitere Reparaturen durch den Mitteldeutschen Orgelbau A. Voigt aus Bad Liebenwerda. Und es wurde erneut deutlich, dass Klangkorrekturen, notwendige Reinigungsarbeiten oder Schleifenoptimierungen immer wesentlich aufwendiger gerieten, als es der zeitliche und finanzielle Rahmen vorgab. Ständig tauchten weitere Probleme in der Orgel auf. Mit einer solchen Fülle technischer Mängel konnte keiner rechnen. So stellte sich durchaus die Frage, ob es nicht besser gewesen wäre, eine neue Orgel zu bauen. Seit März 2010 war die Orgelbauwerkstatt Christian Reinhold aus Bernsdorf damit befasst, die Orgel in einen hoffentlich endgültig funktionsfähigen Zustand zu bringen: Die Windladen wurden komplett erneuert, der Spieltisch endlich restauriert und die Orgel insgesamt stabil fixiert. Dieser Aufwand lohnte sich, denn bei allen technischen Problemen ist die Eule-Orgel des Doms in Zwickau ein besonderes Klangdokument ihrer Zeit, ein wahrer Meilenstein im Nachkriegsorgelbau. Seit 2012 erklingt sie wieder mit ihren interessanten Registerfarben und wird nun hoffentlich eine größere technische Beständigkeit haben als je zuvor.

Spanische Trompete

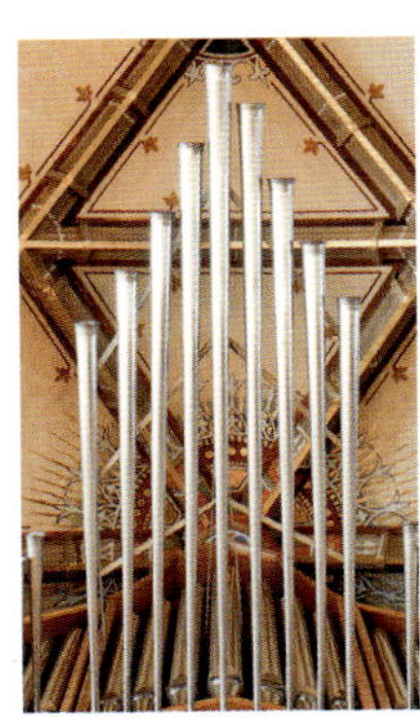

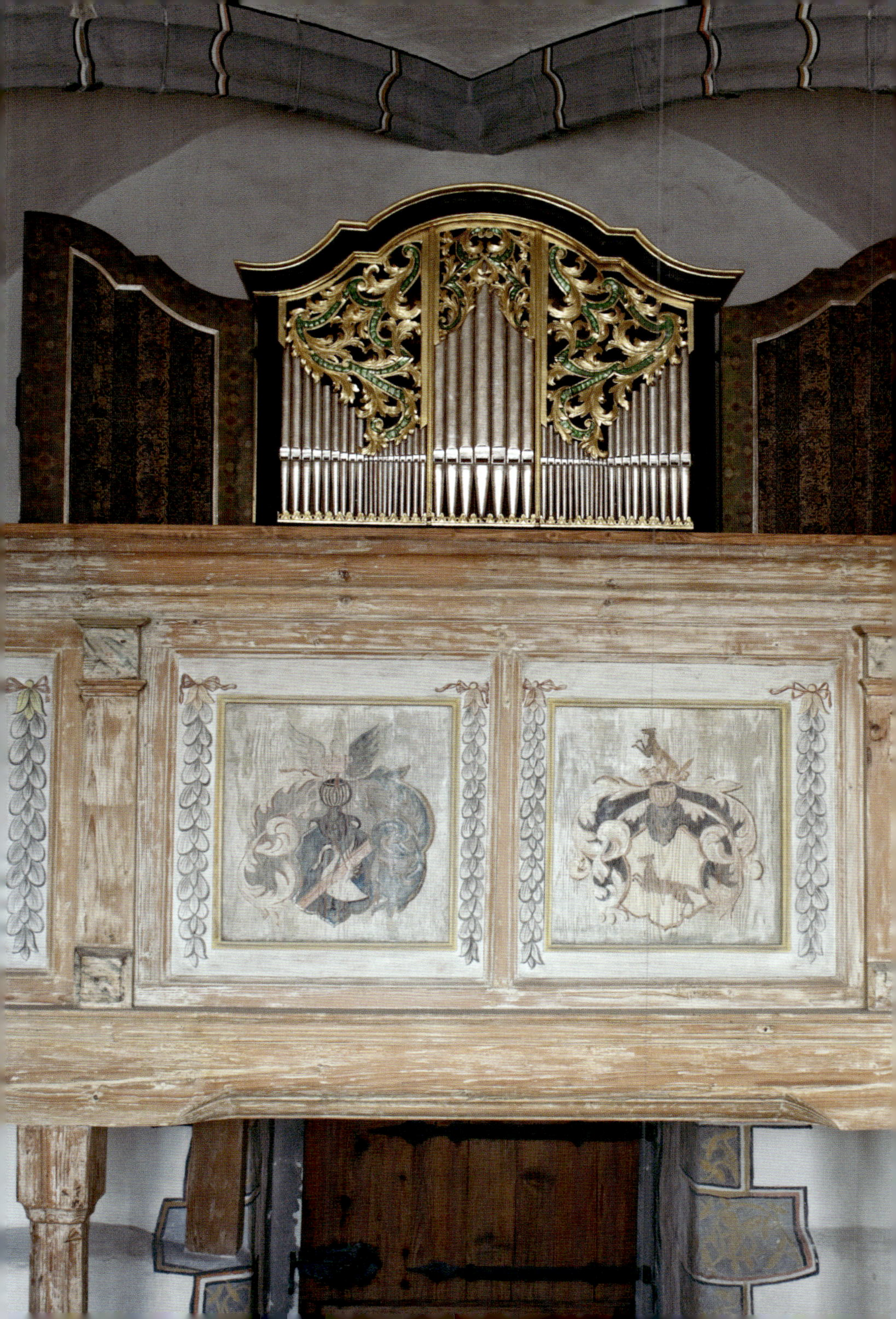

Die Orgel in der Burgkapelle zu Schönfels

Disposition > Seite 206

Orgelbauer:
unbekannt
Erbauungszeit:
ca. 1730
Restaurierungen, Umbauten:
1986/87

Manche Orgeln behalten ihre Herkunft für sich. Wer sie gebaut hat, ist genauso wenig bekannt wie der Entstehungs- oder ursprüngliche Bestimmungsort. Ihr Alter lässt sich nur schätzen.

Solch ein geheimnisumwobenes Instrument befindet sich an einem Ort, an dem man auf den ersten Blick keine Orgel vermuten würde – auf der Burg Schönfels, nicht weit von Zwickau. Sie ist eine der eindrucksvollsten Burgen Sachsens. Ihre geschlossene Wehranlage hat sich bis heute unverändert erhalten. Ab 1651, nachdem Schäden eines Brandes beseitigt worden waren, erfolgten tatsächlich keine nennenswerten Umgestaltungen mehr. Doch bleibt eher zweifelhaft, ob sich Burg Schönfels heute noch so überzeugend präsentieren würde, wenn nicht eine bemerkenswerte Bürgerinitiative in den 1960er und 1970er Jahren dafür gesorgt hätte, dass der spätestens nach 1945 grassierende Verfall der Burg endlich gestoppt wurde.

So hat sich auch als Teil der Gesamtanlage die Burgkapelle erhalten, ein absolutes Glanzstück dieser Art in Sachsen. Als sie um 1480 gebaut wurde, waren wichtige Burggebäude in Schönfels bereits entstanden. In dem das heutige Bild der Burg prägenden Modernisierungsbau errichtete man daneben ein spätgotisches Archiv sowie die einzigartige Bohlenstube mit Kielbogentür.

In der Burgkapelle steht tatsächlich eine kleine besondere Orgel, vermutlich um 1730 von einem bislang unbekannten Meister gebaut. Im Gegensatz zu anderen Instrumenten sind ihre 288 Pfeifen ausschließlich aus Holz gefertigt. Es ist also keine einzige Metallpfeife enthalten, wodurch der Klangcharakter besonders warm und homogen ist. Als man dieses reizvolle Orgelpositiv mit zwei Manualen, was eine Besonderheit darstellt, in den 1950er Jahren auf der Empore wiederentdeckte, war es nicht spielbar. Vor allem die beiden Manuale waren teilweise zerstört. Aber das Instrument blieb etwa zur Hälfte gut erhalten.

Einer schnellen Restaurierung standen die Bürokratie und fehlende finanzielle Mittel im Wege. Als die Burgrestaurierung 1974 begonnen wurde, erfolgte gleich die Sichtung der vorhandenen Teile der Kapellenorgel. Aber erst 1986/87 machte sich die Orgelbaufirma Wilhelm Rühle aus Moritzburg daran, die Orgel aufgrund der vorhandenen Substanz wiederherzustellen: Aufwendige Reinigungen und Reparaturen am Bestehenden waren nötig. Was an Bauelementen nicht mehr vorhanden war, wurde detailgetreu wiederhergestellt. Sogar Stimmung, Stimmton und Windversorgung entsprachen schließlich dem vermutlichen Originalzustand.

So hat dieses kleine, aus 6 Registern bestehende Instrument seine Spielbarkeit und ursprüngliche Klanglichkeit wieder zurückerhalten. Wann sie zum ersten Mal erklungen ist, bleibt nach wie vor eine offene Frage. Heute kann man sie in den Sommermonaten zu besonderen Anlässen hören.

Registerzüge

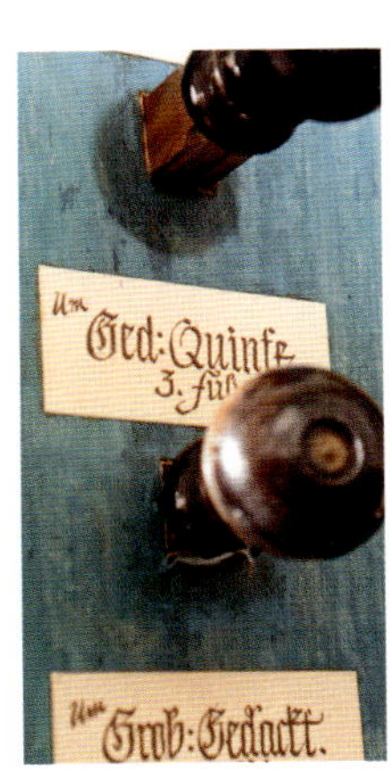

Sehenswertes in Zwickau und Umgebung

Die Kreisstadt Zwickau liegt, eingebettet ins Tal der Zwickauer Mulde, im Südwesten Sachsens. Zu erzählen hat sie einiges, was man ihrem faszinierenden historischen Stadtkern bis heute ansehen kann. Und doch hat sich vieles, das über die Stadt Auskunft geben könnte, nicht erhalten. Zu groß sind die inzwischen entstandenen geschichtlichen Narben.

Zum ersten Mal erwähnt wird der Name Zwickau schon 1118, wobei Bischof Dietrich I. von Naumburg in seiner damals ausgestellten Urkunde noch keine Stadt, sondern ein Territorium, also ein größeres Gebiet meinte, das von Slawen bewohnt war. Die Stadtgründung kann bis spätestens 1212 angenommen werden.

Mehrere Brände vernichteten die Stadt. Die verheerendsten ereigneten sich wohl 1403 und 1650. Im ersten Fall wurde das Rathaus total zerstört, im zweiten, übrigens infolge eines Blitzeinschlags, u. a. die Marienkirche stark beschädigt. Truppenbesetzungen infolge des Schmalkaldischen Krieges 1547 oder während des Dreißigjährigen Krieges machten Zwickau und seinen Bewohnern ebenfalls zu schaffen. Das hinderte die Zwickauer nicht, unmittelbar nach solchen Katastrophen den Wiederaufbau einzuleiten. Das Alte Rathaus war ein Jahr später wieder errichtet, und die Marienkirche wurde Schritt für Schritt wiederaufgebaut, bis schließlich der Turm mit seiner barocken Haube erneuert war.

Zwickauer Dom

Der wichtigste Sakralbau Zwickaus, zentral auf dem Marktplatz gelegen, ist eigentlich eine Marienkirche. Dom wird sie wegen ihrer Bedeutung und Größe erst seit 1935 genannt – Bischofskirche war sie nie. Ungefähr zu der Zeit, in der Zwickau befestigte Stadt wurde, begann man mit ihrem Bau, dies aber noch als romanische Saalkirche. Erst wesentlich später (genauer bis 1563) erfolgte ihr Umbau zur spätgotischen Hallenkirche, als die sie sich bis heute in wesentlichen Teilen erhalten hat. Allerdings sah ihre innere Architektur nicht immer so aus: Über die Jahrhunderte passte man nicht nur die Turmhaube, sondern auch das Innenleben des Doms neueren stilistischen Strömungen an, aber eine Renovierung am Ende des 19. Jahrhunderts stellte eine räumliche Rückführung zur Gotik her.

Nicht nur in der Innenausstattung, sondern bereits im Außenbereich des Doms finden sich Zeugnisse älterer Zeit. Die Propheten- und Apostelstatuen faszinieren

Rathaus am Zwickauer Hauptmarkt

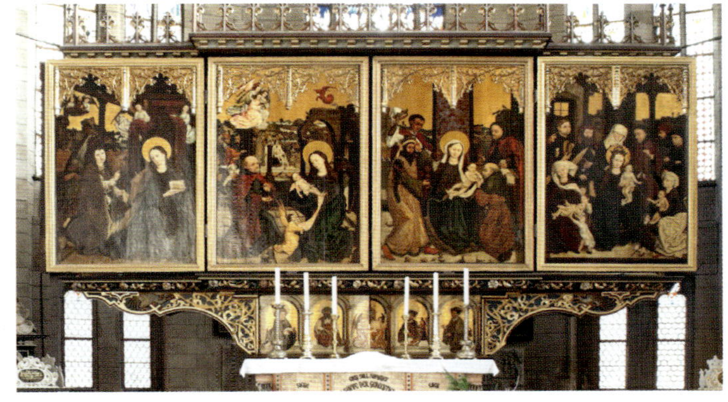

Wohlgemuth-Altar im Zwickauer Dom

durch ihre besondere künstlerische Ausstrahlungskraft. Aus der Frühzeit der Gotisierung besitzt der Dom noch sein ältestes Ausstattungsstück, den Hochaltar von Friedrich Wohlgemuth – übrigens ein Schüler Albrecht Dürers –, der diesen etwa um 1480 schuf. Außerdem befindet sich seit 1502 eine wahre Rarität im Dom. Es handelt sich um das Hauptwerk, eine Pietà, von Peter Breuer. Wann er sie geschaffen hat, ist nicht bekannt. Vor 1511 stellte Michael Heuffner das Heilige Grab fertig, und die prägende Kanzel wurde von Paul Speck im 16. Jahrhundert geschaffen.

All diese Ausstattungsstücke sind in mehrfacher Hinsicht Besonderheiten – zum einen wegen ihrer künstlerischen Qualität, zum anderen aufgrund der Tatsache, dass sie überhaupt noch existieren. Denn der Dom wurde durch einen Bombenangriff 1945 schwer beschädigt. Die vormalige Orgel überstand diese Zerstörung nicht, sie musste in den 1960er Jahren komplett neu gebaut werden. Unbehelligt blieben übrigens im Turm insgesamt vier historische Glocken des 15. bis 17. Jahrhunderts erhalten.

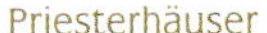

Priesterhäuser

Gleich gegenüber dem Dom stehen die Priesterhäuser. Sie sind wohl die ältesten erhaltenen Wohnhäuser Sachsens und stammen aus dem 13. Jahrhundert – den Nachweis liefert etwa ein Balken aus dem Haus Nr. 7, den man auf 1264 datiert hat. In einem der Häuser wohnte der Bachschüler Johann Ludwig Krebs während

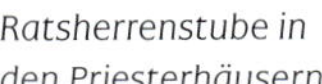

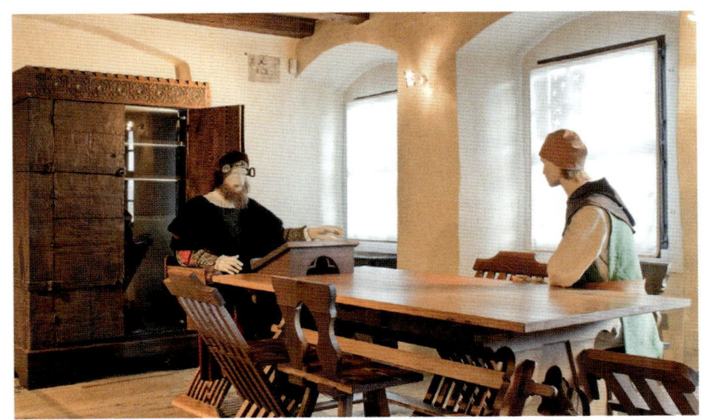

Ratsherrenstube in den Priesterhäusern

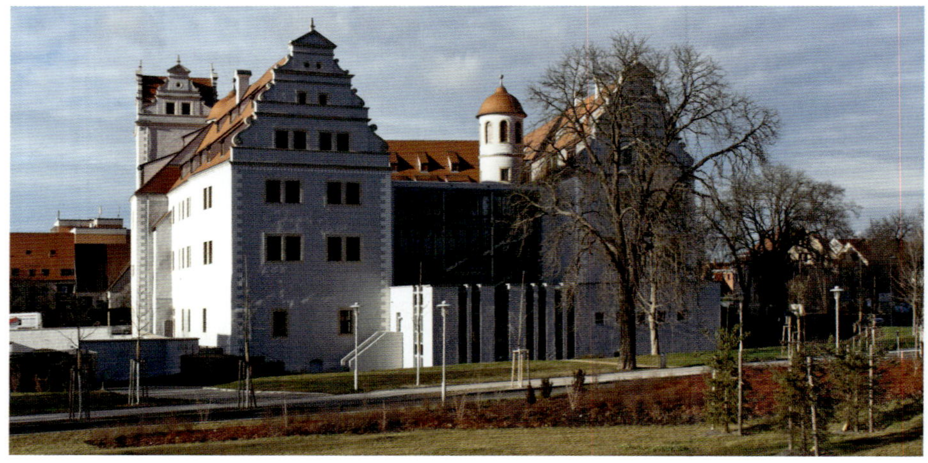

Schloss Osterstein in Zwickau

seiner Amtszeit als Organist an der Marienkirche. Seit 2003 beherbergen die Priesterhäuser das Museum für Stadtgeschichte.

Zwickau kann man unterschiedlich apostrophieren: als Automobilstadt (hier liegt im 19. Jahrhundert der Ursprung der sächsischen Autoindustrie), aber auch – und vor allem – als Musikstadt. Und hier ist insbesondere Robert Schumann zu nennen. In seinem Geburtshaus (an der Ecke Hauptmarkt und Münzstraße), ursprünglich 1450 erbaut, verbrachte der 1810 geborene Komponist seine Kindheit und Jugend, bevor er sich zum Studium nach Heidelberg aufmachte. An der Stelle dieses Geburtshauses steht übrigens streng genommen eine Kopie, da das Original-Anwesen inzwischen wegen Baufälligkeit abgerissen wurde. Seit 1956 befindet sich hier das Robert-Schumann-Museum. Es informiert in seiner Ausstellung umfangreich über Leben und Werk des Musikers und ist zugleich Veranstaltungsort für Konzerte und Vorträge. Auch die Robert-Schumann-Gesellschaft hat hier ihren Sitz. Gegenüber, auf dem Hauptmarkt, steht ein Denkmal, das zu Ehren Schumanns von Johannes Hartmann geschaffen wurde. Ursprünglich 1901 errichtet, musste es seit den 1930er Jahren mehrere Umzüge über sich ergehen lassen, bis es schließlich 1993 seinen historischen Standort vor dem Zwickauer Gewandhaus zurückerhielt.

Robert-Schumann-Museum

Robert-Schumann-Denkmal in Zwickau

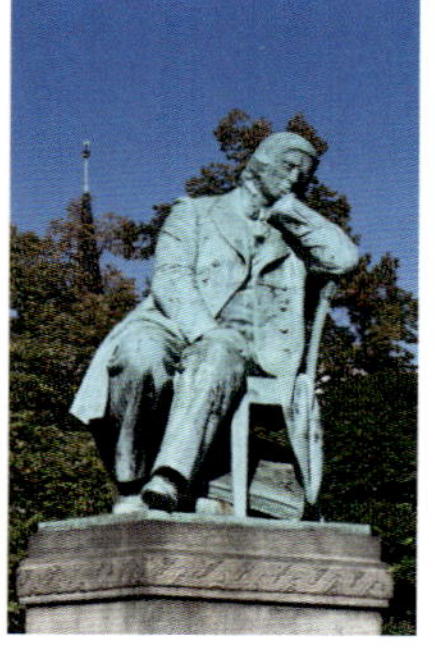

Unter anderem hier werden auch die Internationalen Robert-Schumann-Wettbewerbe ausgetragen: ein Chorwettbewerb sowie einer für Klavier und Gesang. Sie finden in der Regel alle vier Jahre im Juni statt. Weiterer Austragungsort ist der im Jugendstil erbaute Konzertsaal „Neue Welt", unter anderem auch Aufführungsort der Sinfoniekonzerte des Philharmonischen Orchesters Plauen-Zwickau. Jährlich, ebenfalls im Juni, wird das Robert-Schumann-Musikfest veranstaltet.

Spätestens zur Advents- und Weihnachtszeit zieht einer der repräsentativsten Schlossbauten Sachsens, der zufällig in Zwickau steht, die Aufmerksamkeit auf sich – dies aber erst seit der vor ein paar Jahren abgeschlossenen Restaurierung. Schloss Osterstein ist in seinen Ursprüngen nicht mehr genau ergründbar. Man weiß nur, dass es 1403 beim erwähnten Stadtbrand zerstört und einige Jahre später wieder aufgebaut wurde. Seine heutige Gestalt verdankt es Kurfürst Christian I., der es bis 1590 zu einem der größten Schlossbauten des Landes werden ließ. Nach unterschiedlichen Stationen des Verfalls entschloss man sich endlich 2006, es innerhalb von nur zwei Jahren zu rekonstruieren. Heute werden im gesamten

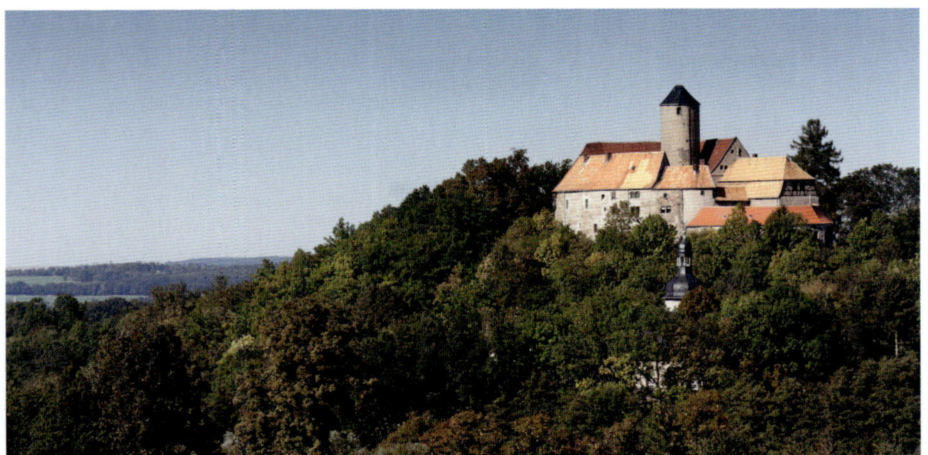

Burg Schönfels von Südwesten

Gebäudekomplex, gerade zu Advent und Weihnachten, unterschiedliche Veranstaltungen geboten.

Es lohnt sich auch ein Blick in die nähere Umgebung von Zwickau: Eine der am besten erhaltenen Anlagen ihrer Art ist die Burg Schönfels. Sie vermittelt einen wohl realistischen Eindruck einer Höhenburg, wie sie früher existierte. Ihre ältesten Bauteile gehen bis etwa 1220/30 zurück; ihre heutige Gestalt erhielt sie vor allem durch spätgotische Umbauten, veranlasst von der damals hier residierenden Adelsfamilie Weißenbach. Spätestens 1505 war so aus der wehrhaften Burg eine wohnlichere Schlossanlage geworden, die bis heute durch eine spätgotische Bohlenstube mit Kielbogentür und die Burgkapelle beeindruckt. Nach 1900 dem Verfall preisgegeben, wurde die Burganlage ab den 1960er Jahren durch Privatinitiative gerettet und denkmalgerecht in ein Museum mit Gaststätte umgebaut.

Burg Schönfels

Zwickau und Umgebung

Information	Tourist Information Zwickau Hauptstraße 6 08056 Zwickau Tel.: 0375 2713240, Fax: 0375 2713249 E-Mail: tourist@kultour-z.de Tourismusregion Zwickau e.V. „Zwischen Muldental und Erzgebirge" Peniger Straße 10 08396 Waldenburg Tel.: 037608 27243, Fax: 037608 27245 E-Mail: info@tourismus-zwickau.de
Sakrale Bauten	Dom St. Marien, Katharinenkirche, Lutherkirche, Moritzkirche, Nicolaikirche, Pauluskirche (alle Zwickau), Burgkapelle Schönfels, Laurentiuskirche Crimmitschau, Georgenkirche Glauchau, Kirche Fraureuth, Marienkirche Werdau, Margarethenkirche Kirchberg
Museen	August-Horch-Museum – Automobilmuseum Zwickau, Robert-Schumann-Haus Zwickau, Priesterhäuser Zwickau, Städtische Kunstsammlungen Zwickau, Galerie am Domhof Zwickau, Ratsschulbibliothek Zwickau, Museum Burg Schönfels, Westsächsisches Textilmuseum Crimmitschau, Deutsches Landwirtschaftsmuseum Schloss Blankenhain, Wassermühle Gospersgrün, Stadt- und Dampfmaschinenmuseum Werdau, Karl-May-Haus Hohenstein-Ernstthal, Naturalienkabinett und Stadtmuseum Waldenburg, Museum und Kunstsammlungen Schloss Hinterglauchau, Paul-Fleming-Haus Hartenstein

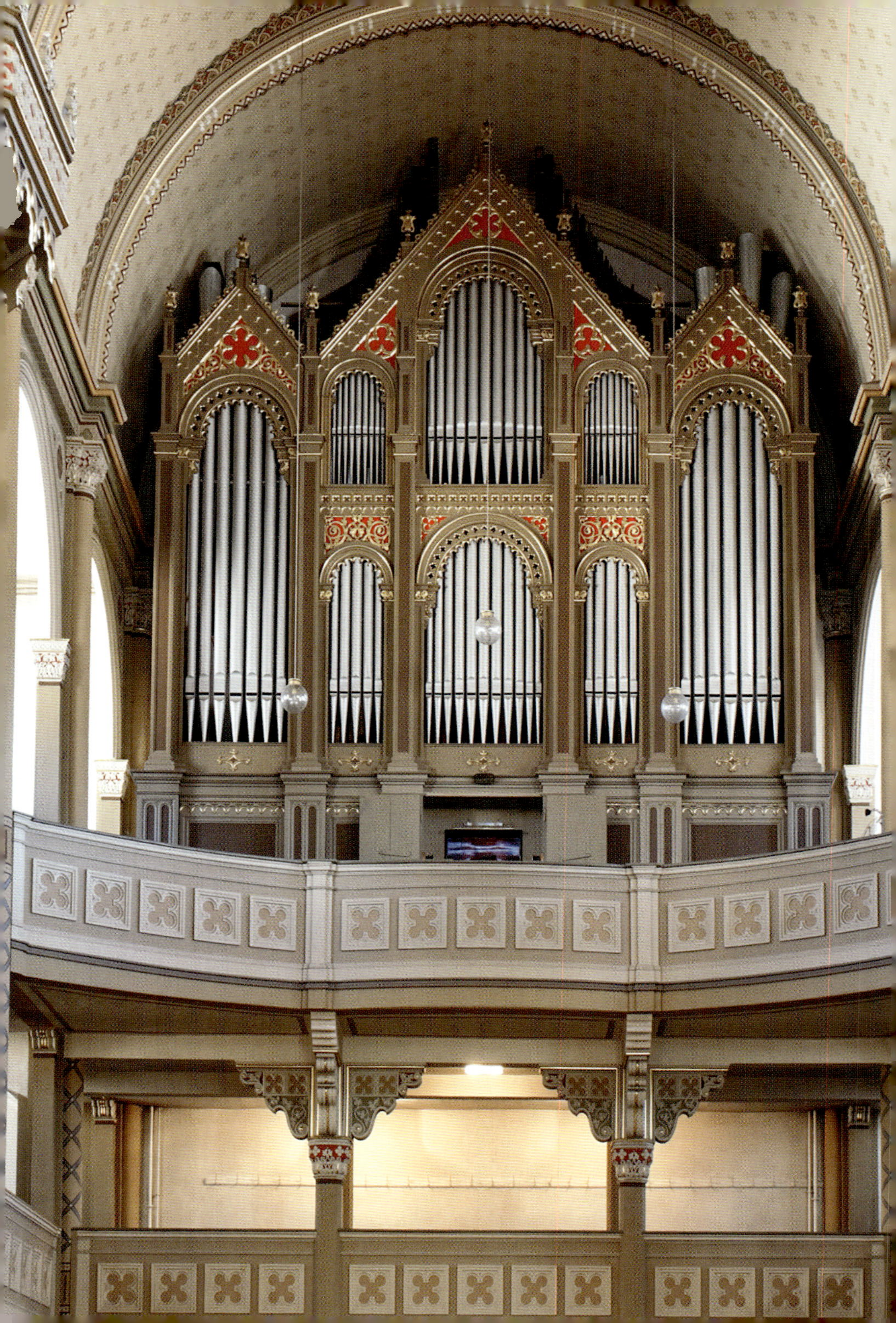

Die Schulze-Orgel in der Stadtpfarrkirche St. Nicolai zu Markneukirchen

Disposition > Seite 206

Orgelbauer:
Johann Friedrich Schulze
Erbauungszeit:
1848
Restaurierungen, Umbauten:
1872, 1935, 1975, 1993

Im Sinne des klassischen Orgelbaus sollten Orgeln nie als austauschbare „Fabrikware" entstehen. Vielmehr soll jede Orgel ein Einzelstück, ein Unikat sein, das seinen eigenen, unverwechselbaren und nicht zu wiederholenden Charakter hat. Die Orgel der Nicolaikirche zu Markneukirchen ist ein solches Instrument, das aber noch in einem zusätzlichen Sinne einzigartig ist: Es ist die größte erhaltene und einzige in Sachsen vorhandene Orgel von Johann Friedrich Schulze (1793 – 1858). Und die Tatsache, dass in den 1840er Jahren für die Stadtpfarrkirche ein Orgelneubau notwendig wurde, hat ihren tieferen Grund eigentlich in einer vorhergegangenen Katastrophe.

Die zuvor über Jahrhunderte gewachsene Stadt Markneukirchen ging von einem Tag auf den anderen in einer großen Feuersbrunst 1840 unter. Stadt und Kirche wurden komplett vernichtet und damit auch die einst vorhandene Orgel.

Dieses zerstörte Vorgängerinstrument stammt von einem Orgelbauer mit großem Namen, einem Spross der berühmten Orgelbauerdynastie Trampeli aus Adorf. Friedrich Wilhelm, der letzte Orgelbauer seiner Familie, errichtete es 1817. Viel wissen wir von dieser Trampeli-Orgel nicht – nur, dass sie 1825 bereits eine größere Reparatur erhielt. Ob das ein Zeichen für die Qualität des Instruments ist, wobei Friedrich Wilhelm bekanntermaßen nicht immer den hohen Standard seiner Vorfahren aufrechterhalten konnte, ist nicht zu sagen. Doch wird es das erste größere Instrument in St. Nicolai gewesen sein. Die Vorgängerorgel des Trampeli-Werkes war sehr bescheiden ausgefallen: Sie bestand nur aus einem Manual mit Pedal und verfügte über neun Register. Erbaut hatte sie schon 1677 Oswald Keesmodel aus Alt-Schönfels bei Zwickau. Dieser ging wohl bei ihrer Errichtung nicht mit größter Sorgfalt zu Werke, da die Orgel schon fünf Jahre später derart in ihrer Qualität nachgelassen hatte, dass sich diesbezüglich Pfarrer Spengler bei der Superintendentur Oelsnitz beschwerte. Und daraufhin war Keesmodel gezwungen, sämtliche Windladen und Pfeifen zu erneuern. 1817 beauftragte die Gemeinde dann Friedrich Wilhelm Trampeli mit dem erwähnten Orgelneubau. Ob dies seinen Grund in unveränderter Störanfälligkeit hatte oder ob der Gemeinde der Klang ihrer kleinen Keesmodel-Orgel nicht mehr genügte, bleibt offen. Die Trampeli-Orgel bestand leider nur 23 Jahre, da sie eben mitsamt der Kirche unterging.

Nach dem verheerenden Brand musste zunächst der Stadtkern Markneukirchens wiederaufgebaut werden, und es entstand ein durchgeplantes, klassizistisch bestimmtes Stadtbild, in das sich auch die neue Nicolaikirche zentral einfügen sollte. Mit ihrem Bau wurde erst 1842, also zwei Jahre nach dem Brand, begonnen. Wie so oft, war das letzte eingebrachte Ausstattungsstück die Orgel, 1848 von Johann Friedrich Schulze aus dem thüringischen Paulinzella erbaut.

Auch Schulze entstammte einer traditionsreichen Orgelbauerfamilie. In vierter Generation übernahm er 1815 in seinem Geburtsort Milbitz bei Rudolstadt das Geschäft seines Vaters Johann Andreas. Dieser hatte selbst im Stil des Spätbarock Orgeln von besonderer klanglicher Schönheit gebaut, die teils heute noch existieren. Bevor Johann Friedrich sich in Milbitz selbstständig machte, ging er fünf Jahre lang in die Lehre beim Orgelbauer Ehle in Stadtilm. Und schrittweise baute er sich zunächst in Milbitz, ab 1825 dann in Paulinzella einen Ruf als international gefragter und angesehener Orgelbauer seiner Zeit auf. Die Faszination des Orgelbaus vermochte er auch an seine Söhne zu vermitteln, die die Klangvorstellungen des Vaters zu einer gewissen Vollendung führten. Die Tradition blieb so bis 1880 erhalten.

Johann Friedrich Schulze war ein besonderer Orgelbauer. Nicht nur, dass er im Laufe seines Lebens neue Instrumente für manche bekannte Kirche schuf – etwa für Divi Blasii in Mühlhausen oder die Dome in Wismar und Bremen, ganz abgesehen von seinem größten Instrument, der viel beachteten, durch ihn maßgeblich umgebauten Hauptorgel der Lübecker Marienkirche. All diese Instrumente existieren übrigens nicht mehr. Zusätzlich ist die Zahl seiner Orgeln beeindruckend. Bei der Auftragsannahme in Markneukirchen hatte Schulze schon über 100 eigene Orgelwerke geschaffen, und dies in bemerkenswerter technischer sowie klanglicher Qualität. Diese hatte er über viele Jahre und umfangreiche Kooperation schrittweise entwickeln und optimieren können. Besonders seine

Spielanlage

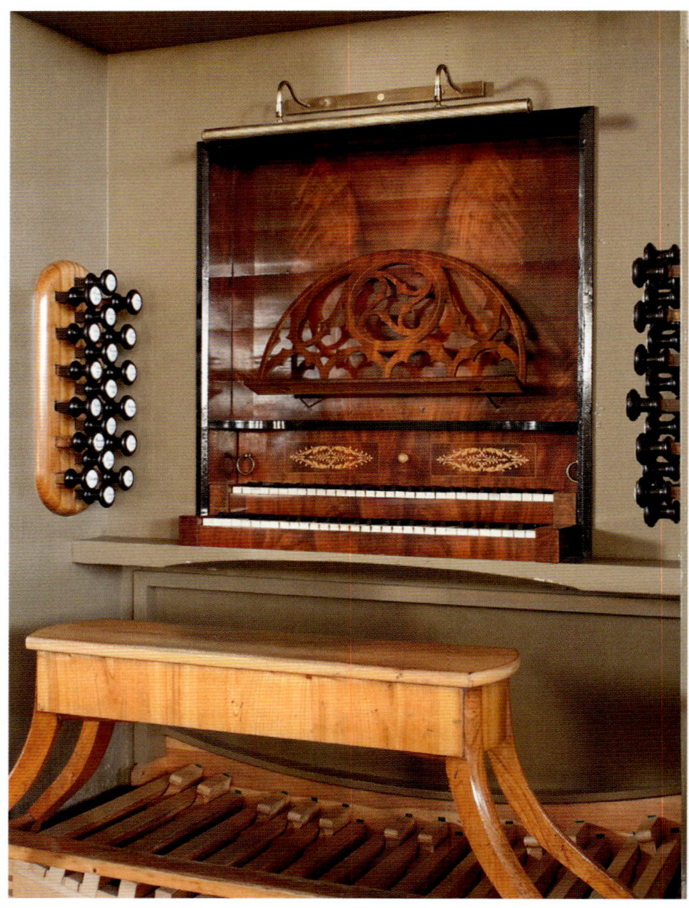

Zusammenarbeit mit dem Weimarer Organisten, Orgelbautheoretiker und Komponisten Johann Gottlob Töpfer (1791 – 1870) war eine befruchtende Wechselbeziehung. Durch sie war es Schulze möglich, seine Orgeln auf einem einmaligen wissenschaftlichen Fundament und mit ständigem Kontakt zur Musikpraxis zu bauen, was insgesamt eine ungewöhnliche Anhebung seines Qualitätsstandards zur Folge hatte. Bald war er nicht nur außerhalb Thüringens, sondern weltweit gefragt; er lieferte etwa Instrumente nach Riga und sogar Philadelphia. Technisch sind ihm viele Neuerungen des Orgelbaus zu verdanken. Der Klang seiner Orgeln war Ausdruck einer romantischen, grundtönigen Ästhetik, die er mitbegründete und förderte. Auch wenn dieser romantische Orgeltyp Schulzes von manchen kritisiert wurde, entsprach er doch dem Klangempfinden seiner Zeit und wurde entsprechend geschätzt.

Das belegt auch das Abnahmegutachten für die Markneukirchener Orgel. Ausgerechnet der bekannte Carl Ferdinand Becker (1804 – 1877) – früherer Gewandhausviolinist und damaliger Nikolaiorganist sowie Professor für Orgel und Musikgeschichte in Leipzig – prüfte das Instrument. Wie es gelang, ihn als Orgelgutachter in der vergleichsweise kleinen Stadt Markneukirchen zu gewinnen, bleibt ein Geheimnis. Vermutlich dürfte ihm die besondere Qualität der Schulze-Orgeln bekannt gewesen sein, sodass ihn die Abnahme deswegen reizte. Möglich wäre auch sein Wunsch, in seiner Eigenschaft als Violinist diese herausragende Stadt des Instrumenten- und speziell Geigenbaus besuchen zu können. Becker bescheinigte dem Instrument eine „eindrucksvolle Grundtönigkeit auf der Basis einer reichen Auswahl von Flöten- und Gedackt-Registern".

Mit der Markneukirchener Orgel war ein prächtiges Werk entstanden, das über 32 Registern auf zwei Manualen und Pedal verfügt. Neben seiner homogenen Klangausstrahlung stechen noch einige, eher äußerliche Besonderheiten hervor. So hat die Orgel eines der wenigen in Sachsen vorhandenen Radialpedale aufzuweisen, eine geschweifte und damit französisch beeinflusste Pedalklaviatur. Und die Register sind so konzipiert, dass sie quer zu den beiden Manualen stehen.

Die Schulze-Orgel prägt den Kirchenraum klanglich, obwohl sie optisch relativ unauffällig auf der zweiten Ostempore Aufstellung fand. Daher sind ihre Teilwerke im Orgelinneren platzsparend übereinander angelegt. Das Hauptwerk füllt die erste Etage aus, und ihm folgen Pedal sowie Oberwerk. Die Felder des Prospektes vermitteln einen ganz anderen Eindruck und bestehen auch zum größten Teil aus stummen Pfeifen.

Das klingende Pfeifenmaterial der Orgel ist glücklicherweise fast vollständig erhalten. Am übrigen Bestand wurde im Laufe der Jahre einiges modernisiert – nicht immer zum Vorteil des Instruments. Beispielsweise ist die genannte geschweifte Pedalklaviatur eine spätere Rekonstruktion. Zuvor wurde sie 1872 komplett ausgebaut und gegen ein silbermanninspiriertes „gerades" Pedal ausgetauscht. Und 103 Jahre später musste dies wiederum einer nun doppelt geschweiften Pedalklaviatur weichen. Schon bei der ersten Pedalauswechslung fanden kleine Registeränderungen statt, die die Gebrüder Jehmlich aus Dresden nach einigen Reparaturen 1935 mit zusätzlichen Modifizierungen der Intonation fortsetzten.

Erst vor kurzem, 1993, entschied sich die Gemeinde, ihre Schulze-Orgel wieder in den Originalzustand von 1848 zurückführen zu lassen, wobei der Aufwand im Vergleich zu anderen Orgeln aufgrund der gut und umfangreich erhaltenen Substanz nicht so groß war. Die Restaurierung übernahm damals Kristian Wegscheider. Seither erklingt die Orgel als einziges Schulze-Instrument Sachsens wieder im Sinne ihres Erbauers und hat zusätzlich ihr seltenes Radialpedal in mustergültiger Rekonstruktion zurückerhalten.

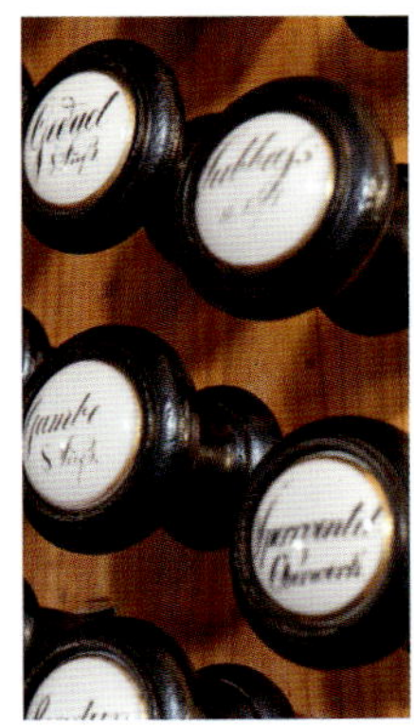

Registerzüge

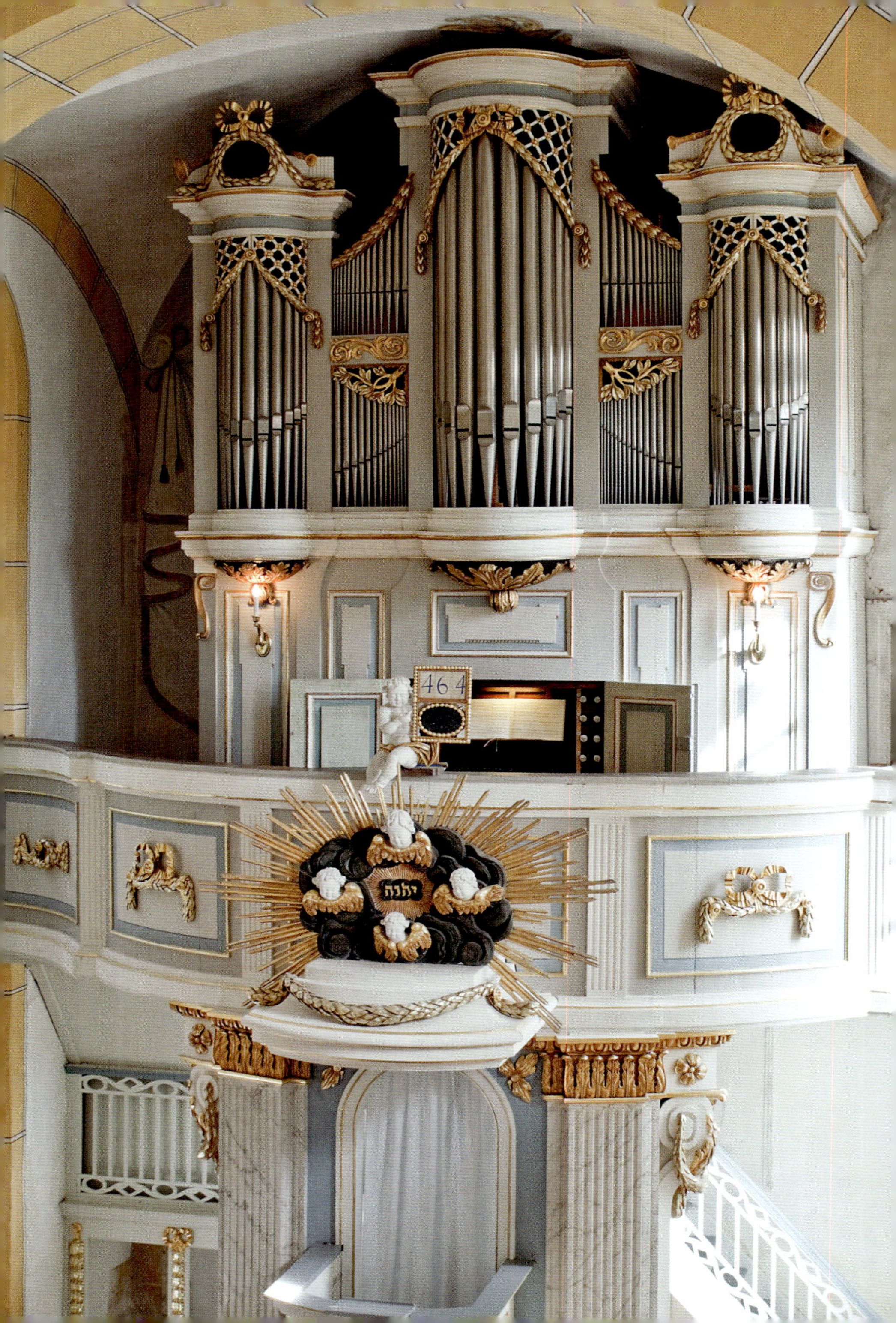
464
יהוה

Die Trampeli-Orgel in der Kirche zu Straßberg

Disposition > Seite 206

Orgelbauer:
Johann Gottlob Trampeli
Erbauungszeit:
1798 – 1804
Restaurierungen, Umbauten:
1917, 1950er Jahre, 1998

Als Johann Gottlob Trampeli (1742 – 1812) den Auftrag erhielt, für Straßberg eine Orgel zu errichten, ging ihm bereits der Ruf als großer Orgelbauer voraus. Nicht nur durch seine eigenen Instrumente, die er seit knapp 30 Jahren baute. Sein Vater, der zunächst tatsächlich Johann Paul Trampel hieß, war ebenfalls ein angesehener Orgelbauer und hatte im vogtländischen Adorf im Jahre 1734 eine eigene Werkstatt begründet. Dazu übernahm er die Räumlichkeiten des Stadtorganisten und Orgelbauers Adam Heinrich Gruber im dortigen Zenckerschen Hause. Die auf diese Weise mögliche Gründung des eigenen Orgelbetriebs war der Beginn einer über drei Generationen reichenden, zunächst sehr erfolgreich tätigen Orgelbauerfamilie. Johann Paul änderte 1759 seinen Nachnamen in die doch etwas eleganter klingende italienisierte Form Trampeli um. Allein er war an etwa 50 Orgelrestaurierungen und Neubauten beteiligt. Und seine Söhne Johann Gottlob und Christian Wilhelm setzten die Tradition gewissenhaft fort. Sie waren aufgrund ihrer hohen handwerklichen und klanglichen Ansprüche, die sie an die eigenen Instrumente stellten, sehr angesehen. Nicht zuletzt bezogen sie sich bei ihrer Tätigkeit ausdrücklich auf den von ihnen hochgeschätzten Gottfried Silbermann, in dessen Tradition sie stehen. Silbermann-Schüler hingegen waren sie schon aus chronologischen Gründen nicht. Wie sehr sie jedenfalls den bedeutenden Orgelbauer verehrten, geht aus einer Anekdote hervor: Der mit den Trampelis gut bekannte Adorfer Kantor Friedrich Wilhelm Horlbeck berichtete, sie hätten über Silbermann nur stehend und mit abgenommener Mütze gesprochen. Jedenfalls vertraten Johann Gottlob und Christian Wilhelm Trampeli im Sinne ihres Vaters ein sehr hohes Qualitätsniveau. Und dazu gehörte auch, gegebenenfalls einen zuvor erhaltenen Auftrag aus qualitativen Gründen in Frage zu stellen, um schließlich die eigenen Ansprüche zu realisieren. Dies sollte sich besonders in Straßberg zeigen. Der letzte Orgelbauer der Familie, Christian Wilhelms Sohn Friedrich Wilhelm, konnte den Anspruch seiner Vorfahren zumindest nicht konstant aufrechterhalten. Die Beurteilung seiner künstlerischen Leistungen als Orgelbauer schwankte bereits zu Lebzeiten erheblich und ist äußerst widersprüchlich. Einerseits wurde er am 22. Januar 1813 u. a. wegen seiner „verdienstlichen Eigenschaften" von Großherzog Carl August zum „Großherzoglichen Sachsen-Eisenachisch-Weimarischen Land- und Hoforgelbaumeister" ernannt. Und einigermaßen gute Orgeln von seiner Hand haben sich bis heute erhalten, so in der Kirche St. Nikolaus des thüringischen Ortes Windischleuba. Andererseits galten Friedrich Wilhelms Instrumente gelegentlich als „gänzlich missglückt". So schrieb es Johann Gottlob Töpfer bei seiner Begutachtung der 1813 neu errichteten Orgel für die Stadtkirche St. Peter und Paul in Weimar. Letztlich nahm wohl die einstige, auf höchster künstlerischer Leistung basierende Erfolgsgeschichte der Orgelbauerfamilie Trampeli ein qualitativ eher durchwachsenes Ende.
Als nun die alte Straßberger Orgel Ende des 18. Jahrhunderts völlig unbrauchbar geworden war – ihre Entstehung liegt bis heute im Dunkeln –, wurde Johann Paul Trampeli gebeten, das Instrument zu begutachten. Sein Urteil fiel eindeutig aus: Er empfahl sofort einen Neubau und lieferte gleich zwei konkrete

Dispositionsentwürfe. Den Auftrag erhielt schließlich der Sohn Johann Gottlob, der ein einmanualiges Werk im Zeitraum von etwa einem Jahr zu errichten hatte. Der Vertrag zum Neubau wurde am 16. Februar 1798 geschlossen.

Doch das gesamte Vorhaben zog sich unvorhersehbar in die Länge: Über ein Jahr dauerte es, bis das Leipziger Konsistorium endlich den Orgelbau genehmigte. Grund war ein überaus lang währender Superintendentenwechsel. Erst im März 1799 konnte Trampeli mit der Arbeit an der Straßberger Orgel beginnen, stellte aber offenbar schnell fest, dass er mit der vorgesehenen Disposition zu keinem befriedigenden Ergebnis gelangen würde. Dementsprechend schlug er ein halbes Jahr später vor, ein zweites Manual hinzuzufügen und dadurch die Orgel wesentlich in ihren klanglichen Möglichkeiten zu bereichern. Vor allem wegen der mit diesem Vorschlag verbundenen höheren Kosten nahmen die anschließenden Diskussionen solche Ausmaße an, dass sogar das gesamte Orgelprojekt zu scheitern drohte. Erst ein Brief des Orgelbauers im Jahre 1802 bereinigte die Situation. Hier schrieb Trampeli an den Superintendenten folgenden, offenbar entscheidenden Satz: „Ist es nicht besser, man bekümmert sich bei dergleichen Baue um einen redlichen Mann und zahlt ihm, daß er tüchtig und gute Materialien zu seiner Arbeit nehmen kann, so sind Kirchen und Gemeinden für die Zukunft gesichert, denn gut gebaute Orgeln stehen Jahrhunderte." Schließlich wurde die neue Orgel nach den Vorstellungen Trampelis errichtet, wobei der Orgelbauer unmittelbar nach Fertigstellung im Jahr 1804 seinen vollständigen Lohn erhielt.

Das Instrument, mit Kanzel und Altar zu einer Einheit verbunden, bezieht sich in seiner äußeren Gestalt, seiner Disposition und Mensur stark auf das Vorbild Gottfried Silbermann. Die 18 Register sind auf zwei Manuale und Pedal verteilt,

Trakturdetail

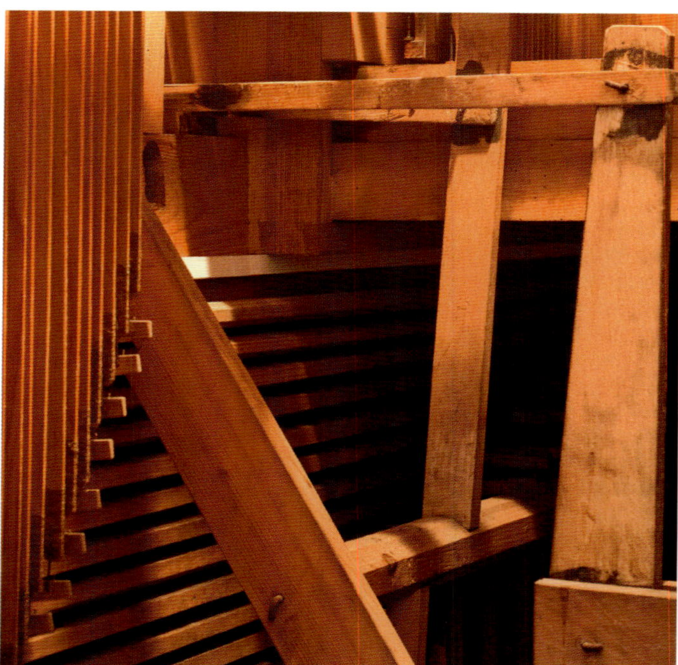

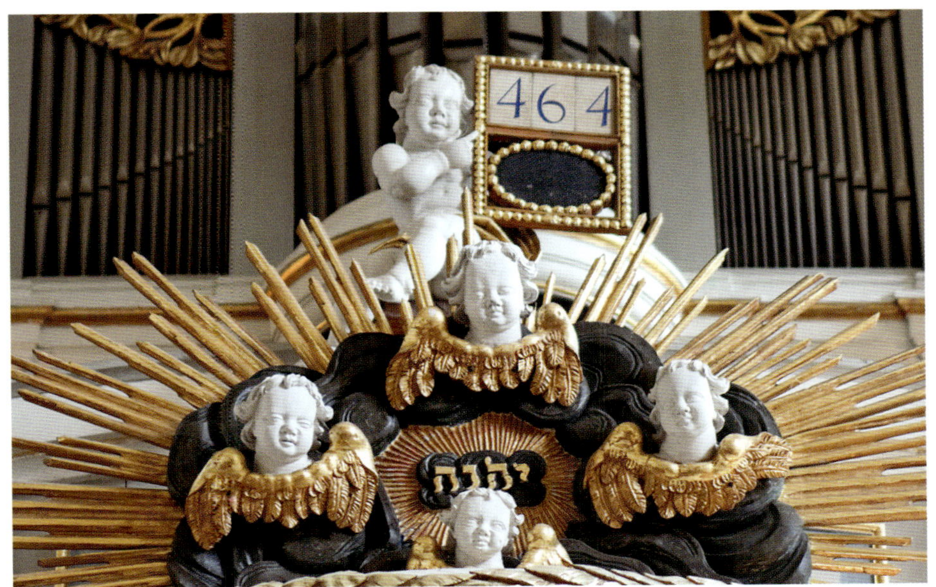

Prospektdetail mit Gloriole vom Hauptaltar

und ihre Klangcharaktere bewirken insgesamt eine tragfähige, teils majestätische Tongebung. Dass wir die Orgel im Sinne ihrer Entstehungszeit heute hören können, ist wiederum einigen Restaurierungen zu verdanken, die im Laufe der Zeit notwendig wurden. Mehrere, offenbar unsachgemäße Nachstimmungen der Orgel führten allmählich zu erheblichen Stimmschäden. Weitere substantielle Eingriffe gab es nicht viele. Doch 1917 wurde ein neues Register (Aeoline 8') eingebaut, das dann in den 1950er Jahren sogar auf eine elektropneumatische Zusatzlade gestellt wurde. Um die kostbare Orgel zu retten und zu restaurieren, stellte der Kirchenvorstand 1996 Fördermittelanträge und kümmerte sich um Fachfirmen. Ein Jahr später erfolgte in der Orgel und der gesamten Kirche eine dringend notwendige Anobienbekämpfung. Im Zuge der Orgelrekonstruktion fand man im Kirchenraum unter späteren Farbschichten die Originalbemalung aus der Renaissance. Diese Bemalung von 1576, eine Ockerquaderung mit weißer Fuge und schwarzen Beistrichen, wurde parallel zu den Arbeiten an der Orgel wieder hergestellt. Der Straßberger Orgelverein unterstützte ideell und finanziell das anspruchsvolle Vorhaben. Im Jahre 1998 konnte die Orgelbauwerkstatt Ekkehart Groß und Johannes Soldan aus Waditz bei Bautzen mit der Sanierung beginnen: Sie beseitigte alle Zusätze, optimierte das Pfeifenwerk, entfernte sämtliche Stimmschäden und Verschleißerscheinungen und stellte schließlich den originalen Stimmton und die ursprüngliche Stimmung wieder her.

In dieser meisterlich renovierten Gestalt ist die Trampeli-Orgel in Straßberg wieder ein qualitätvolles Instrument seiner Zeit, das bis heute seine Bedeutung nicht verloren hat. Mit gewissenhafter Pflege trifft so auf diese Orgel der Satz ihres Erbauers zu: „gut gebaute Orgeln stehen Jahrhunderte".

Sehenswertes im Vogtland

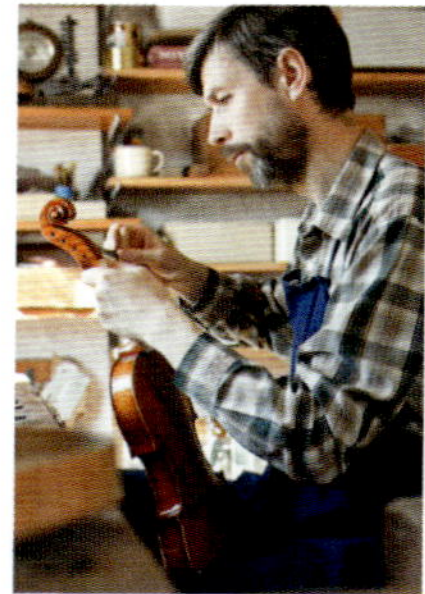

Der Markneukirchener Geigenbauer Norbert Knappe bei der Arbeit

Markneukirchen liegt landschaftlich sehr schön im Herzen des oberen Vogtlandes, beidseits des Schwarzbachs, eines Nebenflusses der Weißen Elster. Der Ort ist eine der südlichsten Städte Sachsens und befindet sich inmitten des Musikwinkels, was auf das Selbstverständnis als Musik- und speziell Musikinstrumentenstadt verweist. Doch bis es soweit war, dass Markneukirchen sich bis heute über die Musik definiert, musste sich einiges entwickeln. Bis aus dem kleinen Dorf Nothaft im Jahr 1310 die Stadt Neukirchen wurde, dauerte es einige Zeit. Und wiederum ein paar Jahrzehnte später wird Neukirchen erstmals als Markt bezeichnet und so mit größeren Rechten ausgestattet. Der entscheidende Schritt zur Musikstadt war dann eine Folge des Dreißigjährigen Krieges, als böhmische Glaubensflüchtlinge in die Stadt kamen, die Geigenbauer waren. Und so kann Markneukirchen auf eine absolute Pioniertat verweisen: die Gründung der ersten deutschen Geigenbauerinnung im Jahr 1677, zu der sich zwölf Handwerker zusammenschlossen. Seitdem haben Instrumente aus Markneukirchen, dem „sächsischen Cremona", einen guten Klang. Seit dem 19. Jahrhundert ist der Ort das Zentrum nicht nur des Geigen-, sondern allgemein des Orchesterinstrumentenbaus, dessen Bedeutung weit über die Region hinausreicht. Viele Musikinstrumente, die aus dieser Stadt kommen, finden sich in internationalen Orchestern.

Musikinstrumentenmuseum Markneukirchen

An die erwähnten zwölf Innungsgeigenbauer erinnert noch heute das entsprechende Denkmal vor dem Musikinstrumentenmuseum. Dieses ist im Paulusschlösschen, einem spätbarocken Bürgerhaus, untergebracht und gehört mit seinen ca. 3200 Instrumenten aus aller Welt zu den bedeutendsten Museen seiner Art in Europa. Nicht nur, dass hier die Geschichte des Instrumentenhandwerks der Stadt und unmittelbaren Umgebung gezeigt wird. Es gibt auch einige Kuriositäten zu bewundern: von der überdimensionalen Geige über das Riesenakkordeon bis zu Miniaturinstrumenten. In der Sammlung der Tasteninstrumente ist auch eine kleine besondere Orgel vertreten. Sie hat in dieser Region absoluten Seltenheitswert, da sie eine Schweizer Hausorgel ist. 1903 kam sie als Stiftung des damaligen Bürgermeister Theodor Zschucke ins Museum, wurde drei Jahre später erstmals repariert und hat 1992 eine umfangreiche Restaurierung durch Regina Stegmann in Norden erfahren. Ihre Spielmöglichkeiten sind zwar bei nur drei Registern auf einem Manual begrenzt, doch hat dieses kleine, 1838 von dem Graubündener Orgelbauer Georg Hammer errichtete Positiv durchaus seinen klanglichen Reiz. Und auch optisch ist es sehr ansprechend. Die Pfeifen des schrankähnlichen Instruments sind durch zwei bemalte Flügeltüren verschließbar. Diese zeigen König David mit Harfe und einen Engel mit Trompete.

Große Streichinstrumente im Musikinstrumentenmuseum Markneukirchen

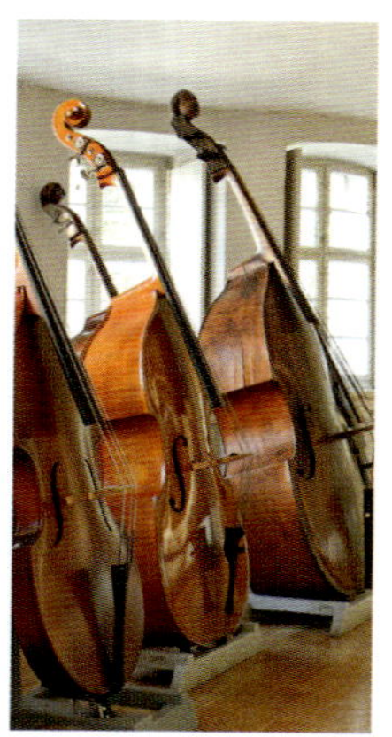

Neben seiner umfangreichen Instrumentensammlung bietet das Museum noch eine weitere Attraktion. Beim Handwerkertag am letzten Sonntag im August ist es möglich, den Instrumentenbauern während der Arbeit zuzuschauen. Aber es gibt noch weitere Instrumentenmuseen in der Stadt: das Framus-Werksmuseum (mit einem besonderen Akzent auf den hier bis in die 1970er Jahre hergestellten Gitarren- und Bassinstrumenten) und Hüttels Musikwerkausstellung – eine stimmungsvolle Präsentation verschiedenster Musikautomaten.

Auch wenn die Geigenbauertradition in Markneukirchen bis ins 17. Jahrhundert zurückgeht, zeigt sich die Stadt selbst heute etwas jünger. Der Großbrand 1840 vernichtete weite Teile des damaligen Zentrums. So ist Markneukirchens Stadtbild vor allem von anschließend erbauten Bürgerhäusern und Villen geprägt. Zu diesen Bauwerken zählt auch die zentral am Marktplatz gelegene Pfarrkirche St. Nicolai, die zwischen 1842 und 1848 errichtet wurde und weite Teile ihrer damals erhaltenen Ausstattung bewahren konnte. Dazu gehört auch die einzige Schulze-Orgel Sachsens. Und dieses Instrument verfügt zudem über ein französisch beeinflusstes Radialpedal – eine Seltenheit in Mitteldeutschland.

Schließlich darf nicht vergessen werden, dass der Ort auf eine bedeutende, alljährlich stattfindende Veranstaltung verweisen kann. Der Internationale Instrumentalwettbewerb Markneukirchen strahlt weit über die Grenzen der Stadt und der Region hinaus. 1950 wurde er – noch als bescheidener Geigenwettstreit – gegründet. Seine Ausstrahlungskraft konnte seit 1966 kontinuierlich gesteigert werden, und mittlerweile besitzt er ein großes Renommée in der Musikwelt. Reizvoll ist seine besondere Atmosphäre, bei der die Nähe zum Instrumentenbau und das Instrumentalspiel in der faszinierenden Landschaft der Umgebung eine einmalige Verbindung eingehen. Für das Ansehen des Wettbewerbs steht auch der ständige Kontakt mit Persönlichkeiten wie Julius Berger, Peter Damm oder Kurt Masur.

Musikwinkel

Wie Markneukirchen nahmen auch andere Orte des vogtländischen Musikwinkels wie Klingenthal, Erlbach und auch Schöneck eine ähnliche Entwicklung. Stets waren es böhmische Geigenbauer, die in der Mitte des 17. Jahrhunderts an den verschiedenen Orten parallel den Musikinstrumentenbau begründeten. Und mit der Zeit kamen die Fertigung des Zubehörs und die Erweiterung auf andere Instrumentengattungen hinzu. So begannen die Handwerker in Klingenthal Ende des 18. Jahrhunderts, Blasinstrumente herzustellen und begründeten ein paar Jahrzehnte später die Harmonikaproduktion. Diese war dann so erfolgreich, dass sie die älteren Handwerkszweige auf Dauer verdrängte. Und Erlbach erweiterte seine Musikinstrumentenherstellung im 19./20. Jahrhundert auf Blas- und Zupfinstrumente aller Art.

Freilichtmuseum Landwüst

Wie sehr das Handwerk des Musikinstrumentenbaus auf die umgebenden Orte ausstrahlte, zeigt auch das Vogtländische Freilichtmuseum Landwüst. Hier erhält man einen realistischen Einblick in die Lebenswelt der vogtländischen Landbevölkerung vom 19. bis zur Mitte des 20. Jahrhunderts, wozu etwa 12.000 Ausstellungsstücke dienen. Darunter befindet sich auch, als Teil des dorftypischen Handwerks, das zum Nebenerwerb notwendig war, eine Bogenmacherwerkstatt.

Bad Elster

Eines der ältesten deutschen Moorheilbäder ist Bad Elster. Von der besonderen Wirkung der hier entspringenden Heilquelle wusste man schon im 17. Jahrhundert. Viele Gäste, unter ihnen 1795 auch Johann Wolfgang von Goethe, fanden sich zur Erholung ein. Neben seiner Heilkraft verfügt der Ort noch über einen anderen, künstlerisch-musikalischen Anziehungspunkt: die hier ansässige

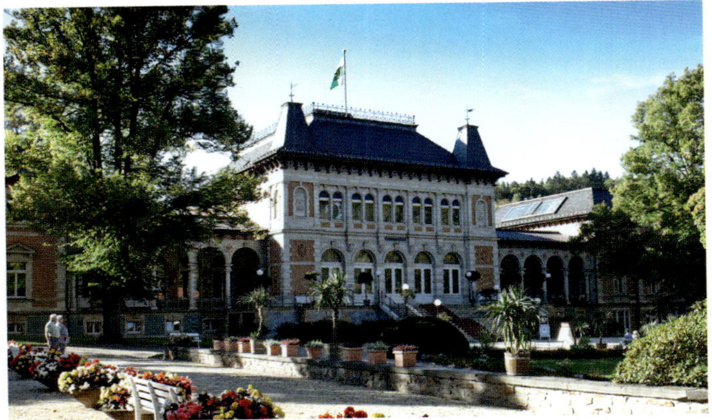

Königliches Kurhaus in Bad Elster

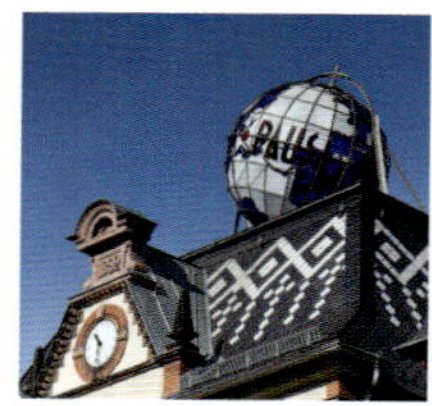

Gläserner Globus auf dem Pausaer Rathausdach

Chursächsische Philharmonie. Dieses Orchester, das sich erstmals 1817 aus Bürgern der Stadt zusammensetzte, besteht ohne Unterbrechung bis heute und hat sich inzwischen ein herausragendes künstlerisches Profil gegeben. Zunächst sorgt es mit unterschiedlichen Besetzungen für nahezu tägliche musikalische Darbietungen. Ein künstlerisches Ziel ist die möglichst authentische Wiedergabe des Repertoires, wozu nicht nur die Verwendung der entsprechenden Instrumente, sondern auch der Rückgriff auf autographe Partituren einschließlich musikwissenschaftlicher Absicherung gehören. Häufige Spielstätte ist u.a. das König-Albert-Theater. 1913/14 anstelle eines Vorgängerbaus errichtet, wurde es 1989 aufwendig restauriert und inzwischen zum bedeutendsten Kulturveranstaltungsort des Vogtlandes mit ganzjährigem Spielbetrieb entwickelt. Daneben ist die Chursächsische Philharmonie auch regelmäßig im benachbarten Bad Brambach zu hören. Damit befindet man sich mitten im Obervogtländischen Bädergebiet, das neben den genannten Orten auch durch Franzensbad und Marienbad, beide auf tschechischer Seite, repräsentiert wird.

Pausa

In Pausa findet man ein legendenumwobenes humorvolles Kuriosum: Die Stadt wirbt damit, der Mittelpunkt der Erde zu sein, weswegen man hier eine überdimensionale Weltkugel auf dem Rathaus und im Keller desselben die symbolisch heraustretende Erdachse vorfindet. Dabei geht Pausas Besonderheit wohl eher darauf zurück, sich tatsächlich in der Mitte, aber nicht der Erde, sondern des Vogtlandes, das sich auch auf Teile Thüringens, Bayerns und Tschechien erstreckt, zu befinden.

Plauen

Nicht geographisches, doch urbanes Zentrum ist Plauen, die größte Stadt des Vogtlandkreises und daher Hauptort der Region. Ihr ältestes, zentral am Markt gelegenes Gotteshaus ist die Johanniskirche. Schon 1122 wurde sie, noch als römische Basilika, geweiht und ein knappes Jahrhundert später erweitert. Sie überstand die Zeitläufte nicht unbeschadet: Bei einem verheerenden Stadtbrand 1548 wurde sie weitgehend zerstört. Gleiches geschah bei Bombenangriffen im März 1945. Dennoch hat sich die Baustruktur grundsätzlich erhalten. So blieb bis heute die 1322 erstmals erwähnte Vogtskapelle, eine architektonische Besonderheit an der Nordostseite mit siebenteiligem Sterngewölbe, erhalten. Die Johanniskirche kann aber kaum auf historische Ausstattungsstücke verweisen, und einige waren ursprünglich gar nicht für ihren Raum gedacht. Die trompetentragende Kanzel, 1721 von Caspar Gottlob von Rodewitz vollendet, entstand für die Nikolaikirche in Görlitz. Verschiedene Figuren sind ebenfalls aus der Barockzeit erhalten. Das älteste Werk des Raumes ist der spätgotische, im 16. Jahrhundert von einem unbekannten Meister geschaffene Schnitzaltar, der wohl zur Ausstattung der Kirche in Neustädtel gehörte. Die Firma Jehmlich errichtete 1965 eine neue Orgel, an der rund dreißig Jahre später eine umfassende Renovierung vollzogen wurde. In ihrem heutigen Zustand verfügt das Instrument über 48 Register auf drei Manualen mit Pedal.

Eingangsfront des Plauener Theaters

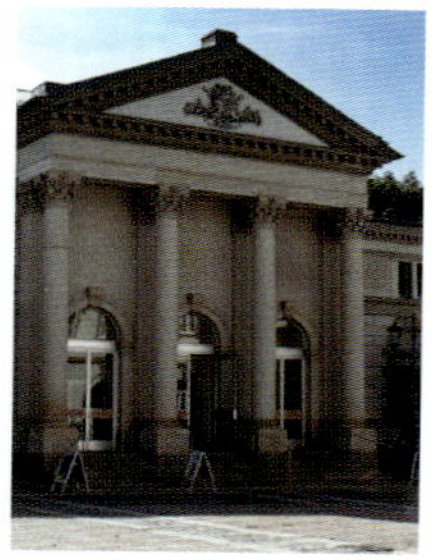

Eine Besonderheit Plauens ist sein Altes Rathaus. Unverkennbar ist es durch seinen dominierenden Renaissancegiebel, der zudem eine der aufwendigsten Kunstuhren der Zeit trägt. Vom Ursprungsbau hat sich kaum etwas erhalten – vermutlich bestand das Rathaus schon vor der Ersterwähnung Plauens, also vor 1382. Der schon genannte Stadtbrand hatte 1403 auch dem Rathaus zugesetzt und den kompletten Südflügel vernichtet. Heute beherbergt es das Spitzenmuseum. Das in dieser Form in Deutschland einmalige Museum besteht schon seit 1884 und präsentiert neben Maschinen zur Spitzenherstellung auch Exponate aus Spitze, z.B. Decken, Kleider und Accessoires.

Kulturell ist Plauen vor allem durch sein Theater geprägt. 1898 wurde es eröffnet und von da an als Spielstätte für Konzert- und Opernaufführungen kontinuierlich genutzt. Als Ende der 1930er Jahre über einen kompletten Neubau nachgedacht wurde, scheiterte dieses Vorhaben glücklicherweise an fehlenden finanziellen Mitteln. Aber einen weitreichenden Umbau ließ man sich nicht nehmen, bei dem viele originale Stuckarbeiten vernichtet wurden. 1945 dann war das Theater so schwer getroffen, dass der Wiederaufbau in Frage gestellt schien. Doch erstaunlicherweise konnte die Restaurierung schon ein paar Monate nach Kriegsende abgeschlossen werden. Inzwischen hat sich namentlich einiges verändert: 1991 nannte sich das Gebäude Vogtland-Theater Plauen, und 2000 erfolgte eine Fusion zum Theater Plauen-Zwickau. Mit dem Haus verbunden sind das zugehörige Orchester und die Singakademie.

Eine weitere musikalische Besonderheit ist der Plauener Folkherbst. Seit seiner Gründung 1992 findet er alljährlich im Malzhaus statt. Dabei wird der einzige europäische Folkpreis Deutschlands, der Eiserne Eversteiner, verliehen. Der Name des Preises erinnert an die Geschichte des Malzhauses, das in seinen Ursprüngen eines der ältesten Gebäude Plauens ist. Das Gelände, auf dem heute das Malzhaus steht, war zunächst eine Burganlage der Grafen von Everstein, die allerdings schnell an Bedeutung verlor. Nach einigem besitz- und baubezogenem Hin und Her wurde das jetzige Malzhaus 1727 – 1730 neu gebaut. Nach schweren Schäden infolge des Zweiten Weltkrieges und einer notdürftigen Restaurierung in den 1960er Jahren wurde später eine Bürgerinitiative zum Erhalt des Bauwerks gegründet, und 1998 war die denkmalgerechte Restaurierung endgültig abgeschlossen.

Straßberg, seit 1999 nach Plauen eingemeindet, wurde in einer Schenkungsurkunde erstmals 1194 erwähnt, und die Burg der Vögte von Straßberg war wohl nach den Quellen schon sehr früh in ruinösem Zustand. An derselben Stelle, wo sich vorher die Burg befunden hatte, steht ein beeindruckender, markanter Renaissance-Kirchenbau. Vor allem das wuchtige Turm-Westwerk mit zwei Etagen fällt dem Betrachter ins Auge. Und innen zeigt sich die Kirche in wohlproportionierter Schlichtheit. Als Vorbild dürften wohl die Schlosskirchen der Wettiner gedient haben. Herausragend an der Ausstattung der Kirche ist die Trampeli-Orgel, die zusammen mit dem Kanzelaltar eine 1804 gestaltete Einheit bildet. Ein Kruzifix stammt aus der Barockzeit, und der Marienaltar wurde um 1500 vermutlich in Hof geschaffen. Der Künstler dieses Altars ist unbekannt. Der Turm beherbergt übrigens drei Denkmalglocken des 17. und 18. Jahrhunderts, deren Schlagtöne einen A-Dur-Dreiklang bilden.

Putte am Kanzelaltar der Straßberger Kirche

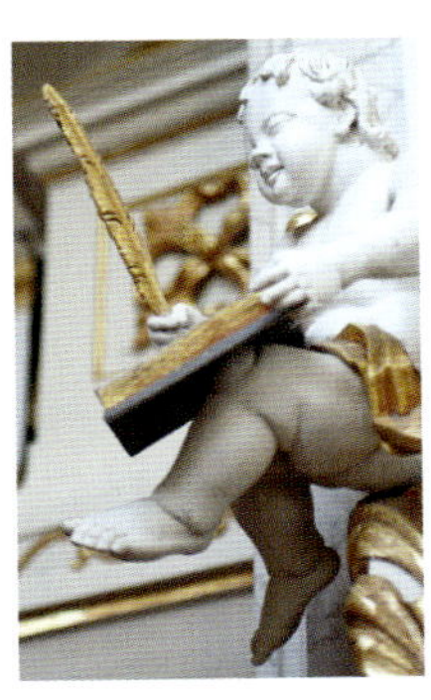

Vogtland

Information	Tourismusverband Vogtland e.V. Göltzschtalstr. 16 08209 Auerbach Tel. 03744 188860 Fax 03744 1888659 info@vogtland-tourismus.de	Tourist-Info Markneukirchen Trobitzschen 14 08258 Markneukirchen Tel. 037422 40775 Fax 037422 40774 tourismusbuero@markneukirchen.de
Sakrale Bauten	Nicolaikirche Markneukirchen, Kirche Straßberg, Trinitatiskirche Bad Elster, Peter-und-Paul-Kirche Reichenbach, Johanniskirche Plauen, Michaeliskirche Bad Brambach, Laurentiuskirche Auerbach, Michaeliskirche Adorf, Heilig-Kreuz-Kirche Falkenstein, Kirche zum Friedefürst Klingenthal, Stadtkirche Mylau, Schlosskirche Netzschkau, Jacobikirche Oelsnitz/V., Herz-Jesu-Kirche Plauen, Dorfkirche Rothenkirchen, Georgskirche Schöneck, Bartholomäuskirche Treuen, Dorfkirche Wohlbach	
Museen	Musikinstrumentenmuseum Markneukirchen, Vogtländisches Freilichtmuseum Landwüst, Spitzenmuseum Plauen, Göltzschtalgalerie Nicolaikirche Auerbach, Konzert- und Ausstellungszentrum Kapelle Neuensalz, Neuberinhaus Reichenbach, Besucherbergwerk „Grube Tannenberg", Sächsisches Bademuseum Bad Elster, Museum Schloss Voigtsberg Oelsnitz/V., Deutsche Raumfahrtausstellung Morgenröthe-Rautenkranz	

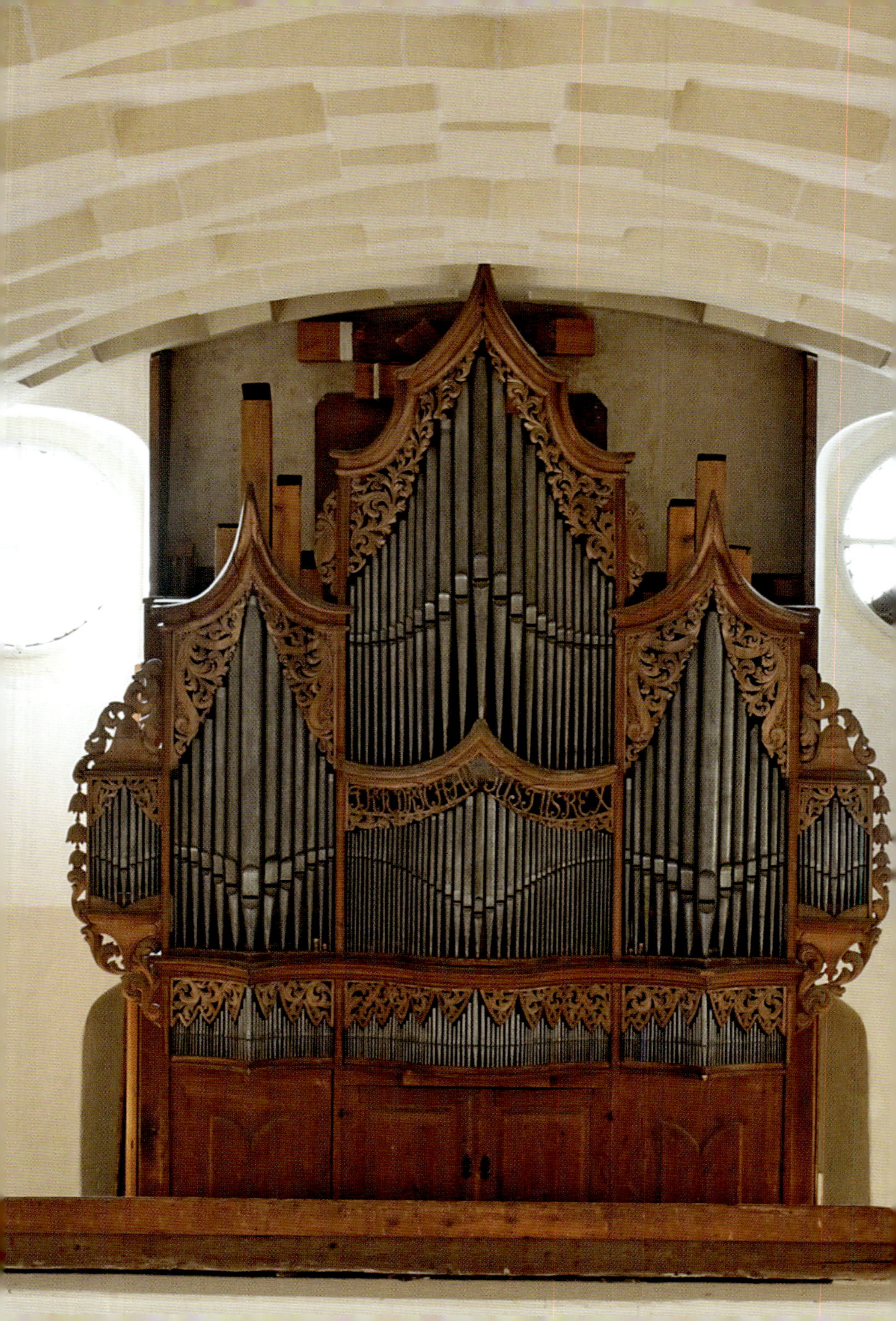

Die Renkewitz-Orgel in der Schlosskirche zu Augustusburg

Disposition > Seite 207

Orgelbauer:
Georg Renkewitz/Carl Gottfried Bellmann
Erbauungszeit:
1714 Vertrag, Fertigstellung unbekannt
Restaurierungen, Umbauten:
1860, 1936, 1972, 1992

Beim Besuch von Augustusburg zieht die große Schlossanlage mit ihren zahlreichen, bemerkenswert ausgestatteten Gebäuden die gesamte Aufmerksamkeit auf sich. Genauso beabsichtigte es der erste Bauherr, Kurfürst August von Sachsen. Er setzte sich mit dem nach ihm benannten Schloss selbst ein Denkmal und ließ zwischen 1568 und 1572 eine prunkvolle Gesamtanlage errichten. Die Bauleitung übernahm entsprechend der aus Leipzig stammende Hieronymus Lotter, der so manche sächsisch-landesherrlichen Bauten konzipierte bzw. organisatorisch vorantrieb. Zum Selbstverständnis eines solch repräsentativen Schlosskomplexes wie in Augustusburg gehörte natürlich auch eine Kapelle oder Kirche. Sie mag für den Besuch des Schlosses vielleicht ein zunächst untergeordneter Aspekt sein. Wenn man sie aber betritt, präsentiert sich ein vollkommenes Beispiel einer protestantischen Schlosskirche, einschließlich der über dem Altar angeordneten Orgel.
Ihr Erbauer ist relativ unbekannt. Obwohl er offensichtlich handwerkliche Qualitäten besaß, was die Schlosskirchenorgel beweist, gelang es ihm nicht, als Orgelbauer berühmt zu werden. Das wiederum lag wohl daran, dass Georg Renkewitz beruflich zu vielseitig war, um sich speziell im Orgelbau zu profilieren. Er war, so sagt es die Stadtchronik, Organist der Stadtkirche von Schellenberg (wie die erst seit 1899 Augustusburg genannte Stadt unterhalb des Schlosses zu Renkewitz' Zeiten hieß), daneben Orgelbauer und schließlich Uhrmacher. In dieser vielschichtigen Betätigung dürfte möglicherweise der Grund für sein beharrliches Zögern liegen, eine neue Schlosskirchenorgel in Augustusburg zu errichten. Das ein Jahr nach Fertigstellung des Kirchenbaus vollendete Vorgängerinstrument des bekannten niederländischen Orgelbauers Hermann Raphael Rottenstein-Pock von 1572 hatte inzwischen erhebliche Verfallserscheinungen gezeigt. Und so wurde im September 1714 zwischen Renkewitz und der kurfürstlichen Kammer ein Vertrag zum Orgelneubau geschlossen. Doch Renkewitz zog es vor, „immer noch das alte Werck in brauchbare[m] Stand“ zu erhalten. Er begann wohl erst um 1740 mit dem Neubau. Und selbst dann schleppte sich die Errichtung des neuen Instruments noch über 40 Jahre hin, sodass Renkewitz selbst die Fertigstellung nicht mehr erlebte. Nach seinem Tod am 12. August 1758 führte offenbar sein Neffe Carl Gottfried Bellmann die Arbeiten weiter, die frühestens 70 Jahre nach dem ursprünglichen Vertrag beendet waren. Dies kann man noch heute auf einer historischen Pfeife des Instruments lesen, auf der es heißt: „Carl Gottfried Bellmann Orgel- und Instrumentenmacher zu Dresden 1784“. Dies ist zwar ein Hinweis, aber immer noch kein eindeutiger Beleg dafür, dass die Orgel tatsächlich in diesem Jahr fertiggestellt war. Aber unabhängig davon hat sie eine der längsten Orgelbaugeschichten eines Instruments überhaupt hinter sich. Nach Beendigung war ein Werk entstanden, das nicht nur durch seine lange Bauzeit (von vermutlich mindestens 44 Jahren), sondern auch aufgrund seiner verhältnismäßig vielen Register auf kleinem Raum bemerkenswert ist: 15 klingende Stimmen (mit drei Nebenregistern) wurden auf lediglich ein Manual und Pedal verteilt.

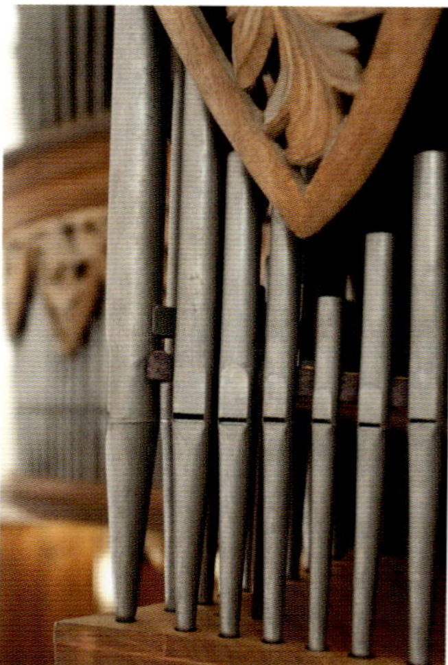

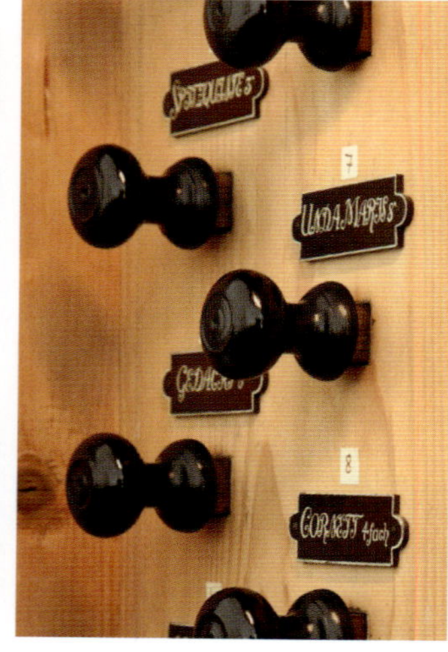

Detail des Prospektes und Registerzüge

Genauso ungewiss wie der Zeitpunkt ihrer Fertigstellung bleibt zunächst auch, was anschließend mit der Renkewitz-Orgel geschah: Vermutlich wurde sie 1860 von Christian Friedrich Göthel aus Schellenberg repariert. Erst ein fundamentaler Eingriff in den Bestand des Instruments ist eindeutig nachweisbar: die Restaurierung und gleichzeitige Umstimmung durch die Gebrüder Jehmlich im Jahr 1936. Dann verfiel die Orgel, nicht nur, weil die Schlosskirche bis zum Ende des Zweiten Weltkrieges als „politischer Weiheraum" zweckentfremdet wurde.
Inzwischen ist es gelungen, die Substanz der Orgel wieder erfolgreich zu restaurieren und währenddessen auch ihre ursprüngliche Intonation wiederherzustellen. Und dabei ist bemerkenswert, dass diese Rückführung auf den Originalzustand bereits 1972 erfolgte, eine zu dieser Zeit absolute Seltenheit, wenn nicht gar Pioniertat. Die bisher letzte Reparatur und Generalüberholung erfuhr die Orgel durch Kristian Wegscheider 20 Jahre später, ohne dass allerdings weitere substantielle Maßnahmen notwendig gewesen wären, um das Instrument in seinen Originalzustand zurückzuführen. So hat die Orgel ihre prinzipiell ursprüngliche Klanggestalt schon relativ lange wiedererhalten.

Blick auf Altar mit Bild von Lucas Cranach d. J. und Orgelempore

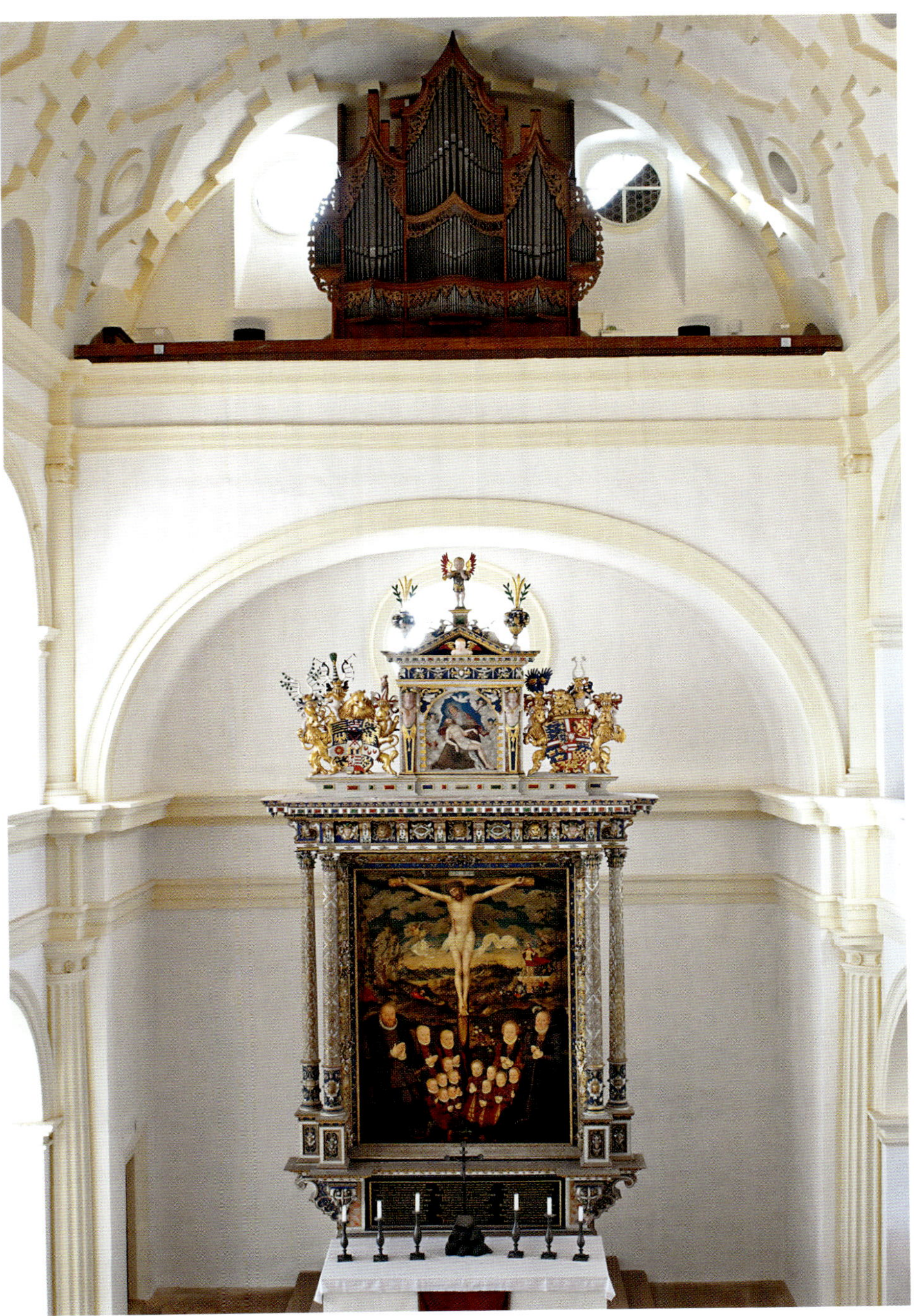

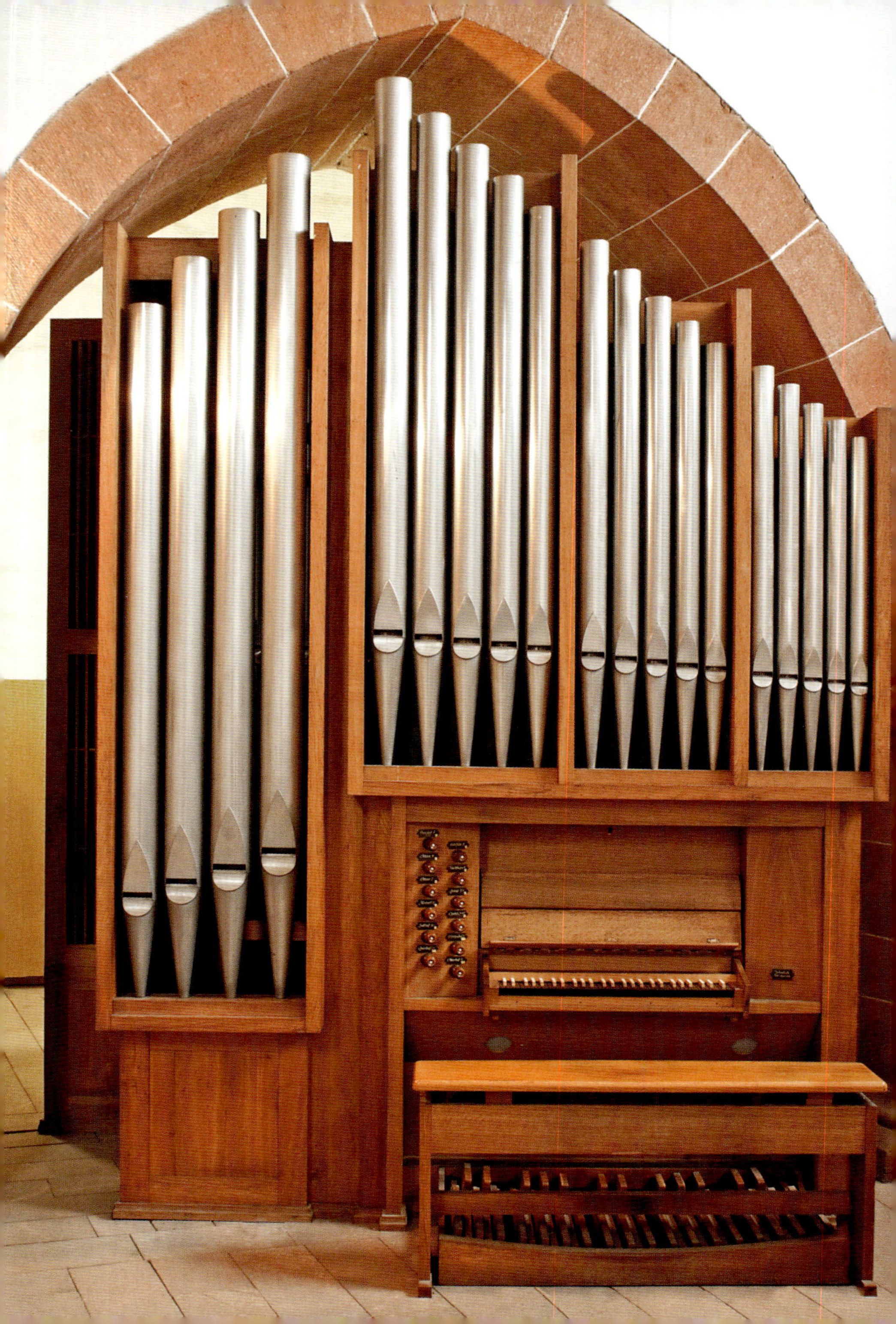

Die Jehmlich-Orgel in der Klosterkirche zu Wechselburg

Disposition > Seite 208

Orgelbauer:
VEB Orgelbau Dresden
Erbauungszeit:
1980

Wechselburg ist ein Name, durch den die Geschichte atmet. Ursprünglich hieß der Ort anders, nämlich Zschillen. Der Name Wechselburg verweist unmittelbar auf Herzog Moritz von Sachsen. Dieser hatte infolge der Reformation das aufgehobene Kloster Zschillen mit allen Besitzungen erhalten. Und dieses Kloster tauschte er samt Umland im Jahr 1543 mit drei Burgen an der Elbe südlich von Dresden, die damals im Besitz der Grafen von Schönburg waren. Durch diesen Burgentausch und Besitzerwechsel kam der Ort wahrscheinlich zu seinem heutigen Namen. Seine Stiftskirche, eine dreischiffige Pfeilerbasilika, ist nichts Geringeres als die besterhaltene romanische Klosterkirche östlich der Saale, größtenteils aus dem 12. Jahrhundert stammend. Sie steht mittlerweile unter dem Schutz der UNESCO, vor allem wegen ihres einmaligen Lettners mit der Triumphkreuzgruppe, zwischen 12[illegible] und 1235 errichtet. Die besondere mittelalterliche Atmosphäre des Kircheninneren kommt hinzu. Sie war auch entscheidend dafür, welches Orgelinstrument heute diesen Raum bereichert.
Dabei stammt die Orgel der Wechselburger Stiftskirche nicht aus dem Mittelalter. Ganz im Gegenteil: Sie gehört zu den Orgelneubauten Sachsens. Doch mit ihr wurde 1980 ein bis dahin seltenes Experiment gewagt: eine neue Orgel so zu konzipieren, dass sie mittelalterlicher Bauart entspricht. Das Experiment gelang, und ein passenderes Orgelkonzept konnte für die Wechselburger Klosterkirche kaum erdacht werden. Maßgeblich verantwortlich hierfür war Winfried Schrammek, damals Leiter des Leipziger Musikinstrumentenmuseums. Leitgedanke war von Anfang an, das Klangbild einer spätmittelalterlichen Orgel möglichst realistisch nachzugestalten. Viele Faktoren wurden hierfür bedacht, darunter die zeittypische Mensur und wohl authentische Klangcharaktere. Die reizvolle Aufgabe, diese besondere Mittelalter-Orgel zu errichten, übernahm schließlich die Orgelbaufirma Jehmlich (damals VEB Orgelbau Dresden).
Mittelalterliche Klanglichkeit ist direkt wahrnehmbar: Allgemein korrespondiert eine große Helligkeit im Bass mit mächtiger, aber nicht stechender Klangfülle im Diskant. Speziell verkörpern bestimmte Register, wie etwa der zweifache Principal 8' und die vielchörige Mixtur, unmittelbar eine mittelalterliche Klangcharakteristik. Und die Stimmungsart entspricht der des spätmittelalterlichen Komponisten Arnolt Schlick. Die Orgel ist, gemessen an der Raumfülle ihres Aufstellungsorts und auch an anderen Instrumenten, verhältnismäßig klein. Genau das entspricht aber den Orgelwerken des Mittelalters: Zwölf Register sind auf ein Manual und Pedal verteilt. Und die Stimmen entfalten sich, dank guter Intonation, sehr günstig im Raum. So besitzt Wechselburg eine Orgel, die kein kompromissbehafteter Ersatz für das Vorgängerinstrument ist. Dieses, ein Werk des Orgelbauers Alfred Schmeisser, war zunehmend vor allem wegen seiner Störanfälligkeit aufgefallen und wurde deshalb 1977 endgültig abgebrochen. Es existierte damit nur 56 Jahre lang. Die weiteren Vorgängerinstrumente sind unbekannt.
Die jetzige kleine Jehmlich-Orgel ist aufgrund ihres speziellen historisch orientierten Konzepts eine Besonderheit. Dabei verbindet sich ihr außergewöhnlicher Klang ideal mit dem Bau der Stiftskirche aus mittelalterlicher Zeit.

Sehenswertes in Chemnitz und Umgebung

Chemnitz

Die Großstadt Chemnitz liegt am Nordrand des Erzgebirges, im Erzgebirgsbecken. Und ihren alten Namen hat sie inzwischen zurückerhalten. 1953 wurde sie aus ideologischen Gründen in Karl-Marx-Stadt umbenannt, was seit 1990 Geschichte ist. Die Stadt leitet nun wieder ihren Namen vom Fluss ab, der sie immer noch durchzieht. An den Ufern dieses Flusses begann ihre zweigeteilte Stadtgeschichte. Über dem Chemnitzfluss gründete 1136 Kaiser Lothar III. ein Benediktinerkloster, und knapp 30 Jahre später ließ Stauferkaiser Friedrich I. Barbarossa auf der anderen Flussseite die reichsunmittelbare Stadt Chemnitz errichten.
Das Stadtbild von Chemnitz erscheint uns heute teilweise eher chaotisch und vor allem neuzeitlich. Und aus der jüngsten Vergangenheit stammt auch das bekannteste Denkmal der Stadt. Gleich gegenüber der Stadthalle steht seit 1971 das große Karl-Marx-Monument, die zweitgrößte Porträtbüste der Welt. Mit ihrem Sockel hat sie eine Höhe von über 13 Metern und wiegt etwa 40 Tonnen. Das riesige Monument, geschaffen von Lew Kerbel, ist einer der größten Besuchermagneten von Chemnitz.
Daneben haben sich in den Stadtgrenzen aber auch einige historische Sehenswürdigkeiten erhalten. Der älteste Bau ist gleichzeitig ein weiteres Wahrzeichen der Stadt, und er stammt noch aus der Zeit ihrer ersten Anfänge. Der Rote Turm war vermutlich schon 1230 Teil der Stadtbefestigung, wurde aber auch bis ins 19. Jahrhundert als Gefängnis genutzt. Er brannte beim Bombenangriff auf Chemnitz 1945 völlig aus, wobei der Wiederaufbau zwischen 1957 und 1959 gelang. Seitdem prägt er wieder mächtig, unverbaut und unverkennbar das Stadtbild.

Roter Turm Chemnitz

Etwas mehr als hundert Jahre nach der Errichtung des Roten Turms, 1357, bekam Chemnitz einen Sonderstatus zugesprochen, nämlich das landesherrliche Bleichprivileg. Damit begann der erste große Aufstieg der Stadt als Zentrum der Leineweberei. Von diesen Anfängen sollte Chemnitz sich später zu einem sehr fortschrittsorientierten und stark industriegeprägten Ort entwickeln.

Altes Rathaus Chemnitz

Ausdruck eines ersten sich im Bauwerk manifestierenden Bürgerstolzes ist das zentral am Markt gelegene Alte Rathaus. Erbaut wurde die prächtige Gesamtanlage 1496 bis 1498. Besonderes Kennzeichen dieses Rathauses sind seine zwei Türme. Der hintere, ein ursprünglicher Wehrturm des 13. Jahrhunderts, den man nur „Hohen Turm" nannte, wurde in den Rathausbau integriert. Im Inneren

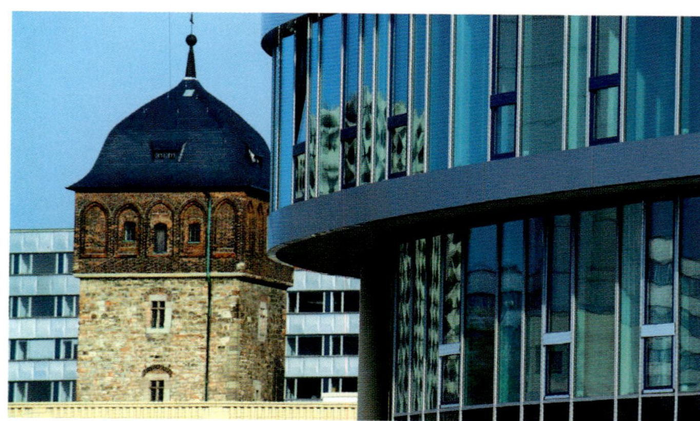

Roter Turm in Chemnitz

fasziniert besonders die rekonstruierte Ratsstube mit Sterngewölbe. Die einst schweren Schäden, die auch das Rathaus 1945 erlitt, sieht man ihm heute nicht mehr an.

Jakobikirche Chemnitz

In unmittelbarer Nähe steht der älteste Kirchenbau von Chemnitz – die Jakobikirche. Sie war schon Teil der Stadtgründung und von Beginn an als Marktkirche vorgesehen. Ihre prägende bauliche Gestaltung als ein Meisterstück der Gotik erhielt sie zwischen dem 13. und 15. Jahrhundert. Selbstverständlich wurde auch sie in den folgenden Jahrhunderten häufig den Zeitströmungen angepasst. Für sie waren auch mehrere bekannte Orgelbauer tätig, etwa Christian Ernst Friderici im 18. Jahrhundert, Friedrich Ladegast 1885 und auch die Gebrüder Jehmlich 1912. Deren für das Gotteshaus geschaffene Instrumente existieren nicht mehr. Es ist überhaupt ein Wunder, dass wir das prächtige Bauwerk heute noch betreten können. Die Jakobikirche war nach dem schweren Bombenangriff auf Chemnitz, der den größten Teil des Stadtkerns vernichtete, eine der gefährdetsten Ruinen der Stadt. Nur notdürftige Sicherungsmaßnahmen verhinderten, dass sie ganz zusammenfiel. Und mittlerweile ist ihr Bau in leicht veränderter Form wieder entstanden. Die umfangreiche Restaurierung konnte nach über 20 Jahren des aus Geldmangel erfolgten Sanierungsstopps 1997 wieder aufgenommen und 2009 beendet werden. Ein kleines Orgelinstrument der Firma C. Rühle aus Moritzburg befindet sich im Hauptschiff. Irgendwann soll wieder von der Westseite her eine große Orgel erschallen.

Petrikirche Chemnitz

Interessant ist auch Chemnitz' Theaterplatz. Hier präsentiert sich ein Komplex dreier unterschiedlicher Gebäude, die alle in ähnlicher Zeit entstanden: das heutige Opernhaus, die Petrikirche und der König-Albert-Bau. Die Kirche ist am ältesten – 1885 – 1888 nach Plänen von Hans Enger im neugotischen Stil erbaut. Ihre aufeinander abgestimmte Außen- und Innengestaltung bildet ein harmonisches Dokument ihrer Zeit. Und ihre Orgel ist ein besonderes Instrument. Es stammt von Friedrich Ladegast aus Weißenfels und erklang bei der gleichzeitigen Kirch- und Orgelweihe im Oktober 1888 zum ersten Mal. Doch in letzter Zeit war sie lange verstummt – für etwa 20 Jahre. Erst eine einjährige umfassende Restaurierung durch die Firma Jehmlich ermöglichte, dass sie beim 120-jährigen Bestehen der Kirche im Oktober 2008 mit ihren nun 58 Registern auf drei Manualen und Pedal wieder ertönen konnte.

Opernhaus Chemnitz

Das Opernhaus der Stadt liegt gleich nebenan. Es entstand wie der ebenfalls am Theaterplatz befindliche König-Albert-Bau 1906 – 1909 nach den Plänen

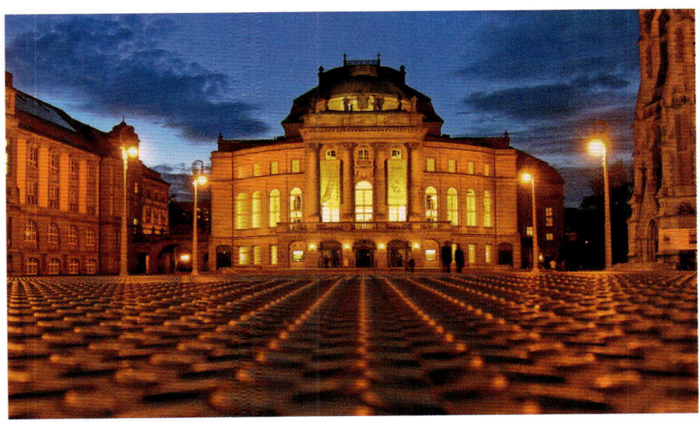

Das Ensemble des Chemnitzer Theaterplatzes: König-Albert-Bau, Opernhaus und Petrikirche (von links)

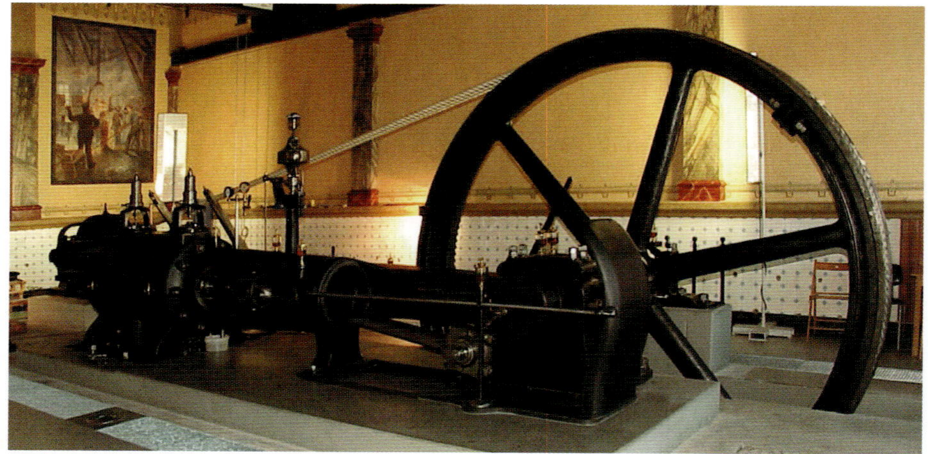

Dampfmaschine im Sächsischen Industriemuseum Chemnitz

von Richard Möbius. Als Theater wurde es noch eröffnet, erst nach der Kriegszerstörung und dem 1951 beendeten Wiederaufbau als Opernhaus bezeichnet. Seit dem Abschluss umfangreicher Sanierungsarbeiten 1992 ist dieses Opernhaus eines der modernsten europaweit und besitzt erstklassige Bühnentechnik. Aber auch der Spielplan weist eine Besonderheit auf: Durch die Einbeziehung des Puppenspiels ins Programm ist das Opernhaus Chemnitz eines der wenigen „Fünf-Sparten-Häuser". Und das hier ansässige Orchester hat sich über die Grenzen der Stadt hinaus einen Namen machen können. 1833 wurde es als Stadtorchester gegründet und firmiert seit seinem 150-jährigen Bestehen als Robert-Schumann-Philharmonie. Ein besonderer Höhepunkt im jährlichen Programm des Opernhauses sind übrigens die sehr begehrten Aufführungen während der Richard-Wagner-Woche. Die Sinfoniekonzerte des Orchesters finden in der Stadthalle statt, wo sich eine große viermanualige Konzertorgel vom VEB [Jehmlich] Orgelbau Dresden aus dem Jahr 1976 mit 67 Registern befindet.
Auch über sein Opernhaus hinaus ist Chemnitz eine musikalische Stadt, und zwar schon länger, denn hier wurde am 5. Februar 1748 Christian Gottlob Neefe geboren, ein späterer Lehrer Beethovens. Neefe hat in Chemnitz auch seine Kinder- und Jugendjahre verbracht, dabei prägende musikalische Eindrücke als Chorknabe und Schüler des Jakobi-Organisten Johann Friedrich Wilhelmi erhalten. Ein weiteres Zeichen für Chemnitz' musikalische Ausstrahlungskraft ist in heutiger Zeit die Sächsische Mozartgesellschaft, deren Sitz sich in der Hartmannstraße befindet. Jährlich trägt sie etwa das Mozartfest aus und sorgt auf diese Weise für eine große Bereicherung des kulturellen Lebens in Stadt und Umgebung. Die zugehörigen zahlreichen Veranstaltungen haben einerseits besondere Konzerterlebnisse, andererseits musikalische Nachwuchsförderung zum Ziel.

König-Albert-Bau Chemnitz

Der schon erwähnte König-Albert-Bau liegt gegenüber dem Opernhaus auf der anderen Seite des Theaterplatzes und beherbergt die Städtischen Kunstsammlungen. Die dort ausgestellten Exponate sind Teil einer beeindruckenden Gemäldesammlung des 19. und 20. Jahrhunderts. Wer bei seinen Museumsbesuchen eher die moderne Kunst bevorzugt, wird seit 2007 zufriedengestellt. Im alten Sparkassengebäude (Stollberger Straße 2) befindet sich seit dieser Zeit das Museum Gunzenhauser. Die vom Namensgeber der Stadt zur Verfügung gestellte Sammlung erstreckt sich über vier Etagen. Und zur Erinnerung an Chemnitz'

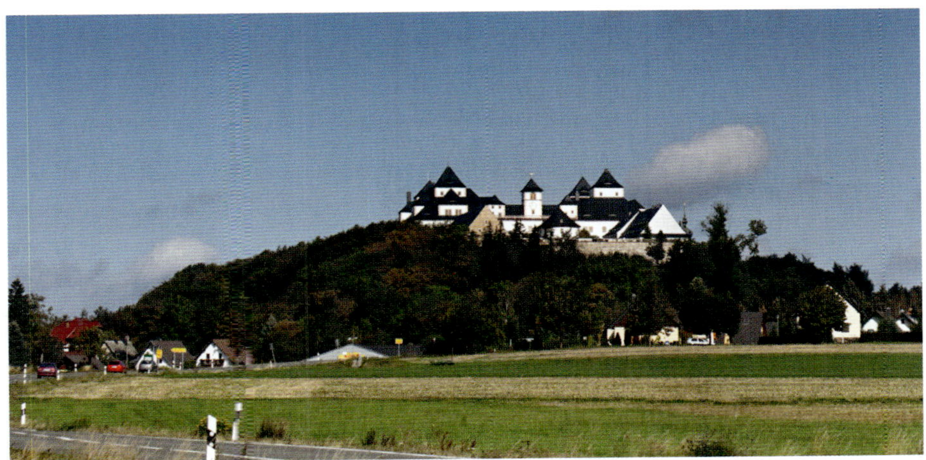

Blick auf das Jagdschloss Augustusburg

frühere Industrie bietet sich eine besondere Attraktion, für deren Besuch man sich aber etwa 2 Kilometer vom Stadtkern entfernen muss. In den großzügigen Gebäuden einer ehemaligen Gießhalle vom Ende des 19. Jahrhunderts befindet sich seit 1991 das Industriemuseum, das mit einem reichhaltigen Bestand historischer Maschinen aus heimischer Produktion aufwarten kann.

Schlossbergmuseum Chemnitz

Ebenfalls außerhalb des Stadtkerns befindet sich der große Schlossteich, an dessen Ufern malerisch Schlossbergmuseum und Schlosskirche liegen. Und an dieser Stelle kommt man genau zu dem Ort, an dem 1136 das erste Kloster als Beginn jeglicher Chemnitzer Stadtgeschichte gegründet wurde. So gibt es denn auch eine Dauerausstellung zum Leben im Chemnitzer Bergkloster, die das Schlossbergmuseum anbietet. Zusätzlich präsentiert es auch zahlreiche Exponate zur Stadtgeschichte. Unmittelbar daneben erhebt sich die Schlosskirche, eine dreischiffige Hallenkirche mit Sterngewölbe. Zwischen 1514 und 1526 wurde sie gebaut und verfügt daneben über viele Kunstwerke, die ins 16. Jahrhundert zurückgehen. Aber sie hat auch ein ganz besonderes, neues Objekt. Ihre Orgel ist die momentan wohl jüngste in Sachsen. Und ihr auffallend bunter Prospekt ist farblich so eigenwillig gestaltet wie kaum ein anderer. Die ursprünglich wohl hochwertige Vorgängerorgel stammt immerhin vom bedeutenden Carl Eduard Schubert, war aber aufgrund ihres mittlerweile schlechten Erhaltungszustandes keiner sinnvollen Restaurierung mehr zuzuführen. Also entschied sich die Kirchengemeinde für einen kompletten Orgelneubau, den die Firma Vleugels aus dem fränkischen Hardheim in zwei Etappen errichtete. Die Weihe des ersten Orgelabschnitts fand schon am 2. Adventssonntag 2006 statt, doch das Gesamtinstrument konnte erst im September 2011 geweiht werden. Seitdem besitzt die Schlosskirche in Chemnitz eine Orgel mit Seltenheitswert. Ihre 47 Register auf drei Manualen und Pedal sind im französisch-symphonischen Stil disponiert, der mit dem Inneren französischer Kathedralen in Verbindung steht. Gewisse Parallelen hierzu zeigt auch der Raum der Chemnitzer Schlosskirche. Und eine stilistisch so ausgerichtete Orgel gibt es in Mitteldeutschland bisher nicht.

Jagdschloss Augustusburg

Auch die Umgebung der Stadt hat gleichermaßen etwas zu bieten. Dazu gehört ohne Zweifel das prächtige Jagdschloss Augustusburg, das etwa 20 Kilometer östlich von Chemnitz liegt. Es wurde auf dem Schellenberg errichtet. Wer will, kann diesen von Erdmannsdorf im Zschopautal per historischer Drahtseilbahn erreichen, die es bereits seit 1911 gibt – schon die Hinfahrt wird so zum Erlebnis! Schloss Augustusburg ist ein wahrer Pracht- und Prunkbau, der unter dem großen Leipziger Baumeister Hieronymus Lotter zwischen 1568 und 1572 entstand. Die prächtige Gesamtanlage ist von zahlreichen Einzelgebäuden und zwei großzügigen Plätzen bestimmt. Ihr Bauherr, Kurfürst August, beabsichtigte mit diesem großartigen Renaissanceschloss einen repräsentativen Ort für seine Jagdausflüge zu schaffen und mit ihm gleichzeitig seinem inzwischen gewonnenen Ansehen in Mitteldeutschland Ausdruck zu verleihen. So besitzt Schloss Augustusburg auch eine der wenigen Renaissancekapellen auf deutschem Boden, die allerdings als Schlosskirche bezeichnet wird. Die hierin befindliche Orgel oberhalb des Altars stammt vom ortsansässigen Organisten und Orgelbauer Georg Renkewitz. Durch umfangreiche Sanierung erklingt sie seit einiger Zeit wieder in ihrer ursprünglichen Gestalt.

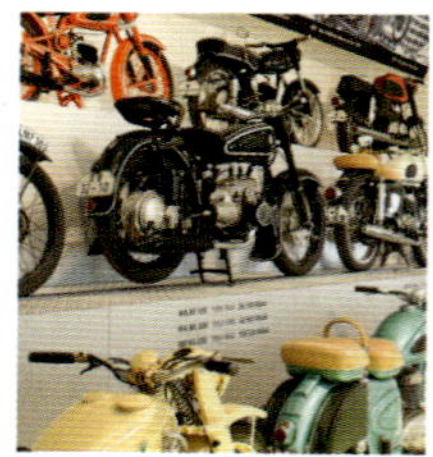

Motorradmuseum auf Schloss Augustusburg

Abgesehen von der Besichtigung des gesamten Baukomplexes bieten sich für den Besucher auf Schloss Augustusburg weitere Möglichkeiten an: Es gibt Gaststätten, eine Jugendherberge, ein Motorrad-, ein Kutschenmuseum sowie ein solches für Jagdtier- und Vogelkunde.

Die Stadt unterhalb des Jagdschlosses musste ihren Namen anpassen. Genauso wie die Anhöhe, auf der sich zunächst eine Burg befand, hieß die unterhalb gelegene Stadt ursprünglich Schellenberg. Erst seit Ende des 19. Jahrhunderts trägt sie offiziell den Namen Augustusburg. Sehenswert ist vor allem ihre prägende Stadtkirche St. Petri. Im 15. Jahrhundert war diese schon vorhanden, wobei ihr Bau inzwischen längst erneuert wurde. Mehrere Brände im Laufe der Geschichte setzten der Kirche schwer zu. Doch im September 1896 konnte sie in ihrer heutigen Form geweiht werden. Neben einer markanten Außenarchitektur und einer reizvollen neobarocken Innengestaltung verfügt sie auch über eine Orgel der bekannten Dresdner Werkstatt Jehmlich aus dem Jahr der Einweihung. Allerdings erlebte das Instrument einige Veränderungen. Eine umfangreiche Restaurierung, um deren Finanzierung sich ein Förderverein sehr verdient machte, führte unlängst Georg Wünning (Großolbersdorf) durch.

Klosteranlage Wechselburg

Schließlich lohnt sich ein Besuch in Wechselburg. Die außerhalb des Ortskerns liegende Stiftskirche ist Teil einer alten Klosteranlage, die hier in romanischer Zeit entstanden und noch unter dem Namen Zschillen bekannt war. Erst später änderte sich der Ortsname. Die spätromanische Basilika ist jedenfalls eine der am besten erhaltenen Großbauten ihrer Zeit östlich der Saale. Die großzügige Raumwirkung und berückende Schlichtheit des Inneren nehmen für sich ein. Das herausragende Stück der Innenausstattung ist unzweifelhaft der Lettner. Er gehört mit seinem reichen Figurenschmuck zu den hervorragendsten Zeugnissen deutscher Kunst des 13. Jahrhunderts und prägt unübersehbar das Kircheninnere. Wesentlich jünger ist das kleine Orgelinstrument der Stiftskirche. Das Werk wurde erst 1980 vom damaligen VEB Orgelbau Dresden geschaffen, ist aber klanglich ausschließlich spätmittelalterlich bestimmt. Heute ist die Basilika auch wieder Klosterkirche: 1993 wurde als Tochtergründung des Benediktinerklosters Ettal/Oberbayern wieder ein Kloster in Wechselburg eingerichtet.

Blick auf den Lettner in der Basilika Wechselburg

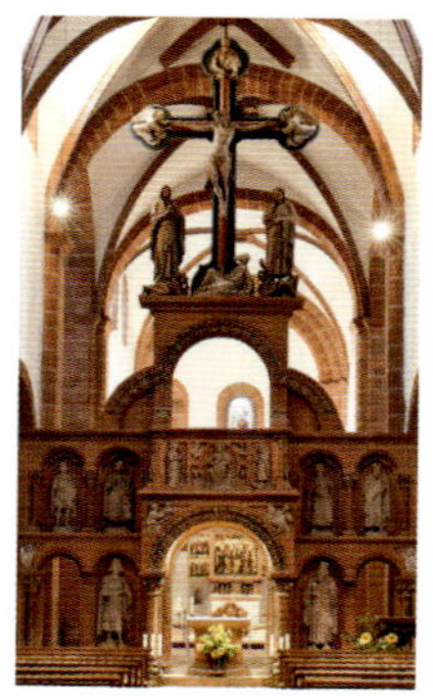

Der mächtige Turm der Stadtkirche prägt das Stadtbild Wechselburgs. So ist dieses Gotteshaus im Stadtkern auch das Zentrum des Ortes und bildet mit den umliegenden Häusern ein geschlossenes Ensemble im Sinne eines kleinstädtischen Marktes aus dem 18. Jahrhundert. Tatsächlich ist die Kirche erst 1737 geweiht worden. Sie war der lang erwartete Nachfolger ihres Vorgängergebäudes, das beim Stadtbrand 1604 vernichtet wurde. Diese nun wiedererstandene, barock gestaltete Stadtkirche sollte nach dem Wunsch der Gemeinde auch eine adäquate Orgel erhalten. Und 1781 war es endlich soweit: Ein hervorragendes

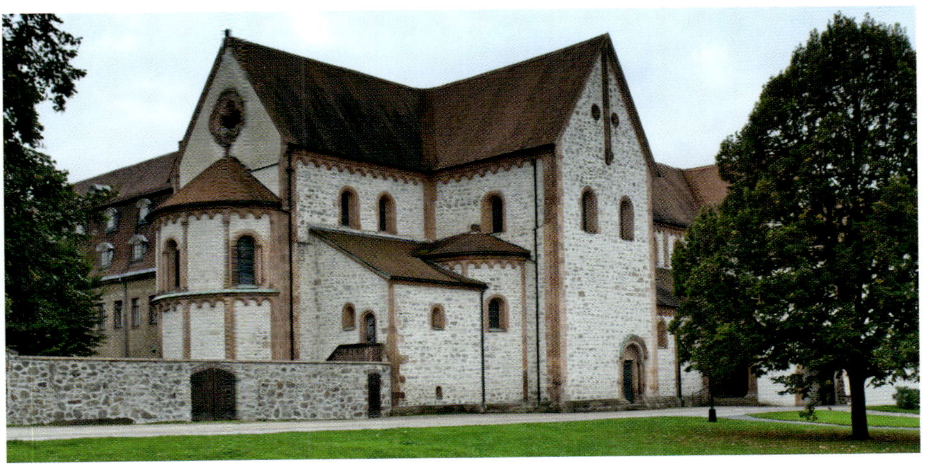

Stiftskirche der Klosteranlage Wechselburg

Werk von Johann Jacob Schramm aus Mülsen war errichtet und überzeugte durch seinen einnehmenden Klang.
Schon 1763 hatte sich die Gemeinde an einen anderen Orgelbauer gewandt, den „allseits geschätzten Sachsen-Altenburgischen Hof- und Landorgelbauer" Christian Ernst Friderici. Längerer terminlicher Aufschub und vor allem der unübersehbare Misserfolg Fridericis beim zeitgleichen Bau der dreimanualigen Orgel für die Jakobikirche in Chemnitz ließen die Gemeinde jedoch von ihrem anfänglichen Zuspruch für Friderici abrücken, und man löste den Orgelbauvertrag für die Wechselburger Stadtkirche schließlich 1774 auf. Dass sich die Verantwortlichen so letztlich an den zu dieser Zeit weniger renommierten Orgelbauer Johann Jacob Schramm wandten, stellte sich als Glücksfall heraus. Seit diese prächtige Schramm-Orgel 1989 von allen nachträglichen Änderungen bereinigt und generalüberholt wurde, ist ihre einnehmende Klanglichkeit wieder unverfälscht wahrnehmbar. Viele Konzerte laden zum Besuch in Wechselburgs Stadtkirche ein.

Information	Tourist-Information Chemnitz Markt 1 09111 Chemnitz Tel.: 0371 690680 Fax: 0371 6906830 E-Mail: info@chemnitz-tourismus.de	Touristinformation Augustusburg Schloßstraße 1 09573 Augustusburg Tel.: 037291 39550 Fax: 037291 39555 E-Mail: info@augustusburg.de
Sakrale Bauten	Jakobikirche, Schlosskirche, Petrikirche, Lutherkirche, Markuskirche, Trinitatiskirche, Johanniskirche, Stiftskirche Ebersdorf, Lutherkirche Harthau, Kirche Euba (alle Chemnitz), Schlosskirche, Stadtkirche (beide Augustusburg), Klosterkirche, Ottokirche (beide Wechselburg), Frauenkirche Mittweida, Kirche Ringethal, Kirche Schweikershain, Jacobikirche Stollberg, Kirche Dittersdorf, Kirche Eibenberg, Lutherkirche Limbach-O.	
Museen	Schlossbergmuseum, Sächsisches Industriemuseum, Museum für Naturkunde, Kunstsammlungen Chemnitz, Museum Gunzenhauser, Sächsisches Eisenbahnmuseum, Villa Esche, Museum für sächsische Fahrzeuge, Deutsches Spielemuseum, Straßenbahnmuseum Kappel (alle Chemnitz), Motorradmuseum, Kutschenmuseum, Museum für Jagdtier- und Vogelkunde (alle Augustusburg), Bäuerliches Museum Wechselburg, Erich-Loest-Haus Mittweida, Burg Kriebstein, Bergbaumuseum Oelsnitz, Museum Schloss Lichtenwalde, Gellert-Museum Hainichen	

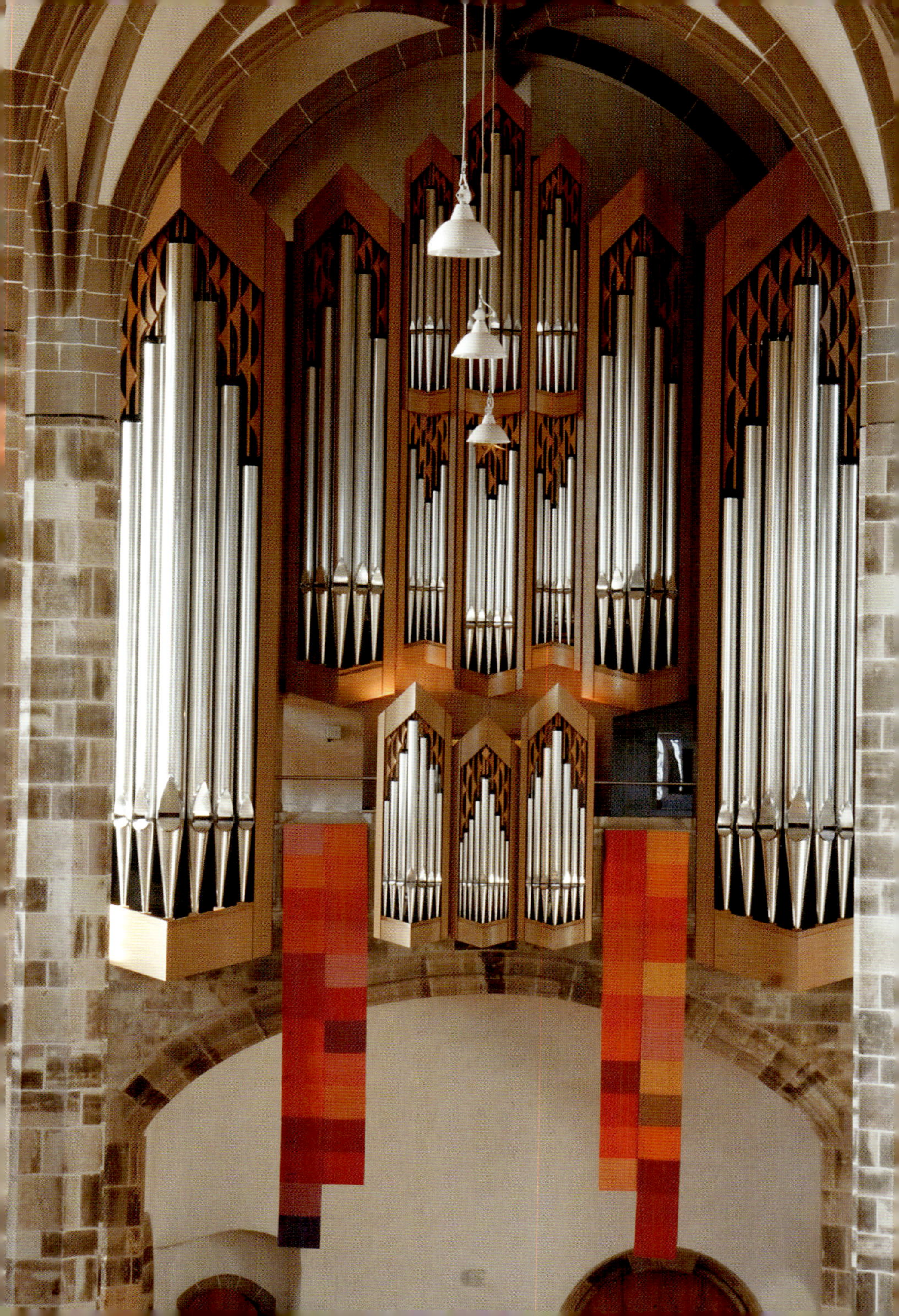

Die Jehmlich-Orgel in der Wolfgangskirche zu Schneeberg

Disposition > Seite 207

Orgelbauer:
Jehmlich Orgelbau Dresden
Erbauungszeit:
1995 – 1998

Mächtig und unübersehbar steht sie da: die St. Wolfgangskirche. Sie überragt die Bergstadt Schneeberg mit durchaus beabsichtigter, trotziger Dominanz. Nicht umsonst wird sie auch Bergmannsdom genannt. Und als Friedrich der Weise ihren Bau veranlasste, sollte sie bewusst mit dem Ziel entstehen, die Annenkirche im benachbarten Annaberg zu übertreffen. So ist sie nicht nur das größte, sondern auch eines der ältesten Gotteshäuser des Erzgebirges. Als katholische Kirche 1516 begonnen, konnte sie 1540 als evangelische eingeweiht werden. Und diese alte, spätgotische Hallenkirche hat eine der jüngsten Orgeln Sachsens. Erst seit 1998 verfügt sie wieder über ein Instrument, das ihrer Größe und Pracht angemessen ist. Orgelbauer war die Firma Jehmlich aus Dresden.

Aber bis es soweit war, verging eine lange Zeit. Wenn die Geschichte anders verlaufen und Schneeberg im Zweiten Weltkrieg von Bombenangriffen verschont geblieben wäre, hätte sich wohl eine der ältesten Orgeln von Friedrich Jahn – ebenfalls aus Dresden – bis heute erhalten. Sie hatte ihre ganz besonderen Qualitäten. Einige der 50 Register zeichneten sich durch besondere Weichheit und Milde aus, und das Tutti klang geradezu majestätisch. Doch diese Orgel verstummte endgültig, als am 16. April 1945 Schneeberg und damit auch die Wolfgangskirche bei einem Bombenangriff völlig zerstört wurden. Damit schien das Ende einer einmaligen Orgelgeschichte gekommen zu sein, die bis ins 16. Jahrhundert zurückging. Mehrere Orgeln – teilweise parallel – hatte es in St. Wolfgang gegeben, sowohl auf dem kleinen Schülerchor als auch auf der Westseite des großen Kirchenraums. Eine Schenkung aus dem ehemaligen Kloster Altzella durch Kurfürst August von 1555 war darunter, auch das Hauptwerk des Orgelbauers Severin Holbeck aus Zwickau von 1695. Dieses prächtige Werk mit seinen 47 Registern auf zwei Manualen und Pedal musste zwar mehrfach repariert werden, blieb aber bis zum Austausch gegen die erwähnte Jahn-Orgel 144 Jahre lang erhalten. Und selbst diese Jahn-Orgel war im April 1945 vernichtet.

Was nun folgte, war zunächst die mühsame Enttrümmerung und Stabilisierung des einst so prächtigen Kirchenbaus. Die gesamte Wiederherstellung von St. Wolfgang sollte erst in den 1990er Jahren abgeschlossen sein. Zwar fanden schon ein Jahr nach Kriegsende wieder Gottesdienste statt, doch an eine Orgel war zunächst nicht zu denken. Erst 1959 kam es in der Kirchengemeinde diesbezüglich zu ersten Überlegungen und (vor allem) Taten, denn im selben Jahr konnte zumindest eine kleine Orgel in der Obersakristei aufgestellt werden. Dieses klanglich eher unvorteilhafte Provisorium – es wurde gelegentlich als „Schreiorgel" bezeichnet – stellte aber die Schneeberger auf Dauer nicht zufrieden. Für eine Aufstellung außerhalb der Sakristei, im großen Kirchenraum, war sie ohnehin nicht geeignet. Deshalb wurde 1963 in einem neuen Anlauf überlegt, ob es nicht möglich wäre, etwa eine Altarorgel errichten zu lassen. Doch auch wegen fehlender finanzieller Mittel konnte sich das Gremium nicht zu einem Orgelbau durchringen und beschloss bedauernd einen zehnjährigen Projektaufschub. Wiederum sechs Jahre später, im April 1969, tat sich eine weitere Möglichkeit auf, um endlich zu einer angemessenen Orgel zu kommen: Die

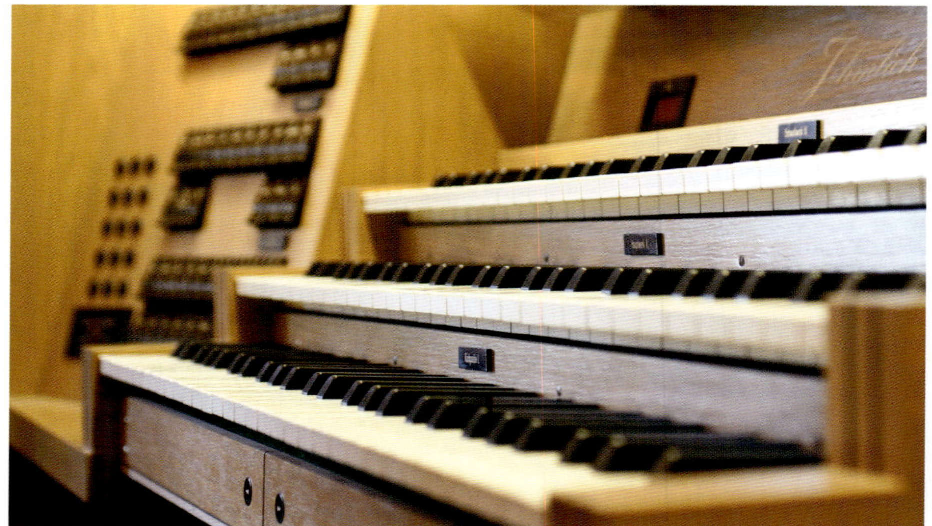

Klaviaturen

Freiberger Nikolaikirche benötigte wegen der bevorstehenden Profanierung ihr Instrument nicht mehr. So bestand die Gelegenheit, dieses Orgelwerk von Johann Gottlob Mende (1787 – 1850) in Schneeberg aufzustellen. Doch schließlich sprach sich die Schneeberger Gemeinde nach langen Beratungen eindeutig für einen Neubau aus. (Die Mende-Orgel aus Freiberg steht mittlerweile in der Nikolaikirche Wismar.) Wenigstens gelang es 1975, vom damaligen VEB Sauer Orgelbau ein Orgelpositiv zu erhalten. Doch mit den lediglich drei Registern dieses Positivs ist die Schneeberger Wolfgangskirche klanglich nicht zu füllen.

Zu allem Überfluss stritten sich die Verantwortlichen inzwischen mit der Denkmalpflege wegen einer Orgelbühne im Westwerk. Erst 1987 nahm dieser Streit nach 21 Jahren ein Ende, allerdings zu Gunsten der Denkmalpflege, die eine Orgelbühne kategorisch ablehnte.

Sofort wurde die Firma Jehmlich aus Dresden, wie es zu DDR-Zeiten hieß, formal mit dem Orgelneubau beauftragt. Nach vermutlich mündlicher Absprache erklärte sie sich also bereit, einen möglichst zeitnahen Orgelneubau in Schneeberg langfristig einzuplanen. Aufgrund der Entscheidung gegen eine Orgelbühne waren bei der Konzeption räumliche Grenzen gegeben. Klanglich wurde eine Aufstellung auf der Westseite unverändert favorisiert. Das bedeutete, dass die neue Orgel mit dem relativ geringen Platz auf der entsprechenden Empore auszukommen hatte. Doch es blieb zunächst ausschließlich bei Planungen. Erst nach der politischen Wende und der Wiedervereinigung kam die Umsetzung des Orgelprojekts in greifbare Nähe. Durch die Gründung eines Fördervereins gelang schließlich der letzte entscheidende Energieschub: 1995 wurde der Orgelbauvertrag geschlossen und drei Jahre später die Orgel vollendet.

Nun besitzt die Kirche wieder ein Instrument, das über 55 Register auf drei Manualen und Pedal verfügt. Bezogen auf ihren Charakter, ist die Orgel bewusst ein Kind ihrer Zeit, somit kein rückschauend rekonstruiertes oder stilistisch angenähertes Instrument. Das heißt nicht, dass die Orgel völlig unhistorisch ist: Ihre einzelnen Stimmen offenbaren insgesamt ein silbermannorientiertes Klangideal, und die klare Werkanordnung hat ihre Wurzeln ebenfalls in der Barockzeit. Dabei

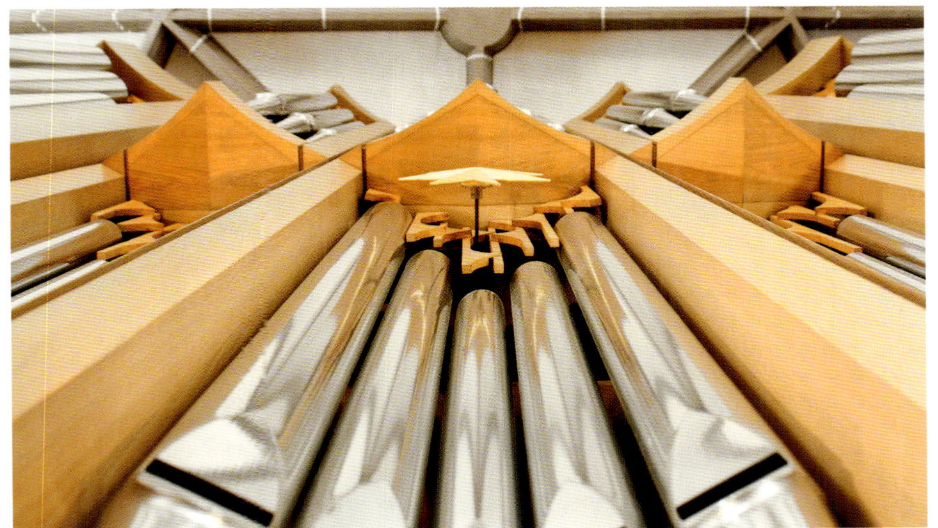

Prospektdetail

kommt jedem Werk sein eigener Charakter zu: Das Hauptwerk ist vornehmlich gravitätisch, das Brustwerk spritzig bzw. delikat disponiert, das Oberwerk enthält besonders farbenreiche Zungen- und Streicherstimmen, und schließlich gibt das Pedal ein wahrhaft großes Bassfundament. Die Orgel besitzt so viele unterschiedliche Klangfarben und (nicht zu vergessen) Spielhilfen, dass fast die gesamte Orgelliteratur auf ihr adäquat darstellbar ist.

So ist St. Wolfgang in Schneeberg mittlerweile nicht nur durch seine prächtige Architektur bekannt. Auch die ähnlich prachtvolle und in jeder Hinsicht angemessene Orgel hat inzwischen internationale Bedeutung erlangt. Regelmäßige Orgelkonzerte und so manche Einspielungen zeugen davon.

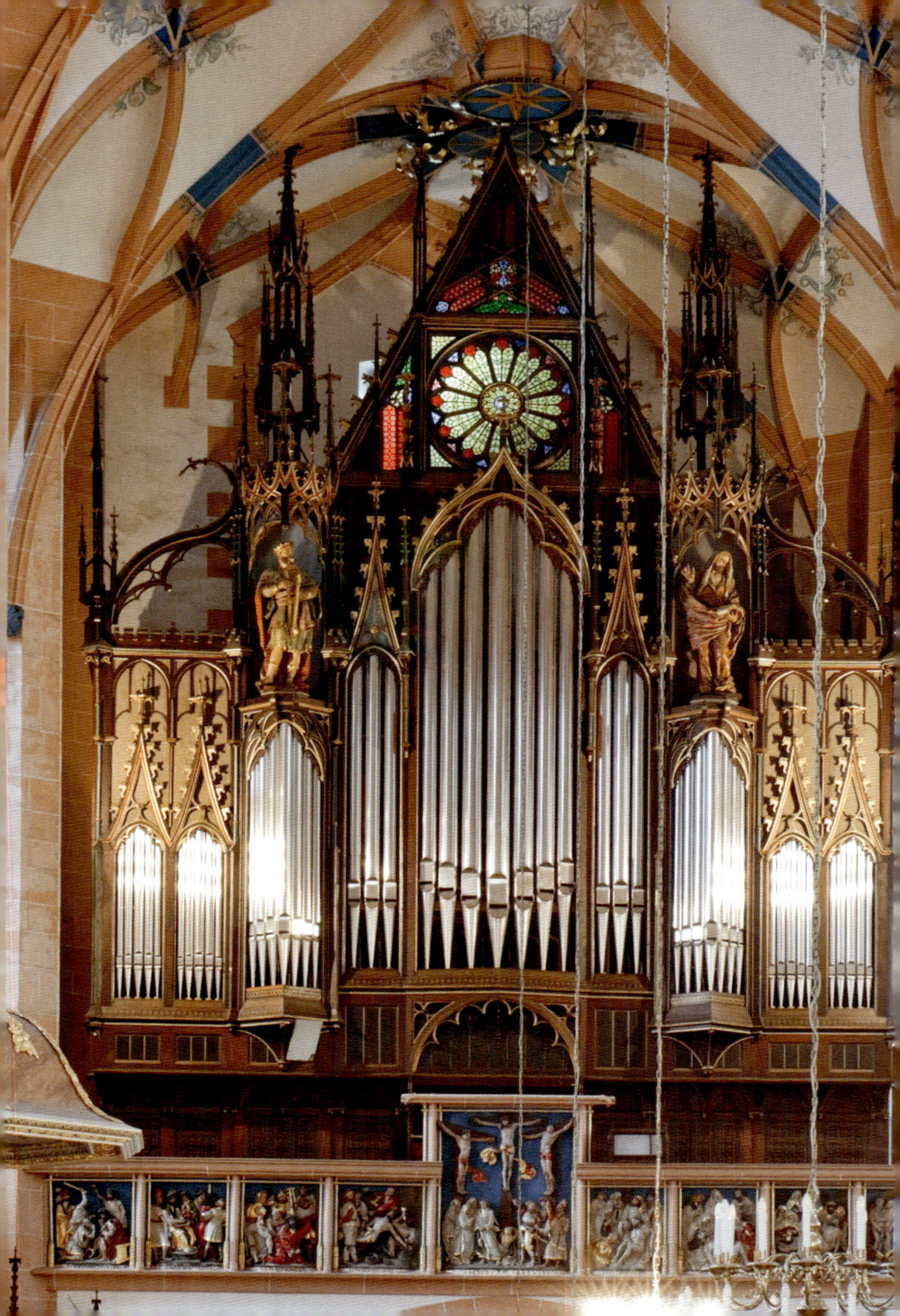

Die Walcker-Orgel in der Annenkirche zu Annaberg-Buchholz

Disposition > Seite 208

Orgelbauer:
E. F. Walcker & Cie.
Erbauungszeit:
1883/84
Restaurierungen, Umbauten:
1894, 1987 – 1995

„Die Gebrüder Walcker haben für die St. Annenkirche zu Annaberg ein dreimanualiges Orgelwerk mit 56 Stimmen erbaut, welches in des Wortes vollgültigster Bedeutung als ein hervorragendes Kunstwerk unter den besten seinesgleichen bei strenger und umfassender Prüfung sich darstellte." So der Leipziger Universitätsprofessor Dr. Hermann Langer über die gerade fertiggestellte Walcker-Orgel, die er zu prüfen hatte. Er war voll des Lobes, insbesondere über die klangliche Qualität und handwerklich solide Verarbeitung.

Das kann man noch heute über dieses Instrument sagen, auch wenn es sich inzwischen etwas verändert hat: Aus den ursprünglich 56 Registern sind 65 geworden, und es wurde mehrfach saniert.

Als die Orgelbaufirma Walcker aus Ludwigsburg 1882 den Auftrag erhielt, für Annaberg eine große Orgel anzufertigen, hatte sie bereits einen über Jahrzehnte entwickelten erstklassigen Ruf. Verantwortlich dafür war vor allem Eberhard Friedrich Walcker, der den Orgelbau in seiner Heimat massiv voranbrachte: Wesentliche Neuerungen brachte er im Bereich der Register, der Spieltraktur und der Windversorgung ein und führte damit die Orgelentwicklung stringent in die Spätromantik. Besonderes Merkmal ist, dass die von ihm und seiner Firma erstellten spätromantischen Großorgeln noch keine Elektropneumatik kennen.

Und ein solches Instrument ist uns bis heute in der St. Annenkirche zu Annaberg-Buchholz glücklicherweise erhalten geblieben. Vorgängerinstrumente gab es in diesem noch aus dem 15. Jahrhundert stammenden Kirchenbau mehrere. Den Anfang machte nach der Überlieferung wohl ein Positiv, das 1509 erwähnt wird. Am längsten hat hier eine große Orgel von Jacob Schedlich bestanden, die dieser aus Plünderungsangst infolge des Dreißigjährigen Krieges aus seiner Werkstatt in St. Joachimsthal eliminierte, der Kirche in Annaberg gegen einen Betrag überließ und dort 1652 auf der Westempore platzierte. Und damit war diese große Orgel sogar das zweite Instrument, das Schedlich für die Kirche anfertigte. Bereits 1636 hatte er an selber Stelle eine wesentlich kleinere Orgel errichtet, die er dann später aus Platzgründen auf den nördlichen Singechor verbrachte. Sie behielt diesen Standort wohl bis 1834, um dann in der Hospitalkirche zu erklingen.

Jedenfalls blieb die große Schedlich-Orgel bis zu ihrem endgültigen Abbruch 1883 erhalten, auch wenn ihr Verfall da bereits einige Jahrzehnte lang nicht mehr aufzuhalten und wohl kaum zu überhören war. Ein zweites Interimsinstrument auf dem Singechor, errichtet durch den Orgelbauer Carl August Wolf aus Plauen, wurde 1849 erworben und half über manche Einschränkungen der großen Schedlich-Orgel hinweg. Doch laut Gremienbeschluss von 1865 war bereits die Beschaffung einer neuen großen Orgel im Westwerk „mit emporgehobene[m] Prospect im gothischen Stile" angedacht. Auch die Bausubstanz der Kirche sollte erneut verbessert werden, doch fehlten zu alldem die finanziellen Mittel. 1882 entschloss sich der Kirchenvorstand endlich zu zwei Maßnahmen: der Kirchenrenovierung und dem Orgelneubau. Dann ging alles relativ schnell. Walcker bekam den Auftrag, Ende des nächsten Jahres wurde die Schedlich-Orgel abgebaut und das mächtige, dreitürmige, neugotisch gestaltete Gehäuse für das Nachfolgeinstrument

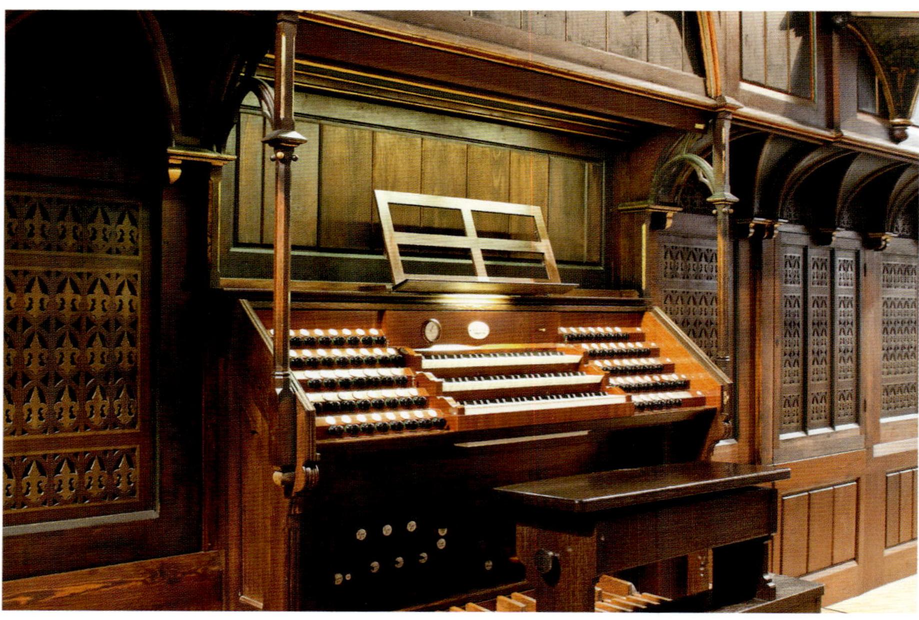

Spielanlage

bereits errichtet. Und am 10. Februar 1884, am Tag der Orgelweihe, wurde beim ersten Konzert durch den Dresdner Dreikönigskirchenorganisten Carl August Fischer den Anwesenden bewusst, welch wunderbare Orgel ihnen die Gebrüder Walcker errichtet hatten.

Das nun vorhandene Instrument musste später mehrere Änderungen und insbesondere den völligen Verfall erdulden. Registererweiterungen und Pneumatisierung führten die Gebrüder Jehmlich aus Dresden schon zehn Jahre nach der Orgelweihe durch, 1917 mussten die Prospektpfeifen zu Munitionszwecken abgeliefert werden, und eine frappierende Störanfälligkeit der einst so prächtig klingenden und funktionstüchtigen Walcker-Orgel zeigte sich spätestens nach 1945. Die spielerischen Einschränkungen und Gefahren waren irgendwann so groß, dass das Instrument 1977 sogar völlig stillgelegt wurde. Die Kirchenmusik konnte zunächst behelfsmäßig weitergeführt werden, bis zwei Jahre später eine kleine Interimsorgel im Altarraum ihren Platz fand. Sie existiert heute noch und verfügt über 15 Register auf 2 Manualen mit Pedal.

Kurze Zeit nachdem die Kirchengemeinde St. Annen ihre Interimsorgel übernommen hatte, wäre die inzwischen verstummte große Walcker-Orgel fast einem Neubau gewichen. Zu diesem hatte sich die Gemeinde bereits 1980 entschlossen: Ein Instrument des damaligen VEB Eule Orgelbau aus Bautzen sollte anstelle der Walcker-Orgel errichtet werden. Die Disposition war auf etwa 53 Stimmen ausgelegt, wobei 25 Register aus der Vorgängerorgel übernommen worden wären. Doch im letzten Moment intervenierte die Denkmalpflege: Nach ihrer Ansicht war nur die Rekonstruktion der einmaligen Walcker-Orgel akzeptabel. Der besondere Wert des Instrumentes und seine Prägung der Innenausstattung waren die entscheidenden Argumente. Daher wurde die Restaurierung schließlich 1987 beschlossen. Nur diesem Umstand ist es zu verdanken, dass sich heute in St. Annen eines der wenigen Walcker-Instrumente Sachsens befindet. Die Restau-

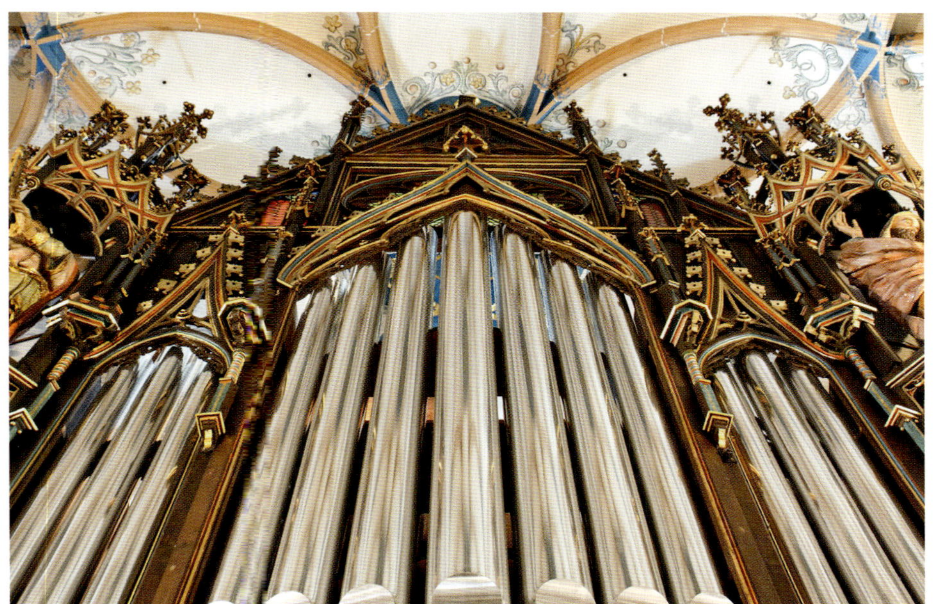

Prospektdetail

rierung durch die Firma Eule erfolgte sehr gründlich und mit enormer Vorbereitung. Hierfür ging man sogar auf Reisen und studierte eingehend die Domorgel in Riga, ein in mehreren Punkten vergleichbares Instrument, das von Walcker im selben Jahr wie die Annaberger Orgel gebaut wurde und ähnliche Dimensionen hat. Seit dem Restaurierungsabschluss in Annaberg 1995 ist die Walcker-Orgel wieder beinahe in ihren ursprünglichen Zustand zurückgeführt worden und fasziniert durch ihren grundtönigen und farbenreichen Klang.

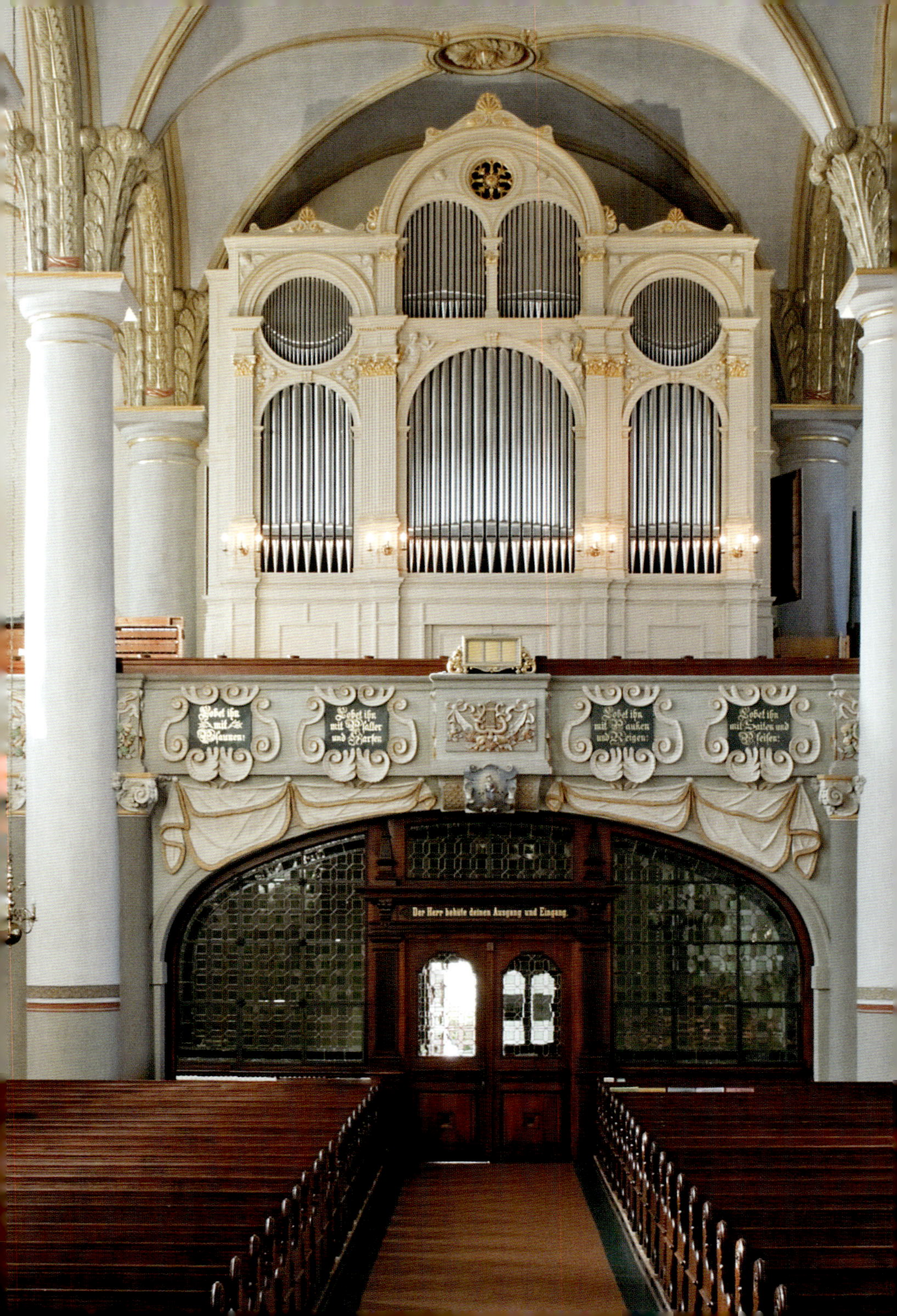
Lobet ihn mit Posaunen!
Lobet ihn mit Psalter und Harfen
Lobet ihn mit Pauken und Reigen:
Lobet ihn mit Saiten und Pfeifen:
Der Herr behüte deinen Ausgang und Eingang.

Die Schubert-Orgel in der Marienkirche zu Marienberg

Disposition > Seite 209

Orgelbauer:
Carl Eduard Schubert
Erbauungszeit:
1872 – 1879
Restaurierungen, Umbauten:
1914, 1958, 1990er Jahre, 2010 – 2013

Fast wäre die Orgel in Marienberg ein Opfer des Zeitgeistes geworden. Nicht dass man daran dachte, sie komplett abzubauen und gegen ein neues Instrument auszutauschen. Doch es wurde eine wahrhaft einschneidende Modernisierung empfohlen. Und dem damaligen Organisten Kurt Pomp ist es zu verdanken, dass sie 1931 nicht zur Ausführung kam: Wie es der Mode entsprach, sollte die Orgel nicht nur gestimmt und gereinigt, sondern bei dieser Gelegenheit gleich mit elektropneumatischer Traktur ausgestattet werden. Kurt Pomp blieb allerdings hartnäckig und bewirkte mit großer Energie, dass die Substanz dieser ganz besonderen Orgel nicht angetastet wurde. Register hatte man am Beginn des Ersten Weltkrieges bereits geringfügig ausgetauscht. Doch die Traktur sollte keinesfalls verändert werden.

Bei diesem Instrument, das uns somit erhalten blieb und keine umfassenden Rückführungsmaßnahmen benötigte, handelt es sich tatsächlich um eine wahre Rarität: In St. Marien zu Marienberg steht eine der wenigen noch erhaltenen Orgeln von Carl Eduard Schubert (1830 – 1900). Sein Name ist heute kaum geläufig, obwohl er zu den anerkannten Orgelbauern seiner Zeit gehörte. Die verhältnismäßig geringe Bekanntheit hat mehrere Gründe. Die meisten Orgeln Schuberts sind heute zerstört, und von diesen gab es insgesamt schon nicht viele: Während seiner vier Jahrzehnte dauernden Tätigkeit als Orgelbauer schuf Schubert lediglich 18 neue Instrumente. Er war ein begnadeter, geradezu perfektionistischer Orgelbauer, insbesondere was die Intonation betraf. Aber gleichzeitig war er auch zu wenig umtriebig und in seiner Arbeitsweise vor allem zu umständlich, um über die sächsisch-thüringischen Grenzen hinaus bekannt zu werden. Zusätzlich verschloss er sich prinzipiell den neumodischen Formen des eher fabrikmäßigen Orgelbaus und beharrte dagegen auf alter handwerklicher Fertigung nach dem Vorbild Gottfried Silbermanns. Er weigerte sich zudem, historische Orgeln im Sinne der Zeit zu modernisieren, was wir heute dankbar zur Kenntnis nehmen, was sich allerdings für Carl Eduard Schubert konkret in relativ wenigen Aufträgen niederschlug. Sein Umgang mit alten Orgeln war aus heutiger Sicht erstaunlich denkmalpflegerisch gewissenhaft, was manches Instrument vor dem Verfall oder dem völligen Austausch gegen eine neue Orgel bewahrte. Er feilte an Legierung, Mechanik und Intonation jedes Instruments so detailversessen wie kaum ein anderer, bis das Ergebnis seinen Vorstellungen exakt entsprach. Und so verschätzte er sich manches Mal in Bezug auf Kosten und Zeit – ein in Schuberts Konsequenz unwirtschaftliches Verfahren, das sogar 1876 zu seinem Ruin führte. Bis dahin hatte er zwei Orgelbauwerkstätten betrieben – zunächst in Adorf (u. a. im Zenckerschen Hause, wo vormals die Orgelbauerfamilie Trampeli ansässig gewesen sein soll) und später in Chemnitz. Seine ab Mitte der 1870er Jahre finanziell ruinöse Situation besserte sich nicht mehr. Er musste seine Chemnitzer Werkstatt aufgeben und war so gezwungen, sich als wandernder Orgelbauer zu verdingen. Verschiedene Stimmungs-, Restaurierungs- und Neubauaufträge, etwa für die Erlöserkirche im Dresdner Vorort Striesen, waren willkommene, aber zu seltene Arbeitsgelegenheiten und trugen insgesamt nicht zur Erholung seiner

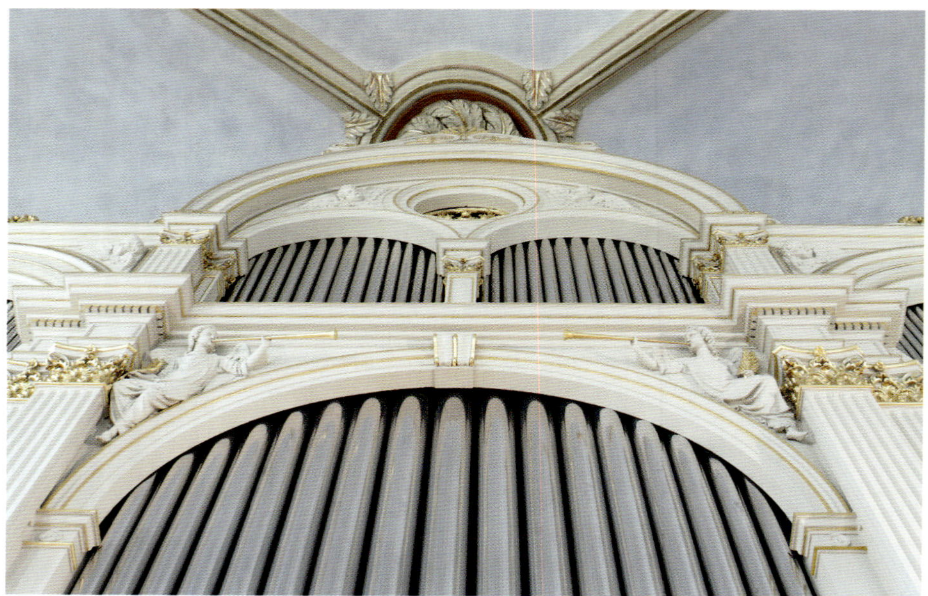

Prospektdetail

wirtschaftlichen Lage bei. Zwischenzeitlich wohnte Schubert in Dresden, wobei er allerdings oft an die Orte seiner wenigen Aufträge zog. Stellenweise blieben Angebote sogar völlig aus. Und zuletzt ließ sich Schubert, endgültig auf Almosen angewiesen, im vogtländischen Reichenbach nieder, wo er im Jahre 1900 seinem Leben ein Ende setzte.

Als er den Auftrag erhielt, für St. Marien zu Marienberg eine neue Orgel zu bauen, war er gleichzeitig mit einem anderen Instrument beschäftigt. 1869 bekam er das Angebot, eine große dreimanualige Orgel in Schlosschemnitz zu errichten, wozu ihm eine Werkstatt unmittelbar neben der Schlosskirche bereitgestellt wurde. Während er noch an diesem Instrument arbeitete, erreichte ihn 1871 eine erste Anfrage aus Marienberg. Da dort im Zuge der Kirchenrenovierung eine Vergrößerung der Orgelempore geplant war, sollte auch eine dementsprechende Orgel geschaffen werden. Nachdem man sich am 26. Januar 1872 schließlich für Schubert ausgesprochen hatte, legte dieser einen sehr überzeugenden Entwurf vor, der u. a. sogar von Franz Liszt beurteilt worden sein soll. Nun entstanden essentielle logistische Probleme: Das Schlosschemnitzer Instrument war längst noch nicht fertiggestellt, und mit dem Bau der Marienberger Orgel musste parallel begonnen werden. Schubert blieb bis zur vier Jahre später erfolgten Vollendung der dortigen Orgel in Schlosschemnitz und schickte drei Gehilfen nach Marienberg, die aber ihre Aufgaben dort nicht zu seiner Zufriedenheit ausführten. Schließlich verzögerte sich der Abschluss der Marienberger Orgel bei gleichzeitiger immenser Kostensteigerung derart, dass Schubert zur Vollendung des Marienberger Instruments erheblich eingreifen musste. Wirtschaftlich war er inzwischen ruiniert. 1879 wurde der Orgelneubau in Marienberg endlich abgeschlossen.

So hatten die Marienberger nach siebenjähriger Bauzeit endlich ihr siebtes nachweisbares Instrument erhalten. Die Orgelgeschichte in Marienberg war bis ins 18. Jahrhundert sehr turbulent. Bis dahin hatte es einige interessante Instrumente in St. Marien gegeben. Unter anderem gehörten zwei herzogliche bzw. fürstliche

Schenkungen dazu: 1541 übernahm man auf Veranlassung Herzog Heinrichs des Frommen die Orgel aus der Klosterkirche Cella. Und 1563 erhielt die Kirche eine besondere Schenkung von Kurfürst August: Noch bevor das erneuerte, nun steinerne Gotteshaus ein Jahr später geweiht wurde, gelangte die alte Dresdner Schlosskirchenorgel nach Marienberg. Das bis zum Zeitpunkt seines Abbruchs am längsten in St. Marien verweilende Orgelwerk war das unmittelbare Vorgängerinstrument der Schubert-Orgel. Johann Jacob Donati aus Zwickau disponierte es 1723 mit 25 Registern auf zwei Manualen und Pedal. Allerdings wurden an dieser Donati-Orgel in regelmäßigen Abständen Reparaturen notwendig, bis Ausbesserungen Mitte des 19. Jahrhunderts nicht mehr möglich schienen. Unterschiedliche Reparatur- und Erweiterungsvorschläge von verschiedenen Orgelbauern wurden eingeholt und diskutiert, bis sich die Kirche 1872 zur Auftragsvergabe an Carl Eduard Schubert entschloss.

Schuberts mächtiges Marienberger Instrument besteht aus 51 Registern, verteilt auf Hauptwerk, Brustwerk, Oberwerk und Pedal. Die Orgel ist eine der besterhaltenen, wertvollsten und klanglich authentischsten ihrer Zeit und zeichnet sich, wie bei anderen Schubert-Orgeln auch, durch eine gleichzeitig gediegene und machtvolle Grundtönigkeit aus. Dabei hat das Pedal eine ungeheure Klangwirkung, und die Manualwerke bestechen durch ihre klanglich edle Homogenität. Und schließlich verfügt das Brustwerk, das als Echowerk einsetzbar ist, über aparte Einzelregister.

Doch selbst dieses Instrument musste einige Reparaturen und Veränderungen über sich ergehen lassen, wenn sie auch nicht so schwerwiegend ausfielen wie bei anderen Orgeln: 1914 wurden einige Register ausgetauscht, was 1958 allerdings wieder rückgängig gemacht wurde. Und 1917 fielen die Zinnpfeifen des Prospekts der kriegsbedingten Pflichtabgabe zum Opfer, die man ein paar Jahre später durch solche aus Zink ersetzte. Auch dieses Provisorium ist inzwischen wieder rückgängig gemacht, nachdem die Firma Georg Wünning aus Großolbersdorf in den 1990er Jahren zwei Reparaturen an der Schubert-Orgel durchführte.

In jüngster Vergangenheit erhielt die Orgel ihre hoffentlich vorerst endgültige Instandsetzungsmaßnahme. Zweieinhalb Jahre dauerten die abermals von Georg Wünning durchgeführten Restaurierungsarbeiten. Seit der Wiederweihe in einem Festgottesdienst am 16. Juni 2013 kann man die klanglich sehr überzeugende Schubert-Orgel in St. Marien zu Marienberg wieder hören.

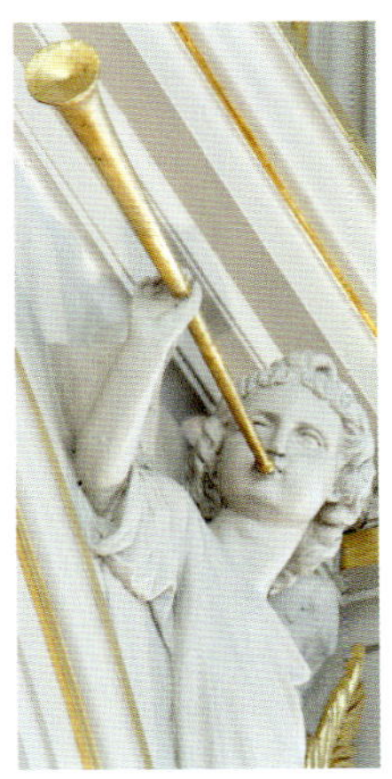

Rechter Trompetenengel

Sehenswertes im West- und Mittelerzgebirge

Annaberg-Buchholz

Seinen charakteristischen Doppelnamen trägt Annaberg-Buchholz noch nicht lange. Erst seit 1945 sind die ehemals eigenständigen Orte vereint, wobei Buchholz eher im Schatten des größeren und bedeutenderen Annaberg steht.
Annaberg-Buchholz ist ohne Zweifel der Mittelpunkt des Erzgebirges. Und dies nicht nur geographisch. Der Ort hat sehr viel zu bieten. Nicht nur, dass er Wohn- und vermutlicher Sterbeort des bekanntesten Rechenmeisters, Adam Ries, ist. Vieles für das Erzgebirge Typische vereinigt sich hier. Die altehrwürdige Bergstadt war von Beginn an mit dem Bergbau verbunden. Bis in die ersten Ausläufer ihrer Geschichte kann sie noch heute vieles von ihrer Vergangenheit durch prächtige Bauten erzählen lassen. Daneben haben sich etwa alte bergmännische Traditionen erhalten. Erzgebirgisches Kunsthandwerk spielt ebenfalls eine Rolle. Und die Erinnerung an den einst so bestimmenden Bergbau wird in manchem Zusammenhang gepflegt.
Am Anfang Annabergs standen Silberfunde am Schreckenberg, die 1492 ein wahres „Bergkgeschrey" auslösten. Und einige Jahre später entwarf dann der Bürgermeister von Freiberg, Ulrich Rülein von Calw, die planmäßige Stadtanlage. Im Zentrum steht seither die große Annenkirche. Die in der Nähe befindlichen Bürgerhäuser und das Rathaus am Markt bilden ein faszinierendes geschlossenes Ensemble des 18. Jahrhunderts. Sie gehören zu den etwa 800 denkmalgeschützten, teils meisterlich sanierten Gebäuden, die sich neben Resten der Stadtmauer vom historischen Kern Annabergs erhalten haben.

Annenkirche Annaberg-Buchholz

St. Annen beeindruckt schon von außen durch ihre monumentale Schlichtheit. Dominierend ist ihr Turm, der aufgrund seiner massiven, hoch aufragenden Gestalt wie ein Leuchtturm wirkt. Aber auch der Innenraum dieser größten spätgotischen Hallenkirche Sachsens, die zwischen 1499 und 1525 nach einem Entwurf von Conrad Pflüger errichtet wurde, fasziniert. Die Grenzen zwischen Schiffen und Chor scheinen fast aufgelöst, und alle Abschnitte des Raums bilden so eine Einheit. Dazu trägt auch das prächtige, großzügig gestaltete Kirchengewölbe bei. In diesem lichtdurchfluteten Inneren finden sich einige bemerkenswerte Ausstattungsstücke. Eine Seltenheit ist z. B. der im nördlichen Nebenchor aufgestellte Altar, der mit Motiven des Bergbaus gestaltet und von der Annaberger Bergknappschaft errichtet wurde. Ihn schuf 1521 Hans Hesse. Daneben hat

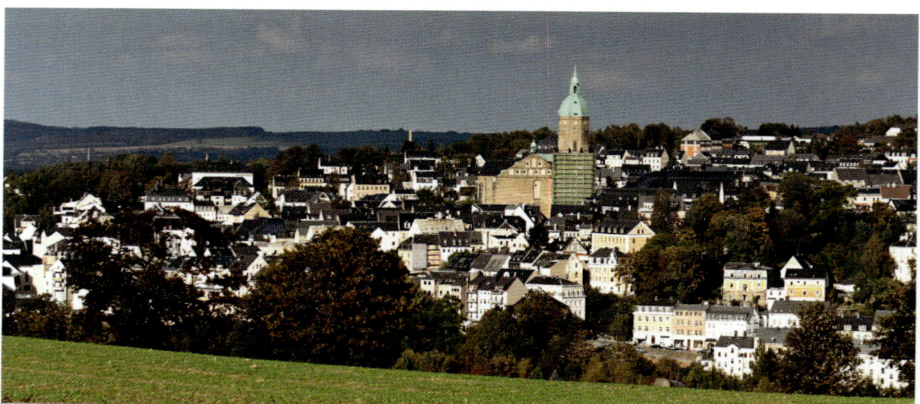

Blick auf Annaberg-Buchholz mit der dominierenden Annenkirche

die Kirche zahlreiche Emporenreliefs aufzuweisen. Es sind 100 an der Zahl, von denen 80 biblische Geschichten illustrieren. Sie stammen von Franz Maidburg, der um 1516 auch die herausragende Kanzel schuf. Ein später in die Annenkirche verbrachtes Kunstwerk ist die Schöne Tür von Hans Witten, die sich durch reiche, locker angeordnete Figurenkonstellationen auszeichnet. Sie gehörte eigentlich zum Franziskanerkloster und kam erst 1577 nach St. Annen. Und schließlich verfügt der große Kirchenraum über die größte noch erhaltene Walcker-Orgel Deutschlands – eine Besonderheit von 1884. Dank umfangreicher Restaurierung der Firma Eule (Bautzen) kann sie seit 1995 wieder in ihrem alten, grundtönig bestimmten Glanz erstrahlen.

Erzgebirgsmuseum Annaberg-Buchholz

Gleich gegenüber der Annenkirche, in der Großen Kirchgasse, befindet sich in einem der denkmalgeschützten Häuser seit 1891 das Erzgebirgsmuseum. Als es hier einzog, ahnte noch niemand, welche Sensation dereinst zu bieten sein würde. Erst in den 1990er Jahren stieß man bei Bauarbeiten im Hof des Hauses auf einen Stollen – und so verfügt das Museum seit 1995 über sein eigenes Besucherbergwerk! Es präsentiert auch eine vielseitige Sammlung zu Geologie und Mineralogie, außerdem können Münzen und Volkskunst betrachtet werden. Ein weiteres besonderes Juwel ist ein Gemälde, die „Tafel mit den drei Heiligen" von Hans Hesse, geschaffen 1524.

Adam-Ries-Haus Annaberg-Buchholz

Einige historische Häuser sind unbedingt noch einen Blick von außen oder vielleicht auch einen Besuch wert: Das Gasthaus „Wilder Mann" gehört genauso dazu wie die Bibliothek und das Adam-Ries-Haus. Genau genommen ist letzteres ein „Neubau" von 1731, doch seine Grundmauern stammen noch aus der Zeit, als der bekannte Rechenmeister hier zwischen 1525 und 1559 lebte. Mittlerweile ist es als Gedenkstätte ausgebaut.

Erlebnismuseum „Frohnauer Hammer"

Ein bleibendes Erlebnis ist der Besuch an einem bestimmten Ort außerhalb Annabergs, nämlich in Frohnau. Am Fuße des Schreckenbergs, dessen Silberfunde ja den Anfang der Annaberger Stadtentwicklung darstellen, liegt der bekannte „Frohnauer Hammer". Hinter diesem Namen verbirgt sich ein Erlebnismuseum. Es lässt noch heute den Alltag in einer Hammerschmiede nachempfinden, die vom Ende des 17. Jahrhunderts bis 1904 gewerblich genutzt wurde. Übrigens ist der „Frohnauer Hammer" wie viele andere Orte des Erzgebirges Teil der ersten und längsten Ferienstraße Sachsens: Auf etwa 140 Kilometern erstreckt sich zwischen Zwickau und Dresden die Erzgebirgische Silberstraße, die den Besucher zu Sehenswürdigkeiten und touristischen Angeboten des Montanwesens führt.

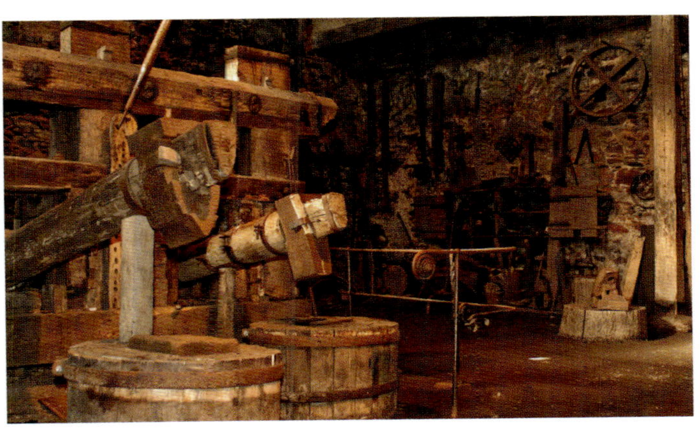

Zwei der historischen, mit Wasserkraft angetriebenen Eisenhämmer im Erlebnismuseum „Frohnauer Hammer"

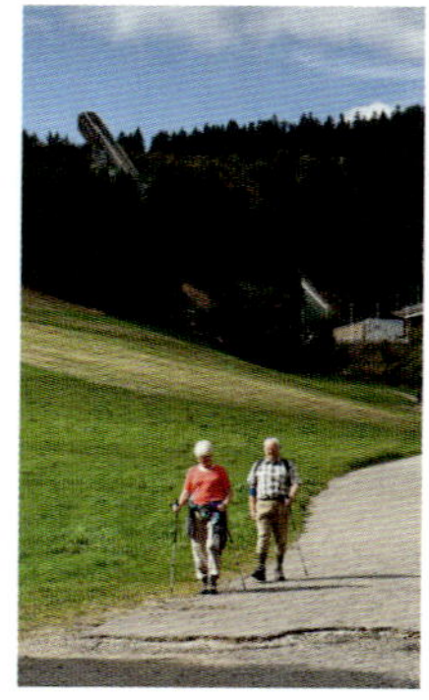

Im Erzgebirge bei Oberwiesenthal

In Annaberg kann man viel erleben. Dazu gehören etwa seine Feste, die den Jahreslauf der Stadt bestimmen und auf alte Traditionen zurückgehen. Die bekannte „Kät" ist etwa zu erwähnen – immer zwei Wochen vor Pfingsten terminiert – oder die verschiedenen Kloster- und Hammerfeste. Daneben ist in der Stadt immer wieder erzgebirgische Traditionspflege zu bemerken, die in den entsprechenden Andachten, Metten und festlichen Aufzügen häufig erlebt werden kann. Annabergs berühmteste Bergparade gehört unbedingt dazu, die jährlich am 4. Advent stattfindet und den prächtigen Weihnachtsmarkt beschließt. Altes Kunsthandwerk wird ebenfalls bis heute tradiert, regelmäßig praktiziert und Interessierten vorgeführt. Und Annabergs Kultureinrichtungen, etwa der „Erzhammer" oder das Eduard-von-Winterstein-Theater, bieten darüber hinaus Abwechslung. Übrigens ist Annabergs Theaterorchester ein besonderes, traditionsreiches Ensemble mit Wurzeln im Jahr 1888. Früher war es das Stadt- und Theaterorchester Annaberg-Buchholz. 1997 ist es mit dem Erzgebirgischen Sinfonieorchester Aue eine Fusion eingegangen. Letzteres besteht ebenfalls seit 1888 und hat sich zum festen Bestandteil der erzgebirgischen Kulturlandschaft entwickelt. Die Erzgebirgische Philharmonie Aue bietet neben Aufführungen in ihren angestammten Häusern auch Sinfoniekonzerte in verschiedenen Städten des Westerzgebirges dar.

Naturpark Erzgebirge/Vogtland

Es sollte nicht vergessen werden, dass Annaberg auch inmitten des Naturparks Erzgebirge/Vogtland liegt. Die reizvolle Landschaft der Umgebung bietet sich so zu faszinierenden Ausflügen an, beispielsweise in den nahe gelegenen Wintersport- und Erholungsort Oberwiesenthal.

Marienberg

Mitten vom Marktplatz „seiner" Stadt grüßt unübersehbar der Gründer Marienbergs, Herzog Heinrich der Fromme. Sein Denkmal ist eines der größten in Sachsen und steht hier seit 1900. Die Vorlage für den Bildhauer Friedrich Offermann soll übrigens ein Gemälde von Lucas Cranach d. Ä. gewesen sein. Wie dem auch sei: Das Monument zu Ehren Herzog Heinrichs fällt seither auf Marienbergs Marktplatz in jedem Fall ins Auge.

Damit gedenkt Marienberg seines Gründers. Er verfügte die Errichtung der neuen Bergstadt, nachdem 1519 im kleinen Dorf Wüstenschletta Erz gefunden worden war. Stadtplaner Marienbergs war übrigens derselbe wie in Annaberg – Ulrich Rülein von Calw, Bürgermeister von Freiberg. Er plante eine symmetrische Anlage mit zentralem Marktplatz, und die Stadt entwickelte sich durch ihre Erzvorkommen zunächst prächtig. Erst im 17. Jahrhundert wurde sie von Krisen heimgesucht: Der Stadtbrand 1610, die Beeinträchtigungen durch den Dreißigjährigen Krieg und die

Blick vom Turm der Marienkirche auf den Marktplatz von Marienberg

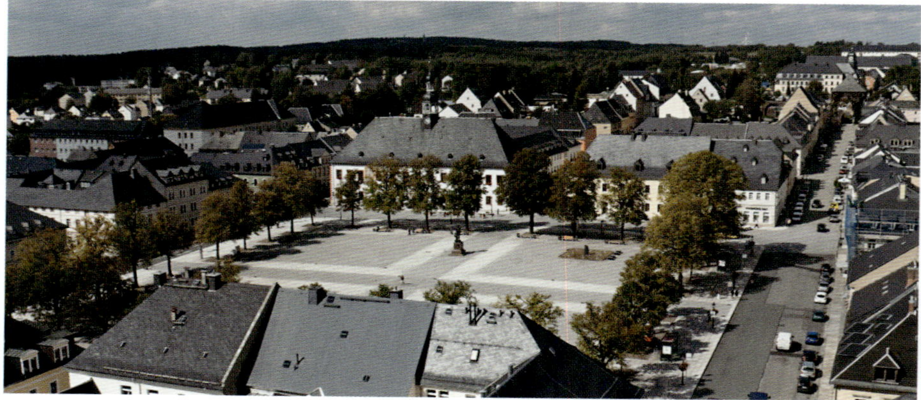

währenddessen auch in Marienberg grassierende Pest trafen Stadt und Bevölkerung schwer. Davon war noch nichts zu spüren, als das alte Rathaus am Markt gebaut wurde. Bis 1541 errichtete es Johann Hoffmann. Das Gebäude ist nicht ohne Bezug auf die Bergleute, denn sein reich geschmücktes Portal enthält die Darstellung eines Bergmanns. Beim Stadtbrand ging es unter und wurde anschließend lediglich etwas schlichter wieder aufgebaut. Eine Besonderheit der Außengestaltung ist die Sonnenuhr des Rathauses, die unüblicherweise eine untergehende Sonne zeigt. Ob ihr ungenannter Schöpfer damit auf die Vergänglichkeit anspielen wollte, ist nicht bekannt.

Marienkirche Marienberg

Nicht auf dem Marktplatz, sondern von diesem durch einen Straßenzug getrennt steht die Stadtkirche St. Marien. Sie ist die jüngste der großen spätgotischen Hallenkirchen des Erzgebirges und entstand zwischen 1558 und 1564. Auch sie wurde durch den großen Stadtbrand von 1610 schwer getroffen, wobei sich die Umfassungsmauern, das kielbogige Portal (1560) und zwei Altäre des 15. und 16. Jahrhunderts erhalten haben. Der unverdrossen vorgenommene Wiederaufbau war grundlegend bis 1616 abgeschlossen. Herausragend ist ein viel jüngeres Ausstattungsstück der Kirche: ihre Orgel. Der bekannte Orgelbauer Carl Eduard Schubert errichtete sie von 1872 bis 1879. Ihre 51 Register, verteilt auf drei Manuale und Pedal, waren in jüngerer Vergangenheit verstummt. Nachdem bereits 1992 mit der Sanierung des Kirchenraums begonnen wurde, war mittlerweile auch die Orgel in hohem Maße renovierungsbedürftig. So schwieg sie wegen tiefgreifender Restaurierung seit dem Reformationstag 2010. Nicht zuletzt die Aktivitäten des umtriebigen Fördervereins trugen maßgeblich dazu bei, dass seit 2013 ihr unverwechselbarer Klang den Kirchenraum wieder akustisch bereichert.

Mauersberg

Auf etwa halbem Weg zwischen Annaberg und Marienberg befindet sich ein kleines Dorf, das fast übersehen werden könnte. So reizvoll es landschaftlich liegt, so wenig lässt es auf den ersten Blick seine starke Beziehung insbesondere zur Musik erkennen. Dabei ist Mauersberg der Geburtsort zweier weltberühmter Kantoren des 20. Jahrhunderts. Hier erblickten Rudolf und Erhard Mauersberger das Licht der Welt und verbrachten in dem Dorf ihre Kinder- und Jugendzeit.

Beide waren Söhne des Kirchschullehrers Oswald Mauersberger, der neben seiner Lehrertätigkeit an der Dorfschule auch den regelmäßigen Organistendienst in der Dorfkirche zu versehen hatte. So nahmen Rudolf und Erhard gleichermaßen erzgebirgische Traditionen, Kirchenmusik, Kurrendesingen und Orgelspiel als selbstverständliche Lebenspraktiken auf. Das sollte berufsbestimmend sein, denn Rudolf Mauersberger (1889 – 1971) wurde u. a. Kantor an Bachs Taufkirche St. Georgen in Eisenach und war schließlich bis zu seinem Tod Kreuzkantor in Dresden. Ähnlich entschied sich Erhard Mauersberger (1903 – 1982). Er folgte zunächst den Spuren seines älteren Bruders, bis auch er Georgenkantor in Eisenach wurde, schließlich aber das Amt des Thomaskantors in Leipzig übernahm. Und so haben beide Brüder, die übrigens auch komponierten, die bedeutendsten sächsischen Knabenchöre – den Dresdner Kreuzchor und den Thomanerchor Leipzig – ein Jahrzehnt lang parallel geleitet.

Kirche Mauersberg

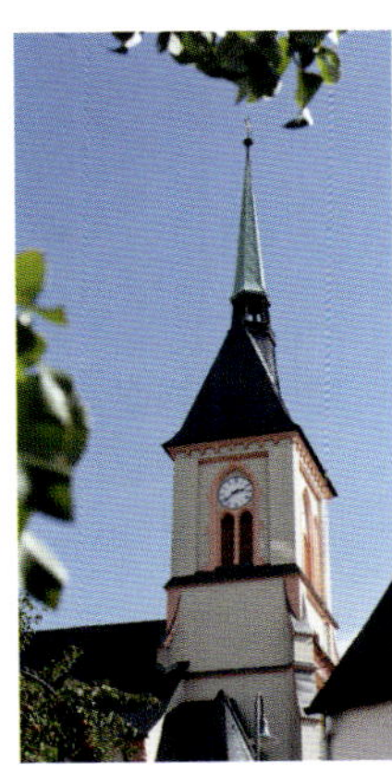

Insbesondere Rudolf Mauersberger verband zeitlebens viel mit seinem Heimatdorf. Häufig suchte er Mauersberg auf, um Erholung und Kreativität zu schöpfen. Viele seiner einmaligen Chorwerke entstanden hier.

Und er stiftete dem Ort eine kleine Kapelle. Dazu verwendete er übrigens das Geld des Nationalpreises, den man ihm im Bach-Jahr 1950 verliehen hatte. Die Kapelle wird häufig wegen des großen Bezugs zum Kreuzkantor Rudolf Mauersberger und damit dem Dresdner Kreuzchor schlicht Kreuzkapelle genannt. Sie entstand bis 1953 in Anlehnung an die im Geburtsjahr des Stifters abgerissene alte Dorfkirche des Ortes und wurde noch durch eine kleinere Gruftkapelle der Familie

Mauersberger ergänzt. In dieser ist Rudolf Mauersberger, zusammen mit seinen Eltern und seiner Schwester bestattet worden.

Beide Kapellen entwarf Fritz Steudtner, der auch die wiederaufgebaute Dresdner Kreuzkirche plante. Noch andere Dresdner Künstler waren an der Ausgestaltung der Kreuzkapelle beteiligt – so stammen die Glasfenster mit Themenbezug zur Auferstehung von Helmar Helas, und der Altarraum enthält als Kontrast dazu ein beeindruckendes Totentanzrelief von Otto Rost. Sogar die Disposition der Orgel stammt von einem Kirchenmusiker aus dem Dresdner Raum – Gerhard Paulik. Von barocker Klanglichkeit geprägt, enthält die Orgel einige Besonderheiten, die eine diesseitige, aufhellende Ausrichtung erkennen lassen. Dazu gehören vor allem eine Windharfe als Streichermixtur, daneben ein Zimbelstern über der Klaviaturmitte und im Oberwerk eine Celesta. Orgelbauer dieses Instruments war die Firma Eule aus Bautzen. Seit 1972 finden in der Kreuzkapelle regelmäßige musikalische Vespern während der Sommermonate statt.

Von den beiden Brüdern starb der ältere, Rudolf Mauersberger, zuerst. Bei der starken Verbundenheit des Dresdner Kreuzkantors mit seiner Heimat kam rasch das Bedürfnis auf, ihm eine Gedenkstätte einzurichten. Dieses heutige Mauersberger-Museum, 1973 eröffnet, wurde 1984 um Exponate zu Erhard Mauersberger erweitert und beherbergt einen Teil des Nachlasses beider Kantoren. Besonderer Blickfang ist etwa Rudolfs Mauersberg-Modell, eine 15 m^2 große, eigene detailgetreue Nachbildung seines Heimatdorfs, die er stets in seinen verschiedenen Dresdner Wohnungen aufstellte. Daneben kann man seine Hutzenstube bewundern, die er mit typischen Gegenständen erzgebirgischer Volkskunst gestaltete. Und schließlich bieten Informationstafeln und herausragende Dokumente einen lebendigen Einblick in die Lebensstationen beider Musiker.

Mauersberger-Museum

Der Ersatz für die vormalige Mauersberger Dorfkirche ist ein größeres Gotteshaus, das 1890 von Theodor Quentin im neugotischen Stil errichtet wurde. Seit 1989 besitzt auch sie eine Eule-Orgel, die über 22 Register auf zwei Manualen und Pedal verfügt.

Schneeberg

Mitten in einer der reichsten deutschen Silbergegenden entstand Schneeberg. Von der Zeit um 1470 an, als die Stadt gegründet wurde, blieb ihr der Reichtum lange erhalten. Und selbst als die Nachfrage um 1540 allmählich zurückging, war dies für die Bergleute weniger problematisch als angenommen. Es wurden einfach weitere etwa 140 Mineralien vor Ort gefördert, die beim Silberbergbau nebenbei entdeckt worden waren.

Taufbecken und Altar in der Wolfgangskirche Schneeberg

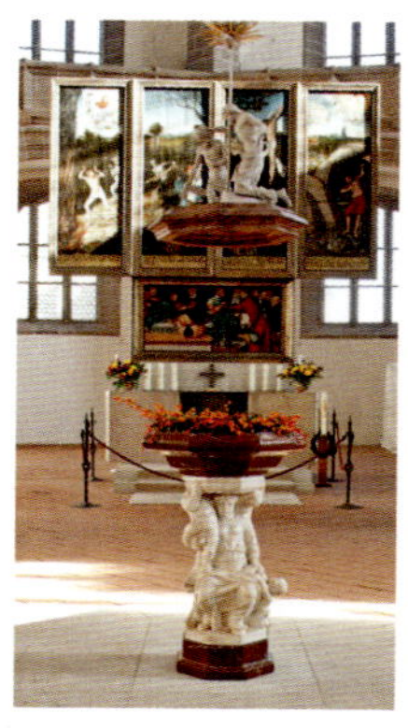

Den Reichtum Schneebergs sieht man noch heute vor allem seiner Wolfgangskirche an. Auch sie gehört zu den berühmten erzgebirgischen Hallenkirchen der Spätgotik und thront mächtig, prägend, unübersehbar über der Stadt. Wegen ihrer dominanten Erscheinung auf dem zur Erzgewinnung vorrangig benutzten Schneeberg wird sie gelegentlich als Bergmannsdom bezeichnet. Sie trat an die Stelle eines bescheideneren Gotteshauses, das erst einige Jahrzehnte alt war, als man es ersetzen wollte. Von diesem ersten Gebäude, zwischen 1474 und 1478 entstanden, hat sich nicht viel erhalten. Nur drei Westturmgeschosse und der untere Teil der Westfront zeugen noch von den ersten Anfängen der Kirche St. Wolfgang. Veranlasst hatte den trutzigen, respekteinflößenden Neubau der sächsische Kurfürst Friedrich der Weise. Vermutlich wollte er in Schneeberg einen größeren Konkurrenzbau zur Annenkirche in Annaberg errichten lassen – ein Vorhaben, mit dem er sich dann doch verschätzen sollte. Jedenfalls trieb er den Neubau in Schneeberg voran, sodass die Kirche zwischen 1515 und 1540 unter der Leitung gleich zweier Baumeister entstand. Am Beginn leitete Hans Meltwitz von Torgau die Arbeiten am Kirchenbau, bis ihm ab 1526 Fabian Lohwasser folgte. Währenddessen wurden 1536/37 die Emporen von Wolff Riediger eingezogen.

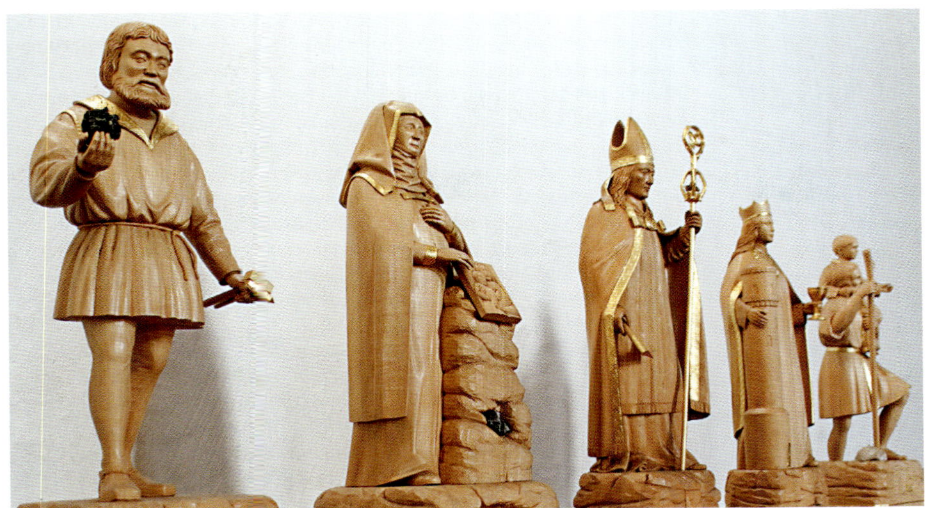

Schnitzfiguren in der Wolfgangskirche Schneeberg

Wolfgangskirche Schneeberg

Schließlich war eine beeindruckende Kirche entstanden, die ihre Faszination bis heute nicht eingebüßt hat. Ihre drei Schiffe und der Chor bilden – ähnlich wie in Annaberg – eine Einheit. Die gesamte Halle ist großräumig und lichtdurchflutet. Im Inneren fallen zwei Ausstattungsstücke besonders auf. Eine Rarität ist zunächst der Altar, einer der großen Reformationsaltäre Lucas Cranachs d. Ä., 1539 geschaffen. Das auf 12 Tafelbildern vorgestellte Programm, in dem das evangelische Glaubensbekenntnis symbolhaft dargestellt wird, ist vermutlich von Martin Luther beeinflusst, mit dem Cranach in Kontakt stand. In der Barockzeit wurde der Altar demontiert und seine Bildtafeln in der Kirche verteilt aufgehängt. Glücklicherweise gelang es noch rechtzeitig, elf der zwölf Bilder vor dem verheerenden Bombenangriff auf Schneeberg 1945 in der Hospitalkirche zu lagern, sodass sie nicht zerstört wurden. Und 1996 schließlich konnten sie, zusammen mit einem rekonstruierten Bild, wieder zu einem neuen zwölfteiligen Altar zusammengeführt werden, der seitdem eine außergewöhnliche Faszination ausstrahlt.

Ein weiteres besonderes Ausstattungsstück ist die Orgel der Wolfgangskirche. Ihr Vorgängerinstrument ging – wie einiges Inventar des Gotteshauses – durch Zerstörung im Zweiten Weltkrieg zu Grunde. Mittlerweile befindet sich auf der Westempore eine der jüngsten Orgeln Sachsens. Erst 1998 wurde sie von der Dresdner Orgelbaufirma Jehmlich errichtet. Die 55 Register auf drei Manualen und Pedal sind bewusst neuzeitlich und stilistisch flexibel ausgelegt. Diese Orgel ist ein beeindruckendes Dokument des ausgehenden 20. Jahrhunderts.

Dass Schneebergs Wolfgangskirche wieder in dieser Form vorhanden ist, war nicht unbedingt vorauszusehen. Ihre völlige Zerstörung im April 1945 ließ nicht erkennen, ob ein Wiederaufbau realisierbar sein würde. 50 Jahre später ist dies gelungen. Nur die geringe Zahl an Ausstattungsstücken aus früherer Zeit macht noch deutlich, wieviel doch verlorenging. Im 17. oder 18. Jahrhundert konnte die Kirche offenbar den Unruhen im Umfeld zäh widerstehen. Denn der sie umgebende Marktplatz war 1719 stark zerstört worden, einschließlich der dort vorhandenen Häuser. So wurde bis 1725 eine komplette Neubebauung geplant, die bis heute erhalten ist – ein im westlichen Erzgebirge beispielloses einheitliches Ensemble des Hochbarock, das inzwischen unter Denkmalschutz steht.

Teil des Marktes ist auch das Rathaus, das als Ersatz für den Vorgängerbau in einer neugotischen Variante 1851/52 entstand. Wenig später wurde es wieder umgebaut, sodass es uns heute in seiner Gestaltung von 1911/12 entgegentritt. An der Fassade sind das Stadtwappen und ein Sandsteinrelief bemerkenswert, im Inneren beeindrucken Kassettendecken im Flur und einigen Repräsentationsräumen.

Museum für bergmännische Volkskunst Schneeberg

Eine der größten und zugleich volkstümlichsten Dauerausstellungen Sachsens bietet Schneebergs Museum für bergmännische Volkskunst. 1934 gegründet, findet man es im Bortenreutherhaus an der Oberen Zobelgasse. Nach der Sanierung in den 1990er Jahren erstrahlt auch das Gebäude selbst wieder, das alleine schon einen Seltenheitswert hat. Es ist einer der schönsten Barockbauten der Stadt und wurde 1724/25 vom kurfürstlichen Baumeister Johann Christoph Naumann errichtet. Ungefähr zur gleichen Zeit war dieser übrigens mit dem ersten Bau des Jagdschlosses Hubertusburg befasst.

Schwarzenberg

Auch Schwarzenberg ist einen Besuch wert. Weit sichtbar grüßen von der dortigen Anhöhe malerisch Schloss und Stadtkirche. Ersteres geht eigentlich auf eine Festung zurück, die hier schon im 12. Jahrhundert als Schutz eines Handelsweges vermutlich durch Heinrich II. von Österreich angelegt wurde. Spätestens ab 1282 entwickelte sich im Schutze dieser Burg die Stadt Schwarzenberg. Das heutige Schloss ist erst unter August von Sachsen zu seinem jetzigen Erscheinungsbild gekommen, denn er ließ die Anlage zwischen 1555 und 1558 zum großzügigen Jagdschloss ausbauen. Die heutige Nutzung dieses repräsentativen Baus ist vielfältig. Gebäudebereiche werden teils als Stadtmuseum genutzt, andere als Kulturzentrum, Volkskunstschule des Erzgebirgskreises, städtische Volkshochschule und Musikschule. Und regelmäßig werden Konzerte unterschiedlicher Stilistik im großen Festsaal sowie im Gewölbekeller veranstaltet. Das Schloss besitzt auch ein Orgelpositiv mit fünf Registern vom Mitteldeutschen Orgelbau A. Voigt.

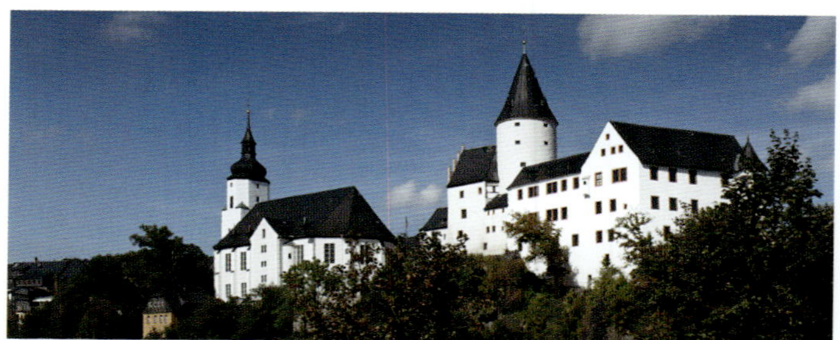

Blick auf St. Georgen und Schloss Schwarzenberg

Gleich nebenan befindet sich Schwarzenbergs Stadtkirche St. Georgen. Sie ist der großzügige Ersatz eines kleineren Vorgängerbaus, der sich am unteren Markt befand, für die Bevölkerung mit der Zeit zu klein wurde und außerdem abbrannte. Als Bauplatz für die neue Kirche wurde die Stelle des vormaligen Amtshauses gewählt, das 1629 ebenfalls durch Brand vernichtet worden war und seinerseits am Ort der früheren Vorburg stand. Die großzügige Stadtkirche wurde zwischen 1690 und 1699 von Johann Georg Roth errichtet. Ihre außergewöhnlich reich geschnitzte Holzdecke fällt genauso auf wie ihr prunkvoll gestalteter Chor und ihr in zwei Geschossen geschaffener Altar. Seit 1993 hat St. Georg eine neue Orgel. Die Firma Eule aus Bautzen fertigte ein aus 39 klingenden Stimmen bestehendes und mit zwei Manualen und Pedal versehenes Instrument.
Unterhalb von Burg und Stadtkirche befindet sich Schwarzenbergs Marktplatz, der noch zwei besondere Objekte aufzuweisen hat. Da wäre zunächst der Rats-

keller, das ursprüngliche Rathaus des Ortes, das die äußere Erscheinung des Marktplatzes merklich prägt. Im Laufe seiner Geschichte, in der Schwarzenberg häufige Zerstörungen erlebte, brannte das frühere Rathaus mehrfach ab und wurde stets mit zäher Gelassenheit wieder aufgebaut. Zuletzt geschah dies nach einem Brand von 1906. Heute wird das Haus als Ratskeller mit Hotel- und Gastronomiegewerbe genutzt. Nicht weit entfernt steht noch eine erwähnenswerte historische Brunnenanlage. In ihrer Nähe befindet sich eine klingende Besonderheit, ein Glockenspiel aus Meißner Porzellan. Schon 1964 wurde dieses zunächst im Schwarzenberger Rockelmannpark in einem speziellen Turm aufgehängt, blieb aber dort nicht unbeschadet. Nach umfangreicher Erneuerung 1993/94 und der Aufhängung an der Brunnenanlage ist es nun wieder vorbildlich erneuert. Seine 37 Glocken, die einen Tonumfang von drei Oktaven umfassen, erklingen – abgesehen von der jährlichen Winterpause – viermal täglich.

Grünhain

Nicht weit von Schwarzenberg liegt Grünhain, seit 2005 mit dem benachbarten Beierfeld vereinigt. Grünhain, so unscheinbar es wirkt, ist geschichtsträchtig, denn das hiesige Kloster, von dem heute nur noch wenige Gebäude zeugen, war der Mittelpunkt für die Erschließung des Westerzgebirges – lange bevor Silberfunde die Gründung vieler Bergstädte der Region auslösten und deren Reichtum hervorbrachten. Daneben bietet Grünhain gerade für Musikfreunde einige interessante Bezüge. Hier ist der Geburtsort des bedeutenden Komponisten und Leipziger Thomaskantors Johann Hermann Schein, der 1586 zur Welt kam. Auch ein bekannter Orgelbauer hatte in Grünhain seine Werkstatt: Christian Gottlob Steinmüller, Schüler und Neffe Johann Gottlob Trampelis, lieferte von hier aus zahlreiche Orgeln ins Westerzgebirge. Und im erwähnten Nachbarort Beierfeld wurde 1735 ein zu seiner Zeit hochgeschätzter Kirchenmusiker geboren: der spätere Dresdner Kreuzschüler und Hohensteiner Kantor Christian Gotthilf Tag.

artmontan-Kulturtage

Eine der jüngsten und ungewöhnlichsten Veranstaltungsreihen sei noch erwähnt, die eng mit der erzgebirgischen Landschaft, speziell der Bergbau- und Industriegeschichte in Verbindung steht. Seit 1998 finden jährlich die artmontan-Kulturtage statt. Sie sind mittlerweile zum festen Bestandteil des kulturellen Lebens im Erzgebirgskreis geworden. Das Besondere ist: Alle Konzerte dieser Reihe erklingen an ungewöhnlichen Orten – meistens in Untertage-Räumen oder in Produktionsstätten verschiedener Industriebetriebe. Die Verbindungen, die die ausübenden Künstler mit den außergewöhnlichen räumlichen Gegebenheiten eingehen, machen den Reiz dieser sehr beliebten Konzerte aus.

West- und Mittelerzgebirge

Information	Tourismusverband Erzgebirge e.V. Adam-Ries-Straße 16 09456 Annaberg-Buchholz Tel.: 03733 18800-0 Fax: 03733 18800-20 E-Mail: info@erzgebirge-tourismus.de
Sakrale Bauten	Annenkirche, Katharinenkirche, Bergkirche St. Marien (alle Annaberg-Buchholz), Marienkirche Marienberg, Dorfkirche, Kreuzkapelle (beide Mauersberg), Wolfgangskirche Schneeberg, Georgenkirche Schwarzenberg, Trinitatiskirche Wiesa, Niklaskirche Ehrenfriedersdorf, Johanniskirche Scheibenberg, Nicolaikirche Aue, Kirche Aue-Zelle, Kirche Bockau, Kirche Hartenstein, Bergkirche Seiffen, Kirche Hormersdorf
Museen	Erzgebirgsmuseum, Adam-Ries-Museum, Frohnauer Hammer (alle Annaberg-Buchholz), Museum für bergmännische Volkskunst Schneeberg, Mauersberger-Museum Mauersberg, Spielzeugmuseum Seiffen, Museum Schloss Schwarzenberg, Eisenbahnmuseum Schwarzenberg, Stadtmuseum Aue, Kalkwerk Lengefeld, Freilichtmuseum Seiffen, Museum Sächsisch-Böhmisches Erzgebirge Marienberg, Saigerhütte Olbernhau, Knochenstampfe Dorfchemnitz, Fichtelbergmuseum Oberwiesenthal

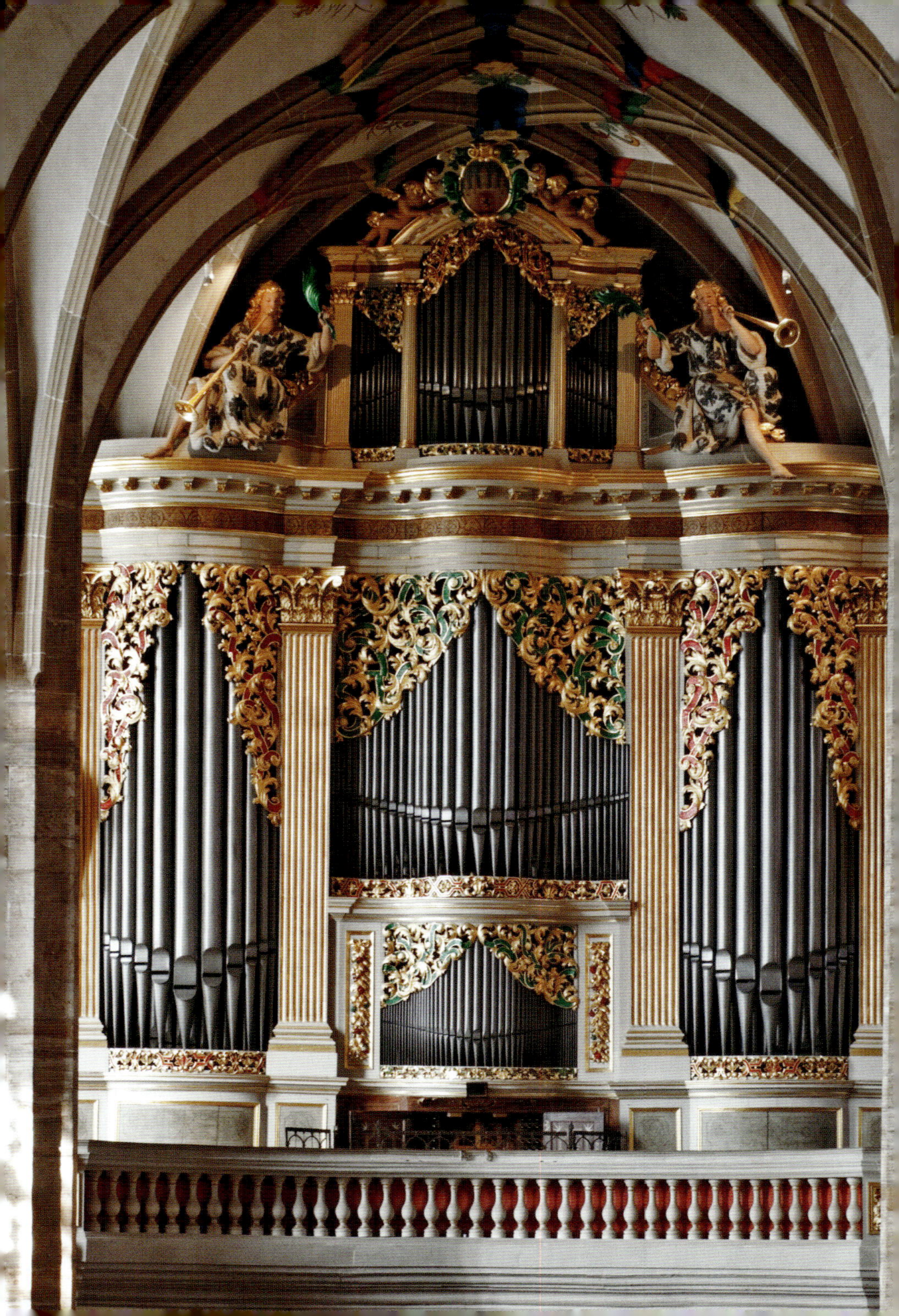

Die Große Silbermann-Orgel im Dom zu Freiberg

Disposition > Seite 209

Orgelbauer:
Gottfried Silbermann
Erbauungszeit:
1711 – 1714
Restaurierungen, Umbauten:
1738, 1920, 1933, 1939, 1953, 1962, 1978, 1981 – 1983, 1985, 2009/10

Wenn eine Orgel Glück hat, wird sie häufig kompetent gespielt, dabei regelmäßig technisch gepflegt und darüber hinaus – vor allem – in Ruhe gelassen. Alle Eingriffe mit dem Ziel zeitbedingter Aktualisierung stellen sich im Nachhinein oft als Anfang eines Verfallsprozesses heraus. Mit viel Geschick, zeitlich größtem Aufwand und (nicht zu vergessen) oft erheblichen finanziellen Mitteln ist dann vielleicht der Originalzustand wiederherstellbar, was für die zwischenzeitig modernisierten Orgeln oft die beste Maßnahme ist. Nach gelungener Restaurierung im Sinne ihrer ursprünglichen Gestalt erstrahlen sie in altem Glanz.
Solche Rückführungen waren glücklicherweise bei der Großen Silbermann-Orgel im Freiberger Dom nie notwendig. Ihre Substanz tastete man nie an, obwohl einige Male daran gedacht wurde, sie der neuen Zeit des Orgelbaus durch andere Register oder aktuellere Trakturen anzupassen. Das ist eine absolute Seltenheit. Und dieses Instrument ist zudem noch das zweitgrößte und zugleich älteste seines Erbauers, das sich erhalten hat. Gottfried Silbermann, ein damals noch unbekannter Orgelbauer, der gerade seine Lehre beim älteren Bruder in Straßburg abgeschlossen hatte, bekam 1710 den Auftrag, für den Freiberger Dom eine große Orgel zu errichten. Zur selben Zeit war er gerade mit dem Bau seiner ersten selbst erstellten Orgel beschäftigt, in der Stadtkirche seines Geburtsorts Frauenstein. Jedenfalls legte er im Juni 1710 einen Entwurf zu einer neuen Orgel für Freiberg vor, die 41 Register besitzen sollte. Dennoch gab es bis zum Vertragsabschluss im Oktober noch Änderungswünsche, vor allem vom späteren Domorganisten Elias Lindner: So wurde das ursprünglich vorgesehene Rückpositiv zum Oberwerk umfunktioniert, eine der vielen Besonderheiten des Instruments. Daneben entwarf schließlich Lindner den Orgelprospekt und begleitete interessiert die gesamte Bauphase der Orgel.
Es ist auf den ersten Blick erstaunlich, dass ausgerechnet der damals noch wenig profilierte Gottfried Silbermann einen solch großen Auftrag erhielt. Ausschlaggebend war in diesem Zusammenhang wohl mehreres: Zunächst waren Elias Lindner und Gottfried Silbermann vermutlich befreundet. Es scheint sogar, dass Lindner durch seine umfangreichen Kenntnisse den sechs Jahre jüngeren Silbermann künstlerisch prägte. Und dessen Verbindungen, insbesondere nach Leipzig, trugen sicherlich dazu bei, dass Silbermann den Auftrag zugesprochen bekam: Lindner erhielt vor seinem Kontakt nach Freiberg Unterricht „auf dem Clavir und in der Composition“ beim Leipziger Thomaskantor Johann Kuhnau. Dieser wiederum war 1710 bereits ein großer Befürworter Gottfried Silbermanns. Kuhnau äußerte über den jungen Orgelbauer, dass er „Seinesgleichen an fundamentalen und mathematisch-mechanischen Kenntnissen in der Orgelbaukunst noch niemals angetroffen“ habe. So geht es aus einem Brief hervor, den der Arzt Immanuel Lehmann am 29. September 1710, also ein paar Tage vor der Entscheidung, an den Freiberger Rat sandte. Lehmann bat darin ausdrücklich, man solle sich schnell entscheiden, denn Silbermann sei bereits für den Bau anderer Orgeln in Leipzig im Gespräch. Der Brief tat seine intendierte Wirkung: Der Rat sprach sich für Silbermann aus.

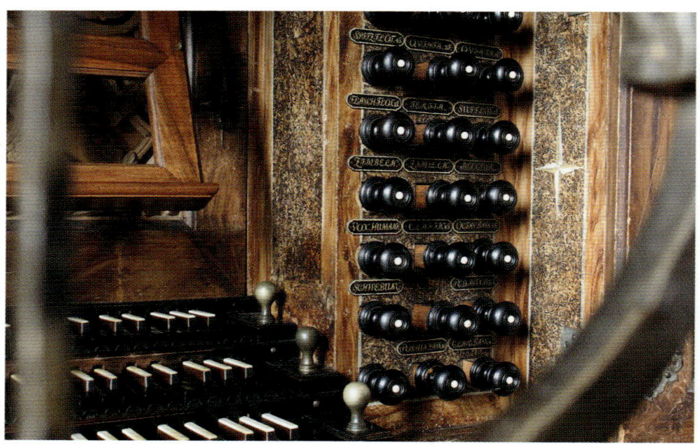

Detail der Spielanlage

Der Kontraktabschluss erfolgte am 8. Oktober 1710, und im folgenden Februar wurde mit dem Bau der Orgel begonnen. Insgesamt dauerte es dann drei Jahre, bis das Instrument fertig war. Diese Zeitspanne stellte wohl ein relativ geringes Problem dar, hatte man doch ohnehin schon sehr lange einen Orgelneubau in Freiberg ins Auge gefasst. Weit vor Gottfried Silbermanns Entwurf sollte das unbrauchbare Vorgängerinstrument, das sich auf dem Westwerk befand, ersetzt werden, und so bewarben sich schon 1704 die Dresdner Orgelbauer Christian und Johann Heinrich Gräbner um den Auftrag. Auch der Altenburger Hoforgelbauer Johann Jacob Donati brachte sich sechs Jahre später zum Orgelneubau ein. Wie die Entscheidung ausfiel, ist bekannt.

Silbermann plante eine Orgel, die für den Raum die idealen Proportionen aufweist, sowohl optisch als auch akustisch. Seine Vorstellungen der Klangausstrahlung der einzelnen Werke waren damals schon sehr differenziert: Dem mächtigen Hauptwerk steht ein liebliches Brustwerk gegenüber, das Oberwerk klingt vergleichsweise scharf, und die Pedalpfeifen geben das durchdringende, mächtige Fundament des Klanggebäudes. Einige Register lassen noch erkennen, wie stark Gottfried Silbermann von seiner Lehrzeit in Straßburg beeinflusst war: Solch französisch ausgerichtete Stimmen wie Cornet oder Clairon bzw. Clarin-Bass gab es in Sachsen bis dahin nicht.

Selbst nach der Fertigstellung feilte der Orgelbauer noch verhältnismäßig lange an seinem Instrument: Die abschließende Intonation, bei der jede Pfeife auf den Gesamtklang im Raum abgestimmt wird, dauerte allein vier Monate. Und selbst nach der erfolgreichen Abnahme am 10. August 1714 durch den Leipziger Thomaskantor Johann Kuhnau und den Altenburger Hoforganisten Gottfried Ernst Bestel intonierte Silbermann noch eine Woche lang, um die letzten Feinheiten zu optimieren. Zusätzlich restaurierte er eine kleine Orgel im nördlichen Chorraum, ein älteres, schon 1502 erwähntes Werk. Diese Reparatur ist wohl der einzige Fall, bei dem Silbermann ein nicht von ihm stammendes Instrument korrigierte. Als er die Arbeiten an seiner eigenen großen Orgel in Freiberg abgeschlossen hatte, blieb das Instrument substanziell unangetastet. Die einzige Registeränderung nahm Silbermann selbst vor, allerdings erst 24 Jahre später: Er machte zwei geringfügige Dispositionsmodifikationen im Oberwerk. Von da an folgten im Laufe der Zeit kleinere Veränderungen und verschiedene Restaurierungen, ohne allerdings in die Substanz der Orgel einzugreifen. Lediglich der Dresdner Orgel-

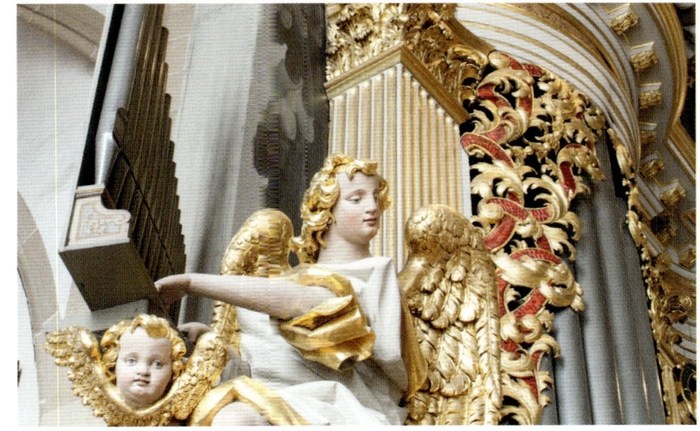

Musizierender Engel mit Portativ am Prospekt

bauer Johannes Jahn veränderte 1920 die Windanlage inklusive einer Nachintonation und einer Veränderung der Stimmungsart.
Die äußere Gestalt und vor allem der Klang der Orgel beeindruckten trotz einiger Gegenstimmen über die Jahrhunderte, sodass eine „Optimierung" des Instruments nicht geschah. Zusätzlich wurde es offenbar relativ gut behandelt. So war es nicht verwunderlich, dass von der Großen Freiberger Silbermann-Orgel auch wichtige Impulse zur Orgelbewegung der 1920er Jahre ausgingen. Reinigungen und weitere Nachintonationen wurden insbesondere in den 1970er und 1980er Jahren nötig, wobei wiederum Modifizierungen an der Stimmungsart erfolgten. Eine Generalüberholung der Orgel 2009/10 brachte eine Verbesserung der Statik im Raum, und vier bisher ungenutzte Keilbälge wurden aktiviert.
Silbermann selbst dachte wohl nicht daran, dass jemals eine zweite seiner Orgeln im Freiberger Dom stehen würde. Auch wenn die Große Domorgel nicht sein letztes für Freiberg erstelltes Instrument sein sollte, denn 1717 fertigte er für die Jakobikirche und 1735 für die Petrikirche jeweils eine Orgel. Und mittlerweile befindet sich am nördlich gelegenen Lettner des Doms eben ein zweites Instrument von seiner Hand. Die Kleine Silbermann-Orgel war ursprünglich für die Johanniskirche gedacht und dort 1718 aufgestellt worden. Im Laufe der Zeit verfiel sie, trotz zwischenzeitiger Restaurierungen, dermaßen, dass man ihrer Vernichtung zumindest ins Auge sehen musste; zudem war die Kirche vom Einsturz bedroht. 1938 übernahm glücklicherweise der Dom das Instrument, sodass diese vergleichsweise unscheinbar wirkende Orgel erhalten blieb. Die Firma Hermann Eule hängte bei der Umsetzung in den Dom die Traktur um. Inzwischen sind die Klangcharaktere der Register der Kleinen Silbermann-Orgel durch die Orgelbauwerkstatt Jehmlich aus Dresden wiederhergestellt worden; eine jüngste Generalüberholung fand 2013 statt. An die Stimmungsrückführung wagte man sich bisher nicht.
So besitzt der Freiberger Dom als einzige Kirche zwei Orgeln Gottfried Silbermanns. Ihre besondere Ausstrahlung besitzen beide Instrumente auf ihre ganz spezielle Weise. Und so wird die akustische Seite des Freiberger Doms bei Konzerten, Orgelpräsentationen, aber vor allem im Gottesdienst regelmäßig mit den faszinierenden Registerfarben des hier einst ansässigen großen Orgelbauers umfassend bereichert – zur Begeisterung der Zuhörer.

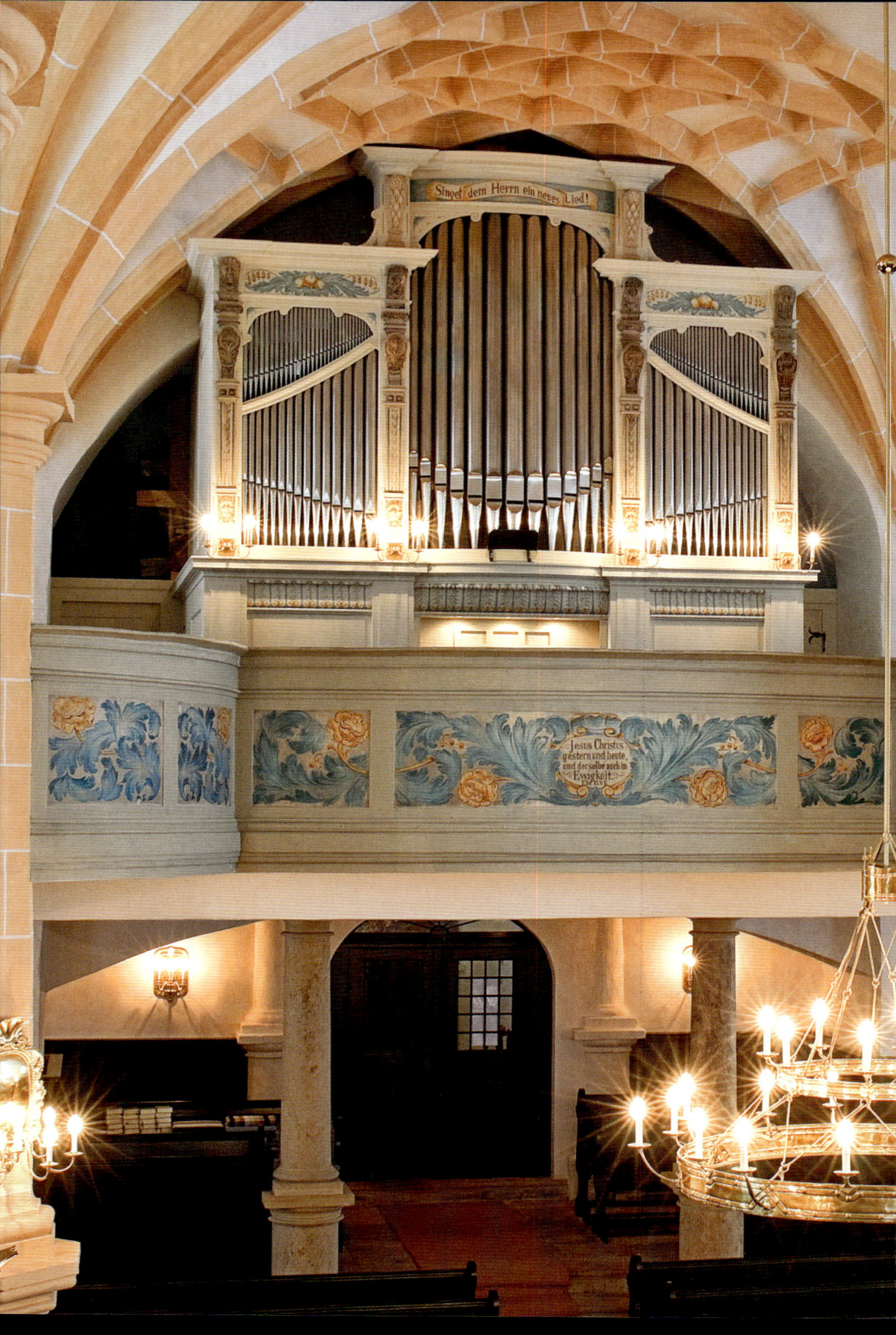
Singet dem Herrn ein neues Lied!
Jesus Christus gestern und heute, und derselbe auch in Ewigkeit.

Die Jehmlich-Orgel in der Stadtkirche Lauenstein

Disposition > Seite 210

Orgelbauer:
Jehmlich Orgelbau Dresden
Erbauungszeit:
2005

Ähnlich wie beim Menschen, gibt es auch bei Instrumenten Schicksale, die eher konstant, abenteuerlich oder auch tragisch verlaufen. Eine zeitweise tragische Lebensgeschichte ist von der Orgel der Lauensteiner Stadtkirche zu berichten. Sie war die älteste neu errichtete Orgel des Baumeisters Gotthelf Friedrich Jehmlich (1779 – 1827) und damit das früheste Zeugnis dieser bis heute tätigen Orgelbaufirma. Erbaut wurde das aus 19 Registern auf 2 Manualen und Pedal bestehende Instrument vermutlich zwischen 1817 und 1818. Wann Jehmlich mit ihrem Bau begonnen hat, kann keiner sagen: Den damaligen Vertrag gibt es nicht mehr. Zu diesem Zeitpunkt existierte die Orgelbauwerkstatt Jehmlich bereits einige Jahre. 1808 gründete Gotthelf Friedrich gemeinsam mit seinen Brüdern Johann Gotthold und Johann Gottlieb den Betrieb, zunächst im erzgebirgischen Ort Cämmerswalde. Der spätere Umzug nach Dresden, wo die Firma bis zum heutigen Tag besteht, erfolgte erst 1825.

Bevor nun Gotthelf Friedrich Jehmlich den Auftrag zum Neubau in Lauenstein erhielt, dauerte es lange, bis endlich eine Entscheidung getroffen war. Den Wunsch nach einer neuen Orgel hatte die Kirchengemeinde schon 1815, doch die Wahl der besten Disposition und des besten Kostenvoranschlages fiel schwer. Zum Neubau bewarben sich drei Orgelbauer: Neben Jehmlich legten auch Friedrich Traugott Kayser und Johann Andreas Uthe, seinerseits Königlicher Hoforgelbauer, ihre Angebote vor. Und schließlich entschied sich das Gremium, auch aufgrund der Empfehlung des Dresdner Hoforganisten Friedrich Kirsten, für Jehmlich, allerdings mit dem Vorschlag einer minimalen Registerergänzung. Das gelungene Instrument des noch jungen Gotthelf Friedrich Jehmlich erhielt dann im Januar 1819 seine Weihe. Kleine unerhebliche Reparaturen und Modernisierungen folgten in den nächsten Jahren.

Als dann die Kirche 1896 grundlegend saniert wurde, erhielt auch die Orgel einige Veränderungen. Die Disposition blieb dabei übrigens fast unangetastet. Jedenfalls sollte auf der Orgelempore mehr Platz für musikalische Darbietungen geschaffen werden. Das war nur durch Versetzen der Orgel direkt an die Westwand möglich. Diesem Vorhaben stand leider die gesamte Balganlage im Weg, die deswegen kurzerhand um 90° gedreht wurde. Das Aussehen der Orgel erschien inzwischen unmodern. Kurzerhand wurde deshalb der Prospekt in eine etwas aktualisierte Form gebracht, und vor allem erhielten die Prospektpfeifen durch die Firma Boguth und Seul aus Berlin eine Bemalung. Dies allein machte die Orgel schon in Sachsen einmalig: Flammenlinien waren auf dunklem Hintergrund so angeordnet, dass sie vom Labienbereich ausgingen und von dort aufwärts zeigten. Und die Pfeifenenden wurden mit einem Blütenornament versehen.

Bei aller sichtbaren Änderung blieb das Instrument klanglich fast vollständig erhalten und behielt seinen ursprünglichen Charakter. Es gab auch keine Variierung der Mechanik, der Spiel- und Registertraktur. Die Orgel erhielt zwischendurch lediglich verschiedene Reinigungen und behutsame Sanierungen. Die letzte dieser Art war im Jahre 2000.

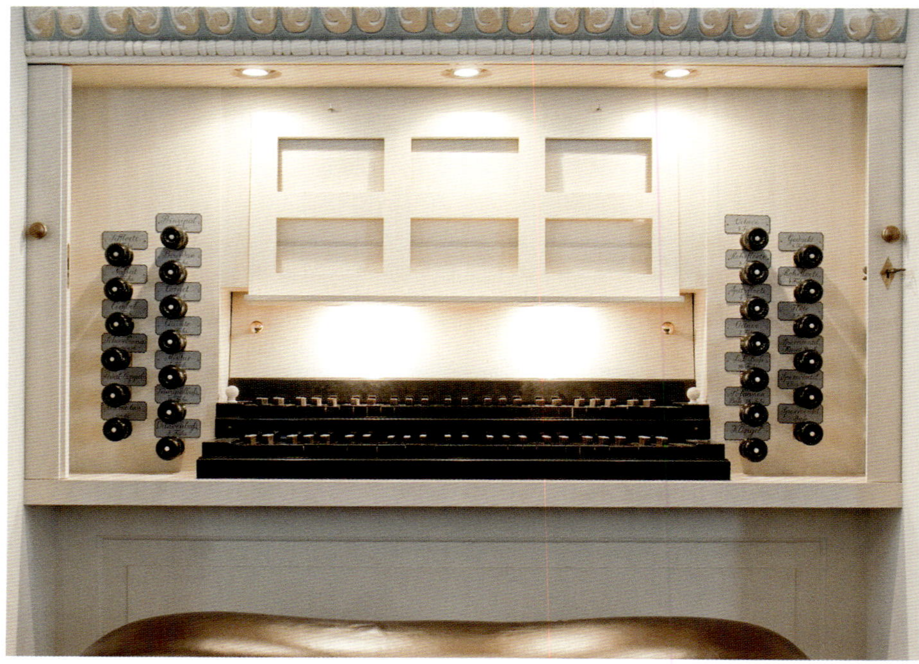

Spielanlage

Drei Jahre später ereignete sich die Katastrophe: Diese älteste und in ihrer Substanz beinahe unangetastet gebliebene Jehmlich-Orgel ging in Flammen auf. Ursache war vermutlich ein Kurzschluss in der elektrischen Anlage der Orgel, der möglicherweise durch Tierverbiss eines Kabels im Zwischenboden der Orgelempore ausgelöst wurde. Der folgende Brand in der Stadtkirche vernichtete das Instrument bis auf einige Bälge, Windladen und Pedalholzpfeifen. Auch andere Teile des Gotteshauses waren betroffen: Dicke Rußschichten lagerten sich auf den wertvollen filigranen Sandsteinwerken (Altar, Kanzel, Wandreliefs etc.) ab.

Lauenstein hatte schon einiges erdulden müssen. Vor allem das Hochwasser 2002 zog den Ort schwer in Mitleidenschaft. Und nun musste die Gemeinde schockiert feststellen, dass die eben erst aufwendig restaurierte Kirche stark beschädigt und die bis dahin prinzipiell gut erhaltene historische Orgel nur noch in Trümmern vorhanden war. Ganz spontan entstand innerhalb der Gemeindemitglieder großes Engagement, um die Stadtkirche zu restaurieren und gleichzeitig die Orgel wiederaufbauen zu können. Auch die Orgelbaufirma Jehmlich setzte sich energisch für die Restaurierung bzw. Erneuerung des Instruments ein, das ja aufgrund des Alters und der besonderen Qualität ein wahres Schlüsselwerk der Firmengeschichte war. Die Orgel sollte möglichst vollständig im Sinne ihrer Entstehungszeit rekonstruiert werden, wobei die noch brauchbaren Teile des alten Instruments einzubeziehen waren. Auf die Wiederherstellung der Bemalung aus den 1890er Jahren wurde verzichtet, da sie ohnehin eine nachträgliche Zutat war.

Am 6. November 2005 konnten restaurierte Stadtkirche und erneuerte Jehmlich-Orgel wieder geweiht werden. Auch wenn dieses Instrument kaum alte Bausubstanz hat, so ist doch der Klang und das Aussehen dieser vormals ältesten erhaltenen Jehmlich-Orgel durch qualitätvolle Rekonstruktion nun wiedergewonnen.

Installation aus beim Brand 2003 beschädigten Pfeifen auf der Empore

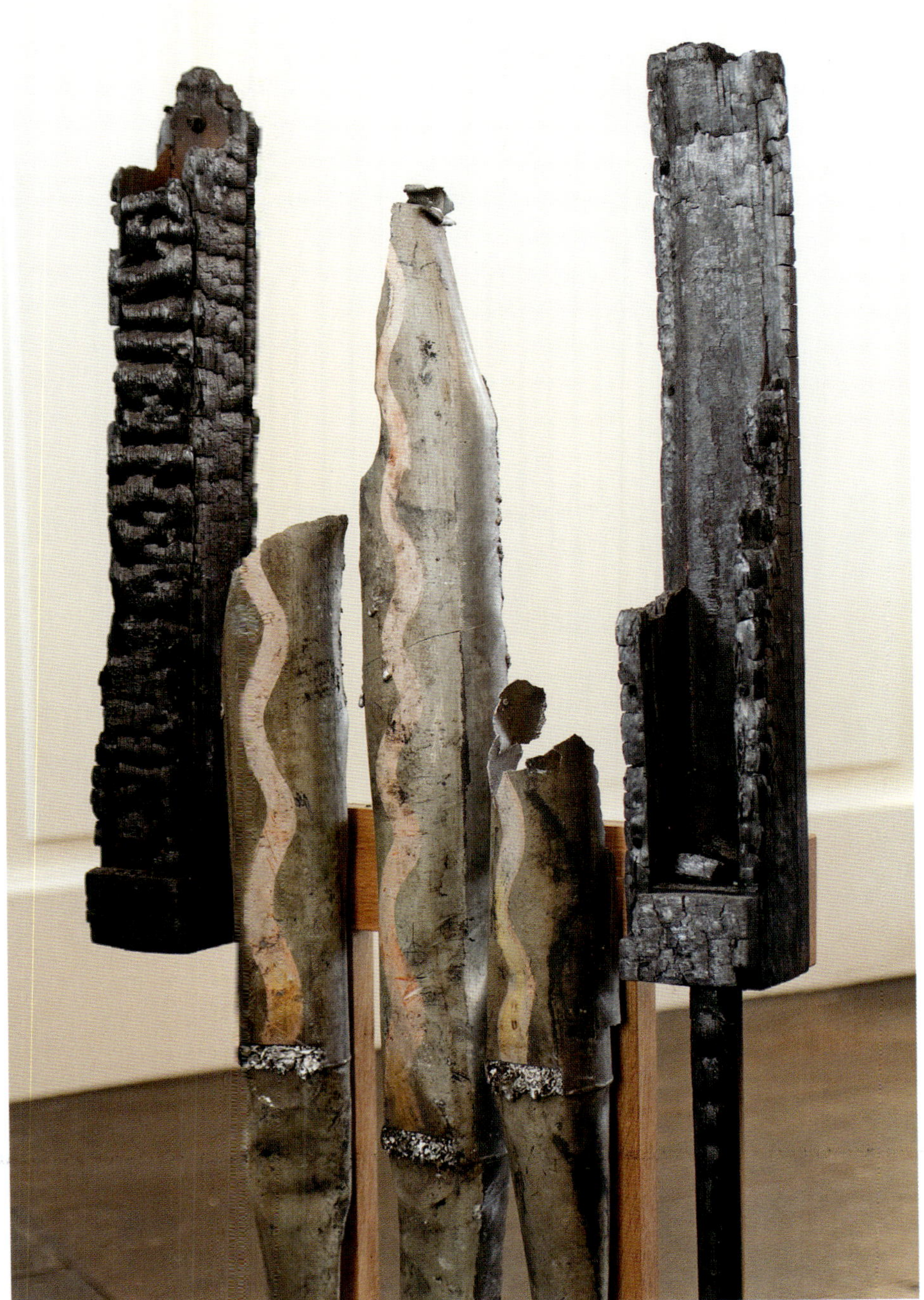

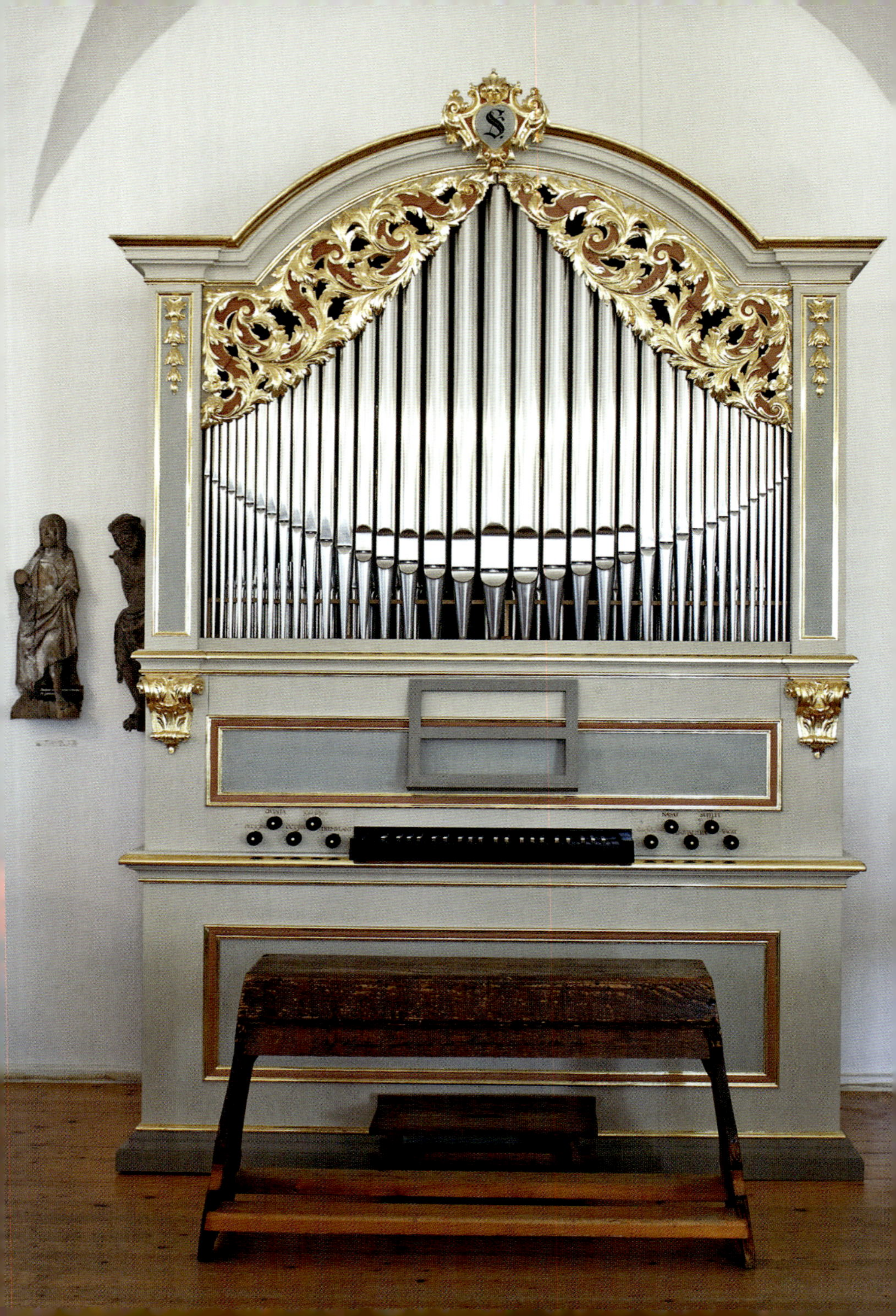

Das Gottfried-Silbermann-Museum in Frauenstein

Die Frauensteiner waren sich wohl immer ihrer Geschichte bewusst. Und besonders haben sie sich stets an die zwei berühmtesten Söhne des Ortes erinnert: die beiden großen Orgelbauer mit Namen Silbermann.
Sie wurden in Frauenstein geboren, genauer im benachbarten Ort Kleinbobritzsch. Andreas (1678 – 1734) war der Ältere von beiden, zog relativ früh ins elsässische Straßburg und baute dort seine eigene Orgelbauwerkstatt auf. Sein jüngerer Bruder Gottfried (1683 – 1753) ging als 19-jähriger bei ihm in die Lehre. Beide Silbermann-Brüder arbeiteten bald gemeinsam u. a. an vier Orgeln, die in Straßburg errichtet wurden. Leider ist kein einziges dieser frühen Werke erhalten geblieben. Gottfried muss sich in Straßburg schnell als orgelbaulich hochbegabt hervorgetan haben – immerhin leitete er allein die Werkstatt seines Bruders, als dieser zwischen 1704 und 1706 aus beruflichen Gründen in Paris weilte. Vier Jahre später kehrte Gottfried als Meister nach Sachsen zurück, und auf seinem Weg wird er in Leipzig vorbeigekommen sein. Die dann wohl gemachte Bekanntschaft mit Johann Kuhnau war ein wahrer Glücksfall: Kuhnau war von Silbermann und seinen Kenntnissen begeistert und setzte sich ab sofort energisch für ihn ein – der Beginn einer echten Erfolgsgeschichte. Da Silbermann nicht nur ein genialer Orgelbauer, sondern zudem auch ein wirtschaftlich begabter Mensch war, verstand er es, finanziell erfolgreich zu sein und sich außerdem eine unbestrittene Monopolstellung im sächsischen Gebiet zu schaffen. Das sollte noch zu manchen Zwistigkeiten mit eigenen Schülern, vor allem mit Zacharias Hildebrandt, führen. Jedenfalls prägte er wie kein zweiter die sächsische Orgellandschaft seiner Zeit. Da die meisten seiner Instrumente erhalten sind, gilt diese Prägung bis heute.
Auch die Frauensteiner Stadtkirche besaß zwei Werke Gottfried Silbermanns, die leider nicht mehr existieren. Beide Orgeln fielen jeweils unterschiedlichen

Disposition > Seite 210

Orgelbauer:
Kristian Wegscheider
(Kopie nach Gottfried Silbermann)
Erbauungszeit:
1994

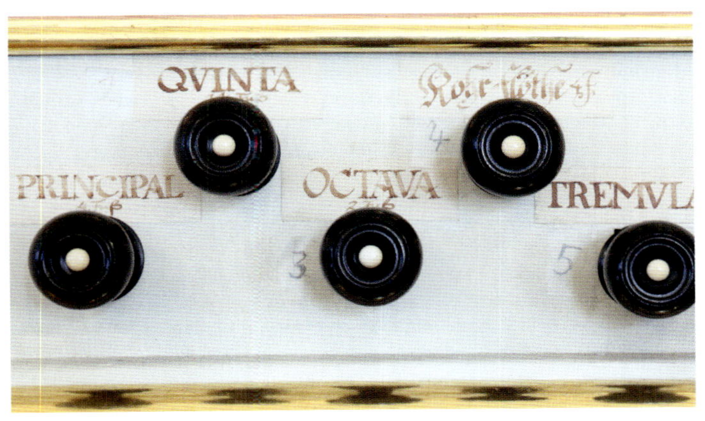

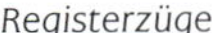
Registerzüge

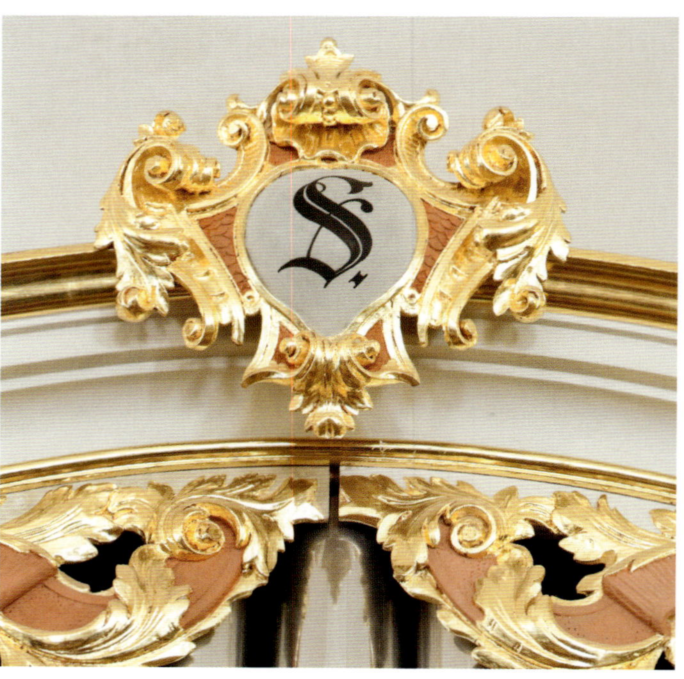

Prospektdetail

Stadtbränden zum Opfer. Dabei war die erste, 1711 errichtete, relativ kleine Orgel das Opus 1 Gottfried Silbermanns. Sie besaß nur ein Manual und bestand aus 15 Registern. 1728 wurde sie zerstört. Eine zweite Gelegenheit nahm der Orgelbauer zehn Jahre später wahr, um der Stadtkirche seines Heimatortes eine Orgel zu errichten. Sie war mit 20 Registern auf zwei Manualen und Pedal wesentlich prächtiger geraten als sein Erstlingswerk. Ihre Zerstörung erlebte er nicht mehr: Sie ging 1869 beim dritten Frauensteiner Stadtbrand ebenfalls in Flammen auf.
So besitzt Frauenstein in seiner Stadtkirche keine einzige Silbermann-Orgel mehr. Und vielleicht gerade deshalb schien es irgendwann an der Zeit, insbesondere Gottfried Silbermann als dem in Sachsen tätigen Orgelbauer in seiner Heimat ein Denkmal zu setzen. Die Anfänge hierzu waren sehr bescheiden: Der langjährige Silbermann-Forscher Werner Müller setzte sich energisch dafür ein, anlässlich des 300. Geburtstags Gottfried Silbermanns eine kleine Ausstellung der Öffentlichkeit übergeben zu können. Was im wohl schönsten Raum des Frauensteiner Schlosses im Erdgeschoss damals, 1983, präsentiert wurde, waren lediglich vier Bilder.
Heute befindet sich im selben Raum das erste und bisher einzige Museum, das einem Orgelbauer gewidmet ist. Die Ausstellung hat sich mittlerweile beträchtlich erweitern lassen: Sie informiert über die wichtigsten Lebensstationen und Orgelprojekte Silbermanns, präsentiert herausragende Originaldokumente und gibt Einblick in das Spezifische des Silbermannschen Orgelbaus. 2011 kam ein neuer Ausstellungsteil über Leben und Werk von Andreas Silbermann hinzu. Und die Einrichtung verfügt über einige Musikinstrumente.
Was wäre ein Orgelbauer-Museum ohne Orgeln! Daher war hier schon lange ein entsprechendes Instrument vorhanden. Den Anfang machte eine Orgel von

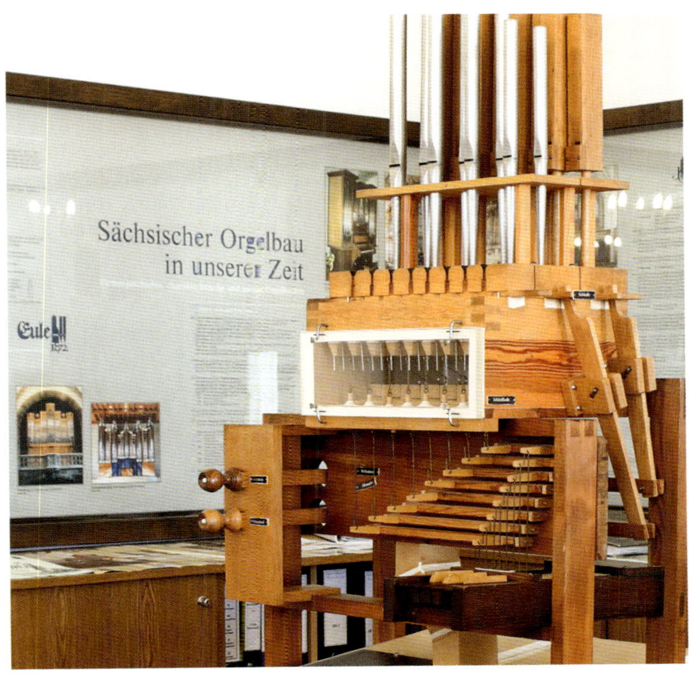

Modell zur Demonstration verschiedener Funktionsprinzipien einer Orgel.

Wilhelm Berger, die 1859 erbaut wurde, aber zu Silbermann und seinem Baustil keinen Bezug hat. Anders ist das bei einem weiteren Orgelinstrument, das hier 1994 eingeweiht werden konnte. Diese Orgel ist das absolute Glanzstück des Museums, eine von Kristian Wegscheider aus Dresden gefertigte, sehr überzeugende Silbermann-Kopie. Vorlage ist ein Positiv, das Gottfried Silbermann wohl 1736 (oder früher) für das mittelsächsische Etzdorf errichtete und das sich seit 1939 im Dom zu Bremen befindet. Nachdem Wegscheider zunächst das Original in seinen ursprünglichen Zustand zurückversetzt hatte, besonders was Stimmung und Stimmton betraf, baute er die Kopie für Frauenstein. Diese kleine Orgel beeindruckt sowohl in ihrer optischen als auch klanglichen Gestalt. Damit ist für den Besucher der Geist Gottfried Silbermanns also nicht nur durch die Betrachtung der Ausstellungsstücke nachvollziehbar – er ist inzwischen auch akustisch in sein Museum eingezogen. Und so werden, seit die kleine Silbermann-Orgel Bestandteil des Museums ist, häufiger als je zuvor Konzerte und weitere themenbezogene Veranstaltungen hier angeboten. Einen aktuellen Veranstaltungsplan und manch andere strukturelle Informationen kann man auf der Museumshomepage www.silbermann-museum.de erhalten.

Sehenswertes im Osterzgebirge

Freiberg

Freiberg ist in mehrfacher Hinsicht eine besondere Stadt. Am Rande des Erzgebirges gelegen, definiert sie sich bis heute über den Bergbau – auch wenn inzwischen hier kein Erz mehr gefördert wird. Dann kann Freiberg auf einen außergewöhnlich gut erhaltenen alten Stadtkern verweisen. Weniger von Kriegszerstörungen der jüngsten Vergangenheit, allenfalls von Stadtbränden vor einigen Jahrhunderten betroffen, hat sich ein Ensemble erhalten, das wegen seiner Einmaligkeit mittlerweile unter Denkmalschutz steht. Und dann ist Freiberg noch die Stadt des wohl bedeutendsten sächsischen Barockorgelbauers, Gottfried Silbermann, der hier seine Werkstatt betrieb und der Stadt auch einige seiner Instrumente hinterlassen hat.

Buchstäblich von Beginn an besteht eine Verbindung zwischen Freiberg und dem Erzbergbau. 1168 stieß Markgraf Otto von Meißen auf Silbervorkommen, die er unmittelbar durch den Bau einer Burg schützen ließ. Sie ist wohl der Ausgangspunkt für die spätere Stadtentwicklung Freibergs. Die Anlage wurde zwischen 1565 und 1577 zum heutigen Schloss Freudenstein umgebaut. Nach der Zerstörung der gesamten Ausstattung während des Siebenjährigen Krieges geriet das einstige Schloss wenige Zeit später zum Lagerungsgebäude. Erst in den 1970er Jahren fand ein Umdenken statt, den Komplex einer kulturellen Nutzung zuzuführen oder das Gebäude sogar zu rekonstruieren. Letzteres wurde 1990 Realität. Und heute wird die Anlage als Museums- und Archivbau genutzt. In der Dauerausstellung „terra mineralia“ werden aufsehenerregende Funde des Bergbaus gezeigt, und zusätzlich befindet sich hier das Bergarchiv Freiberg.

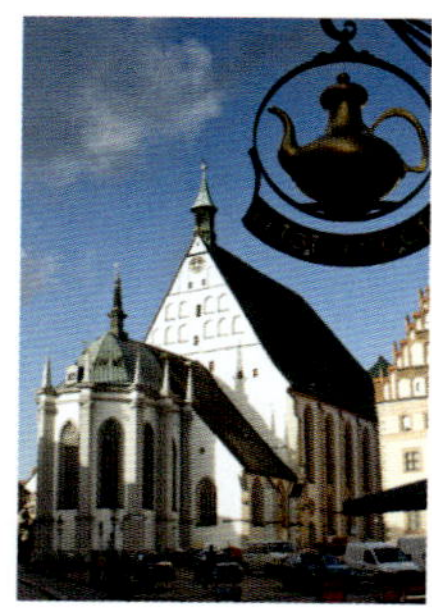

Blick auf die Chorseite des Freiberger Doms

In unmittelbarer Nähe liegt der Schlossplatz. Dieser ist gerade für Orgelfreunde eine ganz besondere Adresse. Hier existiert nämlich noch mit der Hausnummer 6 das Gebäude, in dem Gottfried Silbermann seine Werkstatt betrieb. Und nicht zufällig sind die früheren Räumlichkeiten des Orgelbauers auch der Sitz der 1990 gegründeten Gottfried-Silbermann-Gesellschaft. Durch zahlreiche Veranstaltungen – Konzerte, Vorträge und Exkursionen – informiert sie regelmäßig über den herausragenden Orgelbauer. Daneben ist sie auch forschend und publizierend aktiv. Zudem veranstaltet sie alle zwei Jahre im September die Silbermann-Tage und den Internationalen Gottfried-Silbermann-Orgelwettbewerb in Freiberg und der Region von Dresden bis ins Osterzgebirge. Langfristig ist der Aufbau eines Forschungs- und Dokumentationszentrums zu Gottfried Silbermann geplant.

Dom St. Marien

Freibergs Stadtkern kann mit etwa 400 historisch wertvollen Gebäuden aufwarten. Nicht weit vom Schlossplatz entfernt liegt der Untermarkt. Er befindet sich östlich der die Stadt durchziehenden Hauptstraßenachse und wird vor allem von zwei dominierenden Bauwerken bestimmt: dem Dom St. Marien und dem früheren Domherrenhof, in dem sich heute das Stadt- und Bergbaumuseum befindet. Weite Teile beider Gebäude stammen aus etwa derselben Zeit. Der Domherrenhof, zunächst eine nach der Reformation zum Rückzugsort der Domherren umfunktionierte Lateinschule, entstand 1515, und das großzügige, dreischiffige Langhaus des Doms wurde nach einem verheerenden Brand zwischen 1490 und 1512 errichtet. Von außen betrachtet, macht der Freiberger Dom einen vergleichsweise schlichten Eindruck. Innen präsentiert sich ein Prototyp der obersächsischen Hallenkirchen. Der Vorgängerbau stammt aus dem 13. Jahrhundert, und von ihm hat sich ein besonderes Kunstobjekt erhalten: Die Goldene Pforte ist das früheste Beispiel eines figurengeschmückten Portalrundbogens in Deutschland und entstand wohl zwischen 1230 und 1235. Zahlreiche Ausstattungsstücke wären noch zu nennen, wozu die große Zahl verschiedener Skulpturen genauso

gehört wie etwa die herausragende Tulpenkanzel, ein bis 1510 geschaffenes Werk des Bildhauers Hans Witten. Ende des 16. Jahrhunderts wurde der Hohe Chor zur Kurfürstlichen Begräbniskapelle der Wettiner umgestaltet, worauf die prächtige, von Giovanni Maria Nosseni entworfene Grabstätte verweist.
In mehrfacher Hinsicht verfügt der Dom auch über klingende Kostbarkeiten. Die beiden Silbermann-Orgeln stechen diesbezüglich besonders heraus. Das größere der beiden Instrumente, 1711 – 1714 entstanden, befindet sich auf der Westempore des Doms und ist die früheste erhaltene und gleichzeitig eine der größten Orgeln Silbermanns. Die kleine Silbermann-Orgel, am nördlichen Lettner aufgestellt, entstand ursprünglich 1718 für Freibergs Johanniskirche, wurde aber von dort 1938 in den Dom verbracht. Zuletzt ist noch das wahrhaft rare Glockenensemble des Doms zu nennen, ein (bis auf zwei Ergänzungen) geschlossen erhaltenes Geläute des bekannten ortsansässigen Gießers Oswald Hilliger vom Ende des 15. Jahrhunderts. Neben seiner historischen Bedeutung hat es aufgrund seiner besonderen Disposition (aus zwei Grund- und vier Cymbelglocken) einen absoluten Seltenheitswert in der sächsischen Glockenlandschaft.
In unmittelbarer Nachbarschaft des Doms steht Freibergs Stadt- und Bergbaumuseum. Seit 1903 befindet es sich im alten Domherrenhof. Doch angefangen hatten die ersten Entwicklungen dazu einige Jahrzehnte früher. Aus der 1861 gegründeten Sammelstätte des städtischen Altertumsvereins erwuchs bis heute der umfangreiche Ausstellungsbestand, den das Museum zu bieten hat. Die große Sammlung umfasst Objekte zur spätgotischen Plastik wie auch zum obersächsischen Kunsthandwerk, daneben Waffen, Grafiken und Fotografien. Letztere beziehen sich besonders auf den Bergbaualltag. Schließlich ergänzen regelmäßige Veranstaltungen und Führungen das Angebot. Eine Besonderheit des Museums ist eine nachempfundene Häuerbetstube, ein kleiner Feier- und Gebetsraum, wie er in so ziemlich jedem größeren Huthaus der regionalen Erzbergwerke als Ort des täglichen Gebets zu finden war. Teil dieser Häuerbetstube ist auch ein bemerkenswertes Orgelinstrument, ein Positiv, das bis 1886 auf der Grube Himmelsfürst bei Langenau in Gebrauch war. 1903 wurde es ans Museum abgegeben. Sein Gehäuse gestaltete der in Oberneuschönberg tätige Orgelbauer und Tischler Johann Gottlob Müller 1789 in zeittypischer Weise. Das Orgelwerk selbst ist – bis auf wenige Ergänzungen – aber viel älter. Seine stellenweise herbe Klanglichkeit, aber auch das Aussehen einiger Prospektpfeifen und die ursprüngliche Tastenanordnung deuten darauf hin, dass es im 17. Jahrhundert entstanden ist. Der spätere Umbau mit neuer Gehäusefassung hatte vermutlich den Grund, es vor der Aufstellung in der Grube Himmelsfürst zu restaurieren. Wo es sich zuvor befunden hat, ist allerdings nicht bekannt. Seine acht klingenden Stimmen sind geteilt konzipiert. Die Register werden also den beiden Manualteilen getrennt zugewiesen. Dadurch ergeben sich, gemessen an der relativ geringen Größe des Positivs, besonders farbenreiche Gestaltungsmöglichkeiten, die stellenweise sogar eine (nicht vorhandene) Zweimanualigkeit vermuten lassen. Das Werk wurde mehrfach restauriert und in gutem Zustand gehalten.

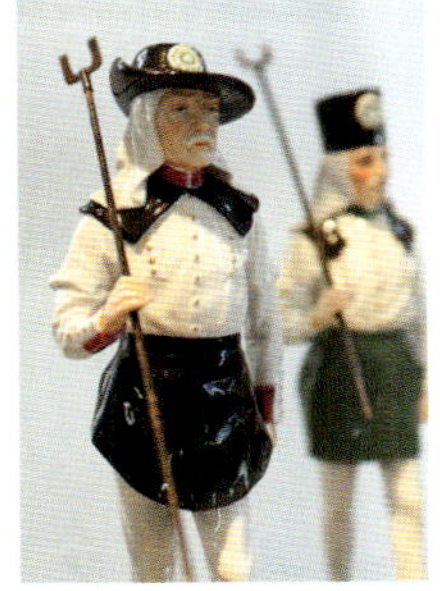

Modelle mit historischen Bergmannstrachten im Bergbaumuseum Freiberg

Stadt- und Bergbaumuseum Freiberg

Blick auf Freiberg

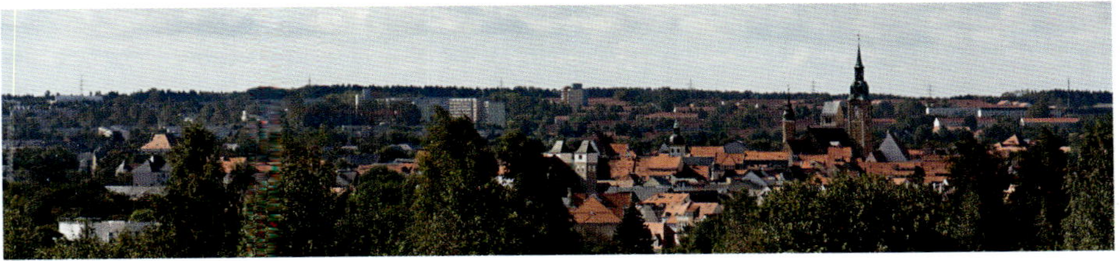

Teil der westlich gelegenen Oberstadt ist der Obermarkt mit seinem beherrschenden Rathaus. Der Vorgängerbau, ein Dinghaus von 1375, existiert längst nicht mehr und brannte vollständig ab, bevor vom neuen Gebäude 1420 zunächst der vorgestellte Turm errichtet wurde. Erst genau fünfzig Jahre später folgte dann in vierjähriger Arbeit die Errichtung des neuen Rathauses, das seitdem für lange Zeit das größte Rathaus der Markgrafschaft Meißen war. Neben seinen üppigen Innenmaßen war dafür auch das vergleichsweise groß geratene Dach verantwortlich, dessen Dimensionen wir heute nur noch erahnen können. Acht Meter seiner ursprünglichen Höhe wurden nämlich 1857 abgetragen und das Dachgeschoss bis 1920 ausgebaut. Bemerkenswert ist an dem Rathausbau besonders einer von ursprünglich zwei vorgesehenen Erkern, den 1578 Andreas Lorentz anfügte.

Stadtkirche St. Petri Freiberg

Westlich vom Obermarkt liegt die Stadtkirche St. Petri. Sie ist der höchste Punkt der Freiberger Innenstadt und hat eine weit längere Geschichte, als man es ihrem Bau auf den ersten Blick ansieht. Die Grundmauern von zweien ihrer drei Türme stammen noch aus romanischer Zeit. Doch weite Teile ihrer Fassade entstanden erst einige Jahrhunderte später, denn die Kirche brannte 1728 vollkommen aus. Ein Neubau und damit eine neue Ausstattung samt Orgel wurden benötigt. Und dafür gewann die Gemeinde vier Jahre später Gottfried Silbermann, wobei der Kirchenbau noch nicht fertiggestellt war. Fast zur gleichen Zeit erhielt der Orgelbauer auch einen anderen Auftrag, diesmal aus Dresden. Er sollte für die dort ebenfalls neu entstehende Frauenkirche ein Instrument anfertigen – ein Angebot, das Silbermann bekanntlich annahm. Und so arbeitete er spätestens seit Anfang 1734 stellenweise an zwei Orgeln gleichzeitig: dem Instrument für die Dresdner Frauenkirche und der Petriorgel in Freiberg. Dass er zu letzterer den Vertrag erst im darauffolgenden August unterzeichnen konnte, war für ihn offenbar von geringer Bedeutung. Beide Instrumente gediehen, und es stellte sich schließlich die Frage, welches zuerst fertig sein würde. Eigentlich war die Dresdner Frauenkirchenorgel am frühesten terminiert worden, doch bauliche Verzögerungen erzwangen vorerst einen Aufschub. Damit konnte Silbermann die Fertigstellung seines Freiberger Instruments vorziehen, sodass die Petriorgel am Reformationstag 1735 eingeweiht wurde. Sie ist mit ihren 32 Registern auf zwei Manualen und Pedal die erste derjenigen Großorgeln, die Silbermann in seiner Spätphase mehrmals bauen sollte, und weist auch in Proportion sowie Konzeption einige Parallelen etwa zur ebenfalls groß geratenen Frauenkirchenorgel auf. Da Orgeln stets auf den Innenraum hin geplant werden, für den sie gedacht sind, ist es heute nur bedingt möglich, Silbermanns Klangvorstellungen zu seiner Freiberger Petriorgel exakt nachzuvollziehen. Das Instrument konnte dank mehrerer Restaurierungen zuletzt bis 2007 auf seinen Originalzustand zurückgeführt werden. Doch wurde der Raum der Petrikirche inzwischen zweimal (zwischen 1893 und 1895 bzw. 1974) massiv umgestaltet, was sich eindeutig negativ auf die optische und akustische Wirkung der Orgel auswirkt. Dennoch bleibt sie ein hervorragendes Werk Gottfried Silbermanns.

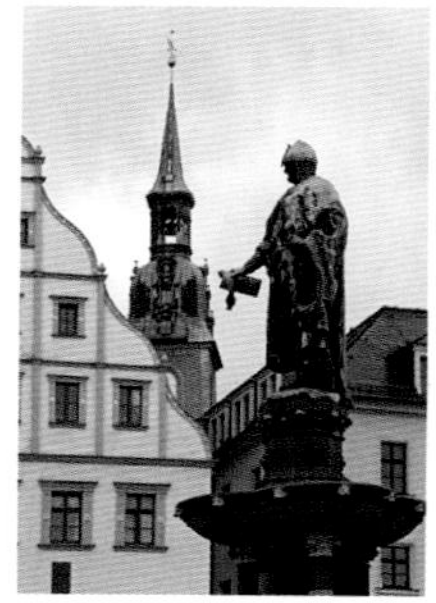

Standbild des Freiberger Stadtgründers Markgraf Otto von Meißen auf dem Obermarkt-Brunnen

Jakobikirche Freiberg

Ebenfalls in anderen räumlichen Verhältnissen als ursprünglich vorgesehen steht eine weitere Silbermann-Orgel Freibergs, die 1716/17 für die damals noch alte Jakobikirche entstanden war. Dieses älteste Gotteshaus der Stadt, im 12. Jahrhundert erstmals errichtet, befand sich am Platz der heutigen Dürerschule. Eine Erweiterung erfuhr es in der Mitte des 16. Jahrhunderts durch den Anbau eines Seitenschiffes und die von Andreas Lorentz umgesetzte Einwölbung. Seit der Reformation war sie kurfürstliche Lehenskirche, was dazu führte, dass jede Bau- oder Veränderungsmaßnahme – auch eine Orgelreparatur – einer entsprechenden Erlaubnis bedurfte. So geschah es auch, als sich 1714 Mängel an der vorherigen Orgel einstellten und sie von Gottfried Silbermann repariert werden sollte.

Dieser riet allerdings von Ausbesserungen ab und empfahl einen Neubau, wozu er zwei Entwürfe vorlegte. Die Verantwortlichen entschieden sich schließlich für die aufwendigere Variante, und etwas mehr als zwei Jahre, nachdem der Kurfürst von Dresden aus den Orgelneubau genehmigt hatte, wurde das fertiggestellte Instrument am 2. Februar 1718 geweiht. Das Werk hat 20 Register – damit zwei mehr als im Vertrag vorgesehen –, die auf zwei Manuale und Pedal verteilt sind. Als weiteren Mehraufwand Silbermanns verzeichnete man noch den Tremulanten. Sicherlich stünde diese Orgel noch an dem für sie vorgesehenen Platz, wenn nicht die sie umgebende Kirche mit der Zeit extrem baufällig geworden wäre. Da sich eine umfangreiche Renovierung kaum gelohnt hätte, wurde St. Jakobi ein paar Straßen weiter im neugotischen Stil zwischen 1890 und 1892 komplett neu errichtet. Das erste Gotteshaus gleichen Namens riss man ab. Viele Ausstattungsstücke aus der alten Kirche wurden in die neue übernommen, so auch die Silbermann-Orgel. Den Aus- und Einbau übernahm damals übrigens der bedeutende Orgelbauer Friedrich Ladegast, nicht ohne allerdings zahlreiche zeitübliche Eingriffe in ihre Substanz durchgeführt zu haben. Aber nicht nur er gestaltete das Werk im Laufe der Zeit merklich um. Erst seit 1953 ist zunächst durch die Firma Jehmlich bzw. den VEB Orgelbau Dresden, dann durch die Orgelbauwerkstatt Kristian Wegscheider eine schrittweise Hinwendung zum Originalzustand zu erkennen. Eine abschließende Gesamtrestaurierung steht noch aus.

Doch nicht nur Orgeln und Kirchenbauten hat Freiberg zu bieten. Auch auf andere kulturelle Besonderheiten kann die Stadt verweisen. In Freiberg befindet sich beispielsweise das älteste noch heute bespielte Stadttheater der Welt, schon 1790 gegründet. Von Interpreten und Publikum wird es nach wie vor geschätzt und regelmäßig als beliebter Ort für Theater- und Konzertaufführungen in Anspruch genommen, auch wenn es mit dem vormals ebenfalls selbstständigen Theater von Döbeln seit 1993 eine Fusion eingegangen ist. Beide Häuser gemeinsam firmieren nun als Mittelsächsisches Theater und Philharmonie Freiberg und Döbeln. Zum Selbstverständnis gehört nicht nur, an beiden Häusern gleichwertig aufzuführen, sondern mit den Ensembles auch Gastspiele in anderen mittelsächsischen Städten zu realisieren.

Besucherbergwerke in Freiberg

Als besonders erlebnisreiche Erinnerung an die vormalige Bedeutung des Bergbaus in Freiberg sind noch einige alte Zechen vorhanden. So etwa die Grube „Alte Elisabeth", die schon 1511 erstmals nachweisbar ist und sich gemeinsam mit dem Schacht „Reiche Zeche" bis heute in ihrer musealen Nutzung als Erlebnisbergwerk erhalten hat. Erz abgebaut wird hier schon seit 1969 nicht mehr. Der heutige Besucher kann sich über die technische Entwicklung im Freiberger Erzbergbau infor-

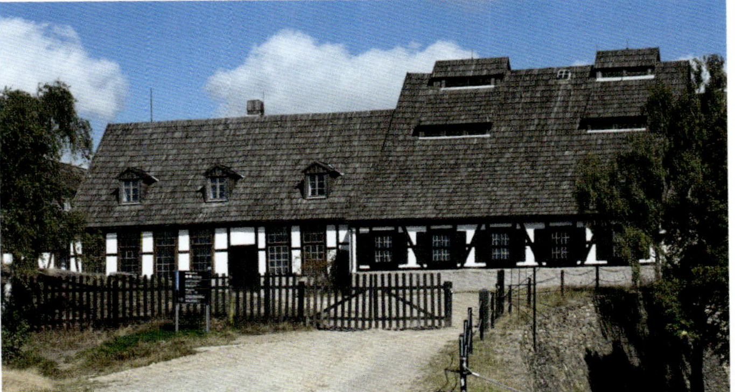

Scheidebank (links) und Treibehaus des Schachtes „Alte Elisabeth" bei Freiberg

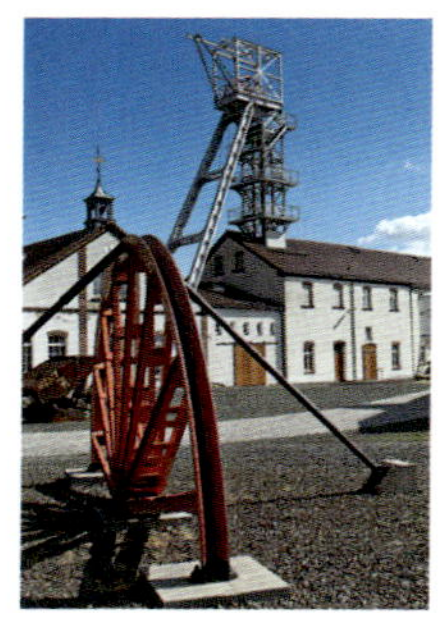

Historische Bergbautechnik am Schacht „Reiche Zeche" bei Freiberg

mieren und nicht zuletzt Mineralogie und Geologie vertiefen. 1856, als hier noch Erz gefördert wurde, entstand auch in der „Alten Elisabeth" ein Huthaus, das bis heute erhalten ist. In ihm befindet sich die einzige noch an ursprünglicher Stelle und in ihrer alten Form erhaltene Betstube des Freiberger Bergbaus. Und selbstverständlich gehört zum Inventar auch eine kleine Orgel. Das Gehäuse dieses einmanualigen Positivs mit vier Registern ist auffallend hoch und schrankförmig gestaltet, wobei es mit zwei Flügeltüren versehen ist. Seine genaue Entstehung und auch sein Orgelbauer sind nicht bekannt. Vermutlich dürfte es um 1790 errichtet worden sein und diente seit seiner späteren Aufstellung im Huthaus zur Begleitung des Choralgesangs der Bergleute. Das gesamte Pfeifenwerk der Orgel ist aus Holz gefertigt, was seinen angenehm weichen und abgerundeten Klang erklärt. Einige Inkonsequenzen des Orgelbaus fallen an diesem Instrument auf, wenn man genau hinsieht. Das dürfte darauf hindeuten, es beim Orgelbauer mit einem (für seine Verhältnisse sehr gut arbeitenden) Liebhaber zu tun zu haben, dessen Orgelpositiv in der Grube „Alte Elisabeth" gestalterisch und klanglich für sich einnimmt.

Großhartmannsdorf

Von mehreren Teichen umsäumt, liegt der kleine Ort Großhartmannsdorf relativ unscheinbar an einem Zufluss der Freiberger Mulde. Anziehend ist alleine schon die landschaftliche Schönheit des Dorfes. Darüber hinaus besitzt es eine kleine und zugleich trutzig wirkende Dorfkirche, die bis 1741 neu errichtet wurde. An selber Stelle stand schon im Mittelalter ein Gotteshaus, das allerdings etwas bescheidener ausgefallen war. Durch den Einsatz des neuen Kirchenpatrons Carl Adolph von Carlowitz wurde der Neubau realisiert. Und in ihm befindet sich eine besonders reizvolle Silbermann-Orgel. Sie wurde schon geplant, als der Kirchenbau noch nicht vollendet war. Ein Orgelbauvertrag ist nicht überliefert, doch bereits ab Januar 1738 sind Ausgaben für Bauholz zur Errichtung der Orgel nachweisbar. Am 3. Dezember 1741 wurde die Orgel mit ihren 21 Registern auf zwei Manualen und Pedal schließlich eingeweiht und begutachtet. Mehrere Veränderungen bzw. zwischenzeitige Vernachlässigung blieben auch ihr nicht erspart. Doch seit einer ersten Generalsanierung der Firma Eule (Bautzen) im Jahre 1952 kümmert sich diese Orgelbauwerkstatt regelmäßig bestens um den Erhalt des Instruments.

Frauenstein

Etwa 20 Kilometer von Freiberg entfernt, grüßt ein weiterer sehenswerter Ort: Frauenstein. Seine beiden ältesten Bauwerke sind schon von weitem erkennbar. Die Burg stammt noch aus der Zeit, als sich um sie herum Frauenstein als Ansiedlung von Bauern und Bergleuten etwa um 1200 bildete. Leider ist sie nur als Ruine

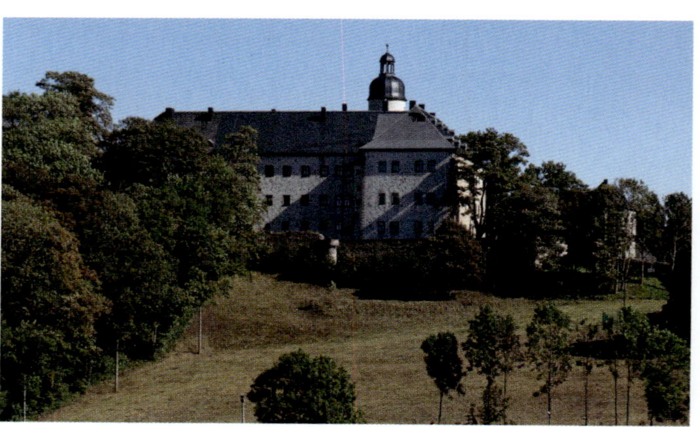

Schloss Frauenstein mit dem Gottfried-Silbermann-Museum

erhalten, was vor allem einem der drei Stadtbrände zuzurechnen ist, die Frauenstein im Laufe seiner Geschichte stark getroffen haben. Und außerdem war für ihre Bewohner, die Herren von Schönberg, die Burg spätestens 1588 eher nebensächlich geworden, als im Ort ein prächtiges Schloss entstanden war. Es wurde innerhalb von drei Jahren unter Heinrich von Schönberg nach den Plänen des kurfürstlichen Baumeisters Hans Irmisch errichtet. Der Besuch dieses Schlosses ist für Orgelfreunde ein absolutes Muss. Es bietet in einer umfangreichen Ausstellung neben Exponaten zur Stadtgeschichte auch das erste und bisher einzige Museum, das einem Orgelbauer, nämlich Gottfried Silbermann, gewidmet ist. Er war Frauenstein sehr verbunden. Im nahen Kleinbobritzsch wurde er 1683 geboren – das Geburtshaus steht heute noch –, und er verbrachte in Frauenstein seine ersten Lebensjahre. Außerdem errichtete er zwei Orgeln für die Stadtkirche seiner Heimatstadt. Die im Frauensteiner Silbermann-Museum zu betrachtenden Objekte, aber auch der Klang einer im originalgetreuen Nachbau vorhandenen kleinen Silbermann-Orgel sind Grund genug für einen Besuch.

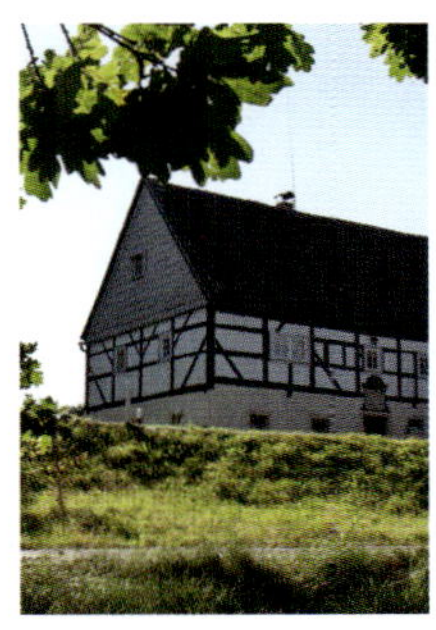

Geburtshaus von Gottfried Silbermann in Kleinbobritzsch

Abgesehen von Burg und Schloss hat sich in Frauenstein kaum historische Bausubstanz erhalten. Bei drei verheerenden Stadtbränden seit 1534 verwundert das nicht. Die letzte Feuersbrunst vernichtete auch erneut die Stadtkirche. Sonst hätte sich in ihren Mauern vielleicht bis heute wenigstens eine Orgel Gottfried Silbermanns erhalten. Nachdem dieser nämlich von der Ausbildungszeit bei seinem im elsässischen Straßburg tätigen Bruder nach Sachsen zurückgekehrt war, baute er im Jahre 1711 seine erste selbstständig erstellte Orgel für die Stadtkirche seiner Heimatstadt Frauenstein. Zwar hatte er schon im Jahr zuvor den Auftrag erhalten, die große Domorgel in Freiberg zu bauen, doch deren Fertigstellung dauerte noch bis 1714. Mit der Vernichtung der Frauensteiner Stadtkirche durch den Brand von 1728 ging auch ihre Silbermann-Orgel unter. Zehn Jahre später errichtete der Orgelbauer erneut ein nun größeres Werk für die Stadtkirche, das aber durch die Feuersbrunst im Jahre 1869 vernichtet wurde. Die Stadtkirche brannte völlig aus und musste komplett wiederaufgebaut werden. Schließlich war ein prächtiger Neubau in Gestalt einer Saalkirche mit mächtigem Westturm entstanden. Als letztes Ausstattungsstück erhielt die Kirche 1873 ein ebenso prachtvolles, gleichzeitig sensibles und im romantischen Geiste entstandenes Orgelwerk, das der in Borna tätige Richard Kreutzbach erstellte. Seit dem Ende des 19. Jahrhunderts musste das Instrument einige Veränderungen über sich ergehen lassen, die aber glücklicherweise nie substanziell waren. Die gelungene Kirchensanierung konnte 1998 abgeschlossen werden, und in einer umfangreichen Renovierung nahm sich 2007/08 die Firma Hermann Eule (Bautzen) der Kreutzbach-Orgel mit bestem Erfolg an.

Lauenstein

Mit einem bedeutenden Baumeister verbindet sich der Ort Lauenstein, auch wenn dieser weltbekannte Architekt kein Gebäude dort errichtete. George Bähr, der u.a. die Dresdner Frauenkirche baute, kam 1670 als Vierjähriger mit seinen Eltern vom Geburtsort Fürstenwalde nach Lauenstein und blieb dort vermutlich bis zum Jahr 1689. Wenn der Ort also kein Bauwerk George Bährs aufweisen kann, hat er dennoch andere Besonderheiten zu bieten. Er verfügt z. B. über ein prächtiges Renaissanceschloss, das den bis zum 17. Jahrhundert umgebauten Vorderbereich einer größeren Burganlage darstellt. Diese auf einem Felsen über der Müglitz liegende Burg ist schon 1243 erstmals erwähnt worden, und in ihrem Schutz entstand allmählich die Stadt Lauenstein. Nachdem die Burg 1517 in den Besitz der Familie von Bünau übergegangen war, veranlasste diese auch die Umgestaltung zum Renaissanceschloss. Bemerkenswert ist neben der Burgkapelle und dem Wappensaal mit seiner prächtigen Stuckdecke auch das Natur- und Volkskundliche Museum, das zum Schlossbesuch einlädt.

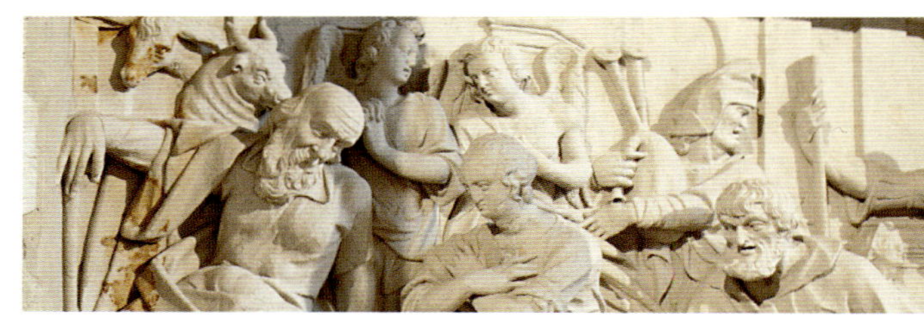

Detail des Sandsteinaltars in der Stadtkirche Lauenstein

Lauenstein hat im Laufe seiner Geschichte viele Katastrophen erlebt. Kriegszerstörungen, Feuersbrünste und Hochwasser setzten dem Ort regelmäßig zu. Das letzte diesbezügliche Unglück ist gar nicht so lange her: 2002 wurde auch Lauenstein vom Hochwasser schwer getroffen. Die Spuren der Katastrophe konnten durch größtes Engagement inzwischen beseitigt werden. Die Stadtkirche präsentiert sich als prächtige spätgotische Hallenkirche, deren Langhaus 1594 nach dem großen Stadtbrand erneuert werden musste. Sehenswert sind vor allem Altar, Kanzel und Taufstein, die sämtlich vom Bildhauer Michael Schwenke um 1600 geschaffen wurden. Daneben lohnt sich ein Besuch in der nordöstlich gelegenen Kapelle, der Begräbniskapelle der schon genannten Familie von Bünau. Sie wurde wohl auch um 1600 angefügt, denn aus gleicher Zeit stammen wohl das herausragende Familienepitaph und die prächtige Stuckdecke. Die Orgel der Kirche ist eine Kopie des 1819 vom Stammvater der Jehmlich-Orgelbauerdynastie errichteten, 2003 durch einen Brand vernichteten Instrumentes.

Langhennersdorf

Langhennersdorf liegt etwa 8 Kilometer nordwestlich von Freiberg. Die besondere Rarität des Ortes ist seine Nikolaikirche. Schon von außen zeigt sich ein recht ungewöhnliches Gotteshaus, das aus zwei sehr unterschiedlichen Bauten zusammengesetzt scheint. Genau genommen hängt die Kirche sogar mit drei verschiedenen Bauwerken zusammen. Ältester Bestandteil ist der markante Kirch- und Wehrturm – noch aus romanischer Zeit. Das zugehörige Gotteshaus wurde wohl abgebrochen, aber in seiner Nähe im 14. Jahrhundert die kleine Wendelinkapelle errichtet. Sie bot allerdings scheinbar zu wenig Platz für die Gemeinde. Deshalb wurde an den Wehrturm um 1530 eine Hauptkirche gesetzt, und schließlich fügte man Anfang des 18. Jahrhunderts diese Hauptkirche und die Wendelinkapelle zu einer Einheit zusammen. Im Inneren stößt der Besucher auf einige Kostbarkeiten, etwa einen Taufstein von 1560 oder den Säulenaltar von 1722. Und er findet eine besondere Orgel vor. Sie ist ein wahres Meisterstück und Endpunkt eines längeren Umgestaltungsprozesses. Wohl im Zuge der Einbeziehung beider genannten Kirchenteile zu einem Gotteshaus wurden die Orte der Liturgie einer Erneuerung unterzogen. Dazu gehörten Altar, Kanzel, Empore und auch die Orgel. Auf der Suche nach einem geeigneten Orgelbauer wandte sich die Gemeinde an Gottfried Silbermann. Dieser lehnte zugunsten seines damaligen Schülers Zacharias Hildebrandt ab, um ihm so die Erstellung seines Meisterstücks zu ermöglichen. Hildebrandt bekam den Auftrag und baute ein prächtiges Werk mit 21 Registern auf zwei Manualen und Pedal. Am 14. Juni 1722 wurden Kirche und Orgel eingeweiht und letztere auch geprüft. Hildebrandts Lehrmeister Silbermann äußerte sich mit höchster Anerkennung. Und genau drei Monate später heiratete Hildebrandt unter den Klängen seiner Orgel in Langhennersdorf Maria Elisabetha Dachselt aus Freiberg. Leider haben an dieser Orgel inzwischen mehrere, teils einschneidende Veränderungen stattgefunden. Am tiefgreifendsten waren diejenigen der Firma Johannes Jahn aus Dresden, die 1910 Traktur, Disposition und Windversorgung änderten. Doch dank denkmalgerechter Rekonstruktion in den Jahren 1989 bis

1996 durch Kristian Wegscheider aus Dresden kommt uns mittlerweile Hildebrandts Klangvorstellung in Langhennersdorf unverfälscht vor Ohren.
Nicht nur für einen Theater- oder Konzertbesuch lohnt sich schließlich der Weg ins etwa 40 Kilometer entfernte Döbeln. Sein Stadtzentrum fasziniert, schon allein durch die zahlreichen Bürgerhäuser, die sich hier erhalten haben. Das große, stadtbildprägende Rathaus, in dem sich übrigens ein interessantes Stadtmuseum befindet, stammt erst von 1912. Von den Gebäuden mit sehr alter Substanz ist fast einzig die Stadtkirche St. Nicolai geblieben. Ab 1479 wurde sie unter Verwendung des Vorgängerbaus von 1333 errichtet. Herausragender Kunstschatz ist einer der prächtigsten sächsischen Hochaltäre, den ein anonymer Meister 1516/17 geschaffen hat. In den Mauern des Gotteshauses hat sich eine sehr wechselvolle Geschichte seiner Orgelinstrumente abgespielt. Schon 1494 entstand wohl ein erstes Werk, und in der Folge haben fünf weitere Orgelbauer, darunter so bedeutende wie Hermann Raphael Rottenstein-Pock, Johann Lange aus Kamenz sowie Urban Kreutzbach aus Borna Instrumente für die Nicolaikirche geschaffen. Die klanglich überzeugende und auch technisch hervorragende Orgel Kreutzbachs von 1845 wäre vielleicht heute noch erhalten, wenn nicht die Kirche 1885 einen Generalumbau durchgemacht hätte. Dazu wurde die Orgel ausgelagert, allerdings höchst unsachgemäß. Längere Aufbewahrung in einem provisorischen Bretterschuppen übersteht keine Orgel unbeschadet! Daher halfen auch alle anschließenden Reparaturen nichts mehr. Die Kreutzbach-Orgel war unbrauchbar geworden, sodass schon vor 1910 über einen Neubau nachgedacht wurde. Das Vorhaben konnte aber erst weit nach dem Ende des Ersten Weltkrieges durch den damaligen Organisten Paul Störzner aufgegriffen und umgesetzt werden, und schließlich wurde die Firma Hermann Eule aus Bautzen beauftragt, ein neues Instrument mit 59 Registern auf drei Manualen und Pedal zu errichten, das am 1. Weihnachtstag 1929 geweiht wurde. Regelmäßig erhielt die Orgel behutsame Ausbesserungen und Pflege durch die Erbauerfirma, zuletzt bei einer Generalüberholung im Sommer 2001. Damit ist das Instrument in bestem Zustand und repräsentiert so eine Klanglichkeit, die stark von spätromantischer Ästhetik bestimmt ist.

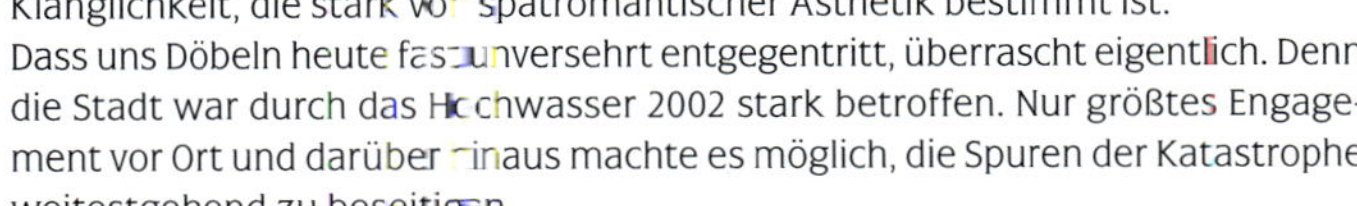

Dass uns Döbeln heute fast unversehrt entgegentritt, überrascht eigentlich. Denn die Stadt war durch das Hochwasser 2002 stark betroffen. Nur größtes Engagement vor Ort und darüber hinaus machte es möglich, die Spuren der Katastrophe weitestgehend zu beseitigen.

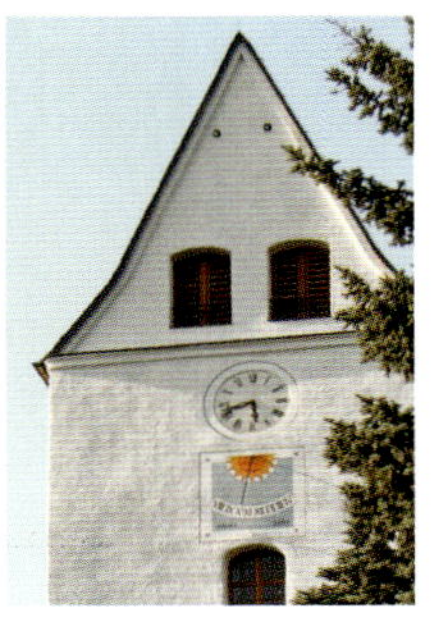

Turm der Nikolaikirche Langhennersdorf

Döbeln

Information	Tourist-Information der Stadtmarketing Freiberg GmbH Burgstraße 1 09599 Freiberg Tel.: 03731 273664 Fax: 03731 273665 E-Mail: tourist-info@freiberg.de	Tourismusverband Erzgebirge e.V. Adam-Ries-Straße 16 09456 Annaberg-Buchholz Tel.: 03733 18800-0 Fax: 03733 18800-20 E-Mail: info@erzgebirge-tourismus.de
Sakrale Bauten	Dom St. Marien, Petrikirche, Jakobikirche (alle Freiberg), Frauenkirche Frauenstein, Kirche Großhartmannsdorf, Nikolaikirche Langhennersdorf, Stadtkirche Lauenstein, Kirche Cämmerswalde, Kirche Brand-Erbisdorf, Nicolaikirche Döbeln, Annenkirche Niederschöna, Nicolauskirche Oberbobritzsch, Kirche Nassau, Kirche Helbigsdorf, Kirche Schellerhau	
Museen	Stadt- und Bergbaumuseum, terra mineralia der TU Bergakademie, Geowissenschaftliche Sammlungen der TU Bergakademie, Schaubergwerk „Schacht Alte Elisabeth", Schaubergwerk „Reiche Zeche" (alle Freiberg), Gottfried-Silbermann-Museum Frauenstein, Osterzgebirgsmuseum Schloss Lauenstein, Bergbaumuseum Altenberg, Deutsches Uhrenmuseum Glashütte, Stadt- und Lohgerbermuseum Dippoldiswalde, Sparschweinsammlung Berthelsdorf, Stadtmuseum Döbeln	

Osterzgebirge

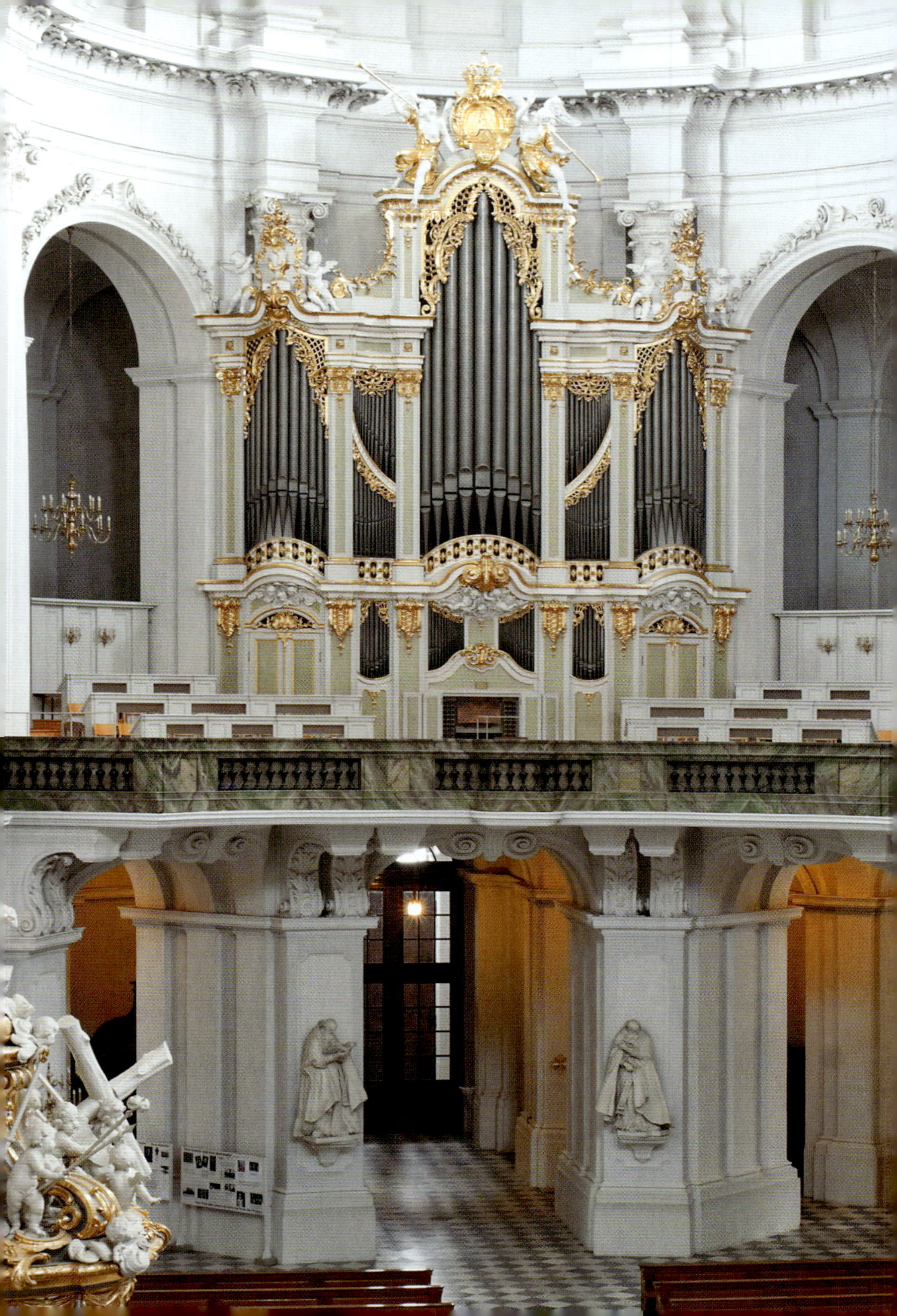

Die Silbermann-Orgel in der Kathedrale (Katholische Hofkirche) zu Dresden

Disposition > Seite 211

Orgelbauer:
Gottfried Silbermann
Erbauungszeit:
1750 – 1755
Restaurierungen, Umbauten:
um 1850, vor 1878
1883, 1937, 1963 – 1971, 2001/02

Es ist schon ein seltsamer Gegensatz: die prächtige Dresdner Hofkirche, flächenmäßig die größte Kirche Sachsens, und ihr fast unmerklicher Beginn. Als ihr Grundstein gelegt wurde, sollte dies möglichst keiner mitbekommen. Daher war der Termin zur Grundsteinlegung am 28. Juli 1739 sehr früh, morgens um 5 Uhr, gewählt. Und sogar Oberlandbaumeister Johann Christoph Knöffel wurde nicht ins Bild gesetzt, welches Bauwerk hier – an einer besonders hervorgehobenen Stelle der Stadt – entstehen sollte. Bauherr Friedrich August II. wollte unter keinen Umständen Unmut in der Bevölkerung hervorrufen, denn die Errichtung einer katholischen Hofkirche im protestantischen Dresden war nicht vermittelbar.
Seit seiner Hochzeit in Wien im Jahre 1719 mit einer Katholikin verheiratet, zudem noch König des katholischen Polen, war er längst zum entsprechenden Glauben konvertiert. Auch sein Vater, bekannt als August der Starke, trat im Juni 1697 aus primär strategischen Gründen zum katholischen Glauben über, um einige Monate später König von Polen werden zu können. Vom Bau einer katholischen Kirche in Dresden sah er noch ab und ließ die regelmäßigen Gottesdienste ab 1709 in einer Kapelle abhalten, die im alten Opernhaus am Taschenberg eingerichtet wurde.
Erst sein Sohn, Friedrich August II., entschloss sich zur Errichtung einer katholischen Hofkirche. Auch wenn ihr Baubeginn sehr bescheiden und still verlief, waren die künstlerischen Ansprüche und erwünschten Dimensionen, ganz abgesehen vom finanziellen Aufwand, keineswegs zurückhaltend. Und so berief der sächsische Kurfürst die größten vornehmlich italienischen Künstler nach Dresden, um den Bau der Hofkirche zu realisieren. Der Architekt Gaetano Chiaveri, aus Warschau herübergekommen, war nur eine der herausragenden Persönlichkeiten. Und die Orgel sollte selbstverständlich auch ein Meister seines Fachs, ein großer Orgelbauer errichten.
Mit Gottfried Silbermann befand sich ein solch künstlerisch herausragender Orgelbauer vor Ort, der auch in der katholischen Kapelle am Taschenberg im Jahre 1720 schon ein kleines Orgelpositiv errichtet hatte. Und daher war wohl bereits ein knappes Jahr nach der Grundsteinlegung zur Hofkirche die Frage an Silbermann gegangen, ob er sich Gedanken zu einem Instrument für diesen neu entstehenden, großen Kirchenraum machen könnte. Silbermann hatte konkrete Vorstellungen bis hin zur Registerzahl, der genauen Pfeifenanordnung und nicht zuletzt der Kosten erwogen, die er wohl kurze Zeit später in Dresden präsentiert haben wird. Er dürfte allerdings kaum länger als bei diesem Projekt auf einen höfischen Befehl zum Baubeginn gewartet haben.
Offenbar war mittlerweile die Frage nach dem geeigneten Instrument weniger wichtig geworden, zumal der Hofkirchenbau zwischenzeitig ins Stocken geriet. Dann war es endlich soweit: Anfang April 1747 – also knapp sieben Jahre nach der ersten Anfrage – richtete Premierminister Graf Heinrich von Brühl an Silbermann den Befehl, die Orgel in der Hofkirche zu bauen. Allerdings dauerte es wiederum einige Jahre, bis ein konkreter Dispositionsentwurf mit Berücksichtigung der realen Baumaße in der Hofkirche vorlag. Zwei Fakten erschwerten den Fortgang der Vorbereitungen: Zunächst erkrankte Silbermann 1749 so schwer, dass

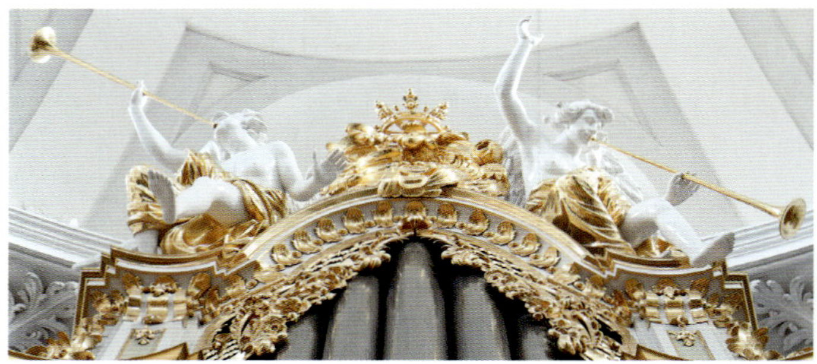

Prospektdetail

sich sogar ein Orgelauftrag in Kaditz darüber zerschlug. Und dann musste er in der Dresdner Hofkirche Proportionen berücksichtigen, mit denen er nicht gerechnet hatte. Vor allem die Säulen am vorgesehenen Aufstellungsort der Orgel engten den zur Verfügung stehenden Platz erheblich ein, weswegen Silbermann umdisponieren musste. Die beabsichtigten drei Manuale mit Pedal standen nicht in Frage, doch die ursprünglich vorgesehenen 66 Register reduzierte er schließlich auf 47. Zusätzlich konzipierte er die Seitenteile der Orgel so, dass sie die Säulen verdecken und dadurch das gesamte Instrument größer erscheinen lassen.
Während der Kontrakt schließlich am 27. bzw. 29. Juli 1750 zustande kam, war sich Silbermann wohl bewusst, dass er möglicherweise aufgrund seines schlechten Gesundheitszustands nicht mehr lange leben würde. Jedenfalls erstellte er etwa zwei Wochen später – in der Anfangsphase des Orgelbaus – einen Vertrag mit seinem früheren Schüler Zacharias Hildebrandt, dass dieser nach seinem Tod die Bauleitung an der Hofkirchenorgel übernehmen sollte. Silbermann starb ziemlich genau drei Jahre später, am 4. August 1753. Die Hofkirchenorgel wurde erst Anfang 1755 fertiggestellt.
Wie die Arbeiten an der Orgel in Dresdens Hofkirche bis zum Abschluss verliefen, ist nicht genau zu ermitteln, wenn man von den umfangreichen Namenslisten absieht, die sämtliche beteiligten Personen übermitteln. Zacharias Hildebrandt und sein Sohn Johann Gottfried gehörten lange dazu, bis erstaunlicherweise beide im Juni 1754 qua Vertrag einen Orgelneubau in der Neustädter Dreikönigskirche in Dresden ausführten. Das lässt vermuten, dass sie, wie andere Mitarbeiter auch, schlicht nicht mehr benötigt wurden und nun die Intonation durch eine Einzelperson begann. Dies dürfte nach der bestehenden Werkstatthierarchie der meisterfahrene Orgelbauer und damit Johann Georg Schön gewesen sein.
Am 2. Februar 1755 wurde die Silbermann-Orgel in der katholischen Dresdner Hofkirche eingeweiht. Und sie blieb durch kurfürstliche Anordnung in ständiger Aufsicht und Pflege. Engmaschige Überholungen und Ausbesserungen sind bis ins 19. Jahrhundert regelmäßig nachweisbar. So dürfte die Orgel im Sinne ihres Erbauers geklungen haben und voll funktionsfähig gewesen sein, als sich auf ihrer Orgelbank ein genialer Musiker niederließ. Wolfgang Amadeus Mozart improvisierte am 15. April 1789 auf diesem besonderen Instrument. Er hatte sich ein paar Tage in Dresden aufgehalten und war nun in der Hofkirche zu einem Orgelwettstreit mit dem Erfurter Organisten Johann Wilhelm Häßler angetreten. Dieser Enkelschüler Johann Sebastian Bachs hatte sicherlich ein großes instrumentales Können vorzuweisen. Doch wie zu vermuten, entschied Mozart den Wettstreit für sich.
Etwa ab den 1870er Jahren tat man sich mit dem Stimmton und der Stimmung der Orgel schwer. Vermutlich war ein Grund das Zusammenspiel des Instruments mit Musikern der Dresdner Hofkapelle. Die ersten Veränderungen vollzog die

Firma Jehmlich vor 1878 und brachte die Orgel wohl in gleichstufige Temperatur, wodurch sich der Stimmton leicht erhöhte. Und deswegen fertigte Carl Eduard Jehmlich auch eine Stimmgabel für die Musiker der Hofkapelle an, damit es zu keinen Intonationsproblemen kam. 1883 wurde der Stimmton nochmals erhöht. Und so ging es wahrscheinlich sukzessive über einige Jahrzehnte weiter, da zahlreiche zusätzliche Veränderungen an Intonation und Kanalsystem erst später festgestellt wurden. 1937 sollte die Orgel schließlich auf die zeitübliche Normalstimmung (a' = ca. 440 Hz) gebracht werden, was auch mit vielen umständlichen und pfeifenverunstaltenden Maßnahmen gelang. Daneben wurden ins Pedal ursprünglich nicht vorgesehene Zusatztöne eingesetzt und Koppeln verändert. Ungeachtet dieser Umbaumaßnahmen waren aber viele Originalteile der Silbermann-Orgel erhalten und die Substanz des Instruments somit nicht gefährdet. Dass dies auch so bleiben sollte, war nicht nur Musikern und Organisten wichtig. Die spätere Zerstörung Dresdens vielleicht vorausahnend, setzte sich Hofkirchenpropst Wilhelm Beier schon Anfang 1944 dafür ein, den Großteil des Silbermann-Orgelwerks sicherheitshalber auszulagern, damit es bei einem Bombenangriff nicht vernichtet würde. Und so wurde zwischen Juni und November des Jahres der wesentliche Bestand der Orgel ins rund 50 Kilometer entfernte Kloster St. Marienstern verbracht und blieb dadurch unversehrt. In der Hofkirche wurden nur die Balganlage, das Gehäuse, einige weitere Teile und das Register Unda maris belassen. Der etwa drei Monate nach der letzten Auslagerung einsetzende Bombenangriff auf Dresden zerstörte mit der Hofkirche auch sämtliche in ihr befindliche Ausstattung – so auch die verbliebenen Orgelteile.
Lange dauerte dann der Wiederaufbau des Gotteshauses – 20 Jahre. Und noch kurz vor der Fertigstellung, 1963, bekam die Firma Jehmlich den Auftrag zur Bestandsaufnahme und Restaurierung der Orgel. Unmittelbar bildete sich eine zwölfköpfige Expertenkommission. Einigkeit herrschte sofort darüber, die Silbermann-Orgel wiederzuerstellen und die glücklicherweise geretteten Teile in dieser zu verwenden. Kontroverse Diskussionen entstanden aber über das grundsätzliche Konzept der Restaurierung: Sollte die Orgel konsequent in ihren ursprünglichen Zustand nach der Vorstellung Gottfried Silbermanns zurückgeführt werden oder nicht? Die Meinung der beteiligten Musiker setzte sich schließlich durch, und die bereits vorher durchgeführten Veränderungen gegenüber dem Silbermannschen Original sollten weitgehend übernommen werden. Nur die Pedalerweiterung von 1937 wurde rückgängig gemacht. Die Rekonstruktion des Gehäuses nahm man auf der Basis von historischen Fotos und deren fotogrammetrischer Analyse vor. Am 30. Mai 1971 fand die Wiedereinweihung der Orgel statt. Zufriedenstellend war aber ihr Klang nie. Die Einbußen waren, zumal in dem akustisch schwer zu bewältigenden Raum der Hofkirche, unüberhörbar. Vor allem fehlte die klangliche Klarheit. Überlegungen wurden daher häufig angestellt, der Silbermann-Orgel doch ihren ursprünglichen Klang wiederzugeben.
Im Zuge der Innensanierung des Gotteshauses entschloss man sich endlich zu einer konsequenten Rekonstruktion des Instruments und wählte dazu die ortsansässige Orgelbaufirma Wegscheider aus, die 2001 mit der Arbeit begann. So wurde jede Pfeife konservierend und rekonstruierend überarbeitet und im Sinne des vermutlich ursprünglichen Klangs intoniert. Dazu erhielt die Orgel eine neue Balganlage, und schließlich wurde der originale Stimmton wiederhergestellt. Damit war nach über 100 Jahren der ständigen Veränderungen die Klanggestalt wiedergewonnen, wie sie sich Gottfried Silbermann vorstellte und wie sie seine Mitarbeiter posthum realisierten. Und diesen Klang konnten die anwesenden Hörer bei der Wiedereinweihung der rekonstruierten Silbermann-Orgel am 3. November 2002 erstmals erleben.

Spielanlage und Brustwerk

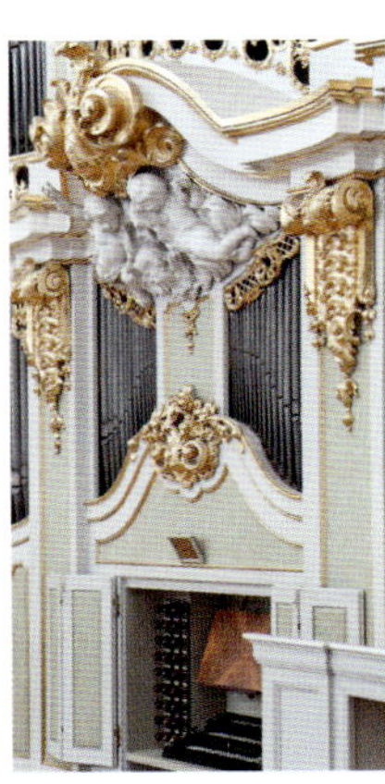

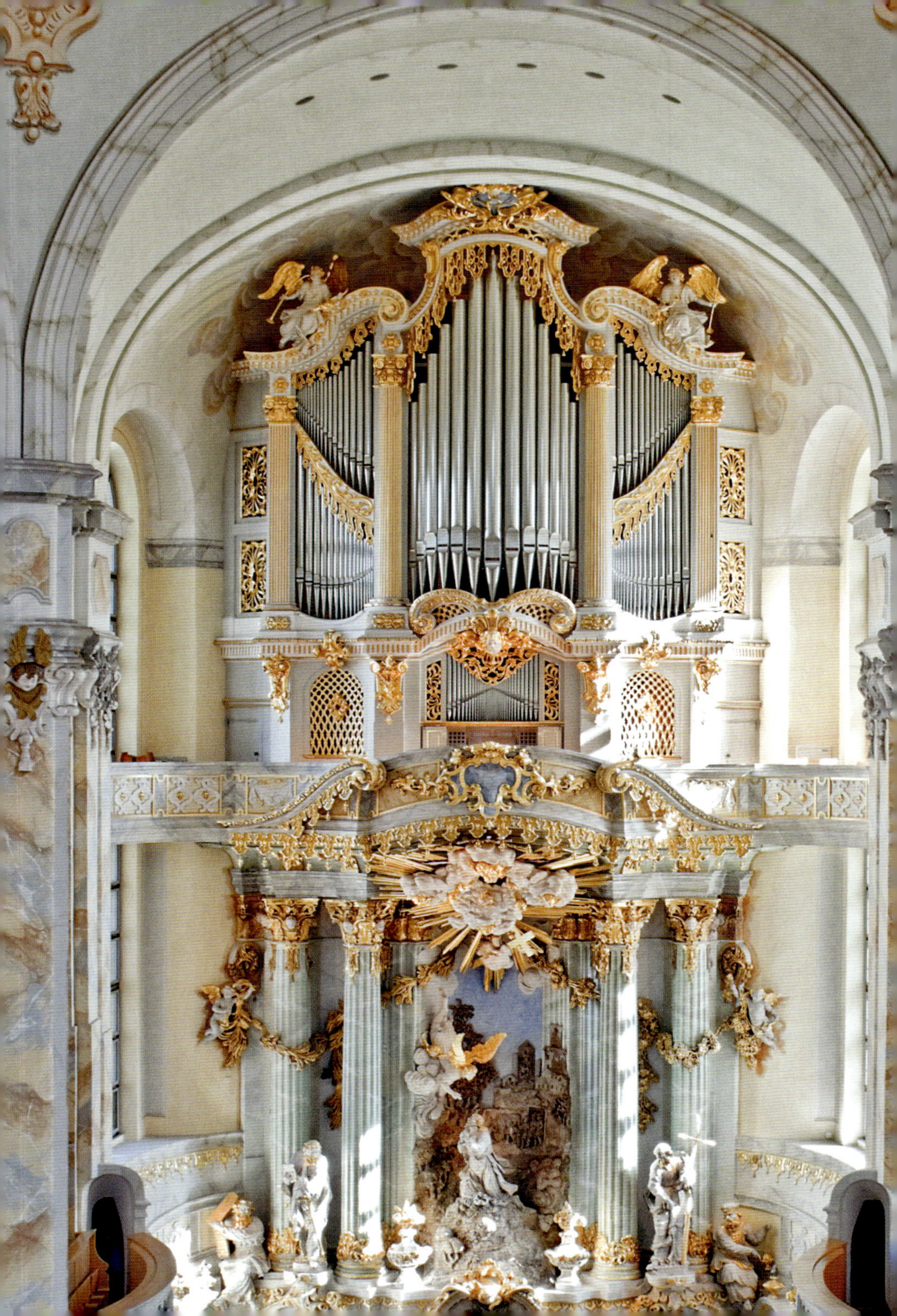

Die Kern-Orgel in der Frauenkirche zu Dresden

Disposition > Seite 211

Orgelbauer:
Daniel Kern
Manufacture d'Orgues
Erbauungszeit:
2002 – 2005

Nun erstrahlen sie wieder: die Frauenkirche, Dresdens dominanter Kirchenbau, der die Stadtsilhouette wie kein zweiter prägt, und die darin befindliche Orgel. Das Instrument bringt den akustischen Glanz ein, den das Gebäude außen wie innen optisch vorgibt. Und eines dürfte dem Besucher der Frauenkirche, der den dortigen Orgelklängen lauscht, glücklicherweise kaum mehr bewusst sein: Es gibt selten ein Orgelinstrument, das so umstritten war und so viele heftige Diskussionen ausgelöst hat wie die jetzige Dresdner Frauenkirchenorgel. Auch nachdem man sich endgültig für die Errichtung des Instruments entschieden hatte, standen sich immer noch Befürworter und Gegner unvereinbar gegenüber. Mittlerweile werden sich die Wogen geglättet haben.
Dabei hatte alles so einvernehmlich begonnen: Die Frauenkirche sollte wiederaufgebaut werden. Dieses Wahrzeichen Dresdens, am 15. Februar 1945 in sich zusammengefallen, wollte man aus den noch vorhandenen Resten wiedererstehen lassen. Der bekannte „Ruf aus Dresden" von 1990 mobilisierte viel persönliches Engagement und große Spendenbereitschaft, womit die finanzielle Grundlage für dieses zunächst utopisch erscheinende Projekt geschaffen werden konnte. Die Rekonstruktion sollte möglichst detailgetreu vonstatten gehen. Nicht nur die steinerne Außenarchitektur, sondern auch die Innenausstattung sollte minutiös nachgebildet werden. Und damit begannen die Probleme.
Von Beginn an, als diese größte protestantische Kirche von George Bähr geplant und schließlich 1736 errichtet war, gehörte zu ihrer Ausstattung eine ganz besondere Orgel. Kein Geringerer als der Königlich-Sächsische Orgelbaumeister Gottfried Silbermann schuf das Instrument, das nicht nur in Bezug auf seine Qualität, sondern auch durch seine Anordnung über dem Altar eine wahrhaft zentrale Bedeutung hatte. Große Persönlichkeiten haben an ihr gewirkt und auf ihr gespielt, nicht zuletzt Johann Sebastian Bach. In der Adventszeit 1736 kam er nach Dresden und gab in der Frauenkirche ein bemerkenswertes Konzert. Die Orgel war damals erst einige Monate alt.
So sollte bei dem Plan, die Frauenkirche nach 1990 wiederaufzubauen, natürlich auch die Silbermann-Orgel als unverzichtbares Ausstattungsstück detailliert nachgeschaffen werden. Die Aussicht, genau dieses Instrument wiederzuerhalten, motivierte manch großzügige Spende. Letztlich entschied man sich im Nachhinein allerdings gegen eine minutiöse Rekonstruktion, die durchaus im Bereich des Möglichen gewesen wäre.
Von der ursprünglichen Frauenkirchenorgel hatte sich faktisch nichts erhalten. Was außer der nachgewiesenen Disposition blieb, waren Fotografien und Tondokumente der Orgel, wie sie bis 1945 bestanden hatte. Dieses Instrument hatte aber mit dem ursprünglichen von Gottfried Silbermann nur noch die Ansicht gemeinsam. Aus der einstigen Barockorgel war in mehreren Etappen bis 1943 eine spätromantische Großorgel geworden, deren mittlerweile drei unterschiedliche Instrumente im Raum verteilt waren. Sie konnten entweder einzeln, oder vom zentralen fünfmanualigen Spieltisch am Hauptinstrument angesteuert werden. Diese auffällige Umwandlung des Instruments vollzog sich in zwei Schritten in

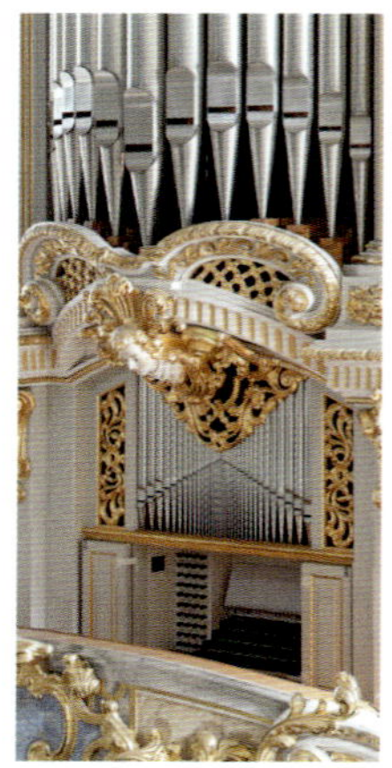

Prospektdetails

nur 34 Jahren: Nachdem im Laufe der Zeit einige eher unspektakuläre Restaurierungen und Umintonationen vorgenommen wurden, führte die ortsansässige Orgelbaufirma Jahn zwischen 1907 und 1908 einen Radikaleingriff durch: Man modernisierte das Instrument, indem die alte Mechanik beseitigt und die gesamte Anlage durch Elektropneumatik auf den damals neuesten Stand der Traktur gebracht wurde. Zahlreiche Spielhilfen baute man ein und ergänzte ein zusätzliches Schwellwerk, das dann im östlichen Chorumgang seinen Platz fand. Damit erweiterte man die Zahl der Register und entfernte schließlich von elf vorhandenen Zungenstimmen ganze neun, um diese ebenfalls zu modernisieren. So war die Silbermannsche Klangsubstanz zerstört. Den letzten Schritt zur spätromantischen Universalorgel vollzog dann, unter Federführung des damaligen Frauenkirchenorganisten und Orgelsachverständigen Hanns Ander-Donath, in den Jahren 1937 bis 1942 die Orgelbaufirma Jehmlich aus Dresden. Bei der Abnahme durch den Leipziger Thomaskantor Günther Ramin stellte dieser etwas Bemerkenswertes fest: Die technische Ausführung des Instruments sei hervorragend und seine Klangwirkung „im Kirchenraum […] sehr günstig", es sei jedoch „nicht angebracht […] die jetzt bestehende Orgel als ‚Silbermannorgel' zu bezeichnen".

An diesem Instrument machte der erwähnte Hanns Ander-Donath einige bemerkenswerte Tonaufnahmen. Sie entstanden nach der Orgelrestaurierung zwischen 1943 und 1944, also mitten im Zweiten Weltkrieg, und sind die letzten akustischen Zeugnisse einer Orgel, die wenig später nicht mehr vorhanden war. Und diese Aufnahmen wurden vom Organisten selbst aufgezeichnet, der nicht nur ein glänzender Instrumentalvirtuose, sondern auch ein technischer Tüftler seiner Zeit war. Als solcher besaß er die damals neuesten Apparaturen zur Tonaufzeichnung und dokumentierte (stellenweise im Auftrag des Rundfunks) sein Spiel an der Frauenkirchenorgel selbst, also in Eigenproduktion. So können wir heute noch fasziniert feststellen, wie der Frauenkirchenorganist etwa Werke von Böhm, Bach oder Reger an seinem Instrument auslegte. Denn einige der damaligen Aufzeichnungen waren nicht, wie man ursprünglich vermutete, verschollen und wurden im Nachhinein erfolgreich restauriert.

Die spätromantische Klanglichkeit, die aus diesen Tondokumenten spricht, konnte natürlich nicht die Basis für die Rekonstruktion der ursprünglichen Silbermann-Orgel beim Wiederaufbau der Frauenkirche sein. Nach langem Hin

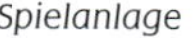

Spielanlage

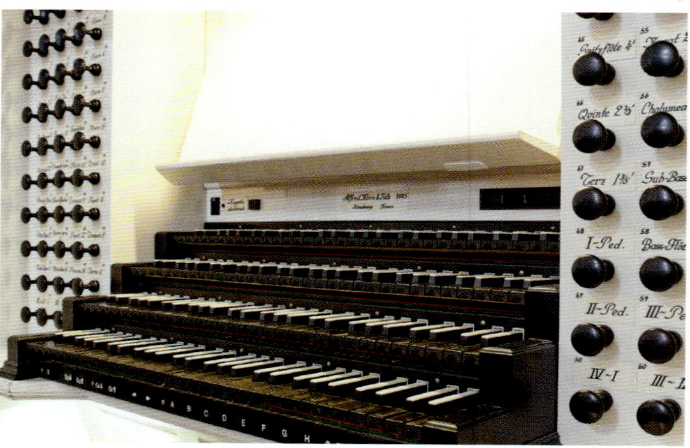

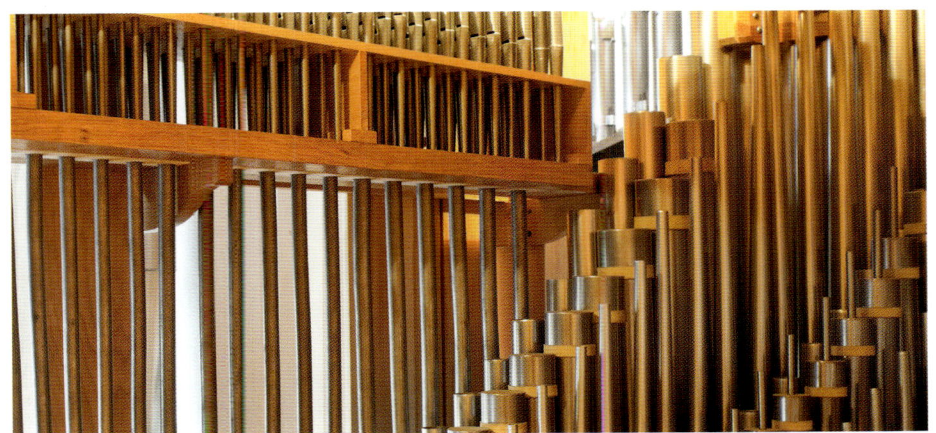

Pfeifenwerk im Inneren der Orgel

und Her fiel 2002 die Entscheidung: Eine sechs Jahre zuvor eingerichtete Orgelkommission sprach sich gegen eine Silbermann-Rekonstruktion aus. So wie die Dinge lagen, erschien die Gefahr eines unbefriedigenden Ergebnisses zu groß. Die Rekonstruktion hätte auf der Basis anderer Vergleichsinstrumente Silbermanns erfolgen müssen. Und eines der Orgelvorbilder steht einige hundert Meter von der Frauenkirche entfernt: die letzte und größte Silbermann-Orgel in der Dresdner Hofkirche. Diese wurde gerade zu dem Zeitpunkt erfolgreich auf ihren Originalzustand zurückgeführt, als in der Orgelkommission der Frauenkirche eine Entscheidung getroffen werden musste. Damit waren einschüchternde Fakten geschaffen, denn ein detailgetreu rekonstruiertes Instrument in der Frauenkirche hätte immer im Schatten der Hofkirchenorgel gestanden. Unter anderem deshalb gab man den ursprünglich ausschließlichen Rekonstruktionsplan für die Frauenkirchenorgel auf. Diese Entscheidung löste in der Bevölkerung und der Orgelfachwelt teils erheblichen Widerspruch aus, und dieser war selbst dann nicht verstummt, als der schließlich ausgewählte Orgelbauer Daniel Kern aus dem elsässischen Straßburg nach Dresden kam und seine Frauenkirchenorgel realisieren sollte.

Kerns Konzept machte einen zugegebenermaßen etwas waghalsigen Eindruck: Er wollte klanglich die beiden Orgelbauer der Familie Silbermann – den Elsässer Andreas und den bei diesem in die Lehre gegangenen Bruder Gottfried – vereinen und zu einer Symbiose verschmelzen. Dabei waren stets die Orientierung an der Disposition von 1736 sowie die Bewahrung des Prospekts zu beachten. Und gleichzeitig sollte Kerns Frauenkirchenorgel von Beginn an ein zusätzliches französisch-romantisches Schwellwerk nach dem Vorbild des großen Orgelbauers Aristide Cavaillé-Coll erhalten – ein bis dahin absolutes Novum in der Dresdner Orgellandschaft.

Spätestens seit dem Einweihungskonzert im Oktober 2005 ist klar, dass Kern sich mit seinen Vorstellungen nicht getäuscht hat. Seine auf die Raumakustik abgestimmte und handwerklich gute Orgel ist ein Instrument geworden, das klanglich überzeugt und zugleich die Brücke zur ursprünglichen Silbermann-Orgel schlägt. Der Klang der Kern-Orgel ist heute täglich bei Gottesdiensten und Konzerten in der Frauenkirche zu erleben. Und auch der neue Organist der Frauenkirche, Samuel Kummer, hat bereits CD-Einspielungen vorgelegt, die von der Fachwelt mit viel Lob bedacht wurden, sowohl im Hinblick auf die Interpretation als auch auf das Instrument.

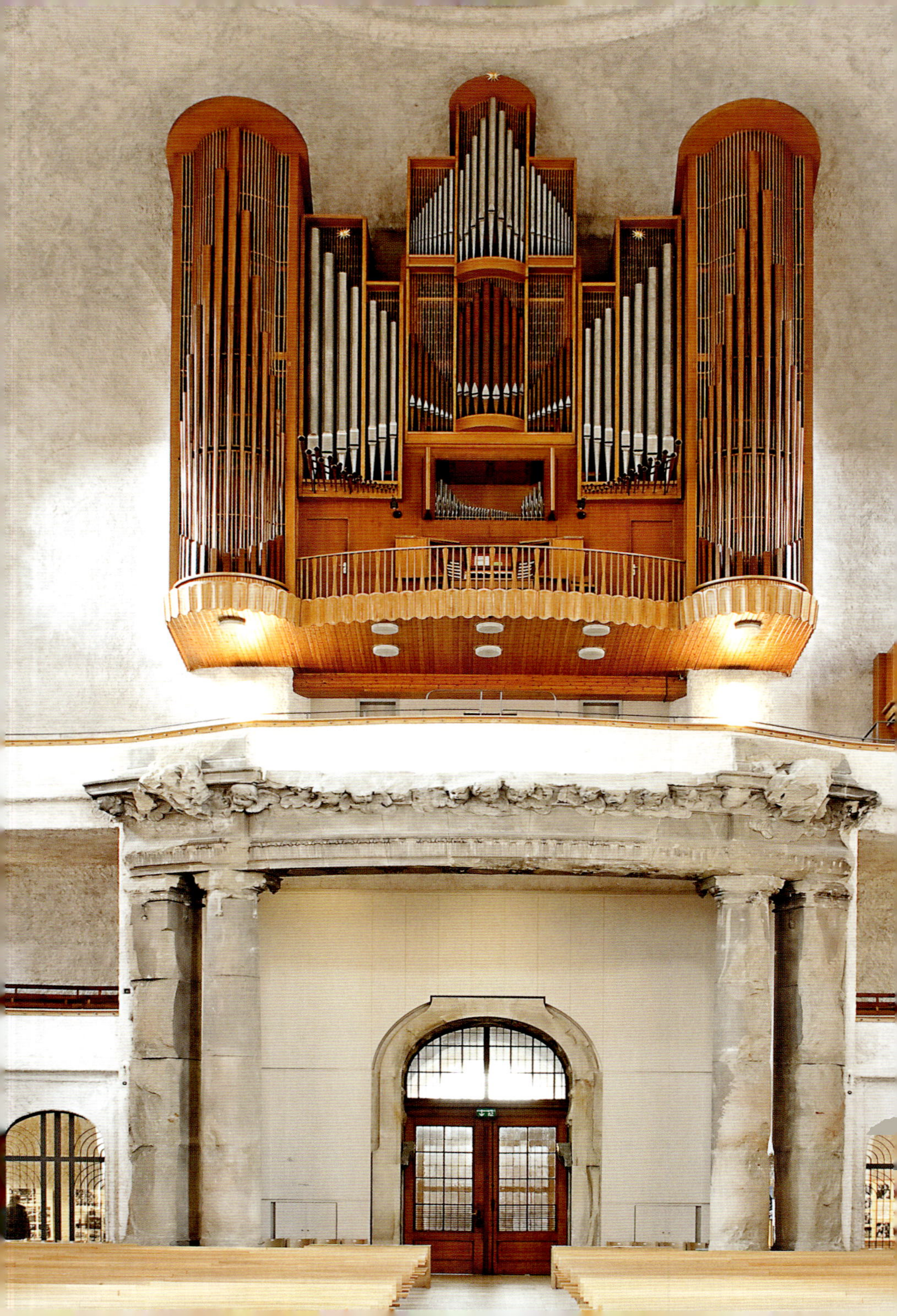

Die Jehmlich-Orgel in der Kreuzkirche zu Dresden

Disposition > Seite 212

Orgelbauer:
Jehmlich Orgelbau Dresden
Erbauungszeit:
1961 – 1963
Restaurierungen, Umbauten:
2004/05, 2008

Es war ein besonders bewegendes Ereignis, dieser Gottesdienst in der Kreuzkirche am Reformationstag 1963. Endlich konnte die neue Hauptorgel geweiht werden. Damit waren seit dem Wiederaufbau des Gotteshauses acht Jahre des Orgelprovisoriums vorbei. Und zu diesem Anlass spielte – wie so oft in der Geschichte der Kreuzkirche – die Musik eine herausragende Rolle: Kreuzorganist Herbert Collum ließ das neue Orgelwerk der Firma Jehmlich u. a. mit Johann Sebastian Bachs F-Dur-Toccata (BWV 540,1) erschallen, und vom selben Komponisten sang der Kreuzchor zusammen mit Gesangssolisten und Mitgliedern der Staatskapelle die Kantate „Lobe den Herren, den mächtigen König der Ehren" (BWV 137). Zusätzlich ließ Kreuzkantor Rudolf Mauersberger seinen einige Monate zuvor entstandenen Introitus „Dominus illuminatio mea" (RMWV 105) durch den Kreuzchor erklingen. Damit war ein – wie sich noch herausstellen sollte – vorläufiger prächtiger Schlusspunkt in der Orgelgeschichte der Kreuzkirche gesetzt. Obwohl das Klangergebnis nicht ganz befriedigte und geringe Modifikationen im Nachhinein nötig machte. Doch dies fiel bei der Einweihung noch nicht sonderlich auf.

Viel hatte die Kreuzkirche bis dahin erlebt. Zahlreiche Um- und Erweiterungsbauten nahm man an ihr vor. Im schlimmsten Fall wurde sie ganz oder teilweise zerstört und später mühevoll wiederaufgebaut. Und dies geschah mehrfach.

Das stets am großen Marktplatz der Stadt gelegene Gotteshaus verfügt schon erstaunlich lange über Orgeln. Ungewöhnlich früh, bereits 1370, ist hier ein Organist erwähnt. Also wird auch ein Instrument vorhanden gewesen sein. Damals hieß die Kirche noch Nikolaikirche und wurde erst 1388 in Kreuzkirche umbenannt. 1389 besaß sie bereits zwei Orgeln – eine große und eine kleine –, was für damalige Zeit erstaunlich war. Ob die Instrumente restauriert oder sogar erweitert wurden, ist nicht zu sagen, aber sie waren nur so lange vorhanden (immerhin über 100 Jahre), bis die Kreuzkirche erstmals zerstört wurde. Der große Stadtbrand von 15. Juni 1491 vernichtete weite Teile Dresdens, und damit war auch die Kreuzkirche zusammen mit ihren Orgeln ein Opfer der Flammen.

Die nächste Orgel des Gotteshauses war nur eine vorübergehende Lösung. Wir kennen von ihr weder die Größe noch die Disposition, wissen aber, dass diese Orgel von Caspar Coler aus dem benachbarten Pirna drei Jahre nach dem Stadtbrand errichtet und 1504 durch seinen Bruder Georg erneuert wurde. Aber letztlich ersetzte ein sehr großes, prächtiges Instrument die Coler-Orgel schon einige Jahre später: Blasius Lehmann aus Bautzen, bekannter und angesehener Orgelbauer der Zeit, errichtete zwischen 1512 und 1514 ein Werk mit zwei Manualen und Pedal und stellte es auf der Westempore auf. Über welche Register die Orgel verfügte, ist unbekannt, aber ihre zehn Bälge lassen auf große Dimensionen schließen. Zusätzlich muss ihre farbliche Gestaltung prächtig gewesen sein. Für die Bemalung der vermutlich mit zeitüblichen Flügeltüren versehenen Orgel erhielt ein „Meister Jheronimo von Leiptzick" jedenfalls einen stattlichen Lohn. Und sozusagen nebenbei fertigte Lehmann ein Jahr nach Baubeginn in der Kreuzkirche noch ein kleines Orgelinstrument für die Sängerempore über der Sakristei.

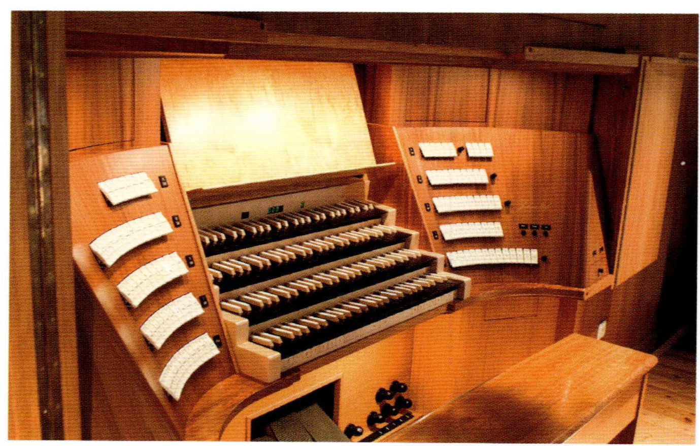

Spielanlage

Beide Lehmann-Orgeln wurden lange in Ehren gehalten, sorgsam gepflegt und – wenn nötig – modernisiert. In der seit 1539 evangelischen Kreuzkirche baute beispielsweise der Hoforgelbauer Tobias Weller bis 1644 in die Hauptorgel mehrere neue Register ein, während er beide Instrumente zwei Jahre lang überholte. Und etwa 20 Jahre später wurde (ebenfalls durch Weller) die kleine Orgel von der Sängerempore in den Chor herabgestellt.
Irgendwann erschienen wohl weitere Modernisierungen nicht sinnvoll. Selbst die umfangreichen Arbeiten an beiden Orgeln von Andreas Tamitius (1633– 1700) zwischen 1667 und 1668 und auch die spätere Barockisierung der Chororgel durch Johann Christian Heydenreich vermochten vermutlich nicht mehr, den Verfall der Instrumente aufzuhalten. Darauf deuten jedenfalls mehrere Dispositionsentwürfe von 1751 hin. Doch es war im Nachhinein ein Glück, nicht unmittelbar einen Orgelneubau umgesetzt zu haben, denn schon bald sollte die Kreuzkirche wieder komplett zerstört werden. Der preußische Beschuss Dresdens ließ sie am 14. Juli 1760 zu einem erschütternden Steinhaufen zerfallen.
Viele Orgelbauer bewarben sich, als die Kirche wieder errichtet und die Zeit zur Planung einer neuen Orgel gekommen war: Dazu gehörten der anerkannte ortsansässige Meister Johann Christian Kayser, der Silbermann-Schüler Johann Gottfried Oehme und auch die hervorragenden Gebrüder Trampeli aus Adorf. Die Entscheidung fiel schließlich zugunsten des vordergründig besten, weil preiswertesten Angebots der Gebrüder Johann Michael und Johannes Wagner aus Schmiedefeld am Rennsteig. Ihr Instrument mit 50 Registern auf drei Manualen und Pedal sollte nämlich nur 12.000 Taler kosten, ein wahrhaft niedriger Preis. Zum Vergleich berechnete wenige Jahrzehnte früher, 1753, Gottfried Silbermann für seine Dresdner Hofkirchenorgel, die drei Register weniger besitzt, einen Betrag von 20.000 Talern. Das Orgelprojekt der Wagners schleppte sich doppelt so lange hin wie vorgesehen. Dies lag aber nicht nur an den Orgelbauern. Auch die noch nicht komplettierte Orgelempore trug einiges zur Verzögerung bei. Sechs Jahre dauerte es, bis die neue Orgel der Kreuzkirche schließlich fertiggestellt war. Und schon bei der Abnahme zeigten sich erste Mängel des Orgelwerks. Die Prüfung übernahmen im August 1792 Hofkapellmeister Johann Gottlieb Naumann, Kreuzkantor Christian Theodor Weinlig und Kreuzorganist August Friedrich Wilhelm Günther. Die „Examinatoren“ bemängelten an der Wagner-Orgel die Intonation, die schlechte Ansprache der Pfeifen sowie die schwere Spiel- und Stimmbar-

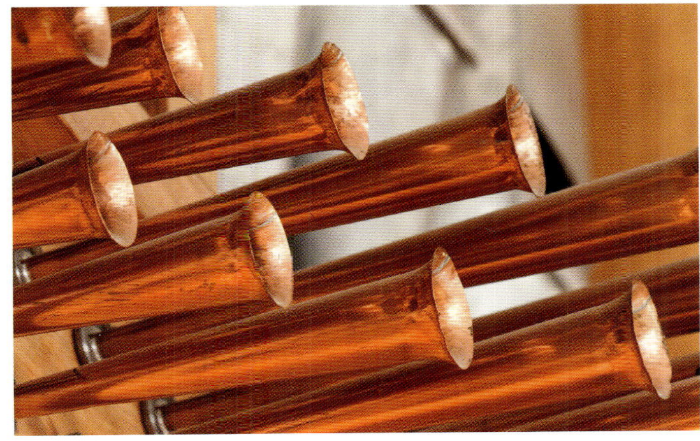

Detail der Spanischen Trompete

keit des Instruments. Selbst die zahlreichen Erneuerungen und Veränderungen über Jahrzehnte konnten die Situation nicht wesentlich verbessern, auch wenn sich zunächst die Wagners und schließlich die Mitglieder der Orgelbauerfamilie Kayser noch so sehr bemühten.

Ein grundlegender Umbau sollte Abhilfe schaffen, und dabei wurde erstmals ein Orgelbauer beauftragt, dessen Familie seither alle Hauptorgeln der Kreuzkirche baute und sie bis heute betreut. Gotthelf Friedrich Jehmlich, selbst Schüler von Johann Christian Kayser, begann 1825, die Wagner-Orgel der Kreuzkirche in einem ersten Anlauf umzugestalten. Die Fertigstellung erlebte er nicht mehr, und so setzte sein Bruder Johann Gotthold die Arbeiten bis zum Abschluss im Jahre 1832 fort: Die Orgel hatte letztlich vier Register mehr bekommen und war in Teilen völlig neu konzipiert worden. Eine nochmalige Erweiterung um 13 Register nahmen dann Emil und Bruno Jehmlich 1895 vor.

Ein defekter Schornstein verursachte zwei Jahre später das vorläufige Ende von Kirche und Orgel. Doch nach dem Wiederaufbau wurde bis 1901 eine prächtige neue Jehmlich-Orgel geschaffen, die größer war als alle bisherigen Instrumente. 91 Register verteilten sich auf vier Manuale und Pedal. Diese spätromantisch beeinflusste Großorgel war auf massive Klangwirkung und Monumentalität, gleichzeitig dynamische Flexibilität ausgelegt. Allein 15 Hochdruckregister trugen zur gewünschten Klangstärke bei, und Schwellwerke sowie ein Fernwerk brachten ihre speziellen, dynamisch variablen Klangeffekte ein.

Allmählich geriet die hinter dieser neuen Jehmlich-Orgel stehende spätromantische Ästhetik ins Abseits. Sie wurde unmodern. Spätestens seit der Orgelbewegung in den 1920er Jahren waren Klarheit, Obertönigkeit und Transparenz wieder im Orgelklang gewünscht. Und von diesen Vorstellungen war auch der 1935 ins Amt berufene Kreuzorganist Herbert Collum beeinflusst. Daher wollte er Änderungen am Instrument herbeiführen und veranlasste Planungen zu einer Neukonzeption. Danach wäre die Orgel durch neobarocke Klangeigenschaften auf einem fünften Manual bereichert worden, ohne ihre ursprüngliche Monumentalität aufzugeben. Eine neue Disposition umfasste 113 Register, die Traktur sollte elektropneumatisch sein, und schließlich war vorgesehen, eine inzwischen im Altarraum aufgestellte Interimsorgel als Kronwerk einzubringen.

Sämtliche Pläne scheiterten. Genauso wie die gesamte Jehmlich-Orgel wurden alle schon zur Restaurierung gefertigten Bauteile beim Bombenangriff am

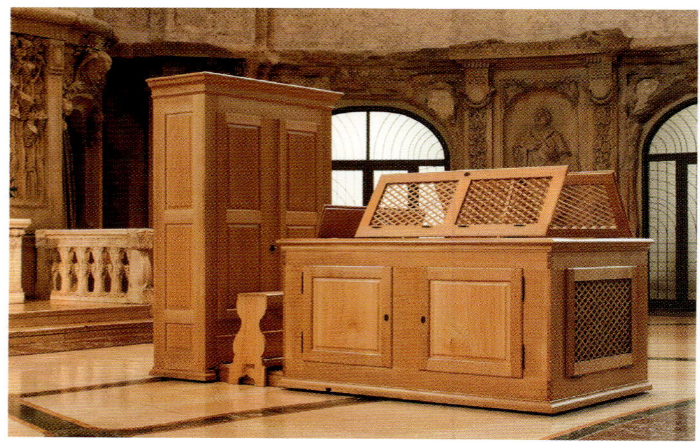

Continuoorgel von Kristian Wegscheider auf dem Altarplatz

13./14. Februar 1945 restlos vernichtet. Bereits 1946 wurden erste Überlegungen zum Wiederaufbau der Kreuzkirche angestellt, die dann nach Plänen des Architekten Fritz Steudtner umgesetzt wurden. Im Vergleich zur vormaligen Gestaltung des Innenraums sah dieser bei der Wiedereinweihung der restaurierten Kreuzkirche 1955 ungewohnt nüchtern und kahl aus. Von musikalischer Seite war der Kreuzchor wieder zu hören, doch eine prächtige Orgel fehlte noch. Provisorisch stand auf der Orgelempore ein Interimswerk der Firma Jehmlich – teils aus Altmaterial zusammengestellt und nur als Notbehelf gedacht. 14 Register hatte es, die auf zwei Manuale und Pedal verteilt waren. Aber diese Interimsorgel bestand nur zwei Jahre und wurde dann durch ein Leihinstrument, die Bach-Orgel der Reformierten Kirche in Dresden, abgelöst. Ebenfalls 1955 baute die Firma Jehmlich für die (übrigens auf Initiative von Kreuzkantor Rudolf Mauersberger) neu eingerichtete Schütz-Kapelle im südwestlichen Teil der Kreuzkirche ein kleines einmanualiges Orgelwerk mit acht Registern.

Planungen für eine angemessene Hauptorgel wurden schnell aufgenommen. Schon ein Jahr nach der Wiedereinweihung des Gotteshauses setzte sich eine Kommission erstmals zusammen, um hierüber zu beraten. Die Orgel sollte von Anfang an über der Chorempore stehen (eine im Nachhinein akustisch kritische Entscheidung), auf vier Manuale mit Pedal ausgelegt sein, schließlich mit Schleifladen und mechanischer Spieltraktur versehen werden. Soviel war klar. Und 1961 konkretisierte ein Gremium aus Orgelpraktikern und Orgelsachverständigen die gemeinsamen Vorstellungen. Die Orgel sollte aus fünf Werken (Hauptwerk, Kronwerk, Schwellwerk, Brustwerk und Pedalwerk) bestehen. Die Disposition müsste so konzipiert werden, dass Klangfülle und Vielseitigkeit gewährleistet wären, die Intonation sei auf transparenten Klang auszulegen. Mitwirkende des Gremiums waren u. a. Kirchenmusikdirektor Gerhard Paulik und Kreuzorganist Herbert Collum sowie der Orgelsachverständige Frank-Harald Greß.

Pfeifenwerk der Continuoorgel

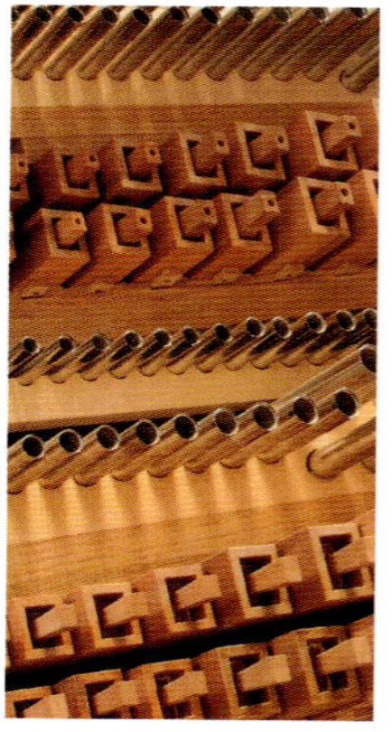

Doch bei der festlichen Einweihung der Orgel am Reformationstag 1963 stellten sich Probleme in der Intonation heraus: Das Instrument hatte zwar eine fast unerschöpfliche Farbenvielfalt, besaß aber, wohl auch durch seinen hohen Aufstellungsort über der Chorempore, eine zu geringe Klangfülle. So schnell wie möglich nahm Otto Jehmlich deswegen einige Klangänderungen vor.

Dies sollte noch nicht das letzte Kapitel in der langen Geschichte der Jehmlich-Orgeln in der Kreuzkirche sein. Denn 2000 begann eine längst notwendige Innen-

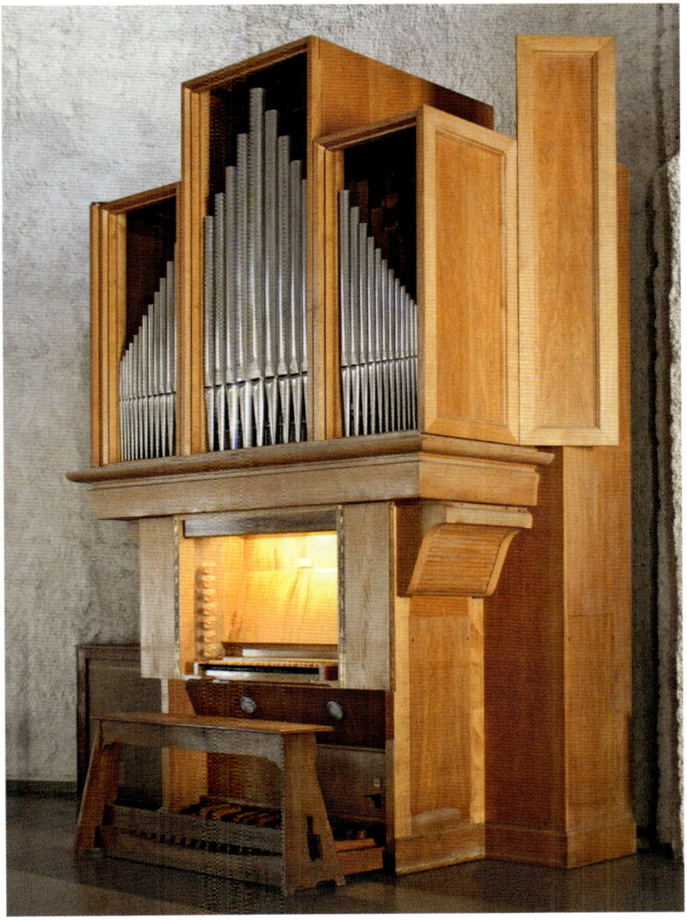

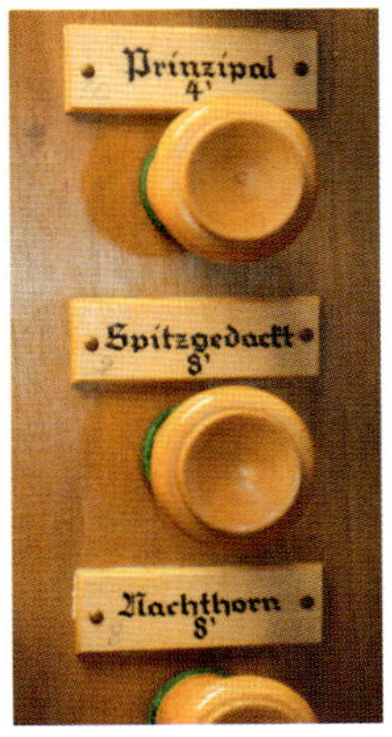

Jehmlich-Orgel auf der Chorempore

sanierung des Kirchenraumes, die erst nach knapp vier Jahren abgeschlossen war. Die Restaurierungsarbeiten wirkten sich durch die Staubentwicklung unweigerlich negativ auf die Orgel aus. Und zusätzlich änderten die Maßnahmen auch die gesamte Raumakustik. Verschleißerscheinungen am Instrument hatten sich inzwischen auch gezeigt. Deshalb war eine komplette Renovierung der Orgel mit besonderer Beachtung der Neuintonation unausweichlich. 2004 wurde sie von der Erbauerfirma begonnen und im darauffolgenden Jahr, genauer am 31. Juli, mit der Wiedereinweihung der restaurierten Jehmlich-Orgel abgeschlossen.
Seither ist der Klang des Instruments wesentlich optimiert worden. Die Klangfarben jedes einzelnen Registers wurden dafür stärker herausgearbeitet und profiliert, wobei der Gesamtklang der Orgel nie aus dem Blick geriet. Durch den Einbau von vier zusätzlichen Achtfuß-Registern ins Schwellwerk erfuhr das Instrument im Jahre 2008 eine zusätzliche Bereicherung. So hat die Jehmlich-Orgel mit ihren nun 80 klingenden Stimmen eine Präsenz, Registervielfalt und gleichzeitige Geschlossenheit der Klangausstrahlung, wie sie zuvor noch nie erreicht waren.

Sehenswertes in Dresden

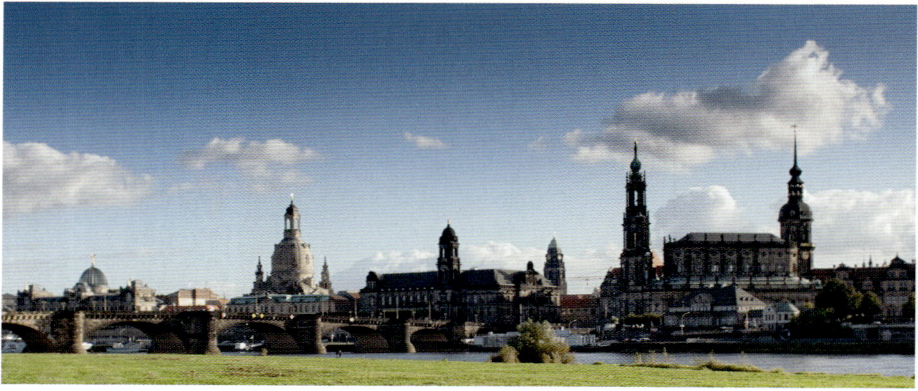

Das Altstadtensemble Dresdens von der Neustädter Seite aus

Dresden

Die beidseits der Elbe gelegene Stadt Dresden strahlt weit über ihre Grenzen hinaus – dies vor allem als Ort unnachahmlicher Kunst, Kultur und Tradition. Und Teil dieses künstlerisch hohen Anspruchs, den die Stadt an vielen Stellen verkörpert, ist ihre bekannte Silhouette, seit einigen Jahren wieder von der Kuppel der Frauenkirche dominiert. So ist Dresden bekannt: als „Elbflorenz" oder Barockstadt. Dabei sieht man ihr die weit längere Geschichte nur auf den zweiten Blick an. Kunst und Kultur sammelten sich in Dresden seit jeher verstärkt im Stadtzentrum, Industrie entwickelte sich eher außerhalb. Und dabei ist etwa ein Viertel Dresdens von Grünanlagen bedeckt, was für eine solche Metropole eher ungewöhnlich ist, aber den Erholungswert steigert.

Die Anfänge der Stadt gehen weit zurück, noch vor ihre erste urkundliche Erwähnung im Jahre 1206. Längst war eine Kaufmannssiedlung mit zentral gelegener Nikolaikirche entstanden. Doch vom Mittelalter hat sich in Dresden nicht viel erhalten. Zu oft wurde die Stadt von Katastrophen heimgesucht, um viel bewahren zu können: Der Stadtbrand von 1491 vernichtete einen Großteil der damaligen Bebauung, der Preußenbeschuss im Jahre 1760 hatte ebenfalls verheerende Folgen, und die Bombardierung Dresdens im Februar 1945 tat ein übriges. Andererseits hatte Dresden trotz seiner vielen Schicksalsschläge stets große Strahlkraft. 1485 etwa entstand hier die albertinische Residenz, die sich fortan entfaltete. Im 17. Jahrhundert formte einer der größten Komponisten seiner Zeit, Heinrich Schütz, die Hofkapelle in so qualitätvoller Weise, dass Dresden seitdem als Musikstadt gilt. Architektonisch, aber auch bezogen auf bildende Kunst und weltbedeutende Sammlungen prägte August der Starke als sächsischer Kurfürst wie kein zweiter das Gesicht der Stadt, das noch heute bewundert wird. Dass uns dies nach den verheerenden Zerstörungen des Zweiten Weltkrieges möglich ist, verdanken wir der Entscheidung, Dresden zumindest mit seinen bedeutendsten Bauwerken soweit wie möglich rekonstruierend aufzubauen.

Zwinger

So blieb auch der Zwinger erhalten: Nach alten Fotografien baute man ihn bis 1964 wieder auf, auch wenn seine Existenz nach 1945 zunächst arg gefährdet schien. Manche Vorbilder, insbesondere aus Italien, aufgreifend, errichteten ihn auf Geheiß Augusts des Starken der Architekt Matthäus Daniel Pöppelmann und der Bildhauer Balthasar Permoser zwischen 1709 und 1728. So ist auch ein faszinierender Reichtum von Skulpturen vorhanden. Der Zwinger liegt zwischen

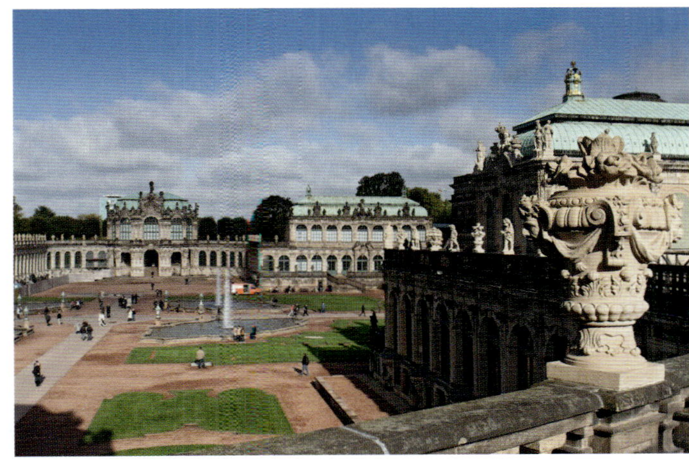

Blick in den Innenhof des Dresdner Zwingers

Ostra-Allee und Theaterplatz, begrenzt durch das Kronentor und den Semperbau. An den Seiten befinden sich Wall- und Glockenspielpavillon. Zusammen mit den Längsgalerien zu beiden Seiten des Kronentores ergibt sich ein beeindruckender vierflügeliger Gesamtkomplex. Und im Inneren dieser Teilbauten befinden sich Museen von Weltgeltung. Die Gemäldegalerie Alte Meister gehört dazu. Sie ist eine der weltweit bedeutendsten Kunstsammlungen. Schließlich wurde sie schon von Kurfürst August um 1560 angelegt und dann unter August dem Starken und Friedrich August II. beachtlich ausgebaut. Einer der wohl berühmtesten Käufe war Raffaels Sixtinische Madonna im Jahr 1754. Doch erst nach 1871 konnte eine systematische Ergänzung der Bestände erfolgen, sodass die Galerie heute ein Spiegel der europäischen Malerei des 15. bis 18. Jahrhunderts ist.

Die Rüstkammer, 2012 vom Zwinger ins benachbarte Schloss umgezogen, wurde 1832 als „Historisches Museum" eröffnet. Sie enthält eine der weltbedeutendsten Sammlungen von Prunkwaffen – etwa 10.000 Exponate. Von August dem Starken, der die Porzellanherstellung vor Ort vorantrieb, stammt natürlich auch die Idee des Porzellanmuseums, das 1717 eingerichtet wurde. Nach dem Serail von Istanbul befindet sich hier die zweitbedeutendste Sammlung weltweit – angefangen bei frühem chinesischem, japanischem oder koreanischem Porzellan bis hin zu Exponaten, die die Geschichte des Meißner Porzellans, einschließlich der ersten Versuche Böttgers, demonstrieren. Schließlich beherbergt der Mathematisch-Physikalische Salon eine der ältesten technisch-wissenschaftlichen Sammlungen der Welt, deren Grundstock die Kunst- und Naturalienkammer von 1560 ist.

Semperoper

Nach einem Gang durch den Zwinger vom Kronentor zum bis 2017 im Umbau befindlichen Semperbau stößt man direkt auf den Theaterplatz. Und hier steht eine der ganz großen Besonderheiten Dresdens aus musikalischer Sicht: die Semperoper. Sie ist eigentlich ein Nachfolgebau, denn das ursprüngliche Hoftheater, 1838 – 1841 entstanden, brannte durch Unachtsamkeit schon 1869 ab. Zuvor war hier übrigens ein gewisser Richard Wagner als Kapellmeister tätig, der die Oper zu reformieren gedachte, aber dabei eher auf Ablehnung stieß. Als er sich dann noch den Revolutionstruppen, die auch in Dresden wüteten, anschloss, musste er anschließend aus der Stadt flüchten. Ähnlich tat es auch der Baumeister des Hoftheaters, Gottfried Semper. Als es schließlich abgebrannt war, kam er nach seiner Flucht als Verfemter für einen Neubau zumindest beim Hof nicht mehr in

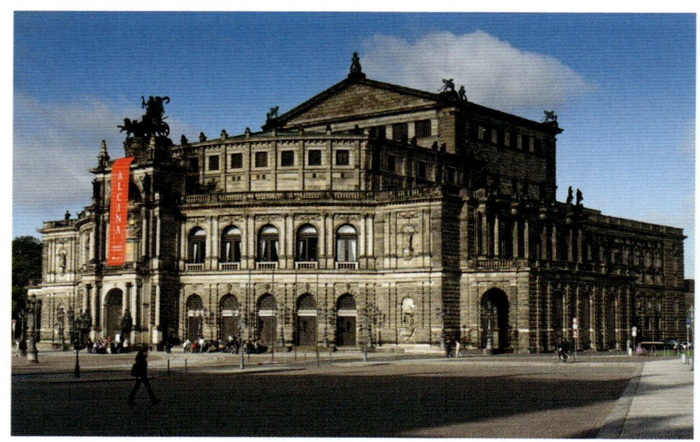

Eingangsfront der Semperoper

Frage, obwohl die Dresdner unbedingt von ihm ein neues Theater erhalten wollten. So ergab sich ein Kompromiss: Gottfried Semper entwarf von Wien aus das neue Gebäude, und sein Sohn Manfred führte es zwischen 1871 und 1878 aus. Gestalterisch und akustisch hätte kaum ein besseres Bauwerk entstehen können. Und das zeigte sich spätestens bei der Rekonstruktion der ebenfalls im Krieg zerstörten Semperoper, die seit 1977 vorangetrieben wurde. Man hätte den Saal neu konzipiert, wenn sich daraus bessere akustische Eigenschaften ergeben hätten. Dem war aber nicht so. Und am 13. Februar 1985 – genau 40 Jahre nach ihrer Zerstörung – wurde die Semperoper mit der zuletzt erklungenen Oper eröffnet: dem „Freischütz" von Carl Maria von Weber.

Zusätzliche Rarität der Semperoper ist selbstverständlich ihr Orchester. Die Sächsische Staatskapelle ist ein herausragender Klangkörper. Aus der Tradition der seit 1548 bestehenden Hofkapelle hervorgegangen, verfügt sie über einzigartige, grundtönig warme Klangeigenschaften. Und dieses Orchester hat gerade in der Semperoper manche herausragenden Ur- und Erstaufführungen gestaltet, wie etwa zahlreiche Opern von Richard Strauss. Unvergessene Kapellmeister standen hier am Pult, wie etwa Ernst von Schuch, Karl Böhm, Fritz Busch oder Rudolf Kempe. Und bis heute vermag die Staatskapelle Zuhörer genauso wie Dirigenten und Solisten bei Konzert- oder Opernaufführungen zu faszinieren.

Residenzschloss

Gleich gegenüber der Semperoper steht das Residenzschloss. Es ist eine große Vierflügelanlage im Stil der Renaissance und ging aus einem Umbau der einst mittelalterlichen Burg ab 1485 hervor, als Dresden Sitz der Albertiner geworden war. Die Änderung vollzog sich in mehreren Etappen. Zwischen 1530 und 1535 entstand unter Georg dem Bärtigen der Georgenbau, und nach 1547 geschahen die einschneidendsten Veränderungen hin zum Residenzschloss, die Kurfürst Moritz veranlasste. Festungsbaumeister Caspar Voigt von Wierandt realisierte sie. Dann blieb die bauliche Gestalt des Schlosses weitgehend unangetastet – erst ab 1889 wurden einige Umänderungen vorgenommen. Doch auch das Schloss wurde am 13. Februar 1945 zerstört und blieb lange als Ruine stehen. Trotz einiger bescheidener und gleichermaßen verdienstvoller Anfänge kam die Restaurierung des Schlosses erst nach der politischen Wende in Gang. Im Jahr des 800-jährigen Stadtjubiläums, 2006, hat die letzte Stufe der Rekonstruktion begonnen, die noch nicht abgeschlossen ist. Entstanden ist jetzt bereits ein Museumsareal von besonderem Reiz aus Neuem sowie Historischem Grünen Gewölbe, Kupfer-

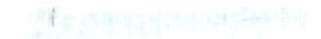

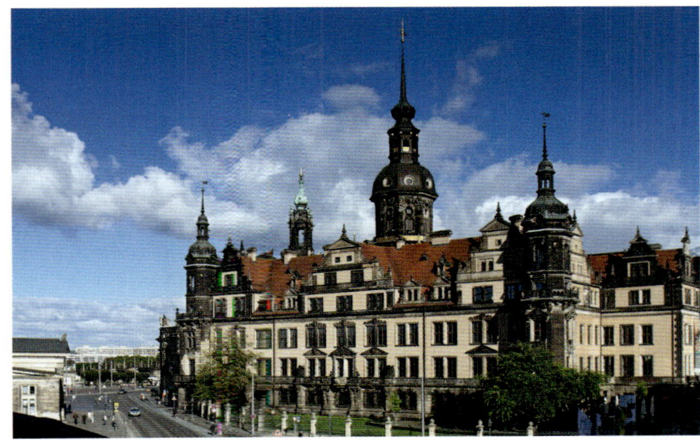

Das Residenzschloss

stich- und Münzkabinett. All diese Ausstellungsbereiche sind einen Besuch wert. Man ist auch dabei, die 1737 aufgegebene und durch Kriegseinwirkung zerstörte Dresdner Schlosskapelle wieder aufzubauen. Der Rohbau existiert bereits und wird für Konzerte genutzt. Wenn diese Kapelle wiedererrichtet sein wird, kann sie als wahrhaft authentischer Aufführungsort insbesondere für die Werke des einstigen Hofkapellmeisters Heinrich Schütz gelten.

Katholische Hofkirche

Die Katholische Hofkirche oder auch Kathedrale steht am Brückenkopf der Augustusbrücke und damit an markanter Stelle. Sie wurde als letzter Barockbau Dresdens bis 1755 von vorrangig italienischen Baumeistern und Bildhauern geschaffen. Der Architekt Gaetano Chiaveri kam aus Warschau nach Dresden, und der erste leitende Bildhauer war Lorenzo Mattielli. Der genannte Baumeister verließ allerdings mitten im Baugeschehen empört die Stadt, da er sich nicht ausreichend unterstützt fühlte. Danach leiteten zwei Dresdner Hofbedienstete den Bau: Johann Christoph Knöffel und Julius Heinrich Schwarze. Währenddessen erhielt die Hofkirche einige Ausstattungsstücke, teils aus der vorherigen katholischen Kapelle im alten Opernhaus am Taschenberg, die Permoser in den 1720er Jahren schuf: die Kanzel sowie die bekannte Marmorplastik „Christus an der Martersäule“, die sich im rechten Seitenschiff befindet. Das Hochaltargemälde „Christi Himmelfahrt“ stammt von Raphael Anton Mengs (1750). Letztes Ausstattungsstück war eine besondere Orgel. Mittlerweile ist sie leider die einzige Silbermann-Orgel Dresdens (andere Instrumente, etwa in der Frauenkirche oder in der Sophienkirche, wurden 1945 zerstört). Allerdings konnte Silbermann seine Hofkirchenorgel nicht mehr selbst fertigstellen. Sein Schüler Zacharias Hildebrandt und dessen Sohn Johann Gottfried vollendeten nach Silbermanns Tod das Werk, das am 2. Februar 1755 geweiht wurde. Die Orgel blieb seitdem von größeren Umbauarbeiten fast verschont, wäre aber wohl ebenfalls im Zweiten Weltkrieg vernichtet worden, wenn nicht wesentliche Teile 1944 in den Kreuzgang des Klosters St. Marienstern ausgelagert worden wären. So konnte sie in einer ersten, allerdings nicht denkmalgerechten Restaurierung zwischen 1963 und 1971 wiedererrichtet, geweiht und fortan gespielt werden. Erst die Firma Kristian Wegscheider in Dresden realisierte bis 2002 eine möglichst große Annäherung an die Originalgestalt der Silbermann-Orgel, wobei die klanglich überzeugende Arbeit für sich spricht.

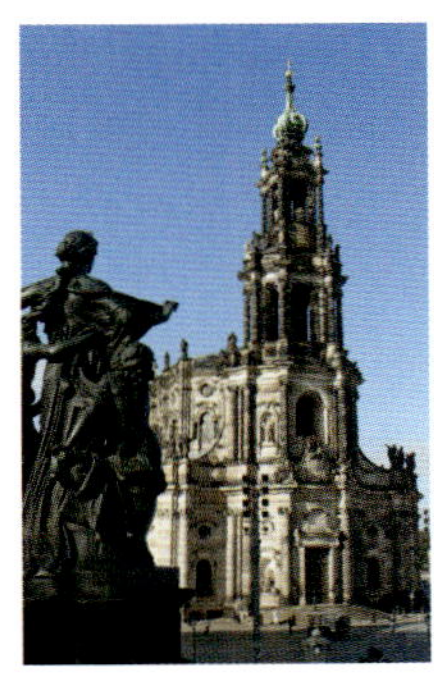

Blick von der Augustusbrücke zur Katholischen Hofkirche

Frauenkirche

Das größte protestantische Bauwerk Dresdens ist seine Frauenkirche. In der Form, wie wir sie heute betrachten und betreten können, wurde sie erstmals

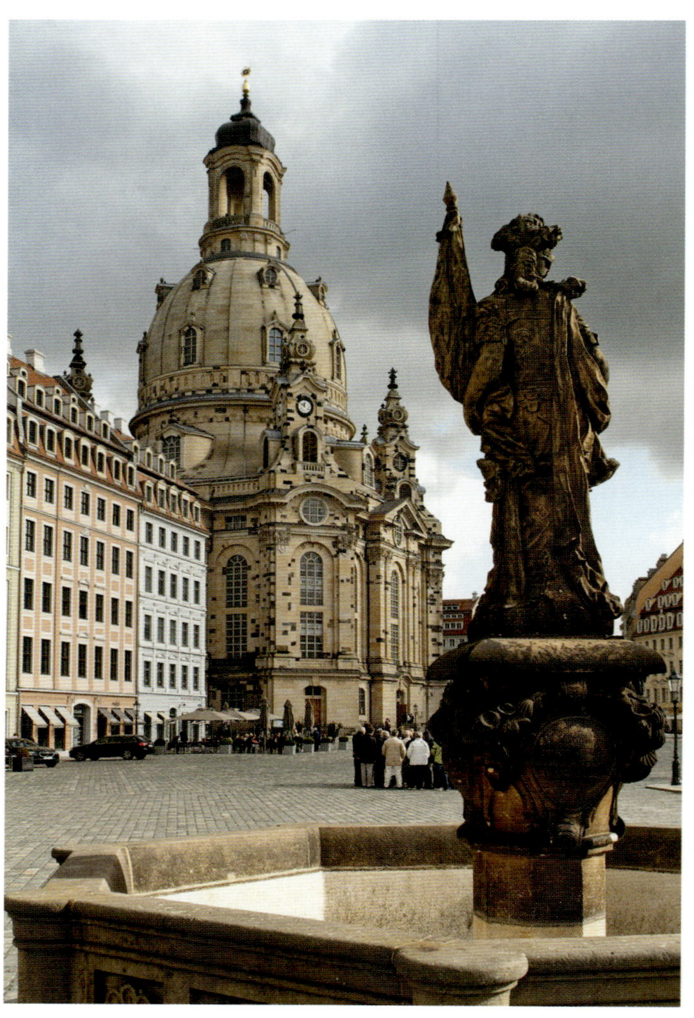

Türkenbrunnen auf dem Neumarkt, dahinter die Frauenkirche

1734 nach Plänen George Bährs erbaut. Die momentane Gestalt ist allerdings eine gelungene und besonders aufwendige Rekonstruktion. Zwei Tage nach der Zerstörung Dresdens 1945 stürzte das Original ein – der Feuersturm im Inneren der Kirche hatte ihre Stabilität und damit letztlich das gesamte Gebäude ruiniert. Der somit entstandene Torso blieb als Mahnmal stehen, bis sich nach der politischen Wende mit dem „Ruf aus Dresden" ein Umdenken hin zum Wiederaufbau der Frauenkirche vollzog. Und so wurde das Gebiet enttrümmert, alle Steine katalogisiert, diese – soweit verwendbar – möglichst an ihren ursprünglichen Ort im Gemäuer gesetzt und der Rest nach den historischen Plänen ergänzt. Übrigens stammen die Steine, wie bei manchen Gebäuden der Dresdner Altstadt, aus den Steinbrüchen des nicht weit entfernten Elbsandsteingebirges. Die Rekonstruktion des Innenraums der Frauenkirche erfolgte zumeist auf der Grundlage historischer Fotografien. Zentrales Ausstattungsstück ist die Orgel, die sich über dem Altar befindet. Sie wurde so gestaltet, dass sie den ursprünglichen Prospekt und viele Klangeigenschaften der vormaligen Silbermann-Orgel dieser Kirche übernimmt, gleichzeitig aber auch ein Universalinstrument unserer Zeit ist. Daniel Kern aus Straßburg baute dieses Werk mit 67 Registern, die sich auf vier Manuale und Pedal verteilen. Zusammen mit dem neu errichteten Gotteshaus wurde die Orgel am 30. Oktober 2005 eingeweiht.

Nicht zu vergessen ist das Geläut der Dresdner Frauenkirche. Es ist eines der jüngsten in ganz Sachsen und wurde größtenteils 2003 in der bekannten Gießerei Bachert in Karlsruhe geschaffen. Eine der insgesamt acht Glocken stammt sogar noch aus der zerstörten Frauenkirche, ein Instrument des Freiberger Glockengießers Martin Hilliger, gegossen 1516. Dadurch, dass sie 1926 nach Hubertusburg kam, entging sie der Zerstörung. Das Geläut ist auch deswegen erwähnenswert, da es mit seiner hellen Disposition ein musikalisch reizvolles Gegenstück zu den meist tontiefen Geläuten der Altstadt bildet.

Kulturpalast

Schräg gegenüber der Frauenkirche steht Dresdens Kulturpalast – ein deutlicher architektonischer Kontrast zum barock bestimmten Neumarkt. Der Entwurf entstand nach einer Idee von Ludwig Weil, und das klar strukturierte Gebäude errichtete man zwischen 1966 und 1969. Es wird vielseitig genutzt, auch als Ort unterschiedlicher Musikdarbietungen. In ihm ist z. B. die Dresdner Philharmonie, das städtische Traditionsorchester Dresdens, zu Hause. 1870 noch als „Gewerbehaus-Orchester" gegründet, trägt es seit 1915 seinen jetzigen Namen. Es ist regelmäßig im Kulturpalast zu erleben, der seit 2017 einen neuen Konzertsaal besitzt. Zusätzlich finden hier auch alljährlich Veranstaltungen der Dresdner Musikfestspiele und des hiesigen Dixieland Festivals statt.

Kreuzkirche

Einen Kirchenbau gibt es schon lange auf Dresdens Altmarkt. Bereits vor der ersten Stadterwähnung, also vor 1206, stand hier eine Nikolaikirche. Und im Jahr 1300 taucht erstmals in alten Rechnungsbüchern ein Schulmeister auf, der als „capellanus" u. a. einen Schülerchor zu leiten hatte. Das ist der erste Nachweis des heutigen, weltberühmten Dresdner Kreuzchors.

Sechsmal wurde die spätere Kreuzkirche zerstört – bei verschiedenen Bränden und Bombardierungen. Ihren letzten Schicksalsschlag dieser Art musste sie am 13. Februar 1945 erdulden. Ihr Wiederaufbau schien zunächst ebenso wie der des Zwingers in Frage gestellt. Ob der Dresdner Kreuzchor weiter bestehen würde, war genauso wenig vorauszusehen, wofür sich allerdings der damalige Kreuzkantor Rudolf Mauersberger beharrlich einsetzte. Genau zehn Jahre nach ihrer Zerstörung wurde die Kreuzkirche wiedereröffnet. Dabei ließ der Kreuzkantor sein ergreifendes Dresdner Requiem mit dem Kreuzchor und Mitgliedern der Dresdner Philharmonie erklingen. Er hatte es zum Andenken an die Opfer der Zerstörung Dresdens schon einige Jahre zuvor komponiert.

Blick über den Altmarkt zur Kreuzkirche

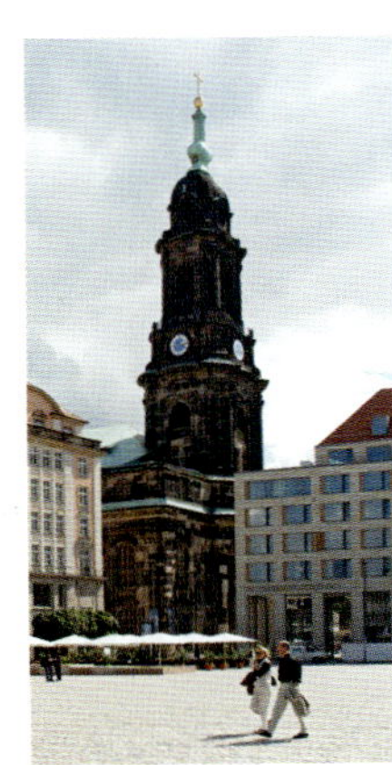

Das Innere der Kreuzkirche erscheint seit ihrem Wiederaufbau in veränderter Form. Der Architekt Fritz Steudtner plante eine Raumgestaltung, die die alten Strukturen der Kreuzkirche vor ihrer Zerstörung erkennen lässt, doch weitgehend von schlichtem Rauputz geprägt ist. Diese wesentlich nüchternere Umsetzung mag zunächst irritierend gewesen sein, ist aber mittlerweile untrennbar mit der Kreuzkirche Dresden verbunden.

Die wohl bedeutendsten Ausstattungsstücke der Kreuzkirche sind das erhalten gebliebene Altarbild „Golgatha" von Anton Dietrich und das ebenfalls unzerstört gebliebene Bronzerelief über dem Altartisch von Heinrich Epler mit Darstellung des ersten Abendmahls aus dem Jahr 1539.

Dresdens Kreuzkirche verfügt daneben über mehrere Orgeln: Die große Hauptorgel auf der Westempore ist sogar die größte der Stadt und verfügt über inzwischen 80 Register auf vier Manualen und Pedal. Die Dresdner Firma Jehmlich baute sie 1963, wobei mittlerweile mehrere Restaurierungen und Veränderungen erfolgten. Seit 2008 besitzt die Kreuzkirche eine von der Firma Kristian Wegscheider, ebenfalls in Dresden, gebaute Liegende Orgel, ein besonderes Werk mit einem Manual und Pedal, das über 10 Register verfügt. Sie ist als Continuoorgel für Aufführungen auf dem Altarplatz gedacht und hat schräg liegend angeordnete Pfeifen. So wird relativ wenig Höhe benötigt, und die Orgel kann verwendet werden, ohne eine Sichtversperrung für mitwirkende Musiker darzustellen. Bei Bedarf kann ein zusätzliches Pedalregister im Rücken des Organisten aufgestellt werden. Vorbilder für dieses außergewöhnliche Instrument fanden Kreuzorganist Holger Gehring und der Orgelbauer bei Klosterkirchenorgeln im vornehmlich süddeutschen Raum. Klanglich überzeugt die übrigens mit verschiedenen Stimmungen und Stimmtönen versehene Liegende Orgel der Kreuzkirche sowohl solistisch als auch im Zusammenspiel mit anderen Instrumenten.

Dann verfügt die Kreuzkirche noch über mittlerweile zwei kleinere Orgeln auf der Chorempore: eine Chororgel der Firma Jehmlich von 1957 und ein einregistriges Gedackt-Orgelpositiv der Firma Wegscheider von 1997. Fraglich ist die Zukunft der vormaligen Orgel in der Schützkapelle. Auch sie wurde 1955 von Jehmlich errichtet, war aber bereits mehrere Jahre nicht mehr spielbar. Vor der Innensanierung der Kreuzkirche ab 2000 wurde sie vollständig abgebaut und vorläufig deponiert. Eine derzeitige Orgellösung für die Schützkapelle ist noch offen.

Im Turm der Kreuzkirche befindet sich übrigens eines der größten Geläute Deutschlands und das wohl klangschönste Ensemble der Gießerei Schilling in Apolda, gegossen 1899. Trotz der überwältigenden Wirkung der fünf Glocken ergibt sich eine kleine Intonationstrübung. Der Schlagton von Glocke 3 geriet nach dem Guss etwa einen halben Ton höher als vorgesehen. So kann das eigentlich intendierte mollpentatonische Motiv (e°, g°, a°, h°, d') nur leicht verzerrt wahrgenommen werden. Bis 2011 wurden der restaurierungsbedürftige Glockenstuhl und das Geläut zwei Jahre lang vollständig saniert. Nun sorgen vor allem eine verbesserte Antriebstechnik, neue Joche und Klöppel für einen milderen, sehr homogenen Gesamtklang.

Der Goldene Reiter in der Dresdner Neustadt

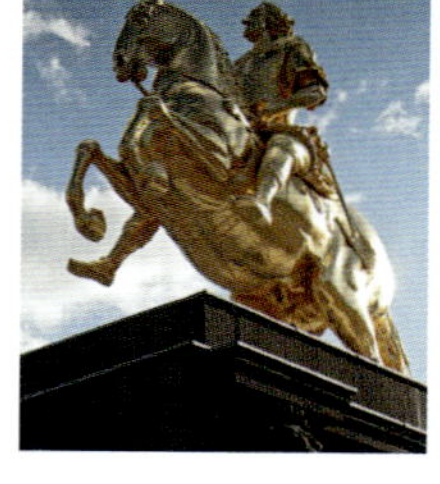

Auf der anderen Elbseite, am Beginn der Neustadt, grüßt ein bekanntes Standbild Augusts des Starken: der Goldene Reiter. Er ist schon von der Brühlschen Terrasse aus wahrnehmbar. Das Monument wurde nach einem Modell von Jean Joseph Vinache und aufgrund von Kupferarbeiten durch Ludwig Wiedemann errichtet. Durch seine Auslagerung im Zweiten Weltkrieg konnte es erhalten und 1956 wieder aufgestellt werden.

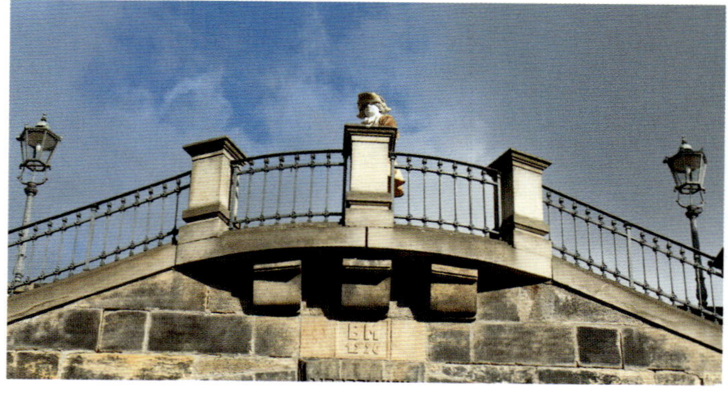

Die Brühlsche Terrasse

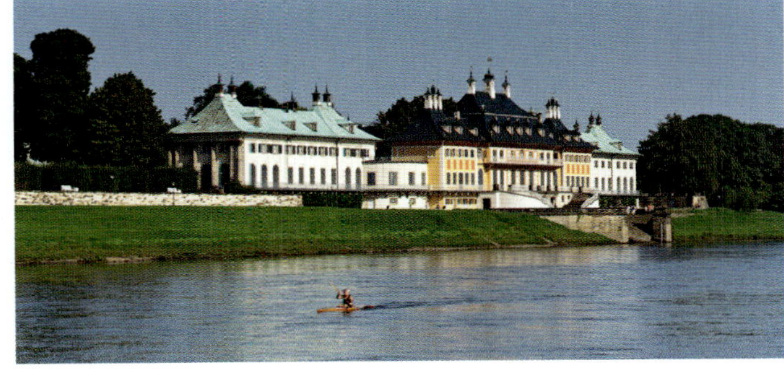

Blick über die Elbe auf Schloss Pillnitz

Schloss Pillnitz

Abschließend seien noch zwei sehenswerte Orte außerhalb von Dresdens Stadtkern erwähnt. Schloss Pillnitz wurde einst von Gräfin Cosel bewohnt bzw. sie war dorthin verbannt worden – sie sollte dem Dresdner Hof fernbleiben und auf diese Weise keine politische Einflussnahme ausüben können. Nachdem sie endgültig in Ungnade gefallen war, ordnete August der Starke 1720 die völlige Neuerrichtung des Schlosses an. Bis 1918 war es durchgängig Sommerresidenz der Wettiner, wird mittlerweile zur Besichtigung und als Museum genutzt. In seinen Räumen befindet sich ein besonderes Orgelpositiv. Es stand ursprünglich auf Schloss Moritzburg und wurde später nach Pillnitz verbracht. 1725 erstellte es der Meißner Orgelbauer Johann Ernst Hähnel und versah es mit vier Registern. Ob dieses kleine Instrument annähernd seinen ursprünglich intendierten Klang wiedergibt, kann nur vermutet werden. Jedenfalls haben die Orgelbauwerkstätten Rühle (Moritzburg) und Jehmlich (Dresden) 1934 und 1961 jeweils das komplette Pfeifenwerk erneuert und das Positiv instandgesetzt. Zum historischen Bestand zählen immerhin Gehäuse, Windlade, Register und Klaviatur.

Richard-Wagner-Museum Graupa

Für Wagner-Freunde ist ein Besuch in Graupa schließlich unverzichtbar. Denn hier, etwa vier Kilometer nordwestlich von Pirna, befindet sich Sachsens einziges Richard-Wagner-Museum, und dies am authentischen Ort. 1846 hatte sich der Komponist hierher in einen Großbauernhof zurückgezogen, u.a. um an der Partitur seines „Lohengrin" zu arbeiten. An selber Stelle wurde 1906 das Museum eingerichtet. Es zeigt Wagners Zimmer, daneben autographe Kostbarkeiten, Briefe und weitere Dokumente aus der Revolutionszeit und schließlich historische Musikinstrumente. Oft finden im Museum begehrte Konzerte statt.

Dresden

Information	Dresden Information GmbH Prager Straße 2b (Büro) 01069 Dresden Tel.: 0351 501501 Fax: 0351 501509 E-Mail info@dresden.travel	Touristinformation an der Frauenkirche Touristinformation im Hauptbahnhof
Sakrale Bauten	Frauenkirche, Kreuzkirche, Katholische Hofkirche, Martin-Luther-Kirche, Dreikönigskirche, Christuskirche, Annenkirche, Himmelfahrtskirche Leuben, Lukaskirche, Kirche Loschwitz, Christophoruskirche Wilschdorf	
Museen	Grünes Gewölbe, Galerie Alte Meister, Galerie Neue Meister, Kupferstichkabinett, Rüstkammer, Porzellanmuseum, Museum für Sächsische Volkskunst, Landesmuseum für Vorgeschichte, Verkehrsmuseum, Deutsches Hygiene-Museum, Stadtmuseum, Städtische Galerie, Technische Sammlungen, Carl-Maria-von-Weber-Museum, Kunstgewerbesammlung Schloss Pillnitz, Heimat- und Palitzsch-Museum Prohlis, Militärhistorisches Museum der Bundeswehr, Richard-Wagner-Museum Graupa	

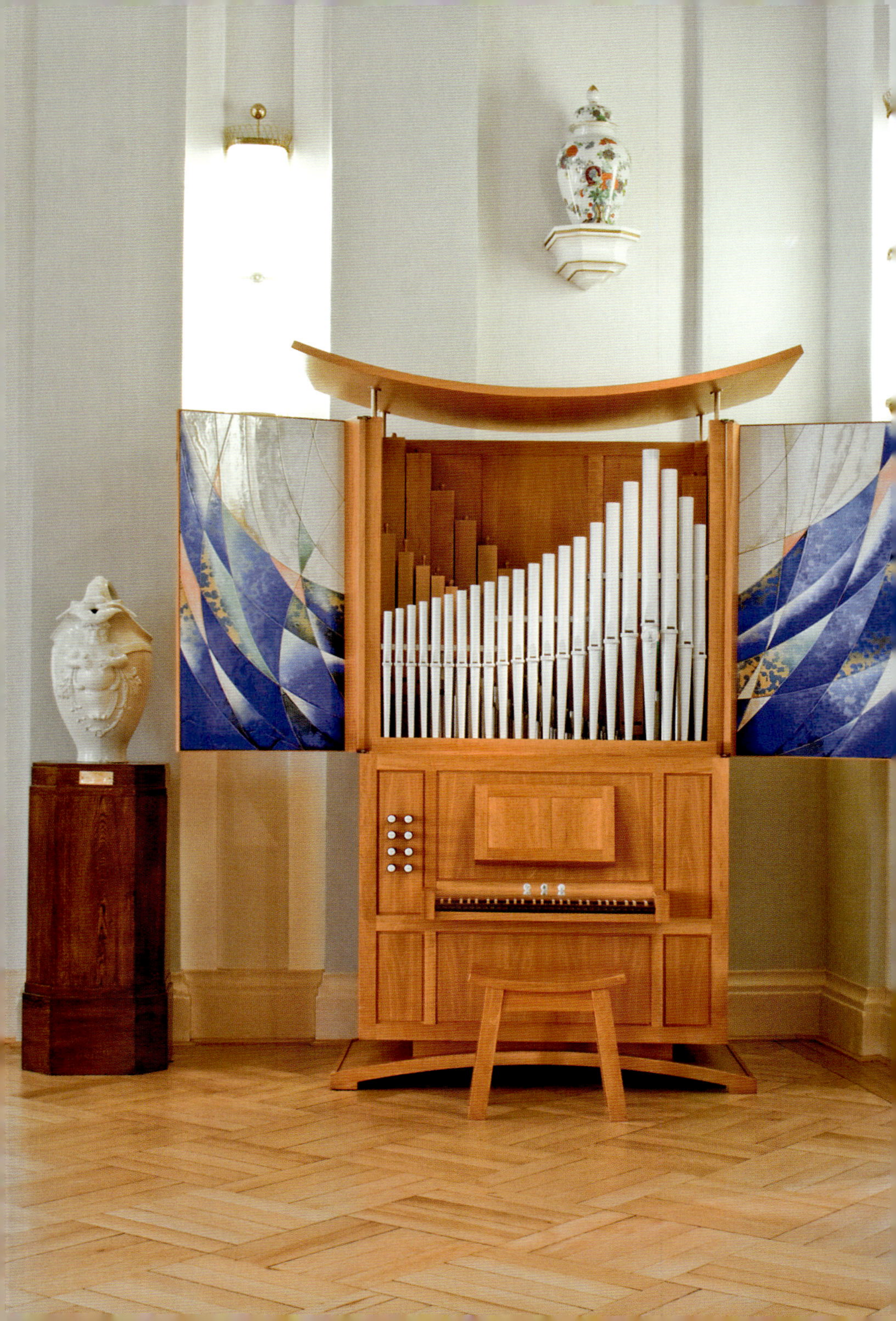

Die Jehmlich-Orgel in der Porzellan-Manufaktur Meißen

Disposition > Seite 212

Orgelbauer:
Jehmlich Orgelbau Dresden
Erbauungszeit:
2000

„Auf sr. König. Mayest. in Pohlen und Churfürst. Durch. zu Sachßen Allergnädigsten Hohen Befehl, soll in Dero Porcelani Fabrique auf den Schloße zu Meißen von Sächßischen Porcelani Eine Orgel nach hierbey folgender Disposition von den Organico und Mechanico Johann Ernst Hähneln geferttiget werden [...]" So steht es am Beginn eines bemerkenswerten Schriftstücks von 1732. Und die genannten Zeilen geben das inhaltlich Wesentliche an: August der Starke erteilt dem seinerzeit geschätzten, heute weitgehend vergessenen Orgel- und Instrumentenbauer Johann Ernst Hähnel (1697 – 1777) den Auftrag, eine Porzellanorgel herzustellen. Hähnel war zu dieser Zeit im sächsischen Raum bereits sehr angesehen, auch wenn er lange gewissermaßen im Schatten des großen Gottfried Silbermann arbeiten musste. So wissen wir einerseits von vielen Orgelneubauten, die er bis kurz vor seinem Tod errichtete – u.a. in Schloss Moritzburg, darüberhinaus auch in vielen kleineren sächsischen Orten. Andererseits wurden etwas häufiger Orgeln unter seiner Leitung umgebaut oder repariert, etwa im Meißner Dom und in der benachbarten Franziskanerkirche oder auch in St. Peter und Paul zu Görlitz. Wo er seine orgelbautechnischen Kenntnisse erwerben konnte, ist nicht sicher belegt, aber er dürfte vermutlich ein Schüler von Johann Gottlieb Tamitius (1691 – 1769) in Zittau gewesen sein. Den beruflichen Anfang machte Hähnel ab 1721 dann in Meißen und blieb dort für schätzungsweise 35 Jahre. Er war also vor Ort, als August der Starke ihn elf Jahre später mit der Fertigung einer Porzellanorgel beauftragte.

Die Tatsache, dass in Meißens Albrechtsburg die Synthese des weißen Goldes, des Porzellans, schon vor über zwanzig Jahren erstaunlicherweise gelungen war, erfüllte den sächsischen Kurfürsten verständlicherweise mit Stolz. Die erste erfolgreiche Porzellanherstellung im europäischen Raum war damals, 1708, eine Sensation. Und so verwundert es nicht, dass auch August der Starke einige Ideen hatte, zu was sein geliebtes Porzellan außerhalb von Geschirr noch zu verwenden war. Mit der Zeit reifte der Gedanke, es müsse doch möglich sein, auch eine Orgel aus Porzellan zu fertigen. Und so richtete er den genannten Auftrag an die königliche Manufaktur im Jahre 1732 mit sehr konkreten Vorgaben: Die Orgel sollte aus einem „Haupt Manual", einem „Neben Werck zum anderen Clavier" und einem Pedal bestehen, 946 Pfeifen und 51 Glocken enthalten.

Die Herstellung eines solchen Instruments sollte der Kurfürst nicht mehr erleben, auch wenn er sich bereits konkret vorstellte, seine Porzellanorgel im Japanischen Palais in Dresden aufstellen zu lassen. Doch es gab bereits zu Lebzeiten von August dem Starken erste Experimente. Der schon erwähnte Orgelbauer Johann Ernst Hähnel unternahm gemeinsam mit Pantaleon Hebenstreit direkt nach Auftragsvergabe einige Versuche. Diese waren zumindest insofern erfolgreich, dass als ein Nebenprodukt das erste Porzellanglockenspiel entstand. Dieses wohl klanglich noch etwas unterentwickelte mehrteilige Instrument wurde tatsächlich im Japanischen Palais aufgestellt und ist heute in der Porzellansammlung des Dresdner Zwingers zu bewundern. Somit waren schon einmal klingende Glocken aus dem weißen Material entstanden, wenn sie auch noch

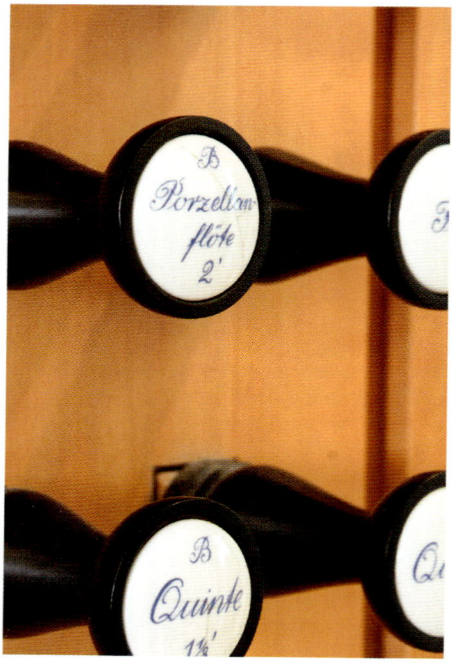

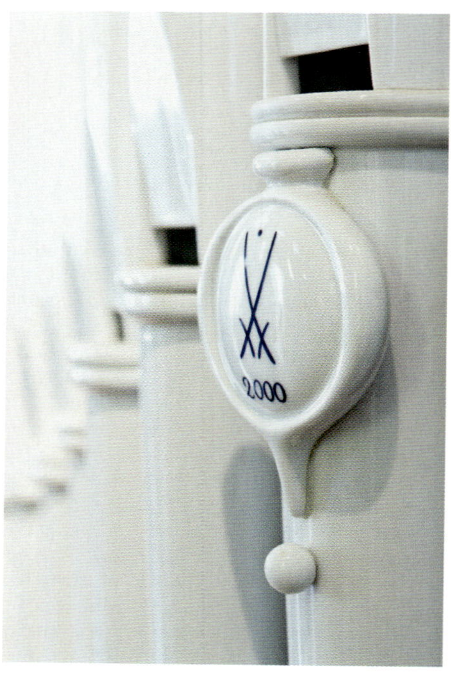

Registerzüge und Detail der größten Prospektpfeife (Porzellanflöte)

nicht überzeugend intonierbar waren. Doch Porzellanpfeifen gelangen Hähnel und Hebenstreit nicht.

Es vergingen noch Jahrhunderte, bis entsprechend dem einstigen fürstlichen Auftrag eine Orgel entstehen konnte. Dabei ist klar, dass mit einer Porzellanorgel nur gemeint sein kann, dass ausschließlich ihre Pfeifen aus diesem Material gefertigt sind. Und allein dies stellt Porzellanmacher vor zunächst unlösbare Probleme. Während des Brennvorgangs schwindet die ursprüngliche Masse um etwa 17 Prozent, was eine Volumenabnahme zur Folge hat. Dadurch wiederum besteht die Gefahr einer Verformung der Pfeifen, wodurch sie unbrauchbar werden. Genaue Berechnungen sind so äußerst schwierig anzustellen, ganz zu schweigen von den vielen Fehlschlägen, die bei der Porzellanpfeifenherstellung nicht ausbleiben. Nach erfolglosen Vorstudien vieler Vorgänger machte den ersten Schritt zu einer entsprechenden Orgel der in der Porzellanmanufaktur tätige Prof. Emil Paul Börner. Ähnlich den 1732 begonnenen Experimenten war er zunächst mit der Fertigung von Porzellanglocken erfolgreich. Denn ihm gelang erstmals 1920 die Herstellung solcher Exemplare, die überzeugend klangen und exakt stimmbar waren – eine Leistung, die er ein paar Jahre später bis hin zu ganzen Glockenspielen, erstmals für die Meißner Frauenkirche, erweiterte. So versuchte er sich (wie Hähnel und Hebenstreit zuvor) auch an Orgelpfeifen aus diesem Material – allerdings ebenfalls ohne Erfolg. Erste Resultate seiner Experimente gab es zwar, die aber wohl keinen annehmbaren Klang hervorbrachten. Schließlich gab er den reizvollen Versuch einer Porzellanorgel auf.

Es sollten weiterhin etwa dreißig Jahre vergehen, bis in der Meißner Manufaktur der damalige Lehrling und spätere Meister Ludwig Zepner zufällig auf Porzellanpfeifen, u.a. von Börner, stieß. Diese lagerten zerbrochen auf dem Dachboden.

Auch wenn Zepner die Idee wohl spontan faszinierte und nicht mehr losließ, eine Porzellanorgel erfolgreich aufzubauen – richtig widmen konnte er sich dieser Idee erst viel später, nach dem Ende seines Berufslebens.
So führte er seit 1990 aufwendige Experimente durch, ständig im Austausch mit der Orgelbauwerkstatt Jehmlich aus Dresden. Es dauerte lange, bis es endlich gelang, die Keramik zu optimieren, den Schwund des Materials zu bewältigen, die Pfeifenform von Beginn an stabil zu halten und die gesamte Pfeife so zu konstruieren, dass ein Luftstrom auch Töne hervorbringt.
Im Jahr 2000 war es dann soweit: Die ersten klingenden Porzellanpfeifen waren entstanden. Sofort wurde eine sinnvolle Orgeldisposition überlegt und das zugehörige Pfeifenmaterial geschaffen. Die Fertigstellung dieser ersten Porzellanorgel überhaupt erfolgte noch im selben Jahr. Das Werk ist zugegeben sehr klein. Es besteht lediglich aus vier klingenden Stimmen auf einem Manual. Der Klang der Orgel ist schon durch die Namen der Register (Gedackt, Rohrflöte, Porzellanflöte und Quinte) zu erahnen: Er ist vornehmlich flötenähnlich und warm. Zu den 22 Porzellanpfeifen, die dekorativ im Prospekt stehen, kommen noch zahlreiche aus Holz. Die Orgel besitzt außerdem einen gewissen Spielkomfort. Ihr Stimmton ist nämlich zweifach umschaltbar, sodass die Orgel entweder im aktuellen sowie im mitteldeutsch-barocken Kammerton, aber auch im alten Chorton gespielt werden kann.
So ist es 268 Jahre nach dem Befehl Augusts des Starken tatsächlich gelungen, seinen Wunsch einer Porzellanorgel zu erfüllen. Allerdings stellte sich der sächsische Kurfürst dieses Werk in einer Dimension vor, die vielleicht in einem zweiten Anlauf zu realisieren wäre. Seine Porzellanorgel sollte ja aus Hauptwerk, Nebenwerk und Pedal bestehen und 946 Pfeifen enthalten. Letztere würden sich bei gleichem Klaviaturumfang auf etwa 17 Register verteilen müssen ...
Übrigens gibt es inzwischen eine weitere Orgel mit Pfeifen aus Meißner Porzellan, die wiederum eine Neuentwicklung beinhaltet: Durch ihren Erfolg motiviert, konnte die Firma Jehmlich ein Orgelcarillon (also eine Kombination aus Orgel und Glockenspiel) nach Japan exportieren. Es steht seit 2007 in der Evergreen Mall von Yokohama. So bleibt abzuwarten, welche Entwicklung der Porzellanorgelbau noch nehmen wird.

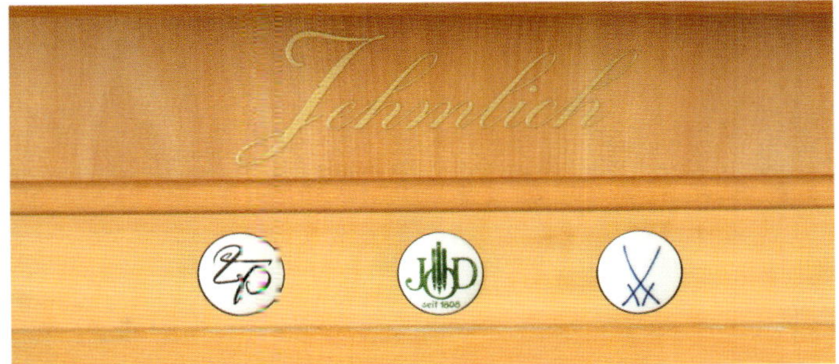

Detail des Vorsatzbrettes

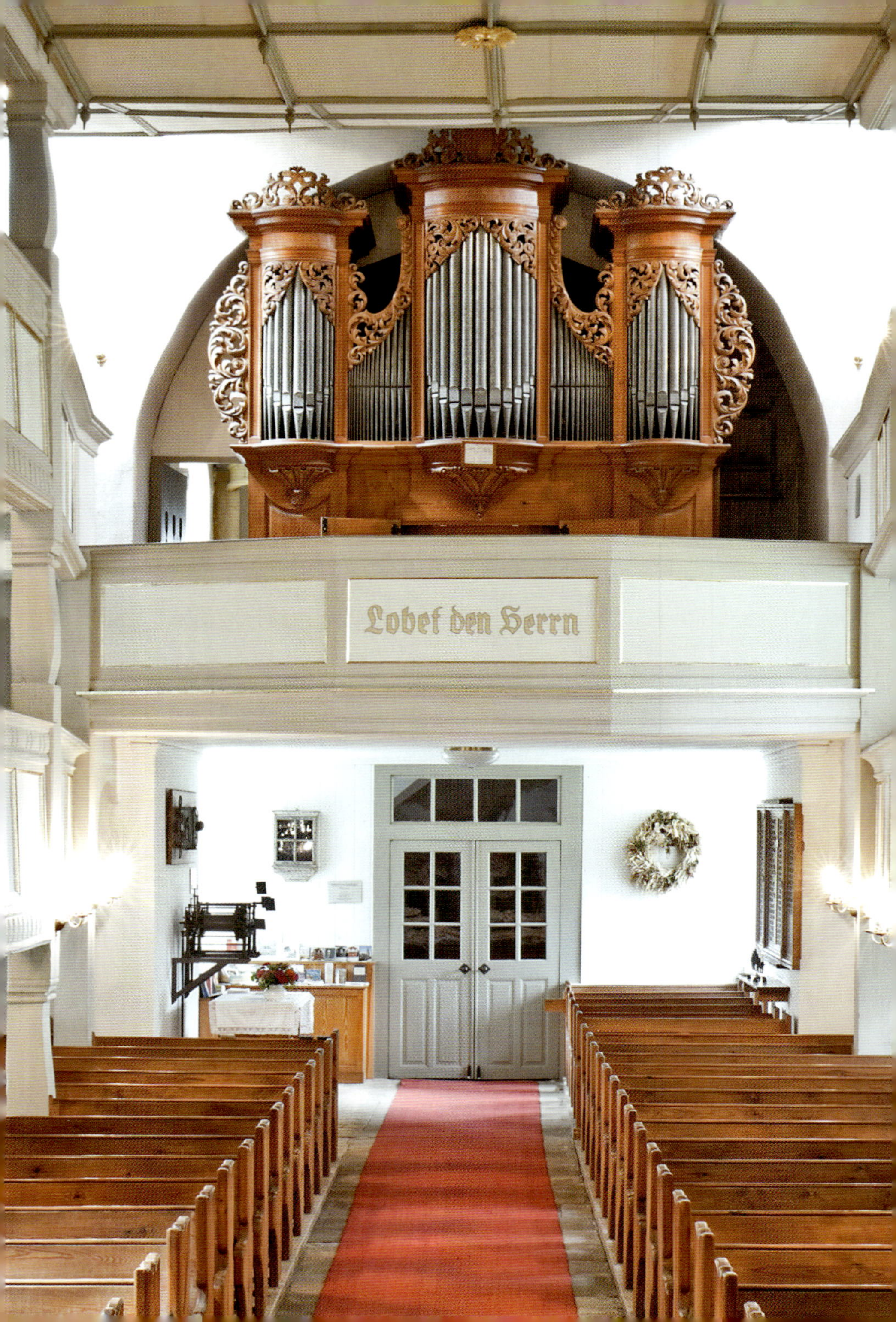
Lobet den Herrn

Die Silbermann-Orgel in der Kirche zu Dittersbach

Disposition > Seite 213

Orgelbauer:
Gottfried Silbermann
Erbauungszeit:
1726
Restaurierungen, Umbauten:
1893, 1926, 1952, 1980/81

Eine große Feuersbrunst brach 1660 unvermittelt über das kleine Dorf Dittersbach herein. Sie vernichtete fast jedes Gebäude. Auch die Kirche wurde nicht verschont. Lediglich das damals etwa 100 Jahre alte Hauptgebäude des Schlosses blieb unversehrt. Mit dem Wiederaufbau wurde anschließend sofort begonnen. Als zwei Jahre später auch das Gotteshaus neu errichtet war, blieb es lange in mehrfacher Hinsicht ein Provisorium. Es hatte keinen Turm und besaß keine Orgel. Doch allmählich wurde die Kirche zu klein für die Gemeinde, und das Kirchenprovisorium war irgendwann kein annehmbarer Zustand mehr. Erst 1721 fand eine Grundsteinlegung statt, als Beginn des Turmbaus und der gleichzeitigen Raumvergrößerung. Ein Jahr später war der Turm fertiggestellt und nun sollte auch der Einbau einer neuen Orgel realisiert werden.

Der im Dittersbacher Schloss ansässige Erb- und Lehnsherr Baron Hans Christian von Kiesenwetter beauftragte den bedeutenden Gottfried Silbermann mit der Errichtung eines neuen Instruments. Wann dies genau geschah, ist unbekannt. Genauso wenig wissen wir, ob die Orgel nach Fertigstellung dem Gutachter zusagte. Vermutlich wird er entzückt gewesen sein über diese Orgel, die auf engem Raum mit nur einem Manual und Pedal versehen ist und durch ihre 14 klingenden Register eine ungewöhnliche Stimmen- und Klangvielfalt besitzt. Doch ein Abnahmegutachten existiert nicht mehr. Es war Christian Pezold, damals Kammer- und Sophienorganist aus Dresden, der die kleine Silbermann-Orgel am 10. November 1726 prüfte. Am selben Tag wurde sie geweiht.

Und von der Orgelweihe hat sich ein interessantes Dokument erhalten. Pfarrer Michael Lobegott Markgraff verfasste aus gegebenem Anlass und nach allgemeinem Brauch der Zeit folgendes Orgelcarmen:

> „Es lobt ein schönes Werck den kunsterfahrnen Meister!/Obschon der Neider Geist es hämisch niederschlägt,/und solches aus Verdruß nicht nach dem Werthe wägt;/doch wer bekümmert sich um solche schlimme Geister./Vergnügt! Herr Silbermann hier hat ein künstlich Stücke,/das seinen Meister lobt, und selber lebt und lacht,/mit Approbation die kluge Hand gemacht./GOTT gebe fernerhin zu propren Volles Glücke!“

Der Schöpfer dieser Zeilen hat uns damit einmal mehr den Beleg für eine weit verbreitete Tradition hinterlassen. Und Orgelcarmina wurden offenbar selbst bei der Orgelweihe kleinerer Instrumente, wie in Dittersbach, vorgetragen.

Lange blieb die Silbermann-Orgel weitgehend unangetastet. Erst am Ende des 19. Jahrhunderts musste sie wenige Klangfarbenveränderungen, das Umstellen einiger Register und die Herabsetzung des Stimmtons durch den Orgelbauer Eduard Berger aus Bischofswerda erdulden. Doch Schritt für Schritt wurden diese Eingriffe wieder rückgängig gemacht – erst durch die Rückführung der Disposition im Jahre 1952 und dann durch eine Komplettrestaurierung der Orgel 1980/81. Beide Maßnahmen führte die Firma Eule in Bautzen erfolgreich durch. So ist eine seiner kleinsten Orgeln schon seit einiger Zeit wieder gemäß der Klangvorstellung Gottfried Silbermanns in Dittersbach zu hören. Einen akustischen Eindruck kann sich jeder bei den regelmäßigen Gottesdiensten und Konzerten verschaffen.

Sehenswertes im Elbland

Dieses reizvolle Gebiet ist nicht genau abgrenzbar. Es breitet sich etwa zwischen dem Elbsandsteingebirge und Torgau aus. Für viele Geschmäcker bietet es etwas, für Natur- genauso wie für Kulturliebhaber. Die Elbe und die sie umgebende Landschaft nehmen schon für sich ein. Und hinzu kommen innerhalb des Elbtals viele bemerkenswerte Städte und Dörfer, die ihren jeweils eigenen Reiz ausstrahlen. Die Musikinteressierten dürften beim Stichwort „Elbland" einerseits an die genannte Landschaft, aber auch an ein Ensemble denken, das seinen Namen von ihr abgeleitet hat: die Elbland Philharmonie Sachsen. Sie ist das Produkt einer schrittweisen Fusion aus drei Orchestern: dem Orchester der Landesbühnen Sachsen, dem Sinfonieorchester Pirna und einem unter verschiedenen Namen firmierenden Orchester aus Riesa. Letztere Stadt ist auch der Sitz des neuen Klangkörpers. Und von hier aus bestreitet die Elbland Philharmonie regelmäßige Konzerte in der Region, so natürlich im Elbland, in der Sächsischen Schweiz und im Osterzgebirge. Gelegentlich absolviert sie auch erfolgreiche Gastspielauftritte und hat sich einen guten Ruf auch über die Region hinaus erworben.

Meißen

Einige herausragende Städte befinden sich im Elbland, zu denen zweifellos Meißen gehört. Weithin grüßen die dominierenden Gebäude auf dem Burgberg den Besucher: Albrechtsburg und Dom. Sie sind Teil einer mehr als 1000-jährigen Landesgeschichte, denn schon sehr früh (im Jahre 928) wurde hier eine Burg durch Heinrich I. gegründet. Und damit war Meißen der erste deutsche Stützpunkt in slawischen Landen.

Meißens Altstadt ist faszinierend – ein etwa 32 ha großes architektonisches Flächendenkmal. Dass es sich bis heute unverfälscht erhalten konnte, hat einen einfachen Grund: Im Zweiten Weltkrieg wurde die Altstadt nicht zerstört, konnte damit ihre ursprünglichen Bauten und Proportionen bewahren und somit den vorherrschend mittelalterlichen Charakter bis in unsere Zeit retten. Da in Meißens Stadtgebiet unterhalb der Burg schon 1002 ein Jahrmarkt belegt ist, muss sich die Stadt nach der Burggründung rasch entwickelt haben. Und spätestens unter Markgraf Dietrich dem Bedrängten folgte dann 1205 die planmäßige Stadtgründung Meißens. Überhaupt entwickelten sich Stadt und Burg nicht unabhängig voneinander. Wohl durch den Bau an der Albrechtsburg ab 1471 waren auch manche Bürger in der Stadt motiviert, eigene Häuser zu errichten. Und dies geschah teils sogar unter Mithilfe des Burgbaumeisters Arnold von Westfalen.

Dom zu Meißen

Wer sich auf Meißens Burgberg umsieht, wird mehrere Gebäudekomplexe entdecken. Auf dem Felsplateau am linken Elbufer liegt zentral der Dom, umliegend befinden sich Burg, Bischofssitz, Domherrenhöfe und Kornhaus. Das mächtige Erscheinungsbild des Doms lässt heute kaum erahnen, wie es hier noch im 10. Jahrhundert ausgesehen hat. Am Anfang der Gründung des Bistums Meißen im Jahre 968 durch Kaiser Otto I. stand nämlich eine schlichte Kapelle. Und bis 1073 war immerhin eine viertürmige romanische Basilika entstanden, die knapp 200 Jahre bestehen sollte. Erst um 1260 begann die erste entscheidende Bauphase des Meißner Doms. Schritt für Schritt entstand bis etwa 1410 ein Großteil des Gotteshauses. Und ziemlich genau 130 Jahre später waren auch die letzten Abschnitte des Doms vollendet – bis auf die Westtürme. Diese, nach einem Blitzschlag 1413 eingestürzt, wurden erst im 19. Jahrhundert in ihrer heutigen Form komplettiert. Eine schon von außen auffallende architektonische Besonderheit ist übrigens die Fürstenkapelle. 1423 wurde sie vor die Westfront gesetzt, und damit gelangte das ursprünglich als Außenportal gedachte prächtige Westportal in den Innenraum des Doms. So gehört es auch zu seiner bemerkenswerten Aus-

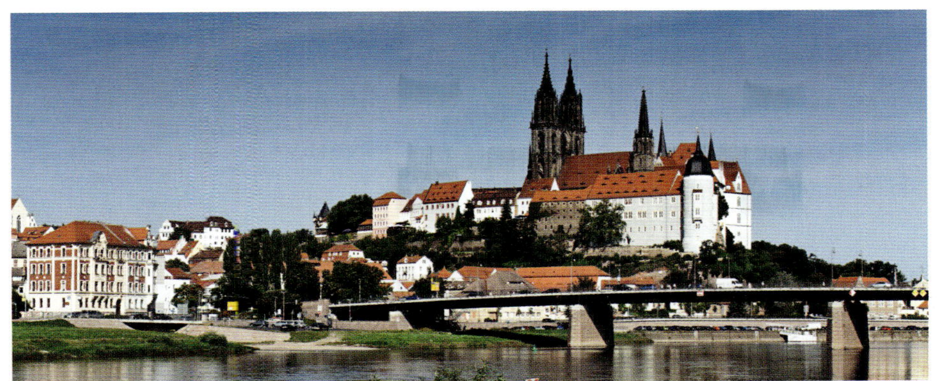

Blick über die Elbe auf Albrechtsburg und Dom zu Meißen

stattung, einer der wertvollsten in ganz Sachsen. Und dabei war diese vormals noch umfangreicher als heute. Der Dom besaß z. B. etwa 30 Altäre, die aber der 1539 eingeführten Reformation zum Opfer fielen. Noch heute kann man mehrere bemerkenswerte Figuren, u. a. der Stifter des Doms, bewundern. Sie sind noch aus dem 13. Jahrhundert erhalten und werden der Werkstatt des Naumburger Meisters zugerechnet. In der Georgskapelle des Doms findet sich ein Triptychon von Lucas Cranach d. Ä., 1534 geschaffen, und die auffallende Sandsteinkanzel von 1591 ist ebenfalls bemerkenswert. Orgeln gab es am Meißner Dom bereits zur Zeit des Mittelalters, doch die heutigen Instrumente sind wesentlich jünger. Die Hauptorgel mit ihren 41 Registern auf drei Manualen und Pedal stammt von der Firma Eule aus Bautzen und wurde 1972 auf der Nordostempore errichtet. Zusätzlich besitzt der Dom auch ein mit drei Registern ausgestattetes kleines Positiv auf der Westseite.

Albrechtsburg Meißen

In unmittelbarer Nachbarschaft des Doms steht Meißens Albrechtsburg. Sie wurde, wenn überhaupt, dann sehr selten bewohnt. Eigentlich war sie als Residenz der beiden gemeinsam regierenden Brüder Kurfürst Ernst und Herzog Albrecht gedacht. Da sie kaum als Wohnstätte genutzt wurde, blieb sie auch von größeren Umbauten verschont, was sie heute zu einem der wenigen unverfälscht erhalten gebliebenen weltlichen Bauwerke der Spätgotik macht. Im Wesentlichen war sie schon bis 1485 unter der Bauleitung von Arnold von Westfalen entstanden. Und der plötzliche Abbruch der Bauarbeiten lag am Zerwürfnis der beiden Bauherren. Schließlich wurde Dresden und nicht Meißen Residenzstadt des albertinischen Landesteils, und die später so genannte Albrechtsburg verlor noch mehr an Bedeutung. Bis 1525 erfolgten noch einige Ergänzungsbauten unter Leitung von Jakob Heilmann von Schweinfurt. Dann wurde es lange still um die Meißner Albrechtsburg, bis sie als Fabrikationsstätte von Porzellan wieder Bedeutung erlangte. 1710 wurde hier auf Geheiß von August dem Starken die Meißner Porzellanmanufaktur eingerichtet. Zwei Jahre zuvor war es Johann Friedrich Böttger gelungen, das „Weiße Gold" erstmals in Europa herzustellen, und als Fabrikationsstätte war zunächst Dresden vorgesehen. Doch schien die isolierte Albrechtsburg in Meißen der geeignetere Ort, um die Porzellanrezeptur geheim zu halten. Bis 1864 blieb die Manufaktur in der Albrechtsburg. Dann veranlassten der sehr kunstbewusste König Johann und der Altertumsverein, dass sie aus der schützenswerten Burg auszog und sich einen neuen Standort in Meißen suchte. Die heutige Innenansicht der Albrechtsburg geht ebenfalls auf König Johann zurück, der nach 1871 beträchtliches Geld in die Erneuerung des Gebäudes investierte. Er ließ eine umfangreiche Ausmalung von zehn Mitgliedern der Dresdner Kunstakademie anfertigen. Über 50 historisierende Bilder und Ornamente demonstrieren die Geschichte von Burg und Wettinern. Heute wird die Albrechtsburg vor allem zur Besichtigung und zur Präsentation von Ausstellungen genutzt. So kann man einiges über die Baugeschichte der Burg erfahren und gleichzeitig eine bemerkenswerte Kunstsammlung mit Werken des Mittelalters bewundern.

Porzellanmanufaktur Meißen

Wie erwähnt, zog Meißens Porzellanmanufaktur aus der Albrechtsburg aus und fand ihr neues Domizil 1865 in der Talstraße 9. Auf den ersten Porzellanhersteller Europas, Johann Friedrich Böttger, stößt der Besucher schon vor dem Eingang – in Form einer an ihn erinnernden Büste. Viele tausend Menschen strömen jedes Jahr nach Meißen, um die Manufaktur von außen und innen zu betrachten. Auf diesen Ansturm hat sich das Unternehmen inzwischen mehr denn je eingerichtet. Der Schaubereich wurde inzwischen völlig umgestaltet, auch wenn er sich mit seinen etwa 3.000 präsentierten Porzellan-Exponaten in einer Schauhalle von 1906 befindet. Daneben gibt es auch eine Schauwerkstatt, in der u.a. Porzellanbemalung und Aufglasmalerei betrachtet werden können Und schließlich existiert seit 2005 ein Besucherzentrum: Über drei Geschosse ergänzt es das Museum und erweitert damit das Angebot für die Besucher.

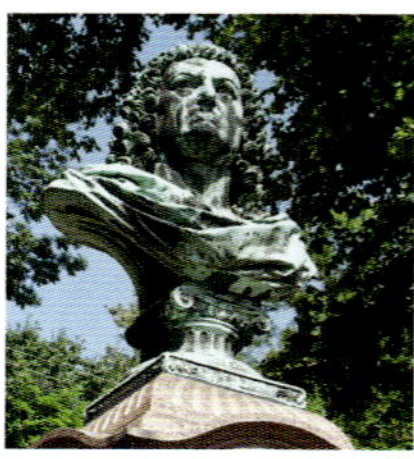

Böttger-Büste vor der Porzellanmanufaktur

Übrigens ist das Meißner Porzellan mittlerweile auch musikalisch verarbeitet worden, und das nicht nur in Form der originellen Porzellanorgel: 1978 brachte die Stern-Combo Meißen ihre Rockoper „Weißes Gold" auf LP heraus, die inzwischen ein Meißner „Klassiker" geworden ist. Und dafür erhielt die Band auch 2010 den Kunst- und Kulturpreis der Stadt.

Weingut Proschwitz

Meißen ist auch Ausgangspunkt und Teil der Sächsischen Weinstraße im einzigen Weinanbaugebiet Sachsens. Etwas außerhalb der Stadt, etwa 5 Kilometer nordwestlich gelegen, befindet sich das Weingut Proschwitz. Es ist das älteste und größte private Weingut Sachsens. Seine Wurzeln reichen sogar bis ins 12.Jahrhundert zurück. Da waren die Proschwitzer Weinberge schon Besitz des Bischofs von Meißen – ein Großteil der benötigten Messweine wurde hier produziert! Nach der Reformation ging das Weingut an verschiedene Besitzer über, bis es nach dem Zweiten Weltkrieg allmählich verfiel. Erst der Rückkauf des Gutes machte es möglich, ab 1998 hier wieder regulär Wein anzubauen. Seitdem findet auf dem Weingutgelände regelmäßig eine Vielzahl unterschiedlicher festlicher Veranstaltungen statt.

Alte Kirche Coswig

Ein orgelbezogenes Kleinod entdeckt man ebenfalls nicht weit von Meißen, und zwar in der Alten Kirche von Coswig. Wann die dort befindliche Orgel genau entstanden ist, bleibt bis heute ein Geheimnis. Anfang des 17.Jahrhunderts oder 1615 oder 1624 könnte sie entstanden sein, vielleicht sogar vom bekannten Orgelbauer Gottfried Fritzsche, der u.a. ein bemerkenswertes Instrument für die Dresdner Schlosskapelle gebaut hatte, das aber nicht mehr existiert. Möglich wäre auch, dass sein Schüler Tobias Weller die Orgel in Coswig errichtete. Doch unabhängig von ihren Erbauern oder ihrer genauen Entstehungszeit ist sie eine der ältesten sächsischen Orgeln und seit einigen Jahren in einer umfangreichen Restaurierung und Rekonstruktion wieder in ihren Erstzustand versetzt worden. Alle weiteren Ergänzungen und Veränderungen am Instrument, die seit dem 18. Jahrhundert durchgeführt wurden, sind inzwischen durch die denkmalgerechte Rückführung der Firma Kristian Wegscheider (Dresden) beseitigt worden. Am 23.September 1998 konnte die Orgel in ihrer ursprünglichen Gestalt wieder erklingen.

Elbsandsteingebirge

Prägend für das Elbland ist selbstverständlich das Elbsandsteingebirge, ein Mittelgebirge am Oberlauf der Elbe im deutschen Sachsen und tschechischen Nordböhmen. Zur Orientierung ist Rosenthal sozusagen der deutsche Talort des höchsten Gebirgsberges, des auf böhmischer Seite liegenden Hchen Schneebergs (Decinský

Sněžník). Und in Rosenthal wurde übrigens im Jahre 1714 Gottfried August Homilius, der seinerzeit bekannte Organist und geschätzte Komponist, geboren.
Das Elbsandsteingebirge ist ein beliebtes Ziel für Naherholung und Urlaub, speziell auch ein begehrtes Wander- und Klettergebiet. Der deutsche Teil dieses stark zerklüfteten Gebirges wird seit dem 18. Jahrhundert auch Sächsische Schweiz genannt. Eine ebenfalls sehenswerte Stadt, nämlich Pirna, ist sozusagen das Einfallstor der Sächsischen Schweiz, und hier beginnt auch der bekannte Malerweg. Ihn durchwanderten schon im 19. Jahrhundert zahlreiche Künstler, die von seinen besonderen Perspektiven fasziniert waren. In den letzten Jahren wurde dieser Weg neu markiert und daraufhin mehrfach ausgezeichnet. Bemerkenswert ist auch der Formenreichtum des Gesteins auf engstem Raum, wie er in der Sächsischen Schweiz vorhanden ist. Nicht von ungefähr ließ sich nachweislich Carl Maria von Weber von dieser Landschaft inspirieren, als er etwa die bekannte Wolfsschluchtszene seines „Freischütz" komponierte.

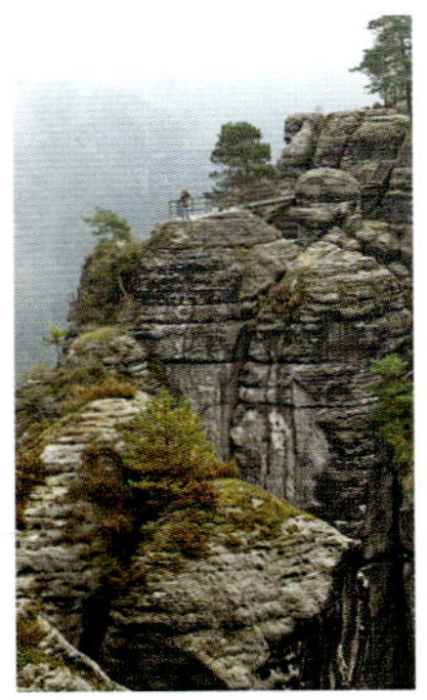

Einer der markantesten Aussichtsfelsen über dem Elbtal: die Bastei

Eine der ganz besonderen Fels- und Tallandschaften der Sächsischen Schweiz findet sich auch in Hohnstein. Auf dem Felsen grüßt die gleichnamige Burg. Hohnstein ist ein von der umgebenden Landschaft stark geprägter Ort mit zahlreichen Wander- und Ausflugszielen. Im Stadtkern befindet sich ein besonderes Bauwerk, das von George Bähr geschaffen wurde: Die Stadtkirche entstand, nachdem ihre Vorgängerin beim großen Stadtbrand vier Jahre früher zugrunde gegangen war, bis 1728. Sie ist eine der schönsten Barockkirchen Sachsens und verfügt auch über eine ganz besondere Orgel. Eigentlich war diese gar nicht für Hohnstein bestimmt, denn ursprünglich befand sie sich auf der Westempore der Kirche von Stöntzsch, einem Ort in der Nähe von Pegau bei Leipzig. Dort hatte sie auch Johann Sebastian Bach geprüft, sogar zweimal: 1731 war sie vom Schulmeister und Orgelbauer Johann Christoph Schmieder aus Mölbis unter Verwendung des Vorgängerinstruments geschaffen bzw. halbwegs fertiggestellt worden. Bach sollte diese noch unvollendete Orgel mit ihren bisher nur sechs Registern prüfen, was er auch tat und sie am 2. November des Jahres für gut befand. Fast auf den Tag genau drei Monate später war die Orgel fertig. Sie hatte nun doppelt so viele Register auf einem Manual und Pedal. Und so wurde sie „von dem Herrn Capellmeister Bach noch einmal besehen u probiret". Der Leipziger Thomaskantor soll keine schwerwiegenden Beanstandungen geäußert haben. Nachdem die Orgel

Hohnstein

Blick über das Rathaus von Hohnstein zur Burg

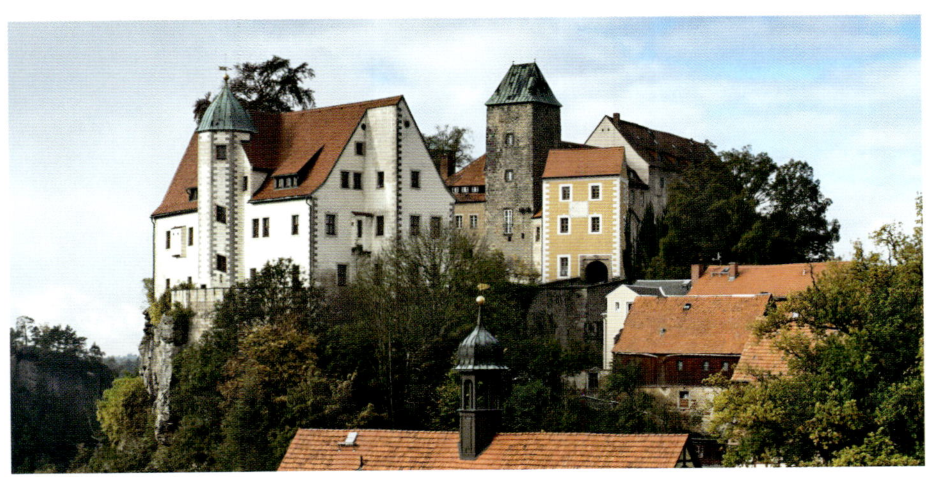

dennoch im 19. Jahrhundert mehrfach verändert worden und im 20. Jahrhundert zusehends verfallen war, setzte sich 1935 Paul Rubardt für eine gründliche Wiederherstellung des Instruments durch die Firma Eule aus Bautzen ein. Ziel war eigentlich die konsequente Rückführung auf den Zustand von 1732, was aber wohl an Kompromissen gegenüber den Wünschen der Gemeinde scheiterte. Jedenfalls sprechen die Formulierungen aus dem Abnahmegutachten Friedrich Högners vom Dezember 1935 für eine Intonation, die u. a. auf komplette Stimmenverschmelzung ausgerichtet war. Dies dürfte der originalen Klanglichkeit des 18. Jahrhunderts kaum entsprochen haben.
Wie dem auch sei: Die Orgel verblieb nur noch etwas mehr als 30 Jahre an dem ursprünglich für sie vorgesehenen Ort. Das Dorf Stöntzsch und seine Kirche gibt es seit 1967 nicht mehr, da sie durch den Braunkohlentagebau vernichtet wurden. Glücklicherweise konnte die Orgel rechtzeitig ausgebaut werden und hat seitdem in der Stadtkirche von Hohnstein ihre neue Heimat über dem Altar gefunden. Dabei wurde die Disposition leicht verändert, wobei u. a. zwei Pedalregister ergänzt wurden. Und schließlich gelang es, die originale Gehäusefassung freizulegen und zu restaurieren.

Festung Königstein

Ein besonderes Symbol der Sächsischen Schweiz ist die Festung Königstein. Auf dem gleichnamigen Tafelberg gelegen, ist sie eine der größten Bergfestungen Europas. Sie steht auf einem 9,5 ha großen Bergplateau, 247 Meter über der Elbe, und sie besteht aus mehr als 50 Gebäuden, die teilweise an die 400 Jahre alt sind. Als man von ihr zum ersten Mal 1241 erfährt, war sie der Ort einer Grenzvertragsbesiegelung durch König Wenzel I., und dies geschah auf dem „castrum in lapide regis", der Burg auf dem Stein des Königs. 1459 fiel die Burg an die Wettiner, und 1515 ließ sie Herzog Georg der Bärtige in ein Kloster umwandeln, das allerdings schon kurze Zeit später im Zuge der Reformation aufgelöst wurde. Eine rege Bautätigkeit setzte ein, als Christian I. 1589 Bauherr wurde. Und dabei blieb die Festung Königstein militärisch immer bedeutungslos. Sie wurde vielmehr als Gefängnis genutzt, zu dessen Insassen zwischen 1591 und 1922 etwa der schon erwähnte Johann Friedrich Böttger oder auch der Dichter Frank Wedekind gehörten. In Krisenzeiten war Königstein stets Fluchtburg, und im Zweiten Weltkrieg diente das als uneinnehmbar geltende Areal als Lagerstätte mancher Kunstschätze, beispielsweise aus dem Dresdner Grünen Gewölbe. Heute hat die Anlage in Königstein durch ihre zahlreichen Gebäude, ihre Kasematten oder ihr Schatzhaus einiges Interessantes zu bieten. Das Museum präsentiert u. a. eine große Waffensammlung. Und auf dem Gelände befindet sich auch die älteste sächsische Garnisonskirche, die aus dem 17. Jahrhundert erhalten ist und 2000

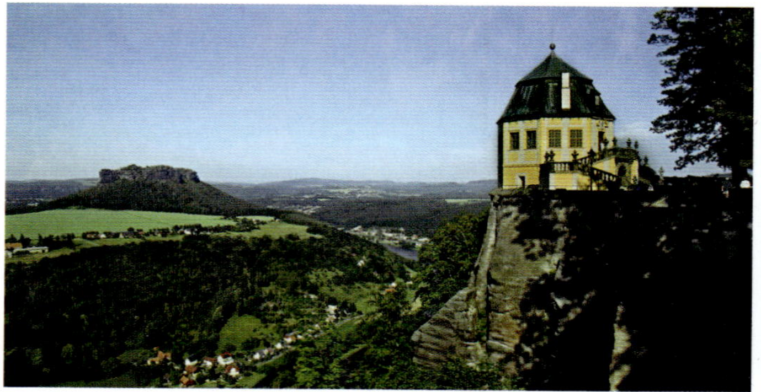

Gegenüber der zur Festung Königstein zählenden Friedrichsburg erhebt sich der Lilienstein

nach erfolgreicher Sanierung erneut geweiht wurde. Seither werden dort im Sommer regelmäßig Konzerte veranstaltet, u.a. an der ebenfalls 2000 eingeweihten Jehmlich-Orgel. Daneben ist auch im unterhalb der Festung liegenden gleichnamigen Ort die Stadtkirche sehenswert, ein reizvoller Bau von George Bähr, der sie 1720–1724 schuf; nach einem Brand im 19. Jahrhundert wurde sie wiedererrichtet. Bemerkenswert ist im Inneren ihr klassizistischer Kanzelaltar.

Reinhardtsgrimma

Schließlich wäre noch – gerade für Orgelfreunde – Reinhardtsgrimma eine Erwähnung und natürlich einen Besuch, möglichst eines Orgelkonzerts, wert. Mittlerweile ist das Dorf ein Ortsteil der Stadt Glashütte geworden. Und zwei prägende Sehenswürdigkeiten befinden sich hier: das Schloss und die verhältnismäßig große Dorfkirche. Letztere steht auf einer Anhöhe, weithin sichtbar, und ist eine der größten Dorfkirchen des Umkreises. Die erheblichen Umbauten und Erweiterungen um 1550 führten zu ihren heutigen Dimensionen. Und in ihr hat sich eine besondere Orgelgeschichte zugetragen: Die Kirchenpatronin, Kammerrätin Christiane Eleonore von Tettau geb. von Berbisdorf, beauftragte 1725 Gottfried Silbermann mit der Begutachtung der vorhandenen Orgel. Dieser kam allerdings zu ernüchternden Feststellungen. Er bemerkte ein veraltetes Manualprinzip (gemeint war die „kurze Oktave") und einen ungünstigen Standort. So schien eine Reparatur nach seiner Ansicht unergiebig zu sein, und Silbermann empfahl einen Neubau auf der Westempore. Er schlug ein Instrument mit 20 Registern auf zwei Manualen und Pedal zum Preis von 800 Talern vor. Nach mehreren Jahren fand die Orgelweihe im Januar 1731 statt, und auch die Abnahme des Instruments durch den Dresdner Kreuzorganisten Emanuel Benisch dürfte in zeitlicher Nähe durchgeführt worden sein. In dieser offenbar gelungenen Form hätte die Orgel bis heute bestehen können, wenn sie nicht ab Mitte des 19. Jahrhunderts mehrfach umgestaltet worden wäre. Genau ein Jahrhundert später vollzog sich allmählich eine Kehrtwende hin zur Rückführung des Instruments in seine Originalgestalt. Und mit letzter Konsequenz und beeindruckendem Ergebnis setzte dies schließlich die Firma Kristian Wegscheider (Dresden) mit ihrer denkmalpflegerischen Restaurierung ab 1997 um. Die zugehörigen intensiven Arbeiten betrafen zahlreiche Reparaturen und Rekonstruktionen. Die Mühen haben sich offenbar gelohnt. Regelmäßig erklingt seit ihrer Restaurierung die Silbermann-Orgel in Reinhardtsgrimma bei den sehr begehrten Orgelkonzerten.

Elbland

Information	Tourismusverband Sächsisches Elbland e.V. Fabrikstraße 16 01662 Meißen Tel.: 03521 7635-0 Fax: 03521 7635-40 E-Mail: info@elbland.de	Tourismusverband Sächsische Schweiz e.V. Bahnhofstraße 21 01796 Pirna Tel.: 03501 470-147 Fax: 03501 470-148 E-Mail: info@saechsische-schweiz.de
Sakrale Bauten	Dom, Frauenkirche, Afrakirche, Nikolaikirche, Urbanskirche (alle Meißen), Alte Kirche Coswig, Stadtkirche Hohnstein, Kirche Reinhardtsgrimma, Marienkirche Großenhain, Klosterkirche Riesa, Marienkirche Pirna, Kirche Dittersbach, Kirche Brockwitz, Nikolaikirche Wilsdruff, Garnisonskirche Festung Königstein, Schlosskapelle Weesenstein, Johanniskirche Bad Schandau, Kirche Lohmen, Kirche Struppen, Kirche Hinterhermsdorf	
Museen	Albrechtsburg, Porzellanmanufaktur, Stadtmuseum (alle Meißen), Landschloss Zuschendorf, DDR-Museum, Stadtmuseum, Gedenkstätte Sonnenstein (alle Pirna), Weingut Schloss Proschwitz, Burg Hohnstein, Festung Königstein, Barockschloss Rammenau, Schloss Moritzburg, Karl-May-Museum Radebeul, Museum Alte Lateinschule Großenhain, Nationalparkzentrum Sächsische Schweiz, Richard-Wagner-Museum Graupa, Robert-Sterl-Haus Naundorf, Schloss Wackerbarth Radebeul, Teigwarenmuseum Riesa, Miniaturenpark Stadt Wehlen, Afrikahaus Sebnitz, Kaukasusstube Sebnitz, Kunstblumenmuseum Sebnitz, Burg Stolpen	

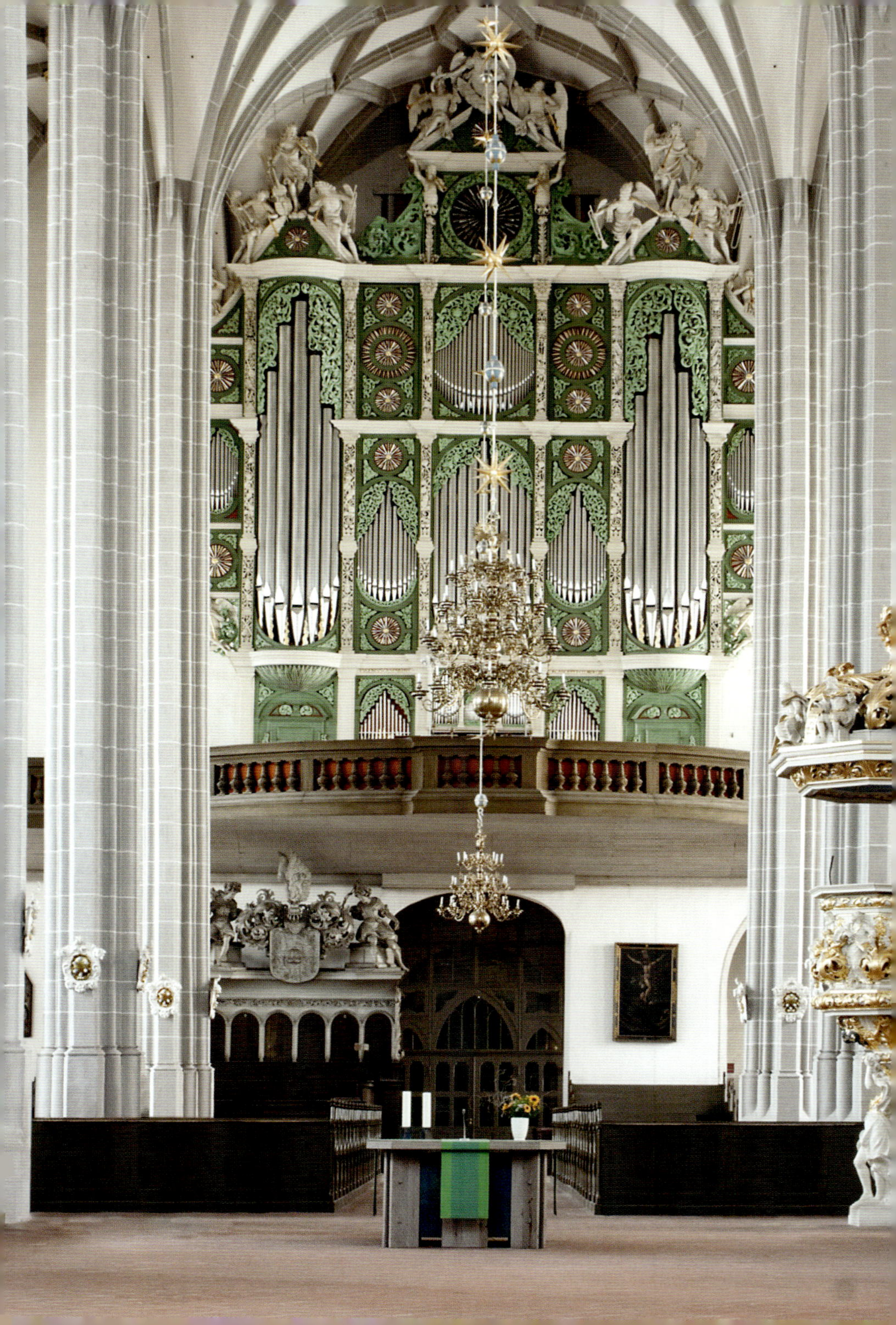

Die Mathis-Orgel („Sonnenorgel") im Dom (St. Peter und Paul) zu Görlitz

Disposition > Seite 214

Orgelbauer:
Orgelbauwerkstatt Mathis
Erbauungszeit:
1995 – 1997, 2006
Restaurierungen, Umbauten:
2004

Meist reicht der vorgelagerte Orgelbauername oder die Erwähnung der Größe, um eine bestimmte Orgel in einem bestimmten Raum klar zu benennen. Damit ist auch bereits viel über ihren Charakter angedeutet, denn so kann auf die typischen Klangideale des Orgelbauers (und damit auch des Instruments) oder das Aussehen der Orgel als ihre dominierenden Eigenschaften geschlossen werden. Dass aber Orgeln eigene Namen im Sinne von beschreibenden Attributen zugewiesen bekommen, ist eher selten.
Die Orgel in St. Peter und Paul zu Görlitz ist ein solches Instrument. Konventionell betitelt, ist sie eine Mathis-Orgel – von der Orgelbauwerkstatt Mathis im schweizerischen Näfels gebaut. Oft wird sie auch Sonnenorgel genannt, und dies ausdrücklich wegen ihres sonnenbestimmten Aussehens.
Ihr Gehäuse, angefertigt von Johann Conrad Büchau, ist eine wahre Rarität, was bereits unmittelbar nach der Fertigstellung die Zeitgenossen erkannten. Es erlangte schon im 18. Jahrhundert internationale Bedeutung. Glücklicherweise hat es sich als einer der wenigen alten Teile der Sonnenorgel erhalten. Besonderes Kennzeichen sind neben der farbenreichen Gestaltung und den verhältnismäßig großen Ausmaßen (14,40 m Höhe und 10,30 m Breite) vor allem die 17 angebrachten Sonnen. Und die zu jeder Sonne gehörenden Strahlen sind stets aus zwölf Orgelpfeifen einer Pedalmixtur gebildet. Der im Prospekt sichtbare Teil der Strahlenpfeifen ist gleich lang, wobei die Pfeifen schon wegen ihrer verschiedenen Tonhöhen (für den Betrachter unsichtbar) differieren müssen. So kann auf jeder Sonne ein bestimmter Mixturton gespielt werden. Und diese 17 Pedalmixturen sind mit den entsprechenden Tönen eines Trompetenregisters kombinierbar, die ursprünglich in der Nähe von weiteren 17 Engelsköpfen erklangen. Alle weiteren zu diesen Registern gehörenden Pfeifen befinden sich im Orgelinneren.
Das Gehäuse gehörte ursprünglich zu einer Orgel, die für St. Peter und Paul gebaut war und hier auch errichtet wurde, aber heute nicht mehr existiert. Sie stammt von Eugenio Casparini (1623 – 1706), der sie in sechsjähriger Arbeit bis 1703 zusammen mit seinem Sohn Adam Horatio (1676 – 1745) errichtete. Das aus dieser Orgel stammende Achtfuß-Register Onda maris konnte ebenfalls bewahrt werden.
Der Name beider Orgelbauer könnte deren Herkunft aus Italien vermuten lassen. Eine intensive Verbindung zu diesem Land ist auch insofern zutreffend, als Eugenio Casparini dort jahrzehntelang tätig war – spätestens ab 1656 zuerst in Triest, dann in Isola, Venedig und schließlich die meiste Zeit in Padua. Dort wurde auch sein Sohn Adam Horatio 1676 geboren. Und spätestens bei der damaligen Abreise nach Italien änderte er seinen Namen entsprechend um. Ursprünglich hieß er Johann Caspar und stammte aus dem schlesischen Sorau, bevor er sich aus dieser Gegend über seine Lehre in Augsburg und weitere Stationen in Regensburg bzw. Görz (ab 1642) immer weiter entfernte. Doch zum Bau der großen Orgel in Görlitz sollte er 1697 wieder in seine Heimat zurückkehren. Ihr blieb er dann bis zu seinem Lebensende 1706 treu, genauso wie sein Sohn in erster Linie im schlesischen Raum tätig war. Die vielen in Italien gesammelten Erfahrungen machten Eugenio Casparini zu einem idealen Vermittler zwischen beiden nationalen

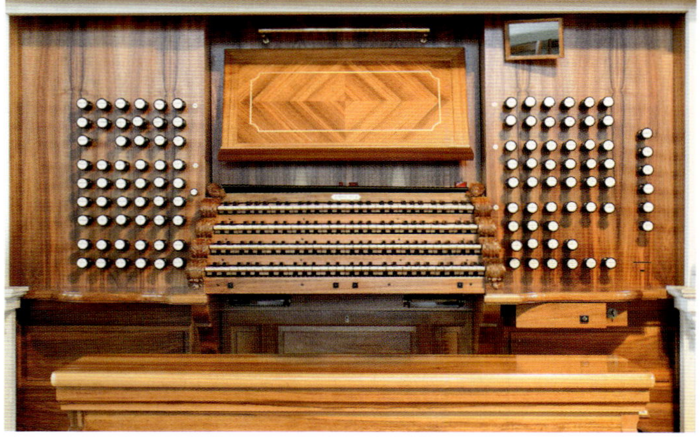

Spielanlage

Orgelbaustilen seiner Zeit. Dies sieht und hört man seinen Instrumenten an. Nicht zuletzt die verspielten Besonderheiten seiner Prospektgestaltung gehören zu diesen herausstechenden Merkmalen.
Was Eugenio Casparini und sein Sohn schließlich für St. Peter und Paul in Görlitz errichteten, war ein für damalige Verhältnisse überdimensionales und außergewöhnlich reich gestaltetes Instrument. Es hatte 57 Register auf drei Manualen und Pedal und war die größte Orgel Schlesiens. Bei der Begutachtung am 5. Juli 1703 durch Orgelbauer Johann Rätzel und den Organisten und Musikdirektor Johann Krieger (beide aus Zittau herübergekommen) dürften die Prüfer begeistert gewesen sein. Die festliche Einweihung fand am 19. August statt.
St. Peter und Paul, diese seit 1497 zur Fünfschiffigkeit erweiterte Hallenkirche, hatte bis zur Sonnenorgel schon einige Vorgängerinstrumente besessen, die ebenfalls prächtig waren und teilweise umfangreich restauriert wurden. Doch ein großer Brand von 1691 ließ zwar das Gemäuer beinahe unbeschadet stehen, vernichtete jedoch alle Ausstattungsstücke. So musste sämtliches inneres Inventar neu geschaffen werden. Den krönenden Abschluss bildete der Einbau der Sonnenorgel Casparinis.
Dass dieses Instrument heute nur noch in wenigen Teilen vertreten und ansonsten ein Neubau ist, liegt an mehreren, letztlich nicht lohnenden Aktualisierungen. Doch zunächst war die Orgel über Jahrzehnte ein nicht nur großes, sondern auch häufig reparaturbedürftiges Instrument. Bis ins 19. Jahrhundert gab es an ihr zahlreiche Restaurierungen. Die einschneidendste (mit beispielsweise der Erneuerung der Klaviaturen und dem Einsetzen von neun zusätzlichen Registern) dürfte diejenige von Friedrich Jahn in den Jahren 1846 und 1847 gewesen sein. Wann man zum ersten Mal das Innenleben der Orgel erneuerte – ob nun schon 1894 oder erst 1926 – 28 –, bleibt offen. So wird in Verbindung mit der ersten Jahreszahl vom völligen Orgelwerkaustausch durch die Firma Schlag & Söhne aus Schweidnitz berichtet, ohne dass dies allerdings zu belegen wäre.
Die Orgelbauanstalt W. Sauer mit ihrem damaligen Inhaber Oscar Walcker (Frankfurt/Oder) war es schließlich, deren Mitarbeiter definitiv das alte Orgelwerk komplett ausbauten und erneuerten. Man setzte auf damals modernste Klanglichkeit, Konstruktion und Traktur. Die einst mechanische Orgel wurde im Geiste der Zeit elektropneumatisiert, mit einem freistehenden Spieltisch versehen und erhielt 89 völlig neue Register auf vier Manualen und Pedal. Damit hatte die Orgel

zwar nicht ihren ursprünglichen Prospekt eingebüßt, sich aber klanglich weit von der Sonnenorgel Casparinis entfernt.
Wie bei vielen elektropneumatischen Instrumenten am Beginn des 20. Jahrhunderts, zeigten sich auch bei ihr relativ rasch unübersehbare Verschleißerscheinungen, wovon nicht zuletzt die Spielbarkeit betroffen war. Etwa 50 Jahre nach ihrer Entstehung war ihr Einsatz nur noch bedingt bzw. gar nicht mehr möglich. Und so wurde das Innenleben der Sonnenorgel – also das gesamte Sauer-Orgelwerk – 1979 entfernt, jedoch das historisch wertvolle, von Casparini erhalten gebliebene Register Onda maris ausgelagert.
Der Zeitpunkt für diesen Orgelausbau war gut gewählt, denn ein Jahr später begannen umfangreiche Restaurierungsarbeiten des Kircheninnenraums, die sonst das Instrument zusätzlich beeinträchtigt hätten. Bis 1982 sollten noch vorhandene Schäden des Zweiten Weltkrieges, die das Innere des Gotteshauses betrafen, beseitigt werden.
Inzwischen wurde das wertvolle Orgelgehäuse restauriert, und es reiften Pläne zu einem kompletten Orgelneubau. Eine Expertenkommission bildete sich, die schließlich 1993 sehr konkrete Vorstellungen hatte, wie die neue Görlitzer Sonnenorgel disponiert werden sollte: Im Kern würde sie eine Orgel mit 64 Registern, verteilt auf Hauptwerk, Oberwerk, Brustwerk und Pedal sein, deren Klang an der Barockzeit großzügig orientiert ist. Und ein zusätzliches Schwellwerk auf dem vierten Manual mit 23 Registern sollte die interpretatorischen Möglichkeiten des Instruments bis hin zur Spätromantik und Moderne führen.
Diese Vorstellungen der Kommission wurden durch die Orgelbauwerkstatt Mathis exakt umgesetzt – allerdings in zwei großen Bauphasen: Nach dem zwei Jahre später erfolgten Vertragsabschluss wurden die vier barockinspirierten (und gleichzeitig nicht streng historisierenden) Werke 1997 installiert. Sie finden alle im historischen Gehäuse ihren Platz. Und so konnte die Sonnenorgel am 12. Oktober des Jahres mit einem Großteil des vorgesehenen Gesamtwerkes eingeweiht werden. Das Datum war nicht zufällig gewählt: Die Kirche beging in diesem Jahr ihre 500-Jahr-Feier, und genau am 12. Oktober vor 300 Jahren unterschrieb Casparini seinen Görlitzer Orgelbauvertrag.
Bei ersten Restaurierungen sieben Jahre später wurde zusätzlich eine Besonderheit der einstigen Casparini-Orgel auf moderne Weise wiederhergestellt: Die Pedalmixturtöne der Sonnen können seitdem wieder zusammen mit einem neuen Trompetenregister gespielt werden. Einziger Unterschied zum Original ist, dass sich alle Pfeifen dieses Registers im Gehäuseinneren befinden – also keine einzige Trompetenpfeife an einem Engelskopf des Gehäuses ertönt. Damit wuchs die Gesamtzahl der Sonnenorgel-Register letztlich auf 65 an.
Vollendet wurde die Orgel 2006 durch den Einbau des vorgesehenen Schwellwerks. Sein Platz ist in einer Nische hinter dem Hauptwerk. Somit ist es allgemein nur hörbar, beeinträchtigt also nicht das Aussehen des alten Sonnenorgelprospekts. Wie dieses klanglich völlig neue Orgelwerk im alten optischen Gewand in Gänze klingt, war erstmals im Juni 2006 zu hören, als die beiden Organisten Matthias Eisenberg und Reinhard Seeliger die Sonnenorgel in ihrer großen stilistischen Bandbreite präsentierten. Es war eine Orgel entstanden, die dynamisch und klangfarbenbezogen kaum Wünsche offen lässt und stilistisch sehr flexibel einsetzbar ist. Zudem bietet sie dem Organisten einen erheblichen Spielkomfort. Sie ist ein modernes und hochwertiges Universalinstrument im positiven Sinne. Und dies im historisch wertvollen, erhalten gebliebenen Gehäuse der ursprünglichen Sonnenorgel von Casparini.

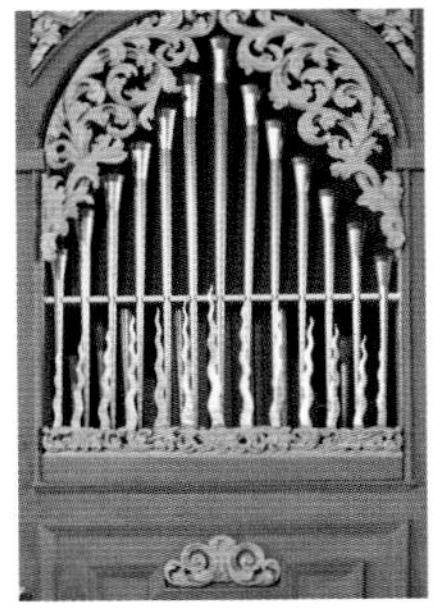

Prospektdetail des Brustwerkes

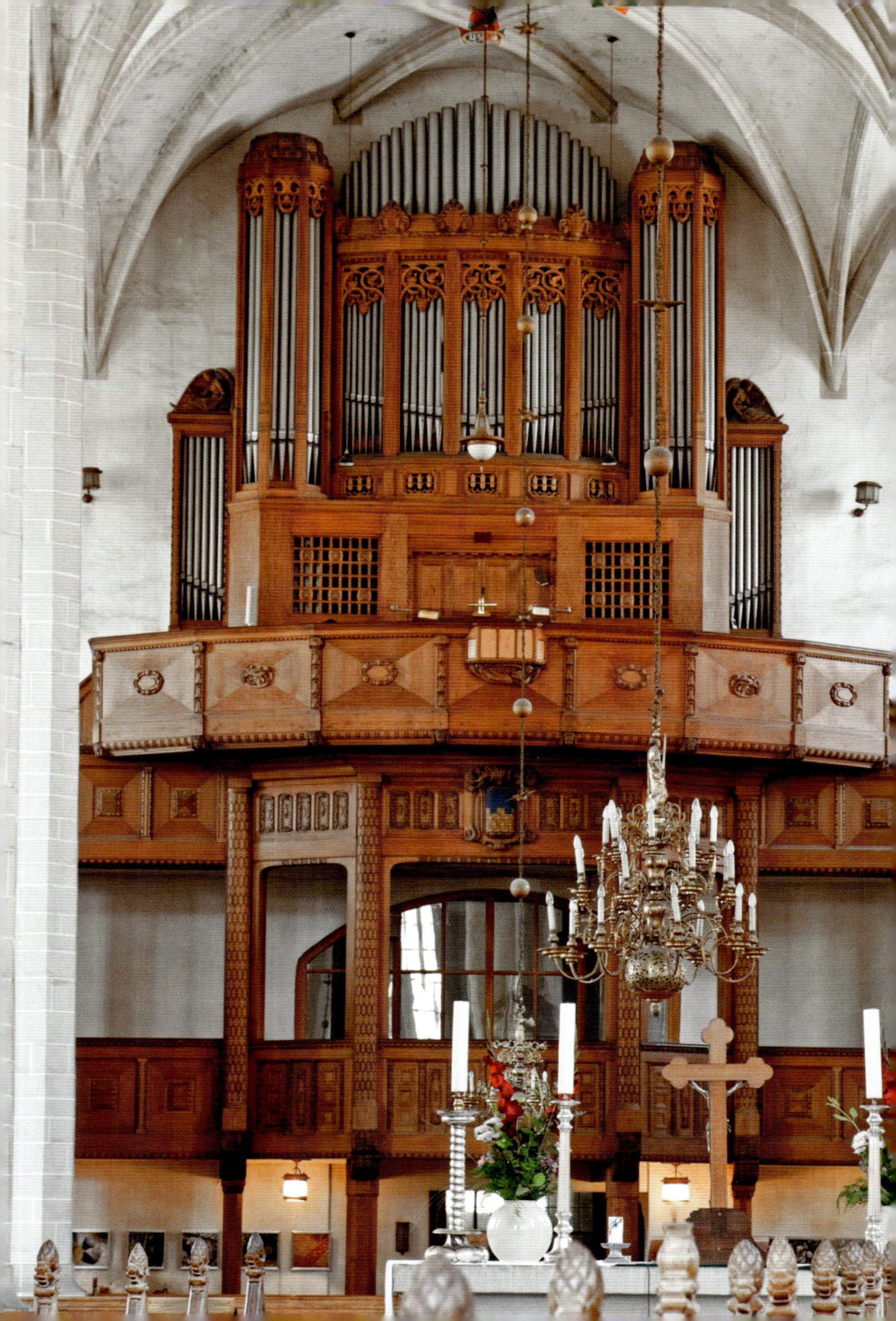

Die Eule-Orgel im Dom zu Bautzen

Disposition > Seite 215

Orgelbauer:
Hermann Eule
Erbauungszeit:
1910
Restaurierungen, Umbauten:
1946, 1975

Einiges an diesem Dom ist eigentümlich, besonders, ungewöhnlich. Das beginnt bereits bei der Außenansicht. Die mehrfache Asymmetrie des Baues fällt deutlich auf, z. B. am aufragenden Turm. Neben diesem wäre noch für einen zweiten Platz gewesen, der eigentlich vorgesehen war, aber nie errichtet wurde. Und dann ist der Dom eines der wenigen Gotteshäuser mit einem Knick im Langhaus. Warum das Kirchenschiff nicht gerade gebaut wurde, ist nicht bekannt, aber die mehrfachen Erweiterungen zu unterschiedlicher Zeit werden hier eine Rolle gespielt haben. Immerhin dauerte es etwa viereinhalb Jahrhunderte, bis der Raum seine endgültige vierschiffige Architektur erhielt. An den Proportionen des Dombaus hat sich erst nach 1463 nichts mehr geändert.

Und schließlich ist der Bautzener Dom die älteste Simultankirche Deutschlands. Schon seit 1524 bietet die geräumige, lichtdurchflutete Kirche beiden christlichen Konfessionen in ihren jeweiligen Gottesdiensten Platz – seit 1546 sogar durch geregelte städtische Verordnung. Daher ist das Innere des Doms klar in zwei Abschnitte aufgeteilt. Im Langhaus versammeln sich die Protestanten, im Chor – ursprünglich durch einen Lettner, nun durch eine Balustrade getrennt – die Katholiken. Und beide Raumteile haben ihre eigenen Orgeln.

Die „katholische" ist die kleinere der beiden. Sie ist etwa halb so groß wie ihr „evangelisches" Gegenstück. Der Bautzener Orgelbauer Leopold Kohl (1814 – 1896) errichtete sie auf der Südempore 1865. Aufgrund von Bauarbeiten im Dom war es aber schon 14 Jahre später nötig, sie grundlegend instandzusetzen – eine Arbeit, die damals die Dresdner Firma Gebrüder Jehmlich übernahm. Weitere geringfügige Änderungen sollten folgen.

Die größere Orgel des Petri-Doms in Bautzen befindet sich im Langhaus, auf der Westseite. Und über sie gibt es einige Besonderheiten zu berichten. 1910 wurde sie gebaut, und zwar von einem bekannten Orgelbauer der Stadt: Hermann Eule realisierte mit ihr sein größtes Instrument.

Eine dreijährige Lehre und längere Wanderschaft hatte er hinter sich, als er sich 1872 in Bautzen als Orgelbauer niederließ. Er lernte in der Werkstatt von Leopold Kohl, also in derjenigen, die die erwähnte „katholische" Domorgel baute. Daher dürfte es für Hermann Eule kein Problem gewesen sein, das eigene Instrument auf die Kohl-Orgel im gleichen Raum klanglich exakt abzustimmen. Die Besonderheiten ihres Baues kannte er aus der eigenen Lehrzeit bis ins Detail. Ob er freilich schon in visionärer Form daran dachte, dass die beiden Orgeln auch gemeinsam miteinander musizieren würden, wissen wir nicht. Zwar hatten schon Jahrhunderte zuvor beispielsweise spanische und italienische Komponisten Stücke für zwei Orgeln geschrieben, aber im Falle des Bautzener Doms lässt sich das praktische Miteinander-Musizieren aufgrund der großen Entfernung zwischen den Instrumenten nur mit dem Einsatz technischer Hilfsmittel realisieren, und diese standen im wesentlichen erst seit den 1990er Jahren zur Verfügung. Sei es, wie es sei: Hermann Eule kümmerte sich auch um die Kohl-Orgel, erneuerte 1927 fast ihren kompletten Metallpfeifenbestand und nahm an ihr 1938 – wie kurz zuvor die Firma Jehmlich aus Dresden – geringfügige Dispositionsänderungen vor.

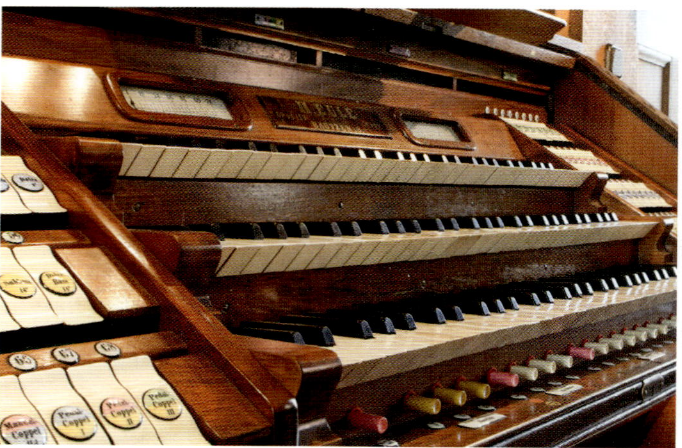

Spielanlage der Eule-Orgel

Jedenfalls lernte er während seiner Wanderjahre in Würzburg eine damals neue technische Besonderheit kennen: die mechanische Kegellade. Hatte er bisher nach dem klassischen Schleifladenprinzip gearbeitet, das er bei Kohl studiert hatte, wurde er nun mit diesem neuen Verfahren durch den Würzburger Orgelbauer Balthasar Schlimbach vertraut gemacht. Dies überzeugte Eule so sehr, dass er seine eigenen Instrumente bis zur Jahrhundertwende, wo er sich erstmals der Pneumatik zuwandte, ausschließlich mit Kegelladen baute.
Der in der eigenen Werkstatt vertretene Klang seiner Orgeln entsprach ebenfalls gegenwärtigen Strömungen: Eine grundtönige und gleichzeitig dynamisch flexible Disposition bestimmte seine Instrumente, so auch die 1910 gebaute große Bautzener Domorgel.
Sie sollte als Schlusspunkt einer weiteren umfangreichen Restaurierung eingebaut werden. Ähnlich wie bereits in den 1880er Jahren, begannen 1908 neue maßgebliche Veränderungen am Dom. Vor allem der gesamte westliche Emporenbereich – also der Aufstellungsort der Orgel – wurde im Sinne des Jugendstils komplett umgestaltet. Geplant hatte dies Fritz Schumacher, damals angesehener Architekt und Kirchenrestaurator. Ein Orgelprospekt war auf der Westempore vorhanden. Er stammte noch von einem Vorgängerinstrument von 1642, das – wie die gesamte Ausstattung – neu geschaffen werden musste, nachdem der Dom 1634 ausgebrannt war. In den Entwürfen dreier Architekten ist aber jeweils ein neuer Prospekt für die Orgel enthalten. Eule setzte schließlich in denjenigen von Schumacher sein neues Orgelwerk ein.
Das Instrument war prächtig gelungen. Die Orgel entsprach vollständig ihrer Zeit und ist ein herausragendes Beispiel einer spätromantischen Großorgel. 62 Register sind auf drei Manuale und Pedal verteilt, und das Instrument verfügt zusätzlich über zahlreiche Nebenzüge und Spielhilfen. Ihr Klang war von Beginn an beeindruckend. Als Gutachter hatte sich einer der größten Organisten seiner Zeit, der damalige Leipziger Thomasorganist und spätere Thomaskantor Karl Straube, in Bautzen eingefunden. Am 8. März 1910 prüfte er die Orgel intensiv und schätzte sie schließlich technisch wie klanglich außerordentlich hoch ein. Vor allem hob er als besonderes Merkmal die „ungewöhnlich milde Intonation" hervor. Einen Tag nach der Orgelabnahme gab Straube auf dieser Domorgel dann ein beeindruckendes Konzert. Zu hören waren Werke von Bach, Reger und Liszt.

Zweimal wurde inzwischen die „evangelische" Orgel des Bautzener Doms leicht umdisponiert. Die jeweiligen Domorganisten Horst Schneider und Gerhard Nöbel veranlassten 1946 und 1975 einige Veränderungen an der Disposition. Doch der Charakter dieser besonderen Eule-Orgel, des Opus 119 ihres Meisters, blieb prinzipiell erhalten. Bei Gottesdiensten und Konzerten entfaltet sie ihre ganz spezielle, klanglich faszinierende Wirkung.

Auch an der Kohl-Orgel auf der Südempore wurden seit dem Ende des Zweiten Weltkrieges geringfügige Modifikationen vorgenommen – 1965 durch eine leichte Umänderung des Stimmtons und später dann, 1986, in einer ebenfalls dezenten Variierung der Disposition. Beide Maßnahmen führte diejenige Orgelbaufirma aus, deren Gründer 1910 die große Domorgel auf der anderen Seite des Raumes errichtet hatte.

Und so haben sich beide Instrumente mit der Zeit nicht nur klanglich, sondern auch bezogen auf den Orgelbauer angenähert. Sie sind technisch und musikalisch durch die verschiedenen Maßnahmen momentan so optimal aufeinander abgestimmt wie an wenigen anderen Orten. Daher werden große und kleine Orgel in ausgewählten Konzerten gemeinsam zum Klingen gebracht. Das gleichzeitige, räumlich getrennte und zugleich zusammenwirkende Musizieren beeindruckt dann in seltener Vollkommenheit. Von 2000 bis 2010 wurden sogar im alle zwei Jahre stattfindenden Lausitzer Musiksommer Werke für die zwei Orgeln in Auftrag gegeben und uraufgeführt. Die Komponisten Stefan Jänke, Günter Schwarze, Jan Cyž, Friedemann Stolte, Baldur Böhme und Matthias Weißing widmeten sich dieser reizvollen Aufgabe.

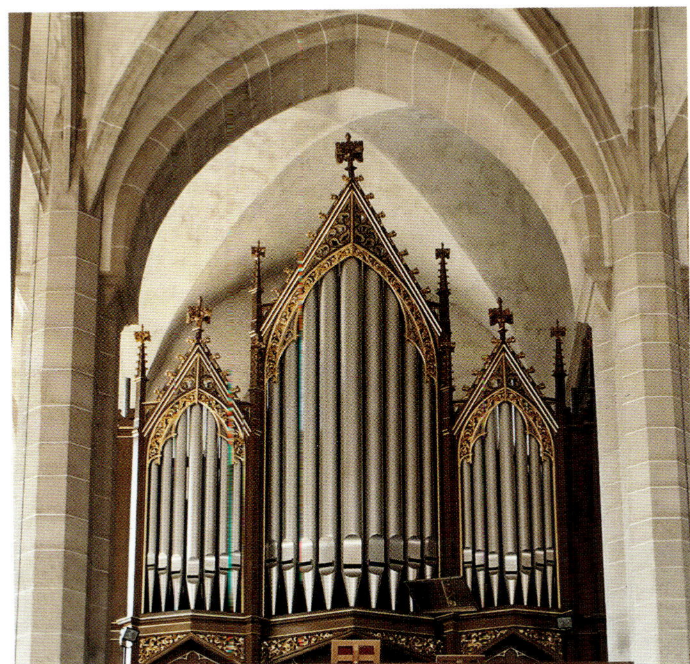

Kohl-Orgel auf der Südempore

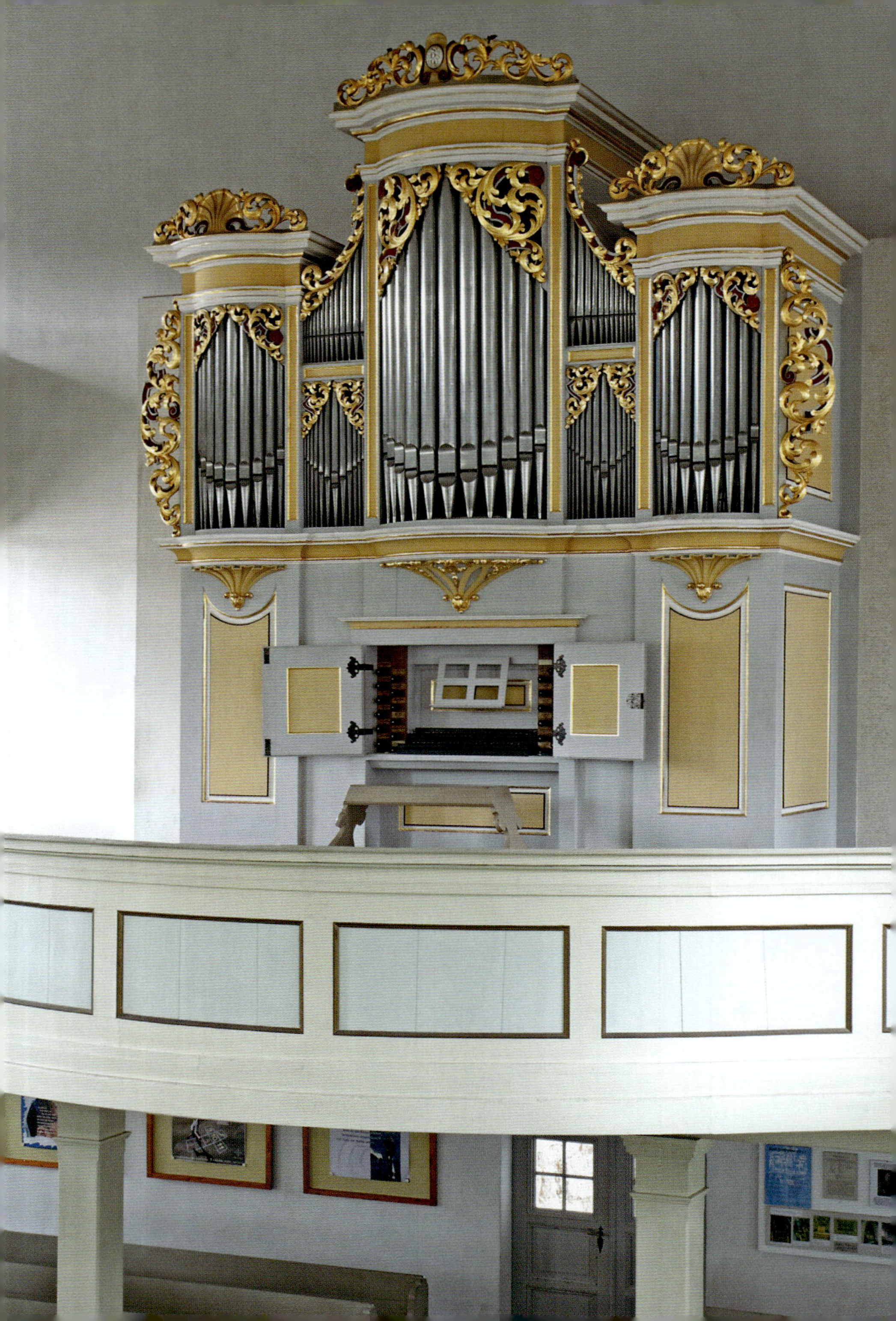

Die Silbermann-Orgel in der Kirche zu Crostau

Disposition > Seite 216

Orgelbauer:
Gottfried Silbermann
Erbauungszeit:
1730 – 1732
Restaurierungen, Umbauten:
1736, 1808, 1839, 1860/61, 1870, 1913, 1933, 1981/82

Ursprünglich könnte der Auftrag zu dieser Orgel ein Ersatzprojekt gewesen sein, wie der Silbermann-Forscher Werner Müller 1982 vermutete. Denn eigentlich hatte Gottfried Silbermann seine Orgelbaustelle in der Kirche Reinhardtsgrimma während der wichtigen Abschlussphase verlassen, um in Stolpen Gespräche über eine zu fertigende Orgel zu führen. Das war Ende Oktober 1730. Silbermann sollte für die nach einem Brand gerade wiedererrichtete Stolpener Kirche ein neues Werk bauen. Doch am Ende der Verhandlungen mit Pastor Degenkolb stellte sich heraus, dass der Auftrag wegen Geldmangels scheitern würde.

Unverrichteter Dinge zog Silbermann von Stolpen aus weiter nach Dresden und hielt sich dort vom 30. bis zum 31. Oktober auf. Er traf neben dem Sophienorganisten Christian Pezold auch Christian Heinrich Graf von Watzdorff (1698 – 1747), der ihn gleich beauftragte, in Crostau so bald wie möglich eine Orgel zu errichten. Dieser Vorgang kann zwar nicht als vollkommen gesichert, aber doch als wahrscheinlich gelten.

Die Crostauer Orgel hat seit ihrer Entstehung im Vergleich mit anderen historischen Orgeln eher wenige Beeinträchtigungen hinnehmen müssen, die zudem nicht in der ursprünglichen Qualität des Instruments, auch nicht in unsachgemäßer Handhabung oder Restaurierung begründet waren, sondern im Zustand des Kirchengebäudes, für das die Orgel zunächst gebaut war. Christian Heinrich Graf von Watzdorff hatte beabsichtigt, der Gemeinde auch einen Kirchenneubau zu stiften, konnte dies aber wegen seiner bis zum Tode andauernden Inhaftierung ab 1733 auf der Festung Königstein nicht mehr veranlassen. Auch eine Farbfassung des Gehäuses und des Orgelprospektes unterblieb die folgenden 130 Jahre aufgrund der Armut der Crostauer Kirchengemeinde; übrigens wie auch im Falle der Dittersbacher Silbermann-Orgel, die bis heute im natürlichen Holzton geblieben ist.

Das Instrument wurde zwischen Juli und Oktober 1732 eingebaut. Über Abnahme und Weihe gibt es seit 2005 detailliertere Kenntnisse: Mitarbeiter der Orgelbaufirma Kristian Wegscheider fanden in einer Blindkanzelle der Silbermann-Orgel in der Petrikirche Freiberg ein Weihegedicht von 1732. Es stellte sich heraus, dass dieses für die Weihe des Crostauer Instrumentes bestimmt war. Unüblicherweise ist sein Adressat allerdings der Stifter Watzdorff, nicht vordergründig der Erbauer Silbermann, wie dies bei derartigen Lobliedern, den so genannten Orgelcarmina, sonst meist geschah.

Zu der Zeit war das Gemäuer der Kirche vermutlich schon von Feuchtigkeit durchzogen, oder das Gebäude wies vielleicht sogar offene Stellen auf. Denn bereits vier Jahre später hatte sich der Zustand der Silbermann-Orgel wegen Feuchtigkeitseinwirkung massiv verschlechtert. So stellte der Orgelbauer Johann Gottlieb Tamitius aus Zittau bei seiner Reparatur erleichtert fest, „das Schöne erbaute Orgel-Werck in Krostau, welches von Feuchtigkeit verquollen und gestocket, [sei] gantz wieder davon befreyt worden“. Jedoch klagte bereits 1739 der hiesige Organist und Schulmeister Friedrich Mönch, dass die Orgel „sehr verstimmt und falsch“ geworden sei. 1795 wurden einige Zinnpfeifen, darunter 13 Prospektpfei-

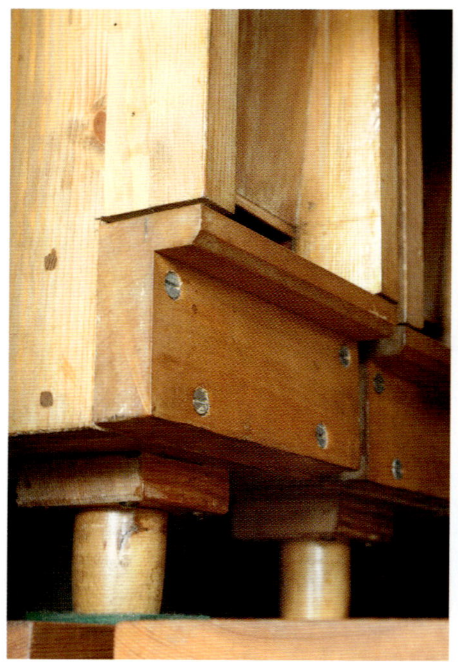

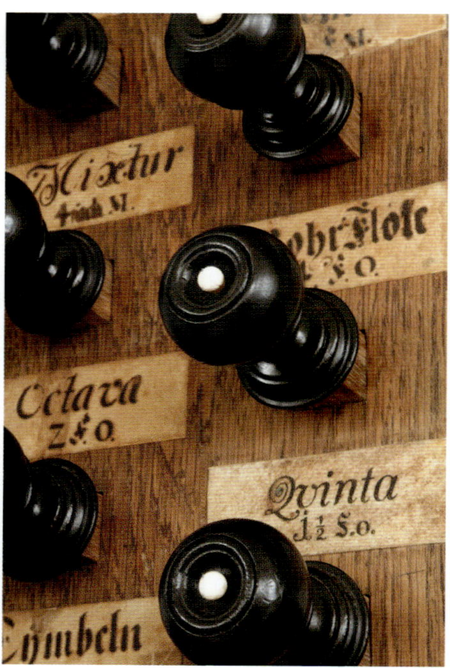

Details des Pfeifenwerks und der Registeranlage

fen, gestohlen, die vorerst nicht adäquat ersetzt werden konnten: 1808 baute Christian Gottfried Herbrig aus Taubenheim statt dessen teilweise foliierte Holzpfeifen ein. Dieses Provisorium hatte wegen fehlender finanzieller Mittel für mehr als ein halbes Jahrhundert Bestand. Die 1839 eingebaute abstellbare Pedalkoppel gehörte nicht zum ursprünglichen Silbermann-Konzept – bei ihm war das Pedal durch separate Ventile fest an das Hauptwerk gekoppelt gewesen.

Dem Feuchtigkeitsübel war nur durch einen Kirchenneubau abzuhelfen, den die Gemeinde ohnehin seit Beginn des 19. Jahrhunderts stetig forderte: Die Kirche war in einem baulich äußerst schlechten Zustand, bot für alle Gemeindemitglieder zu wenig Platz und hatte darüberhinaus durch mehrere Um- und Anbauten innerhalb von vier Jahrhunderten ein unregelmäßiges Erscheinungsbild. Doch erst als die Decke sich 1860 zu senken begann und zwei Jahre später sogar einige Giebelsteine während einer Taufe abstürzten, kam es zu konkreten Maßnahmen für einen Neubau des Gotteshauses.

Schließlich verabschiedete sich die Gemeinde 1868 von ihrer alten Kirche. Vor deren Abriss wurden Orgel und Glocken ausgelagert. Dass die Orgel sieben bis acht Jahre zuvor von Carl Eduard Schubert in fast denkmalpflegerischer Genauigkeit restauriert worden war, bildete neben fehlenden Finanzen der Kirchengemeinde einen weiteren Grund, keinen Orgelneubau oder Änderungen an der Silbermann-Orgel vorzunehmen.

Das an derselben Stelle stehende neue Gotteshaus in Crostau konnte 1869 eingeweiht werden, wobei die Orgel ein Jahr später aufgestellt wurde. Sie blieb nun von weiteren klimatischen bzw. feuchtigkeitsbedingten Problemen verschont, und auch darüberhinaus behandelte man sie im Laufe der Zeit pfleglich und nahm kaum Veränderungen vor. Lediglich 1913 wurde die Quinte durch eine Aeoline, ein

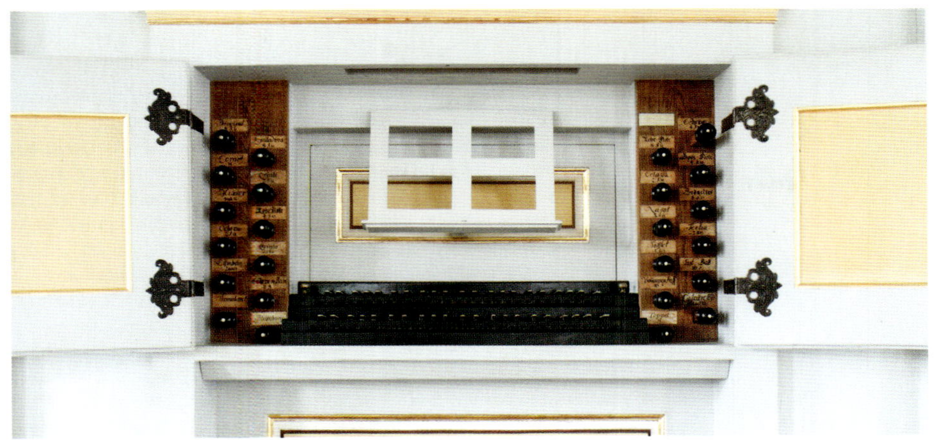

Spielschrank

leises, streichendes Register im Zeitgeschmack, ersetzt. Ein glücklicher Umstand ist, dass keine Pfeifen in den Weltkriegen zur Metallgewinnung abgegeben werden mussten. Hermann Eule setzte 1933 neben kleineren Variierungen vor allem den Stimmton in zeitüblicher Weise herab, allerdings reversibel durch Umhängen der Trakturen, und fügte in allen Klaviaturen den Ton Cis ein.
1982 wurden bei der letzten großen Orgelreparatur das gesamte Pfeifenwerk, die Traktur, der Spielschrank und die Gebläseanlage gründlich überholt und die 1913 entfernte Quinte originalgetreu rekonstruiert. Somit besteht heute wieder die originale Disposition, das Pfeifenwerk ist weitestgehend erhalten geblieben. Ein Kuriosum ist, dass die Crostauer Disposition sich mit fünf anderen Silbermann-Orgeln exakt deckt, und zwar in den Kirchen von Reinhardtsgrimma, Mylau, Forchheim, Zöblitz und auch in der zerstörten Stadtkirchenorgel in Frauenstein. Beim Vergleich des finanziellen Aufwands zwischen diesen genannten Orgeln sticht Crostau mit einem mehr als doppelt so hohen Betrag heraus: Die Orgel kostete 1700 Taler, die anderen ähnlichen Orgeln dagegen nur ca. 800 Taler. Zwar hatte Silbermann den Manualumfang an seinem Crostauer Orgelwerk im Vergleich zu den anderen nahezu identischen Instrumenten um zwei Halbtöne vergrößert. Das konnte aber nicht der Grund für einen solchen Kostenaufwand sein. Ausschlaggebend werden nötige Zimmerer- und Maurerarbeiten gewesen sein, um im Zuge des Orgeleinbaus die Orgelempore des alten Gotteshauses erheblich zu erweitern. Diese Umbaumaßnahmen sind gewiss in den Gesamtkostenaufwand eingeflossen.
Die Verwandtschaft der Orgel zu dem Instrument in Forchheim wird heute auch noch in einem anderen Detail deutlich. Bis 1868 war das Orgelgehäuse farblich ungefasst, nach dem Wiedereinbau in die neue Kirche 1870 präsentierte es sich in einem weißen Ölfarbenanstrich. Der Restaurator Wolfgang Pilz aus Schirgiswalde erstellte 1981/82 dann eine Farbfassung in Anlehnung an die Gestaltung der Silbermann-Orgel in Forchheim.

Sehenswertes in der Lausitz

Görlitz

Görlitz, die östlichste Stadt Deutschlands, ist inzwischen wieder zu einem besonders reizvollen Ort geworden. Die Altstadt ist geradezu unverfälscht erhalten, weswegen sie mit ihren ca. 4000 wertvollsten Gebäuden auch unter Denkmalschutz steht. 2010 machte sich Görlitz daher berechtigte Hoffnungen, europäische Kulturhauptstadt zu werden. Und dies nicht zuletzt deshalb, weil sie seit 1945 – durch die Neiße getrennt – in einen deutschen und polnischen Teil separiert ist. Somit ist sie auch eine europäisch-internationale Stadt. Doch leider blieben die Hoffnungen auf Zuerkennung des Kulturhauptstadttitels unerfüllt.
Lange konnte man Görlitz seine Schönheit nicht auf den ersten Blick ansehen. Zu DDR-Zeiten galt die schlesische Stadt noch als Stiefkind der Denkmalpflege – sie verfiel, obwohl sie keine Kriegsverluste hinnehmen musste. Erst seit 1990 fand ein Umdenken statt. Erstes mustergültig restauriertes Objekt war das nicht weit vom Neißeufer stehende Waidhaus, das älteste profane Gebäude. Seine Anfänge gehen bis ins 12. Jahrhundert zurück. Die erfolgreiche Restaurierung 1994 war die Initialzündung für eine schrittweise Aufbereitung des Altstadtkerns.
Aus den frühesten Stadtanfängen hat sich wenig erhalten. Görlitz war schon um 1200 im Anschluss an eine Burg entstanden und lag auch günstig an zwei wirtschaftlich wichtigen Wegen – der Hohen Straße und der Böhmischen Straße. Die Stadt war also begehrter Warenumschlagplatz, was sich auch in ihren hochmittelalterlichen Gebäuden gezeigt haben wird. Doch ein Brand vernichtete 1525 weite Teile der Stadt, und den Wiederaufbau übernahm im direkten Anschluss Wendel Roskopf d. Ä. im Stil der Frührenaissance.
Einige Bauten konnten aus früherer Zeit teilweise bewahrt werden, wie z. B. das alte Rathaus. Es gehört zum Untermarkt, der ohnehin der ältere der beiden Görlitzer Altstadtmärkte ist. Erwähnt wird er zum ersten Mal um 1220. Das Rathaus dominiert neben anderen historischen Gebäuden die gesamte Westfront des Untermarktes. Sein südlicher, ältester Bauteil ist wohl vor 1378 entstanden. Und weitere Ergänzungen gehen – außer der barocken Turmhaube – mehrheitlich auf das 16. Jahrhundert zurück.

Dom Görlitz

Der Dom von Görlitz liegt unübersehbar auf einem Felsplateau über der Neiße. Eigentlich ist er die Pfarrkirche St. Peter und Paul, die eine der größten Hallen-

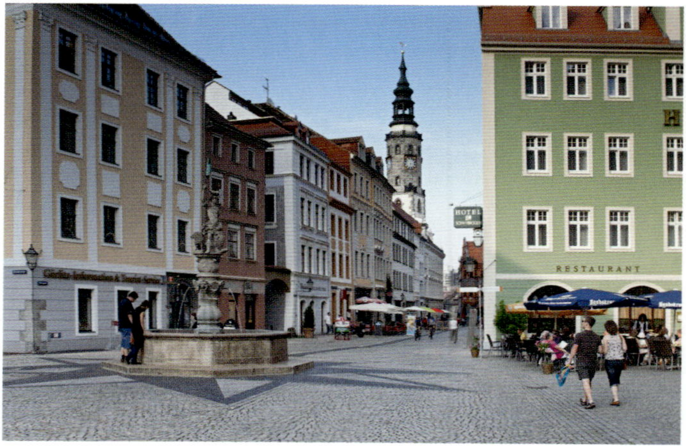

Blick vom Görlitzer Obermarkt in Richtung Untermarkt zum Rathaus

kirchen Sachsens ist und auf besondere Weise das Stadtbild prägt. Sie entstand zwischen 1423 und 1497 fast komplett neu, unter Bauleitung von Hans Knoblauch und Hans Baumgarten. Nur der Westriegel der Achtecktürme und das Brautportal waren noch aus dem 13. Jahrhundert erhalten. Geplant war ursprünglich eine dreischiffige Hallenkirche, und man blieb auch bei dieser Vorgabe, als 1457 der Chor errichtet war. Erst anschließend entschloss man sich dazu, zwei weitere Schiffe anzufügen, was zur erstaunlichen Größe dieser Kirche führte. Bemerkenswertes entstand auch unterhalb des eigentlichen Kirchenraums. Die Krypta mit ihrem einmaligen Netz- und Sterngewölbe ist wohl der schönste spätgotische Raum der Oberlausitz. Ebenfalls ein Sterngewölbe zog Conrad Pflüger 1497 wiederum im großen Kirchenraum ein, und damit war der Bau von St. Peter und Paul prinzipiell abgeschlossen. Einige Ergänzungen folgten noch im 16. Jahrhundert, doch blieb die Kirche leider nicht in dieser Form erhalten. Ein erneuter Stadtbrand vernichtete 1691 die gesamte Innenausstattung, wozu u.a. 30 Altäre gehörten. So stammt das meiste jetzige Inventar aus der Barockzeit. Auch der Prospekt der überaus großen Orgel gehört dazu. Johann Conrad Büchau schuf ihn als Außenhülle für eine der bekanntesten Orgeln überhaupt: der Sonnenorgel von Eugenio Casparini, die 1703 fertiggestellt wurde. Der Name des Instruments leitet sich aus den um Sonnengesichter gruppierten Pfeifen ab, die eine prägnante optische Wirkung haben. Mittlerweile ist nur noch der Prospekt dieser Orgel historisch. Das in ihm stehende Orgelwerk ist eines der neuesten in Sachsen. Die Firma Mathis aus Näfels in der Schweiz baute es zwischen 1997 und 2006 in mehreren Etappen ein. Mit ihren 88 Registern, verteilt auf vier Manuale und Pedal, lässt diese Orgel im Grunde keine Wünsche offen.

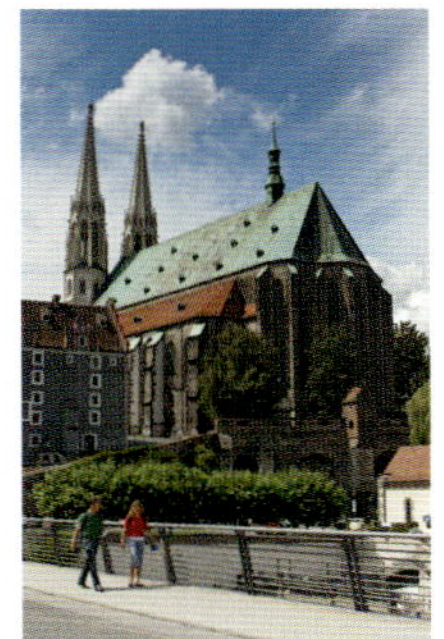

Chorseite des Görlitzer Doms

Kulturhistorisches Museum Görlitz

Neben weiteren Sakral- und Profanbauten, die Görlitz zu bieten hat, ist in jedem Fall das Kulturhistorische Museum erwähnenswert. Es ist auf drei Gebäude im Stadtgebiet verteilt. Beginnen kann man seinen Besuch in der Altstadt, in der Neißstraße 30, einem herausragenden Beispiel für sächsisch bürgerliche Barockbaukunst. Hier befindet sich neben verschiedenen Museumsbeständen auch eine weitere Rarität: die Oberlausitzische Bibliothek der Wissenschaften. Sie gehört mit ihren über 140.000 Bänden zu den wichtigsten Regionalbibliotheken überhaupt und ging aus einem Zusammenschluss zweier zuvor existierender Sammlungen nach 1945 hervor. Sie vereint die Bibliotheksbestände der inzwischen aufgelösten Oberlausitzischen Gesellschaft der Wissenschaften und die Milichsche

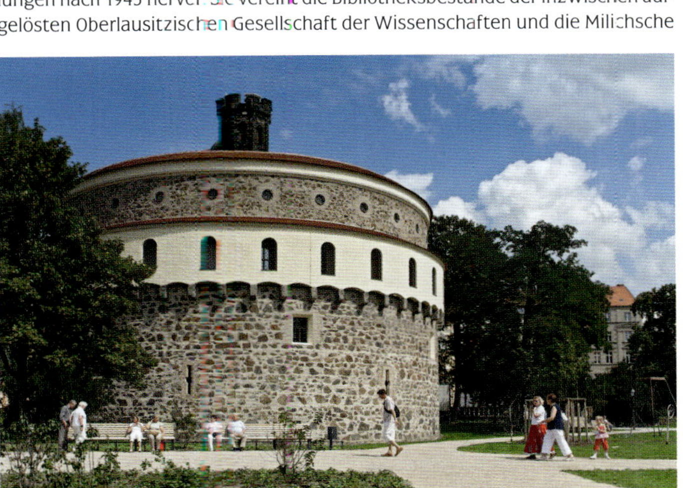

Der Kaisertrutz in Görlitz

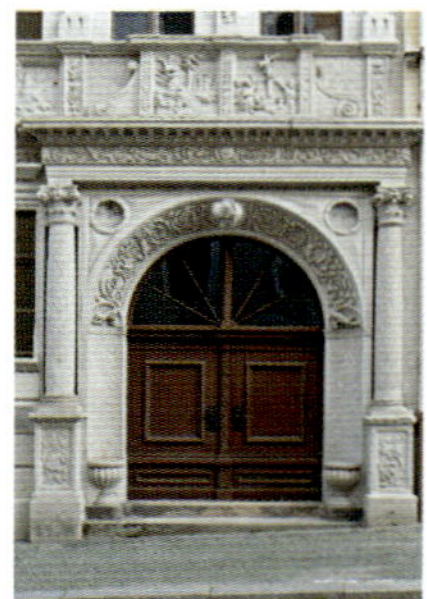

Portal des Biebelhauses in Görlitz

Stadt- und Gymnasialbibliothek. Glanzstück ist der historische Büchersaal, der allein schon durch seine fünf mächtigen Bogenregale fasziniert.
Einen scharfen Kontrast dazu bilden die beiden anderen Gebäude: Reichenbacher Turm und Kaisertrutz. Beide sind Wahrzeichen von Görlitz. Sie befinden sich etwa zwei Kilometer außerhalb der Altstadt und gehörten ursprünglich zur Schutzanlage des westlichen Stadttores. Beide waren auch einst durch Schildmauern miteinander verbunden. Der Kaisertrutz ist wegen seines Namens eine Erklärung wert: 1490 war er als Kanonenbastion errichtet worden, und hier „trotzten" im Dreißigjährigen Krieg die Schweden den kaiserlichen Truppen. Jedenfalls gehören der 1376 erstmals erwähnte Reichenbacher Turm und der Kaisertrutz heute ebenfalls zum Kulturhistorischen Museum. Die Sammlung bietet Exponate zur gesamten Stadtgeschichte, präsentiert Gemälde des 18. bis 20. Jahrhunderts, stellt Kunsthandwerk und Wissenschaftsgeschichte der Oberlausitz vor und bietet darüber hinaus Sonderausstellungen, Führungen, Vorträge und weitere Sonderveranstaltungen.

Stadthalle Görlitz

Eine besondere Attraktion für Orgelfreunde findet sich neben der genannten Casparini-Orgel auch noch in Görlitz. Die Stadthalle besitzt die größte Konzertorgel von Wilhelm Sauer, dessen Werkstatt in Frankfurt an der Oder lag. Sie war sein Opus 1100 und zugleich die letzte Orgel von seiner Hand. 1910 wurde sie zusammen mit der gleichfalls neu entstandenen Stadthalle geweiht, und dies mit großem, festlichem Aufwand. Immerhin waren der deutsche Kronprinz und seine Gattin aus Berlin angereist, um der Weihe beizuwohnen. Trotz ihrer klanglich und optisch prächtigen Gestalt geriet diese viermanualige Orgel mit 78 Registern kurz nach ihrer Weihe wohl in Vergessenheit. Erst 1991 wurde sie hinter einer Holzjalousie der Bühne wiederentdeckt. Und unmittelbar erfolgte ihre umfangreiche Restaurierung durch die Firma Vleugels aus Hardheim. Vor allem das Echowerk, ein über der Saaldecke postiertes Fernwerk, war feuchtigkeitsbedingt schwer geschädigt. Ein Jahr nach der Entdeckung dieser kostbaren Orgel konnte sie wieder erklingen. Und sie ist ein besonderes Denkmal der Musikgeschichte – immerhin die einzige Konzertorgel ihrer Größe, die aus der Zeit des Jugendstils bis heute unverändert erhalten werden konnte. Die Orgel ist in hervorragendem Zustand, nur die sie umgebende Stadthalle ist seit 2005 aus finanziellen und bautechnischen Gründen geschlossen. Die Planungen für eine Sanierung wurden 2012 vorläufig eingestellt. Es bleibt zu hoffen, dass eines Tages die Stadthalle ihren Spielbetrieb wieder aufnehmen kann. Sonst wäre es unausweichlich, dass die mühevoll wiederhergestellte Sauer-Orgel in ihrem Konzertsaal verkommen würde.

Bad Muskau

Die Lausitz präsentiert sich nicht nur als Region großer historischer Städte. Auch landschaftlich bietet sie einiges. Bad Muskau etwa gehört in die Reihe der durch ihren landschaftlichen Reiz anziehenden Orte. Der zentral gelegene Park dieses Kur- und Erholungsortes entstand in Anlehnung an englische Gartenarchitektur. Sein Schöpfer war seit 1815 Hermann von Pückler, seinerzeit eher als Reiseschriftsteller bekannt. Vier Jahre zuvor hatte er die Standesherrschaft im damaligen Muskau geerbt und entwarf nun als autodidaktischer Landschaftskünstler einen großen Park im Neißetal. Es entstand ein Gelände, bei dem die Parkgestaltung wie selbstverständlich mit der umgebenden Natur verbunden war. Und der Park sollte nach der Vorstellung Pücklers der Öffentlichkeit zugänglich sein. All dies ließ sich umsetzen, nur nicht die dem Landschaftskünstler vorschwebende Dimension. Pückler hatte eine Parklandschaft von 770 ha im Auge, realisiert wurden „nur" 598. Doch die Fertigstellung konnte er ohnehin nicht mehr verfolgen: Aus Geldnot musste Pückler seinen Besitz 1845 verkaufen. Der noch durch Karl Friedrich Schinkel für ihn entworfene Um- und Neubau des im Gelände befindlichen Neuen Schlosses wurde erst 1866 Realität. Der große Umbau des Alten Schlosses und die Orangerie entstanden ebenfalls im Nachhinein, letztere übrigens nach Plänen von Gottfried Semper 1847. Heute wird sie für Ausstellungen und Konzerte genutzt. Mittlerweile ist Bad Muskau wieder in prächtigem Zustand. Die einst das Gelände beeinträchtigenden Kriegsschäden und der nachmalige Verfall sind längst nicht mehr zu sehen. So hat der Park einige Besonderheiten: Er erstreckt sich auf deutscher und polnischer Seite und bietet überraschend viele verschiedene An- und Ausblicke, die einen Spaziergang nie langatmig werden lassen. Nicht umsonst steht der Park in Bad Muskau auf der Welterbeliste der UNESCO.

Oybin

Ebenfalls in einer beeindruckenden Landschaft, im Zittauer Gebirge, direkt an der tschechischen Grenze, befinden sich Kloster und Burg Oybin. Wer hier vor allem intakte Gebäude erwartet, dürfte enttäuscht sein, denn es handelt sich bei dieser reizvollen Verbindung von Burg, Kaiserhaus und Klosterkirche auf dem Berg Oybin um ein Ruinenensemble. Dieses gehört aber zu den schönsten naturgebundenen Kunstdenkmälern überhaupt. Von der Burganlage, 1311 – 1316 von Christian Heinrich von Leipa errichtet, haben sich nur der Bergfried, der Rittersaal und zwei Tore erhalten. Unter Kaiser Karl IV. erfolgte dann 1364 die erste Erweiterung um das Kaiserhaus am nördlichen Felshang. Und schon ein Jahr später ließ derselbe Herrscher durch Schüler von Peter Parler ein Cölestinerkloster bauen. Die damals als neue Strömung aufkommenden Cölestiner sind ein Unterorden der Benediktiner, die sich besonders der Einsiedelei verschrieben haben, allerdings heute nur noch in Italien vertreten sind. Jedenfalls war das Kloster in Oybin 1385 vollendet worden und dürfte detailgetreue Ähnlichkeiten mit der Apollinariskirche von Prag gehabt haben. So können wir uns vorstellen, welches prächtige Bauwerk hier wohl gestanden hat. Allerdings löste sich das Kloster 1546 im Zuge der Reformation auf, und nicht zuletzt durch manche Brände und Felseinstürze beschleunigt, verfielen in der Folgezeit Burg und Kloster. Die bizarre Erscheinung beider Bauwerke zog im 19. Jahrhundert Künstler an, und so wurde insbesondere die Klosterruine häufig zum Gemäldemotiv, etwa von Caspar David Friedrich, Carl Gustav Carus oder Ernst Ferdinand Oehme. Seit 1879 gibt es vor Ort das Museum „Burg- und Klosteranlage Oybin", das zum Besuch einlädt. Und die Endstation einer der beliebtesten Schmalspurbahnen befindet sich auch in dem Kurort. Schon seit 1890 fährt sie zwischen Zittau, Jonsdorf und Oybin täglich mehrfach in beiden Richtungen. Wer von Oybin aus einen kurzen musikbezogenen Abstecher machen möchte, dem sei Waltersdorf empfohlen. Hier wurde 1786 ein zu Lebzeiten bekannter und geschätzter Komponist, Organist und Kapellmeister geboren: Friedrich Schneider wurde 1813 Leipziger Thomasorganist und ging ab

Typische Schichtverwitterung des Sandsteins im Zittauer Gebirge südlich von Oybin

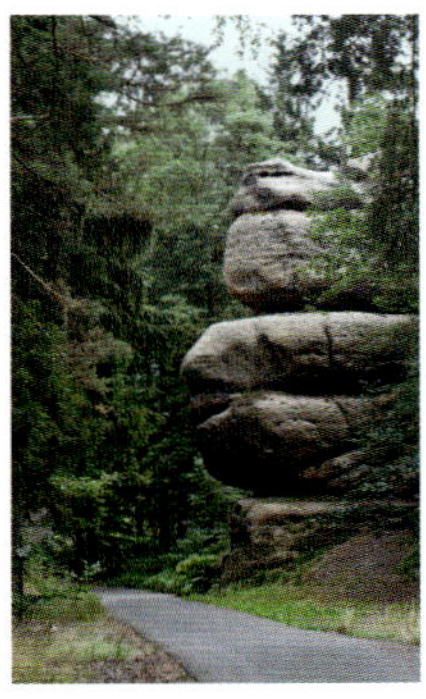

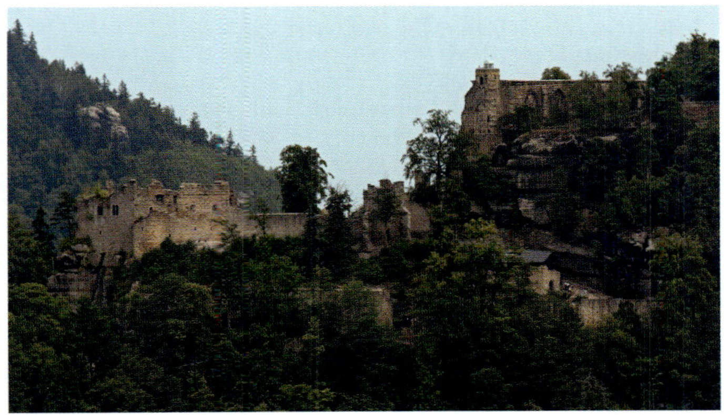

Blick zur Klosterruine Oybin

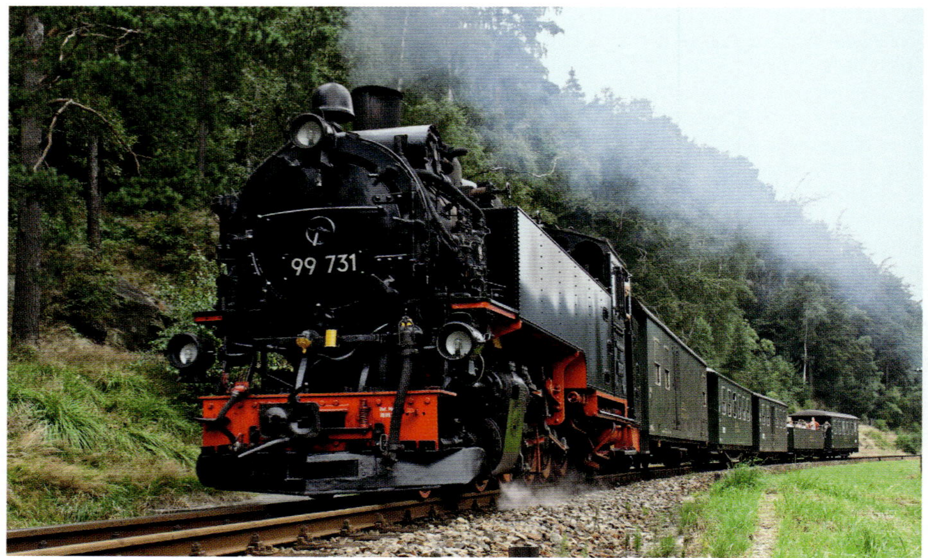

Die Schmalspurbahn Zittau-Oybin

1821 als Herzoglicher Hofkapellmeister nach Dessau. Sein damals viel beachtetes Oratorium „Das Weltgericht“ trug sehr zu seiner Popularität bei. Waltersdorf besitzt außerdem einen umfangreichen Bestand an historischen, größtenteils liebevoll sanierten Umgebindehäusern.

Herrnhut

Auf halber Strecke zwischen Zittau und Löbau kommt man an Herrnhut vorbei. Der Ort steht in Verbindung mit der gleichlautenden Brüdergemeine, die von hier aus eine bemerkenswerte Verbreitung gefunden hat. Die Herrnhuter können sich ohne Übertreibung als die erfolgreichsten aller evangelischen Missionare bezeichnen, wenn man die weltweite Ausbreitung ihrer Strömung bedenkt. In der Umgebung ihres Stammsitzes oder gar im deutschsprachigen Raum sind sie relativ gering vertreten, dafür umso stärker beispielsweise in den USA oder in Afrika. 1722 war der Anfang gesetzt, durch den ersten am Hutberg siedelnden mährischen Exulanten, der in seiner katholisch geprägten Heimat verfolgt worden war. Ihm folgten weitere Leidensgenossen. Und 1727 entstand eine christliche Brüdergemeine auf Gut Berthelsdorf, das der pietistische Dichter Nikolaus Ludwig Graf von Zinzendorf zur Verfügung stellte. Die damaligen Grundhaltungen gelten bis heute: Die Gemeine ist streng solidarisch organisiert, lehnt den Kriegsdienst ab, und kein Mitglied hat eigenen Besitz. Wirtschaftliche Basis der Gemeinschaft waren und sind umfangreiche Landgüter, eine stark ausgebaute Weberei und die Herstellung der bekannten Herrnhuter Weihnachtssterne. Mit der Gemeine verbunden sind auch die Herrnhuter Losungen. Für das jeweils folgende Jahr werden 365 von ihnen im Herrnhuter Vogtshof aus insgesamt 1700 alttestamentarischen Sprüchen für jeden Tag gezogen. Der Kirchensaal verblüfft aufgrund seiner Großzügigkeit und Schlichtheit. Er entstand bis 1757 nach einem Entwurf von Siegmund August von Gersdorf. Der Grundriss ist rechteckig, das Gebäude besitzt als Ausstattung einen einfachen Predigttisch, keine Kanzel und einen ebenso simplen Dachreiter. Der Saal wurde am 9. Mai 1945 zerstört, einige Jahre später aber wiederaufgebaut. Vor dem Haus der Gemeine und seit kurzem auch im Kirchgarten befinden sich Denkmäler zu Ehren Zinzendorfs.

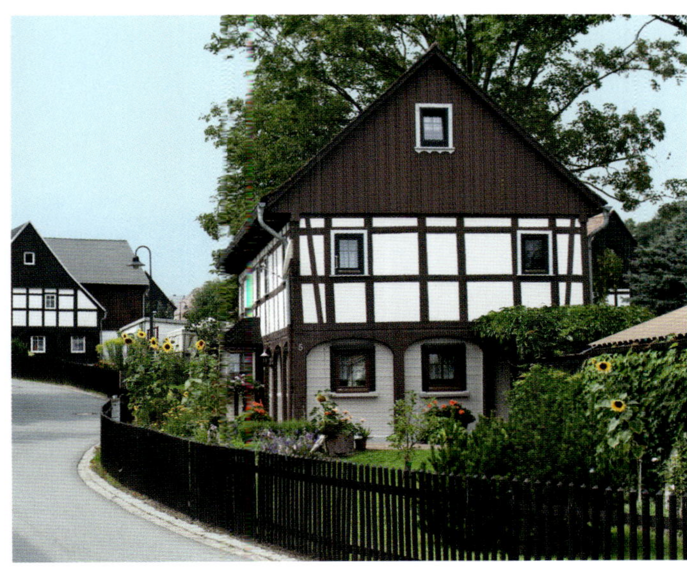

Typisches Oberlausitzer Umgebindehaus in Bertsdorf

Bautzen

Nicht ohne Grund gilt Bautzen auch als „Stadt der Türme“. Es sind 23 an der Zahl – Türme und Bastionen, von denen drei übrigens besteigbar sind. Sie gehören noch zum mittelalterlichen Stadtkern und waren stellenweise auch Teil der ursprünglichen Wehranlagen. Die Alte Wasserkunst gehört beispielsweise dazu, ein bedeutendes technisches Bauwerk der Lausitz. Bei ihr handelt es sich um einen zur Wasserversorgung 1558 errichteten Turm aus Granitsteinen. Er misst 50 Meter und beinhaltet sieben Stockwerke, in denen das gestaute Spreewasser entsprechend hinaufgepumpt und herabgeleitet wird. Bis in die 1950er Jahre war er sogar noch in Betrieb, wird aber heute als Technisches Museum genutzt. Der Aufstieg auf seine 40 Meter hohe Plattform ist möglich.

Alte Wasserkunst Bautzen

Die Alte Wasserkunst verbindet sich auf reizvolle Weise mit der benachbarten Michaeliskirche. Nach 1429 wurde sie als dreischiffige Hallenkirche in fast quadratischer Form gebaut. Schon seit 1619 ist sie die Parochialkirche der evangelischen Sorben.

Im Gegensatz zu anderen Orten bilden in Bautzen und der Umgebung die Sorben noch einen merklichen Teil der Gesamtbevölkerung. Sie siedelten sich hier schon im 6. Jahrhundert an und haben sich ihre Traditionen und ihre Sprache bis heute bewahrt. Deshalb fällt in Bautzen auch besonders die häufige zweisprachige Beschriftung (deutsch und sorbisch) auf. Daneben gibt es in der Stadt mehrere sorbische Kultureinrichtungen wie etwa das Sorbische Museum oder das Sorbische Nationalensemble. Verschiedene Vereinigungen zeugen ebenfalls vom sorbischen Leben in Bautzen wie etwa der Sorbische Schulverein, der Bund sorbischer Gesangsvereine oder der Sorbische Künstlerbund.

Bautzener Dom von Südosten

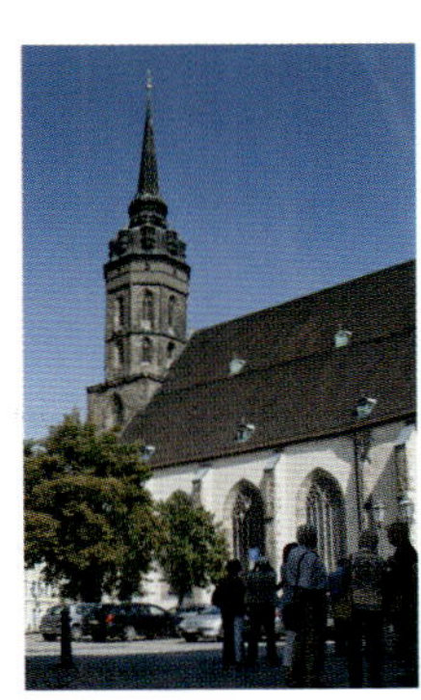

Zentrale Sehenswürdigkeit Bautzens ist sein Dom St. Petri. Er stammt in seiner heutigen Form im Wesentlichen aus der Zeit zwischen 1293 und 1304. Und dabei entstand bereits eine dreischiffige Halle mit einem einheitlichen Netzgewölbe über Chor und Langhaus. Mitte des 15. Jahrhunderts wurde noch ein viertes südliches Schiff angefügt. Von diesen nachträglichen Ergänzungen scheint sich auch die insgesamt ungewöhnliche Bauform des Doms mit einem Knick nach Süden

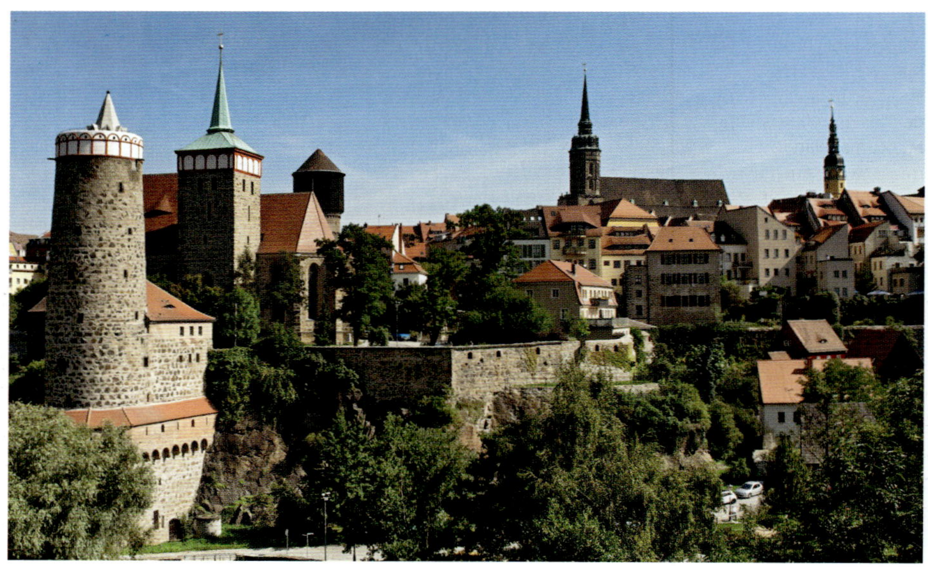

Turmreiche Stadt Bautzen

Dom Bautzen

abzuleiten. Man musste sich wohl mehr als zunächst gedacht der umliegenden Bebauung anpassen. Die äußere gotisch geprägte Gestaltung steht in starkem Gegensatz zur Ausstattung des Doms. Wie die Peter-und-Paul-Kirche in Görlitz brannte auch er im 17. Jahrhundert völlig aus, sodass kein Inneninventar zu retten war. Etwas mehr als hundert Jahre zuvor, 1524 bzw. 1546, traf wegen ständiger Querelen zwischen Katholiken und Protestanten der Bautzener Rat eine weitreichende Entscheidung, die dem Petridom heute eine Sonderstellung beschert: Er ist seitdem die erste Simultankirche auf deutschem Boden. Im Chor finden stets die katholischen Gottesdienste statt, wogegen sich die evangelischen Christen im Langhaus zusammenfinden. So besitzt der Dom auch zwei Orgeln. Die katholische ist die kleinere von beiden, steht auf der Südempore und stammt von Leopold Kohl, der sie 1865 baute. Die größere ist ein Werk von Hermann Eule von 1910, das bis heute klanglich beeindruckt.

Stadtmuseum Bautzen

Einen Besuch ist unbedingt Bautzens Stadtmuseum wert. Es befindet sich am Kornmarkt, wenige Minuten vom Stadtzentrum entfernt, und ist in einem verhältnismäßig jungen Museumsbau von 1912 ansässig. Sein Gesamtbestand enthält etwa 40.000 Exponate. Allein in neun Räumen werden frühe und wertvolle archäologische Funde gezeigt. Exponate zur Volkskunde und Volkskunst erstrecken sich auf sieben Ausstellungsräume, und elf Räume enthalten schließlich zahlreiche Beispiele zur deutschen Malerei unterschiedlicher Epochen.

Geschichtsbedeutend in ganz anderem Sinne ist auch die Gedenkstätte, die an die Opfer der beiden Bautzener Gefängnisse erinnert. Politische Gegner wurden dort von der Zeit des Dritten Reiches bis zum Ende der SED-Diktatur unter unmenschlichen Bedingungen inhaftiert. Eine eindrückliche ständige Ausstellung ist im ehemaligen Gefängnis „Bautzen II" genauso zu betrachten, wie auch u.a. damalige Arrestzellen, der Isolationstrakt oder die Freiganghöfe besichtigt werden können.

Saurierpark Kleinwelka

Ein weiteres „Kontrastprogramm" zu den bisherigen Empfehlungen ist eines der beliebtesten Reiseziele Sachsens, das jährlich etwa 240.000 Besucher ansteuern. Es ist etwa fünf Kilometer von Bautzen entfernt und präsentiert sich als naturkundliches Freilichtmuseum. Sein Thema sind Saurier. Der Saurierpark in Kleinwelka ist inzwischen weltweit bekannt. Angefangen hatte alles 1978, als Franz Gruß in einem bewaldeten Gebiet begann, detailgetreue Nachbildungen der riesengroßen vorzeitlichen Reptilien aus Draht und Zement herzustellen. Das Museumsgelände ist inzwischen wegen interner Differenzen geteilt. So gibt es mittlerweile auch den Sauriergarten. Der größere Saurierpark wurde seit 2005 um 7000 m² erweitert und erfuhr auch einige Veränderungen.

Kloster St. Marienstern

Eines der wenigen Klöster, die seit ihrer Gründung unverändert ihre Bestimmung beibehalten konnten, ist Kloster St. Marienstern in Panschwitz-Kuckau. Letztlich hat es die Reformation, den Dreißigjährigen Krieg und weitere Zeitläufte als katholisches Zisterzienserinnenkloster seit 1250 überstanden. Unter anderem wegen dieser Besonderheit ist es seit neuestem auch eine Station auf der Via Sacra, die den alten Kulturraum zwischen Oberlausitz, Niederschlesien und Nordböhmen auf alten Pilger- und Handelswegen erlebbar macht. St. Marienstern ist ein Kloster, das sich allerdings baulich verändern musste. Die Konventgebäude stammen alle aus dem 17. und 18. Jahrhundert. Der älteste Abschnitt des Klosters ist seine spätgotische Hallenkirche, die allerdings auch mit barocker Innenausstattung versehen wurde. Noch jünger ist die Orgel des Gotteshauses. Sie hat 20 Register, verteilt auf zwei Manuale und Pedal, und wurde erst 1997 von der Firma Eule auf der Seitenempore postiert. Sie ist der Ersatz für die von der Dresdner Hofkirche nach dem Zweiten Weltkrieg zur Verfügung gestellte Jehmlich-Orgel. Diese Leihgabe war der Dank der Verantwortlichen für einen ganz besonderen Dienst, den die Zisterzienserinnen ihnen in ihrem Kloster erwiesen hatten: Als schon 1944 glücklicherweise beschlossen worden war, wesentliche Bestandteile der Silbermann-Orgel von Dresdens Hofkirche sicherheitshalber auszulagern, bot sich als Aufbewahrungsstätte Kloster St. Marienstern an. Ohne die Bereitschaft der Nonnen, die Orgelteile dort zu deponieren, wären sie vermutlich an einen anderen Ort verbracht worden. Möglicherweise hätte dann die Silbermann-Orgel in Dresdens Hofkirche nicht mehr zu retten gewesen sein können. Es kam zum Glück anders.

In der Klosterkirche Marienstern

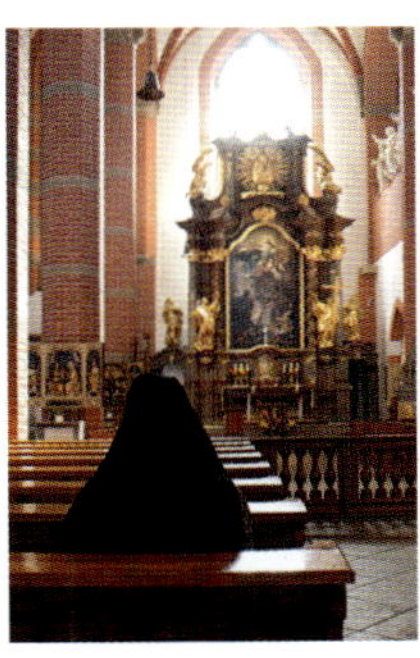

Lausitz

Information	Tourismusverband Oberlausitz-Niederschlesien e.V. Humboldtstraße 25 02625 Bautzen Tel.: 03591 - 877-0 Fax: 03591 - 877-48 E-Mail: info@oberlausitz.com
Sakrale Bauten	Peter-und-Paul-Kirche, Nikolaikirche, Jakobuskathedrale, Heilig-Geist-Kirche, Lutherkirche (alle Görlitz), Dom, Michaeliskirche, Maria-und-Martha-Kirche, Taucherkirche, Liebfrauenkirche (alle Bautzen), Johanniskirche, Apostelkirche, Klosterkirche, Weberkirche (alle Zittau), Kirche Crostau, Kloster St. Marienthal, Kloster St. Marienstern, Nicolaikirche Pulsnitz, Kirche Kamenz, Autobahnkirche Uhyst, Christuskirche Bischofswerda, Kirche Göda, Trinitatiskirche Weigersdorf, Bergkirche Cybin, Nikolaikirche Löbau
Museen	Kulturhistorisches Museum, Senckenberg Museum für Naturkunde, Fotomuseum (alle Görlitz), Technisches Museum Alte Wasserkunst, Sorbisches Museum, Stadtmuseum, Gedenkstätte Bautzen II, Domschatzkammer, Senfmuseum (alle Bautzen), Park Bad Muskau, Burg- und Klosteranlage Oybin, Saurierpark Kleinwelka, Glasmuseum Weißwasser, Puppenmuseum Seifhennersdorf, Museum Niesky, Heimat- und Humboldtmuseum auf dem Beckenberg, Karasek-Museum Seifhennersdorf, Städtische Museen Zittau, Heimatmuseum Herrnhut, Deutsches Damast- und Frottiermuseum Großschönau, Völkerkundemuseum Herrnhut, Museum Kraftwerk Hirschfelde, Bergbaumuseum Knappenrode, Granitmuseum Bischheim-Häslich, Konrad-Zuse-Computermuseum Hoyerswerda, Lausitzer Bergbaumuseum Hoyerswerda, Lessinghaus Kamenz, Njepila-Hof Rohne

Dispositionen

Die angegebene Stimmtonhöhe bezieht sich – wenn nicht anders vermerkt – auf den Ton a'. Die Schreibweise der Registernamen entspricht denen an der jeweiligen Orgel; lediglich die Bezeichnung „Fuß" wurde mit dem Zeichen ' einheitlich dargestellt. Alle Angaben beschreiben den gegenwärtigen Zustand der Orgeln; Redaktionsschluss 31.05.2017.

 Sauer-Orgel in der **St. Thomaskirche zu Leipzig**

HAUPTWERK I. MANUAL		**OBERWERK II. MANUAL**		**SCHWELLWERK III. MANUAL**		**PEDAL**	
Principal	16'	Salicional	16'	Lieblich Gedackt	16'	Majorbass	32'
Bordun	16'	Gedackt	16'	Gamba	16'	Untersatz	32'
Principal	8'	Principal	8'	Principal	8'	Principal	16'
Geigenprincipal	8'	Schalmei	8'	Viola	8'	Contrabass	16'
Viola di Gamba	8'	Salicional	8'	Aeoline	8'	Violon	16'
Gemshorn	8'	Harmonica	8'	Voix celeste	8'	Gemshorn	16'
Dulciana	8'	Dolce	8'	Spitzfloete	8'	Subbass	16'
Doppelfloete	8'	Flûte harmonique	8'	Flute d'amour	8'	Salicetbass	16'
Flute harmonique	8'	Konzertfloete	8'	Gedackt	8'	Lieblich Gedackt	16'
Flauto dolce	8'	Rohrfloete	8'	Gemshorn	8'	Quintbass	10 2/3'
Gedackt	8'	Gedackt	8'	Quintatön	8'	Principal	8'
Quintatön	8'	Octave	4'	Prestant	4'	Offenbass	8'
Quinte	5 1/3'	Salicional	4'	Fugara	4'	Cello	8'
Octave	4'	Flauto dolce	4'	Traversfloete	4'	Gemshorn	8'
Gemshorn	4'	Quinte	2 2/3'	Quinte	2 2/3'	Bassfloete	8'
Rohrfloete	4'	Piccolo	2'	Flautino	2'	Dulciana	8'
Violini	4'	Cornett	3f.	Harmonia aetheria	3f.	Octave	4'
Octave	2'	Mixtur	4f.	Oboe	8'	Flauto dolce	4'
Rauschquinte	2f.	Cymbel	3f.	Trompette harmonique	8'	Contraposaune	32'
Mixtur	3f.	Tuba	8'			Posaune	16'
Cornett	2–4f.	Clarinette	8'			Fagott	16'
Scharf	5f.					Trompete	8'
Groß-Cymbel	4f.					Clarine	4'
Trompete	16'						
Trompete	8'						

NEBENREGISTER
Manualkoppeln II/I, III/I, III/II
Pedalkoppeln I/P, II/P, III/P
Tuttikoppel
Feste Kombinationen: Mezzoforte, Forte, Tutti, Rohrwerke, Piano-, Mezzoforte-, Forte- und Tuttipedal
Pedalstimmen ab, Handregister ab, Rohrwerke ab, Walze ab
3 freie Kombinationen
Crescendowalze
Schweller für III

KLAVIATURUMFÄNGE:
Manuale: C – a'''
Pedal: C – f'

STIMMTONHÖHE:
443 Hz bei 19 °C

STIMMUNGSART:
gleichstufig

HAUPTWERK II. MANUAL		BRUSTWERK I. MANUAL		OBERWERK III. MANUAL		ECHO IV. MANUAL	
Bordun	16'	Grob Gedackt	8'	Quintaden	16'	Barem	16'
Principal	8'	Klein Gedackt	4'	Principal	8'	Still Gedackt	8'
Violdagamba	8'	Principal	2'	Gedackt	8'	Quintaden	8'
Rohrflöth	8'	Super Gemßhörnlein	2f.	Gemßhorn	8'	Principal	4'
Quinta	6'	Quint-sexta	2f.	Flauta doux	8'	Nachthorn	4'
Octav	4'	Sieflit	1'	Octav	4'	Spitzflöth	4'
Nassatquint	3'			Hohlflöth	4'	Spitzquint	3'
Superoctav	2'			Hohlquint	3'	Octav	2'
Queerflöth	2'			Superoctav	2'	Schweitzerflöth	2'
Sesquialtera	3f.			Plockflöth	2'	Rauschquint	1 1/2'
Mixtur	6f.			Sesquialtera	3f.	Superoctävlein	1'
Cimbel	3f.			Scharff	5f.	Cimbel	3f.
Fagott	16'			Vox humana	8'	Regal	8'
Trombetta	8'			Hautbois	8'		

PEDAL	
Großer Untersatz	32'
Principal	16'
Violon	16'
Sub Bass	16'
Octav	8'
Gedackt	8'
Quintaden	8'
Superoctav	4'
Bauernflöth	1'
Mixtur	6f.
Posaun Bass	32'
Posaun Bass	16'
Trombet	8'
Cornet	2'

NEBENREGISTER
Copul Oberwerk-Hauptwerk
Copul Echo-Hauptwerk
Copul Hauptwerk-Pedal
Copul Oberwerk-Pedal
Tremulant für das ganze Werk
2 Zimbelsterne
Vogell Geschreÿ
Plenumwind
Glockenspiel Oberwerk

KLAVIATURUMFÄNGE:
Manuale: C – f'''
Pedal: C – f'

STIMMTONHÖHE:
466 Hz bei 17 °C;
Kammerkoppel: 415 Hz für das ganze Werk

STIMMUNGSART:
ungleichstufig,
1/6 pythagoräisches Komma

Ladegast-Eule-Orgel in der St. Nikolaikirche zu Leipzig

HAUPTWERK I. MANUAL

Bordun [ab c°]	32'
Principal	16'
Bordun	16'
Principal	8'
Doppelgedackt	8'
Flaut major	8'
Gambe	8'
Gemshorn	8'
Rohrquinte	5 1/3'
Octave	4'
Spitzflöte	4'
Rohrflöte	4
Terzflöte	3 1/5
Quinte	2 2/3
Septime	2 2/7
Octave	2
Terz	1 3/5
Mixtur	4f
Cymbel	3f
Cornett	3 – 5f
Trombone	16
Trompete	8
Trompete	4'

OBERWERK II. MANUAL

Principal [ab c°]	16'
Quintatön	16'
Principal	8'
Bordunalflöte	8'
Fugara	8'
Quintatön	8'
Rohrflöte	8'
Octave	4'
Gedackt	4'
Hohlflöte	4'
Spitzquinte	2 2/3'
Octave	2'
Waldflöte	2'
Terz	1 3/5'
Quinte	1 1/3'
Flageolet	1'
Cymbel	4f.
Cornett	3f.
Basson	16'
Trompete	8'
Clarinette	8'
Vox populi	8'

RÈCIT III. MANUAL

Stillgedackt	16'
Diapason	8'
Flûte traversiere	8'
Viole di Gamba	8'
Aeoline	8'
Voix celeste	8'
Flûte octaviante	4'
Octavin	2'
Plein jeu	4 – 5f.
Bombarde	16'
Trompette harmonique	8'
Basson-Hautbois	8'
Vox populi	8'
Clairon harmonique	4'

BRUSTWERK IV. MANUAL

Lieblich Gedackt	16'
Geigenprincipal	8'
Flauto traverso	8'
Doppelflöte	8'
Harmonica [ab c°]	8'
Octave	4'
Octavflöte	4'
Piffaro	4'
Rohrquinte	2 2/3'
Piccolo	2'
Scharf	3f.
Fagott	16'
Oboe	8'
Cor anglais	8'

ECHO V. MANUAL

Viola	16'
Viola d'amour	8'
Lieblich Gedackt	8'
Salicional	8'
Unda maris	2f. 8'
Sanftflöte	8'
Viola	4'
Zartflöte	4'
Nassat	2 2/3'
Violino	2'
Harm. aeth.	3f.
Aeoline	16
Vox humana	8

PEDAL

Principalbass	32'
Untersatz	32'
Principalbass	16'
Violon	16'
Subbass	16'
Salicet	16'
Terz	12 4/5'
Nassat	10 2/3'
Octavbass	8'
Gedacktbass	8'
Violoncello	8'
Nasard	5 1/3'
Octavbass	4'
Cornett	5f.
Posaunenbass	32'
Posaunenbass	16'
Dulcian	16'
Trompete	8'
Clarine	4'

NEBENREGISTER
Manualkoppeln: II/I, III/I, IV/I, III/II, IV/II, IV/III, V/IV, III/I Sub
Pedalkoppeln: I/P, II/P, III/P, IV/P, V/P, III/P Super
Crescendowalze, Schweller für III, IV und V
Hand-Walze, Hand-Schweller
Feste Kombinationen: Piano, Mezzo-Forte, Forte, Tutti
Setzeranlage mit 4.000 Kombinationen
Sequenzschalter
Carillon
Stahlspiel
Midi V
USB
Tremulant für II
Tremulant für III
Tremulant für IV

KLAVIATURUMFÄNGE:
Manuale: C – a'''
Pedal: C – f'

STIMMTONHÖHE:
440 Hz bei 15 °C

STIMMUNGSART:
gleichstufig

Schuke-Orgel im **Gewandhaus zu Leipzig**

HAUPTWERK II. MANUAL		**SCHWELLWERK I. MANUAL**		**OBERWERK III. MANUAL**		**POSITIV IV. MANUAL**	
Prinzipal	16'	Bordun	16'	Quintadena	16'	Holzgedackt	8'
Oktave	8'	Geigenprinz.	8'	Prinzipal	8'	Quintadena	8'
Rohrflöte	8'	Gedackt	8'	Gedackt	8'	Prinzipal	4'
Spitzflöte	8'	Gambe	8'	Trichterflöte	8'	Blockflöte	4'
Großquinte	5 1/3'	Salicional	8'	Oktave	4'	Dulzflöte	4'
Oktave	4'	Schwebung	8'	Rohrflöte	4'	Sesquialtera	2f.
Gedackt	4'	Oktave	4'	Gemshorn	4'	Spitzflöte	2'
Quinte	2 2/3'	Nachthorn	4'	Nassat	2 2/3'	Nassat	1 1/3'
Oktave	2'	Fugara	4'	Oktave	2'	Sifflöte	1'
Groß-Mixtur	8f.	Hohlquinte	2 2/3'	Feldpfeife	2'	Scharff	5f.
Klein-Mixtur	5f.	Oktave	2'	Terz	1 3/5'	Cymbel	3f.
Cornett	5f.	Waldflöte	2'	Quinte	1 1/3'	Dulcianregal	16'
Trompete	16'	Terz	1 3/5'	Oktave	1'	Krummhorn	8'
Trompete	8'	Quinte	1 1/3'	Mixtur	5f.	Vox humana	8'
Feldtromp.	4'	Septime	1 1/7'	Scharff	4f.		
Horiz. Tromp.	16'	Mixtur	6f.	Fagott	16'		
Horiz. Tromp.	8'	Bombarde	16'	Schalmei	8'		
Horiz. Tromp.	5 1/3'	Tromp. harm.	8'				
Horiz. Tromp.	4'	Oboe	8'				
		Clarine	4'				

PEDAL	
Prinzipal	32'
Untersatz	32'
Prinzipal	16'
Offenbaß	16'
Subbaß	16'
Salicetbaß	16'
Quinte	10 2/3'
Oktave	8'
Hohlflöte	8'
Gedacktbaß	8'
Oktave	4'
Pommer	4'
Bauernpf.	2'
Rohrflötenb.	1'
Hintersatz	4f.
Mixtur	6f.
Posaune	32'
Posaune	16'
Dulcian	16'
Trompete	8'
Clairon	4'

NEBENREGISTER
Manualkoppeln: I/II, I/III, III/II, IV/II, II/I, III/I, IV/I, IV/III
Pedalkoppeln: I/P, II/P, III/P, IV/P
Super- und Suboktavkoppeln
Horizontal-Trompeten an I, II, III, P
Crescendowalze, Schweller für I
Walze an/ab
Handregister zur Walze an/ab
Koppeln aus Walze
Manualregister 16' ab
Pleno
Zungen ab
Setzeranlage mit 10.000 Kombinationen
Sequenzschalter
Tremulant für I
Tremulant für III
Tremulant für IV
Regler Tremulantfrequenzen
Glockenspiel OW
Große und kleine Cymbelglocken Positiv
Zweiter fahrbarer Spieltisch auf dem Orchesterpodium

KLAVIATURUMFÄNGE:
Manuale: C–a'''
Pedal: C–g'

STIMMTONHÖHE:
446 Hz bei 22 °C

STIMMUNGSART:
gleichstufig

Schramm-Orgel in der **Schlosskapelle von Schloss Hubertusburg**

MANUAL		**PEDAL**	
Principal	8'	Subbaß	16'
Viol di Gamba	8'	Octav Baß	8'
Grob Gedackt	8'		
Octava	4'		
Klein Gedackt	4'		
Quinta	3'		
Octava	2'		
Mixtur	3f.		

KLAVIATURUMFÄNGE:
Manual: C–d'''
Pedal: C–c'

STIMMTONHÖHE:
415 Hz bei 20 °C

STIMMUNGSART:
ungleichstufig nach Gottfried Silbermann, geringfügig modifiziert

Vogler-Orgel in der **Stadtkirche St. Marien zu Schildau**

HAUPTWERK I. MANUAL		OBERWERK II. MANUAL		PEDAL	
Bordun	16'	Lieblich Gedackt	8'	Subbaß	16'
Principal	8'	Flaut travers	8'	Violonbaß	16'
Viola de Gambe	8'	Gemshorn	4'	Principalbaß	8'
Gedackt	8'	Rohrflöte	4'	Posaunenbaß	16'
Oktave	4'	Principal	2'		
Quinte	2 2/3'	Quinte	1 1/3'		
Oktave	2'				
Mixtur	3f.				
Cornett	4f.				
Trompete	8'				

NEBENREGISTER
Manualschiebekoppel
Pedalkoppel I/P
Tremulant
Klingelzug
Vacat

KLAVIATURUMFÄNGE:
Manuale: C, D – d'''
Pedal: C, D – c'

STIMMTONHÖHE:
440 Hz bei 15 °C

STIMMUNGSART:
Voigt I

Ladegast-Orgel in der **Kirche Altleisnig zu Polditz**

HAUPTWERK II. MANUAL		OBERWERK I. MANUAL		SCHWELLWERK III. MANUAL		PEDAL	
Principal	16'	Lieblich ged.	16'	Fl. travers	8'	Violon	32'
Bordun	16'	Geigenpr:	8'	Liebl: Ged:	8'	Pr: Bass	16'
Principal	8'	Doppelflöte	8'	Viola d'amour	8'	Subbass	16'
Flöte	8'	Salicional	8'	Zartflöte	4'	Octavbass	8'
Rohrflöte	8'	Principal	4'			Bassflöte	8'
Gambe	8'	Fl. amabile	4'			Quintenbass	5 1/3'
Octave	4'	Violine	2'			Octavbass	4'
Gedackt	4'	Progr:Harm:	2 – 3f.			Posaune	16'
Quinte	2 2/3'	Oboe	8'				
Octave	2'						
Cornett	3f.						
Mixtur	3f.						

NEBENREGISTER
Manualkoppeln:
Man:Coppel I., Man:Coppel II. Ped:Coppel
Calcantenruf

KLAVIATURUMFÄNGE:
Manuale: C – f'''
Pedal: C – d'

STIMMTONHÖHE:
440 Hz bei 15 °C

STIMMUNGSART:
gleichstufig

Richter-Orgel in der **Kirche zu Pomßen**

MANUAL		PEDAL	
Grobgedackt	8'	SUB BASS	16'
PRINCIPAL	4'	Violenbass	8'
Klein gedackt	4'	Posaunen	16'
NASSAT	3'	Cornetten	2'
SESQUIALTERA [cis' – c''']	2f.		
OCTAVA	2'		
CIMBEL	2f.		
MIXTUR	3f.		
Trompeten	8'		

NEBENREGISTER
Pedalkoppel
Tremulant
Stern
Vogelgesang

KLAVIATURUMFÄNGE:
Manual: C, D, E, F, G, A – c'''
Pedal: C, D, E, F, G, A – c'

STIMMTONHÖHE:
460 Hz bei 18 °C

STIMMUNGSART:
mitteltönig

 Hildebrandt-Orgel in der **Kreuzkirche zu Störmthal**

MANUAL		PEDAL		
PRINCIPAL	8'	SUB BASS	16'	NEBENREGISTER COPPEL (Pedalkoppel) TREMULANT
Gedackt	8'	POSAUNE	16'	
QUINTADENA	8'			KLAVIATURUMFÄNGE: Manual: C, D – c''' Pedal: C, D – c'
PRAESTANT	4'			
Rohr-Flöte	4'			
NASSAT	3'			
OCTAVA	2'			STIMMTONHÖHE: 462 Hz bei 15 °C
TERTIA	1 3/5'			
QUINTA	1 1/2'			
SUFFLET	1'			STIMMUNGSART: 1/6 pythagoräisches Komma
CORNET [ab c']	3f.			
MIXTUR	3f.			

 Silbermann-Orgel in der **St. Georgenkirche zu Rötha**

HAUPTWERK I. MANUAL		HINTERWERK II. MANUAL		PEDAL		
BORDUN	16'	Gedackt	8'	PRINCIPAL„Bass	16'	NEBENREGISTER Manualschiebekoppel PEDALKOPPEL TREMULANT
PRINCIPAL	8'	QVINTADENA	8'	Posaune	16'	
Rohr„Flöte	8'	Rohr„Flöte	4'	Trommete	8'	KLAVIATURUMFÄNGE: Manual: C, D – c''' Pedal: C, D – c'
OCTAVA	4'	Nasat	3'			
Spitz„Flöte	4'	OCTAVA	2'			
QVINTA	3'	TERTIA	1 3/5'			STIMMTONHÖHE: 464,9 Hz bei 15 °C
OCTAVA	2'	QVINTA	1 1/2'			
CORNET [ab c']	3f.	SIFFLET	1'			
MIXTUR	3f.	MIXTUR	3f.			STIMMUNGSART: gleichstufig
Cÿmbeln	2f.					

 Silbermann-Orgel in der **St. Marienkirche zu Rötha**

MANUAL		PEDAL			
PRINCIPAL	8'	SUBBASS	16'	NEBENREGISTER PEDAL-COPPEL Tremulant	STIMMUNGSART: modifizierte Silbermann-Sorge-Stimmung
Gedackt	8'				
OCTAVA	4'			KLAVIATURUMFÄNGE: Manual: C, D – c''' Pedal: C, D – c'	
Rohr Flöte	4'				
NASSAT	3'				
OCTAVA	2'			STIMMTONHÖHE: 464 Hz bei 15 °C	
TERTIA	1 3/5'				
QUINTA	1 1/2'				
SUFFLET	1'				
Cymbeln	2f.				

HAUPTWERK I. MANUAL	
Gedacktpommer	16'
Prinzipal	8'
Rohrflöte	8'
Konzertflöte	8'
Oktave	4'
Holzflöte	4'
Oktave	2'
Doppelrohrflöte [überblasend]	2'
Rauschpfeife	3f.
Mixtur	5-6f.
Scharf	4-5f.
Großkornett	1-3f.
Trompete	16'
Trompete	8'

OBERWERK II. MANUAL	
Quintadena	16'
Prinzipal	8'
Trichtergedackt	8'
Offenflöte	8'
Oktave	4'
Spitzflöte	4'
Quinte	2 2/3'
Oktave	2'
Terz	1 3/5'
Sifflöte	1 1/3'
Scharf	4-6f.
Solokornett	3-5f.
Trompete	8'
Klarine	4'
Spanische Trompete	8'

SCHWELLWERK III. MANUAL	
Quintatön	16'*
Spitzprinzipal	8'
Koppelflöte	8'
Unda maris ab c°	8'
Bordun	8'
Prinzipal	4'
Holzprinzipal	4'
Quintadena	4'
Spitzoktave	2'
Singend Nachthorn	2'
Rohr-Gemsquinte [überblasend]	1 1/3'
Flageolett	1'
Prinzipalmixtur	3-5f.
Sesquialter	2f.
Un-Tredezime	2f.
Windharfe	2-3f.
Dulzian	16'
Schwebung	8'
Vox humana	8'
Hautbois	8'

BRUSTWERK IV. Manual	
Musiziergedackt	8'
Quintadena	8'
Weidenflöte	8'
Prinzipal	4'
Rohrflöte	4'
Weidenspiel	4'
Nassat	2 2/3'
Waldflöte	2'
Rep. Terz	2/5' - 1 3/5'
Sept-Non	2f.
Oktave	1'
Schellenzimbel	2f.
Rankett	16'
Rohrkrummhorn	8'

* (Transmission OW)

PEDAL	
Untersatz	32'
Prinzipalbass	16'
Subbass	16'
Echobass	16'*
Quintbass	10 2/3'
Oktave	8'
Rohrgedackt	8'+
Choralbass	4'
Gemshorn	4'+
Dolkan [überblasend]	2'+
Nachthorn	1'+
Rauschpfeife	4f.+
Bassmixtur	4f.+
Zink	4f.+
Kontrafagott	32'
Posaune	16'
Dulzian	16'
Trompete	8'
Helle Trompete	4'+
Schalmei	2'+

NEBENREGISTER
Manualkoppeln: II/I, III/I, III/II, IV/II, IV/III
Pedalkoppeln: I/P, II/P, III/P, IV/P
Superoktavkoppeln III/I, III/III
Suboktavkoppeln II/I, III/I, III/II, III/III
Zungen ab
Tremulant für II
Tremulant für III
Tremulant für IV
Tremulant Kleinpedal (+)
Glockenspiel BW
Crescendowalze
Schweller für III
Schweller für IV
40 feste Kombinationen
Setzeranlage mit 4.000 Kombinationen
Sequenzschalter

KLAVIATURUMFÄNGE:
Manuale: C-g'''
Pedal: C-f'

STIMMTONHÖHE:
441 Hz bei 15 °C

STIMMUNGSART:
gleichstufig

 Orgelpositiv in der **Kapelle von Burg Schönfels**

UNTERMANUAL		OBERMANUAL		NEBENREGISTER	STIMMUNGSART:
				Manualschiebekoppel	mitteltönig
Grob: Gedackt	8'	Kl: Gedackt	4'		
Ged: Quinte	3'	Principal	2'	KLAVIATURUMFÄNGE:	
		Quinte	1 1/2'	C, D – c'''	
		Sub: Octave	1'		
				STIMMTONHÖHE:	
				468 Hz bei 15 °C	

 Schulze-Orgel in der **St. Nicolaikirche zu Markneukirchen**

HAUPTWERK I. MANUAL		OBERWERK II. MANUAL		PEDAL		NEBENREGISTER
						Manualkoppel
						Pedalkoppel I/P
Bordun	32'	Lieblich Gedackt	16'	Violonbaß	16'	3 Sperrventile
Prinzipal	16'	Geigenprinzipal	8'	Subbaß	16'	
Bordun	16'	Lieblich Gedackt	8'	Quintbaß	10 2/3'	KLAVIATURUMFÄNGE:
Prinzipal	8'	Harmonica	8'	Oktavbaß	8'	Manuale: C – f'''
Gedact	8'	Salicional	8'	Violonbaß	8'	Pedal: C – d'
Hohlflöte	8'	Geigenprinzipal	4'	Gedacktbaß	8'	
Gambe	8'	Flauto traverso	4'	Posaune	32'	STIMMTONHÖHE:
Quinte	5 1/3'	Quinte + Oktave	2 2/3' + 2'	Posaune	16'	446,5 Hz bei 18 °C
Oktave	4'	Scharff	3f.			
Flauto dulcis	4'					STIMMUNGSART:
Quinte + Oktave	2 2/3' + 2'					gleichstufig
Cymbel	3f.					
Mixtur	5f.					
Trompete	8'					

 Trampeli-Orgel in der **Kirche zu Straßberg**

HAUPTWERK I. MANUAL		OBERWERK II. MANUAL		PEDAL		NEBENREGISTER
						Manualschiebekoppel
						Pedalkoppel I/P
Principal	8'	Liebl: Gedackt	8'	Subbass	16'	Tremulant
Gedackt	8'	Principal	4'	Octavenb.	8'	
Viola du Gamba	8'	Flauto amabile	4'	Posaunenbass	16'	KLAVIATURUMFÄNGE:
Octave	4'	Octave	2'			Manuale: C – d'''
Flaut douce	4'	Quinte	1 1/2'			Pedal: C – c'
Quinte	3'	Flageolet	1'			
Octave	2'	Cornetti	3f.			STIMMTONHÖHE:
Mixtur	4f.					464 Hz bei 15 °C
						STIMMUNGSART:
						Valotti

Renkewitz-Orgel in der Schlosskirche Augustusburg

MANUAL		PEDAL		NEBENREGISTER	STIMMUNGSART:
Principal	8'	Principalbass	16'	Pedalkoppel	Kirnberger III
Gedackt	8'	Violonbass	8'	Schwebung	
Quintadena	8'	Posaune	16'	Calcant	
Unda maris [ab c']	8'				
Flauto dulcis [ab c']	8'			KLAVIATURUMFÄNGE:	
Octava	4'			Manual: C, D – c'''	
Hohlflöte [ab c']	4'			Pedal: C, D – c'	
Spitzquinte	3'				
Octava	2'			STIMMTONHÖHE:	
Cymbel	2f.			458,5 Hz bei 15 °C	
Mixtur	3f.				
Cornett [ab c']	4f.				

Jehmlich-Orgel in der St. Wolfgangskirche zu Schneeberg

HAUPTWERK II. MANUAL		RÜCKPOSITIV I. MANUAL		SCHWELLWERK III. MANUAL		PEDAL	
Prinzipal	16'	Praestant	8'	Bordun	16'	Prinzipal	32'
Oktave	8'	Holzgedackt	8'	Geigenprinzipal	8'	Oktavbass	16'
Rohrflöte	8'	Quintatön	8'	Doppelflöte	8'	Subbass	16'
Flûte harmonique	8'	Oktave	4'	Salicional	8'	Zartbass	16'
Gambe	8'	Rohrflöte	4'	Vox coelestis	8'	Oktavbass	8'
Oktave	4'	Oktave	2'	Oktave	4'	Bordun	8'
Hohlflöte	4'	Larigot	1 1/3'	Gedackt	4'	Violoncello	8'
Quinte	2 2/3'	Sifflöte	1'	Fugara	4'	Oktavbass	4'
Oktave	2'	Sesquialtera	2f.	Nasat	2 2/3'	Nachthorn	2'
Kornett ab g°	5f.	Mixtur	4f.	Querflöte	2'	Hintersatz	6f.
Kleinmixtur	4f.	Cromorne	8'	Terz	1 3/5'	Posaune	32'
Großmixtur	5f.			Septime	1 1/7'	Posaune	16'
Trompete	16'			Pleinjeu	5 – 6f.	Dulzian	16'
Trompete	8'			Bombarde	16'	Trompete	8'
				Trompette harm.	8'	Klarine	4'
				Oboe	8'		

NEBENREGISTER
Manualkoppeln: I/II, III/II, III/I
Pedalkoppeln: II/P, I/P, III/P (doppelt wirkend als Handregister und Fußpistons)
Setzeranlage mit 999 Kombinationen
Sequenzschalter
Crescendowalze
Schweller für III
Zungenregister ab
Handregister zum Crescendo
Crescendo an/ab
Tremulant für RP
Tremulant für SW
Tremulant für Solopedal
Zimbelstern

KLAVIATURUMFÄNGE:
Manuale: C – g'''
Pedal: C – f'

STIMMTONHÖHE:
440 Hz bei 16 °C

STIMMUNGSART:
gleichstufig

 Jehmlich-Orgel (Blockwerk-Rekonstruktion) in der **Klosterkirche zu Wechselburg**

MANUAL		PEDAL		
				KLAVIATURUMFÄNGE: Manual: C-g''' Pedal: C-f'
Principal	1-2f. 8'	Subbass	16'	
Hohl-Flöte	8'	Principalbass	8'	
Octava	4'	Quintbass	5 1/3'	STIMMTONHÖHE: 444,5 Hz bei 20,5 °C
Nachthorn	4'	Octavbass	4'	
Octave	2'			
Quinte	1 1/3'			STIMMUNGSART: nach Arnold Schlick 1511
Mixtur	5-7f.			
Zimbel	3-4f.			

 Walcker-Orgel in der **St. Annenkirche zu Annaberg-Buchholz**

HAUPTWERK I. MANUAL		OBERWERK II. MANUAL		SCHWELLWERK III. MANUAL		PEDAL	
Principal	16'	Quintatön	16'	Bourdon	16'	Principalbaß	32'
Flauto major	16'	Principal	8'	Geigenprincipal	8'	Principalbaß	16'
Principal	8'	Gedeckt	8'	Lieblich Gedackt	8'	Violonbaß	16'
Bourdon	8'	Spitzflöte	8'	Concertflöte	8'	Subbaß	16'
Gemshorn	8'	Salicional	8'	Harmonika	8'	Bourdon doux	16'
Hohlflöte	8'	Aeoline	8'	Fugara	4'	Oktavbaß	8'
Doppelflöte	8'	Voix celeste	8'	Principal	4'	Flötenbaß	8'
Quintatön	8'	Principal	4'	Traversflöte	4'	Violoncello	8'
Viola di Gamba	8'	Flauto dolce	4'	Waldflöte	2'	Oktav	4'
Dolce	8'	Viola	4'	Harmonia aetheria	3f. 2 2/3'	Mixtur	6f. 5 1/3'
Quinte	5 1/3'	Quinte	2 2/3'	Mixtur	4f. 1 1/3'	Posaunenbaß	32'
Oktav	4'	Piccolo	2'	Clarinette	8'	Posaunenbaß	16'
Rohrflöte	4'	Superoktave	1'	Vox humana	8'	Trompete	8'
Gemshorn	4'	Mixtur	4-5f. 2'			Clairon	4'
Quinte	2 2/3'	Cymbal	2 2/3'				
Oktav	2'	Oboë	8'				
Mixtur	6f. 4'						
Cornett	4-5f.						
Mixtur	6f. 2'						
Fagott	16'						
Trompete	8'						
Clairon	4'						

NEBENREGISTER
Manualkoppeln: II/I, III/I, III/II
Pedalkoppeln: I/P, II/P, III/P
Tremulant für II und III
Tremolo zur Vox humana 8'
Crescendowalze
Schweller für III, Schweller für Oboë 8' auf II
Feste Kombinationen als Fußtritte: Pianissimo, Piano, Mezzoforte, Fortissimo, Tutti
Forte-Pedal-Abteilung
Piano-Pedal-Abteilung
Abstoßer für die Register des HW, OW, SW und P
Combinations-Prolongement

KLAVIATURUMFÄNGE:
Manuale: C-f'''
Pedal: C-d'

STIMMTONHÖHE:
435 Hz bei 18 °C

STIMMUNGSART:
gleichstufig

 Schubert-Orgel in der **St. Marienkirche zu Marienberg**

HAUPTWERK I. MANUAL		**BRUSTWERK II. MANUAL**		**OBERWERK III. MANUAL**		**PEDAL**	
Prinzipal	16'	Bordun	16'	Quintadena	16'	Principalbaß	16'
Octave	8'	Fugara	8'	Principal	8'	Violonbaß	16'
Gamba	8'	Rohrflöte	8'	Salicional	8'	Fugarabaß	16'
Dolcissimo	8'	Gemshorn	8'	Lieblich Gedackt	8'	Subbaß	16'
Bordun	8'	Quintadena	8'	Octave	4'	Quintbaß	12'
Quinta	6'	Geigenprincipal	4'	Rohrflöte	4'	Octavbaß	8'
Octave	4'	Gemshorn	4'	Flauto traverso	4'	Cello	8'
Spitzflöte	4'	Flauto dolce	4'	Nasat	3'	Octavbaß	4'
Quinta	3'	Cimbel	2f.	Octave	2'	Cimbel	2f.
Octave	2'	Fagott	16'	Quinte	1 1/2'	Posaunenbaß	32'
Terz	1 3/5'			Octave	1'	Posaunenbaß	16'
Mixtur	5f.			Sesquialtera	2f.	Trompetenbaß	8'
Cimbel	4f.			Mixtur	4f.		
Cornett [ab a°]	4f.			Oboe	8'		
Trompete	8'						

NEBENREGISTER	KLAVIATURUMFÄNGE:	STIMMTONHÖHE:	STIMMUNGSART:
Manualkoppeln: II/I, III/I, III/II Pedalkoppel: I/P	Manuale: C – f''' Pedal: C – e'	440,3 Hz bei 15 °C	gleichstufig

 Große Silbermann-Orgel im **Dom St. Marien zu Freiberg**

HAUPTWERK II. MANUAL		**BRUSTWERK I. MANUAL**		**OBERWERK III. MANUAL**		**PEDAL**	
BORDUN	16'	GEDACKT	8'	QVINTADEHN	16'	UNTERSATZ	32'
PRINCIPAL	8'	PRINCIPAL	4'	PRINCIPAL	8'	PRINC.BASS	16'
VIOLA DI GAMBA	8'	ROHRFLÖT	4'	GEDACKT	8'	SUB BASS	16'
ROHRFLÖT	8'	NASSAT	3'	QVINTADEHN	8'	OCTAV BASS	8'
OCTAVA	4'	OCTAVA	2'	OCTAVA	4'	OCTAV BASS	4'
QVINTA	3'	TERTIA	1 3/5'	SPITZFLÖT	4'	PED. MIXTUR	6f.
SUP. OCTAV	2'	QVINTA	1 1/2'	SUP. OCTAVA	2'	POSAUN BASS	16'
TERTIA	1 3/5'	SUFFLÖT	1'	FLASCHFLÖT	1'	TROMP.BASS	8'
CORNET [ab c']	3f.	MIXTUR	3f.	ECHO [ab c']	5f.	CLAR.BASS	4'
MIXTUR	4f.			MIXTUR	3f.		
ZIMBELN	3f.			ZIMBELN	2f.		
TROMPET	8'			KRUMBHORN	8'		
CLARIN	4'			VOX HUMANA	8'		

NEBENREGISTER	KLAVIATURUMFÄNGE:	STIMMUNGSART:
Manualschiebekoppeln: I/II, III/II TREMULANT (Manuale) SCHWEBUNG (OW) Sperrventil HW/BW Sperrventil OW	Manuale: C, D – c''' Pedal: C, D – c' STIMMTONHÖHE: 476,3 Hz bei 15 °C	modifizierte mitteltönige Stimmung

 Kleine Silbermann-Orgel im **Dom St. Marien zu Freiberg**

MANUAL		**PEDAL**		NEBENREGISTER	STIMMUNGSART:
				Pedalkoppel: I/P	gleichstufig
PRINCIPAL	8'	SUB=BASS	16'	TREMVLANT	
Gedackt	8'	Posaunen=Baß	16'		
OCTAVA	4'	Trompeten=Baß	8'	KLAVIATURUMFÄNGE:	
Rohr=Flöthe	4'			Manual: C–c'''	
NASAT	3'			Pedal: C–c'	
OCTAVA	2'				
QVINTA	1 1/2			STIMMTONHÖHE:	
SUFFLET	1'			439,5 Hz bei 15 °C	
CORNETT [ab c']	3f.				
MIXTUR	3f.				
CIMBEL	2f.				

 Jehmlich-Orgel in der **Stadtkirche Lauenstein**

HAUPTWERK I. Manual		**HINTERWERK II. Manual**		**PEDAL**		NEBENREGISTER
						Manualschiebekoppel II/I
						Pedal-Coppel I/P
Bourdun	16'	Gedackt	8'	Prinzipalbass	16'	Sperrventile für HW, OW, P
Prinzipal	8'	Rohrfloete	4'	Sub-Bass	16'	Kalkantenklingel
Rohrfloete	8'	Nassat	3'	Octavenbass	8'	noli me tangere
Octave	4'	Flöte	2'	Posaunen-Bass	16'	Schwebung OW
Spitzfloete	4'	Siffloete	1'			
Quinte	2 2/3'	Cimbel	2f.			KLAVIATURUMFÄNGE:
Octave	2'					Manuale: C–f'''
Cornet	4f.					Pedal: C–c'
Mixtur	4f.					
						STIMMTONHÖHE:
						440 Hz bei 18 °C
						STIMMUNGSART:
						gleichstufig

 Wegscheider-Orgel (Kopie der Silbermann-Orgel im Dom zu Bremen) im **Gottfried-Silbermann-Museum Frauenstein**

MANUAL		NEBENREGISTER	STIMMUNGSART:
		TREMVLANT	annähernd gleichstufig
Rohr-Flöthe	8'		
PRINCIPAL	4'	KLAVIATURUMFANG:	
Rohr-Flöthe	4'	C, D–c'''	
Nasat	3'		
OCTAVA	2'	STIMMTONHÖHE:	
Sesqvialtera	1f.	464 Hz bei 15 °C	
QVINTA	1 1/2'		
Sufflet	1'		

 Silbermann-Orgel in der **Kathedrale (Katholische Hofkirche) zu Dresden**

HAUPTWERK II. MANUAL		**BRUSTWERK I. MANUAL**		**OBERWERK III. MANUAL**		**PEDAL**	
PRINCIPAL	16'	GEDACKT	8'	QVINTADEHN	16'	UNTERSATZ	32'
BORDUN	16'	PRINCIPAL	4'	PRINZIPAL	8'	PRINC.BASS	16'
PRINZIPAL	8'	ROHRFLÖT	4'	GEDACKT	8'	OCTAVBASS	8'
VIOLdiGAMBA	8'	NASSAT	3'	QVINTADEHN	8'	OCTAVBASS	4'
ROHRFLÖT	8'	OCTAVA	2'	UNDAMARIS [ab g°]	8'	PED.MIXTUR	6f.
OCTAVA	4'	QVINTA	1 1/2'	OCTAVA	4'	POSAUNENBASS	16'
SPITZFLÖT	4'	SUFFLÖT	1'	ROHRFLÖT	4'	TROMP.BASS	8'
QVINTA	3'	SESQVIALTERA	1f.	NASSAT	3'	CLAR.BASS	4'
OCTAVA	2'	MIXTUR	3f.	OCTAVA	2'		
TERTIA	1 3/5'	CHALUMEAUX [ab g°]	8'	TERTIA	1 3/5'		
CORNET [ab c']	3f.			FLASCHFLÖT	1'		
MIXTUR	4F.			ECHO [ab c']	5f.		
ZIMBELN	3F.			MIXTUR	4f.		
FAGOTT	16'			VOX HUMANA	8'		
TROMPET	8'						

NEBENREGISTER
Manualschiebekoppeln: I/II, III/II
BASSVENTIL (Pedalkoppel II/P)
TREMULANT (HW)
SCHWEBUNG (OW)
KLINGEL

KLAVIATURUMFÄNGE:
Manuale: C, D – d'''
Pedal: C, D – d'

STIMMTONHÖHE:
415 Hz bei 15 °C

STIMMUNGSART:
gleichstufig

 Kern-Orgel in der **Frauenkirche zu Dresden**

HAUPTWERK I. MANUAL		**OBERWERK II. MANUAL**		**RÉCIT EXPRESSIV III. MANUAL**		**BRUSTWERK IV. MANUAL**	
Principal	16'	Quintade	16'	Bourdon	16'	Gedackt	8'
Bordun	16'	Principal	8'	Flûte harmonique	8'	Principal	4'
Octave	8'	Quintade	8'	Viole de Gambe	8'	Rohrflöte	4'
Rohrflöte	8'	Gedackt	8'	Voix-Céleste [ab c°]	8'	Nasat	2 2/3'
Viola di Gamba	8'	Salicional	8'	Bourdon	8'	Gemshorn	2'
Octave	4'	Octav	4'	Principal	4'	Terz	1 3/5'
Spitzflöte	4'	Rohrflöte	4'	Flûte octaviante	4'	Quinte	1 1/3'
Quinte	2 2/3'	Nasat	2 2/3'	Octavin	2'	Sifflet	1'
Octave	2'	Octav	2'	Piccolo	1'	Mixtur	3f.
Terz	1 3/5'	Sesquialtera	1f.	Plein jeu	3 – 6f.	Vox humana	8'
Cornet [ab c']	5f.	Mixtur	4f.	Cornet [ab g°]	5f.	Octav	2'
Mixtur	5f.	Trompete	8'	Basson	16'		
Zimbel	4f.	Chalumeau	8'	Trompette harmonique	8'		
Fagott	16'			Basson-Hautbois	8'		
Trompete	8'			Voix Humaine	8'		
Clarine	4'			Clairon harmonique	4'		

PEDAL	
Untersatz	32'
Principal-Bass	16'
Sub-Bass	16'
Octav-Bass	8'
Bass-Flöte	8'
Octav-Bass	4'
Mixtur-Bass	6f.
Fagott	32'
Posaune	16'
Trompeten-Bass	8'
Clarinen-Bass	4'

NEBENREGISTER
Manualkoppeln: II – I, III – I, IV – I, II – I 16', III – I 16', III – II, IV – II
Pedalkoppeln: I – P, II – P, III – P, IV – P, III – P 4'
Crescendowalze
Schweller für III
Tutti
Tremulant für II
Tremolo für III
Tremulant für IV
Sperrventil I
Appels des Anches I, Anches II, Anches III, Anches P
Transpositeur IV
Setzeranlage mit 8.192 Kombinationen
Sequenzschalter
Transpositeur IV auf 415 Hz

KLAVIATURUMFÄNGE:
Manuale: C – a'''
Pedal: C – g'

STIMMTONHÖHE:
442 Hz bei 18 °C

STIMMUNGSART:
gleichstufig

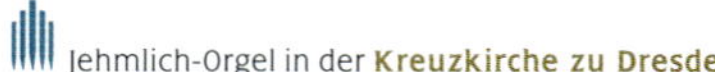

Jehmlich-Orgel in der **Kreuzkirche zu Dresden**

HAUPTWERK I. MANUAL	
Prinzipal	16'
Oktave	8'
Gemshorn	8'
Rohrflöte	8'
Oktave	4'
Spitzflöte	4'
Quinte	2 2/3'
Oktave	2'
Flachflöte	2'
Kornett	2-4f.
Großmixtur	4-5f.
Kleinmixtur	4-5f.
Fagott	16'
Spanische Trompete	8'

KRONENWERK II. MANUAL	
Quintatön	16'
Prinzipal	8'
Spitzgambe	8'
Zinngedackt	8'
Oktave	4'
Blockflöte	4'
Nasat	2 2/3'
Oktave	2'
Terz	1 3/5'
Septime	1 1/7'
Schwiegel	1'
Scharff	5-6f.
Quintzimbel	3f.
Rankett	16'
Krummhorn	8'
Rohrschalmei	4'

SCHWELLWERK III. MANUAL	
Spitzgedackt	16'
Kupferprästant	8'
Engprinzipal	8'
Traversflöte	8'
Koppelflöte	8'
Weidenpfeife	8'
Schwebung	8'
Prinzipalflöte	4'
Spitzgambe	4'
Oktave	2'
Singend Nachthorn	2'
Hornwerk	2-3f.
Sesquialtera	2f.
Mixtur	6-7f.
Tonus fabri	2f.
Bombarde	16'
Trompete	8'
Oboe	8'
Clarine	4'

BRUSTWERK IV. MANUAL	
Holzgedackt	8'
Quintatön	8'
Engprinzipal	4'
Rohrflöte	4'
Spitzoktave	2'
Querflöte	2'
Rohrgemsquinte	1 1/3'
Oktavzimbel	2f.
Carillon	3f.
Rohrkrummhorn	16'
Bärpfeife	8'
Trichterregal	4'

PEDAL	
Untersatz	32'
Prinzipalbaß	16'
Subbaß	16'
Zartpommer	16'
Oktavbaß	8'
Holzflöte	8'+
Oktave	4'+
Rohrpfeife	4'+
Überblasend Dolkan	2'+
Jauchzend Pfeife	1'+
Basszink	4f.+
Rauschwerk	5f.
Choralmixtur	4f.+
Bombarde	32'
Posaune	16'
Dulzian	16'+
Trompete	8'
Feldtrompete	4'+
Singend Cornett	2'+

NEBENREGISTER
Manualkoppeln: II/I, III/I, IV/I, III/II, IV/II, IV/III
Pedalkoppeln: I/P, II/P, III/P, IV/P
Suboktavkoppeln: II/I, III/I, II/II, III/II, III/III
Superoktavkoppeln: III/I, III/II, III/III, III/P
Setzeranlage mit 4.000 Kombinationen
Sequenzschalter
Crescendowalze A, B, C, D, Schweller für III, Schweller für IV
Zungeneinzelabsteller
Handregister ab
Regler Tremulantfrequenzen
3 Zimbelsterne
Tremulant für II
Tremulant für III
Tremulant für IV
Tremulant für Kleinpedal (+)

KLAVIATURUMFÄNGE:
Manuale: C-a'''
Pedal: C-g'

STIMMTONHÖHE:
441,5 Hz bei 19 °C

STIMMUNGSART:
gleichstufig

Jehmlich-Orgel in der **Porzellan-Manufaktur Meißen**

MANUAL	
Gedackt	8'
Rohrflöte	8'
Porzellanflöte	2'
Quinte	1 1/3'

KLAVIATURUMFANG:
Manual: C-g'''

STIMMTONHÖHE:
umschaltbar 415, 440
und 465 Hz

STIMMUNGSART:
gleichstufig

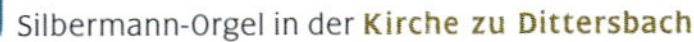

Silbermann-Orgel in der **Kirche zu Dittersbach**

MANUAL		**PEDAL**		NEBENREGISTER
				Tremulant
Principal	8'	Sub Baß	16'	
Gedackt	8'	Posaunen Baß	16'	KLAVIATURUMFÄNGE:
Qvinta dena	8'			Manual: C, D – c'''
Octava	4'			Pedal: C, D – c'
Rohr-Flöte	4'			
Qvinta	3'			STIMMTONHÖHE:
Nassat	3'			467 Hz bei 15 °C
Octava	2'			
Tertia	1 3/5'			STIMMUNGSART:
Qvinta	1 1/2'			gleichstufig
Sifflöt	1'			
Mixtur	3f.			

HAUPTWERK I. MANUAL		**OBERWERK II. MANUAL**		**SCHWELLWERK III. MANUAL**		**BRUSTWERK IV. MANUAL**	
Principal	16'	Qvintadena	16'	Bordun	16'	Gedackt	8'
Gross-Octava	8'	Principal	8'	Viola pomposa	16'	Praestant	4'
Viol di Gamba	8'	Grob-Gedackt	8'	Diapason	8'	Gedackte Fleut doux	4'
Hohl-Flöt	8'	Qvintadena	8'	Doppel-Flöt	8'	Nassat	2 2/3'
Rohr-Flöt	8'	Onda maris [schwebend]	8'	Bordun	8'	Octava	2'
Fiffaro [schwebend]	8'	Octava	4'	Salicional	8'	Gemss-Horn	2'
Rohr-Flöt-Qvint	5 1/3'	Rohr-Flöt	4'	Gambe	8'	Qvint-Nassat	1 1/2'
Octava	4'	Sedecima	2'	Voix coelestis [ab c°]	8'	Tertia	1 1/2'
Spitz-Flöt	4'	Glöcklein-Thon	2'	Principal	4'	Super-Sedecima	1'
Salicet	4'	Vigesima nona	1 1/3'	Travers-Flöt	4'	Scharff-Mixtur	3f.
Qvinta	2 2/3'	Zynk	2f.	Viola d'amore	4'	Hobois	8'
Super-Octava	2'	Scharff Cymbel	1f.	Spitz-Flöt	2 2/3'		
Mixtur	4f.	Cornetti	3f.	Schweitzer-Pfeiff	2'		
Cymbel	3f.	Trompet	8'	Violine	2'		
Cornet	5f.	Schalmey	4'	Piccolo	1'		
Bombart	16'			Mixtur	5f.		
Trompet	8'			Harmonia aeth.	3f.		
Clarin	4'			Bombarde	16'		
				Trompette harm.	8'		
				Hautbois	8'		
				Voix humaine	8'		
				Clarinette	8'		
				Clairon	4'		

PEDAL	
Gross Principal-Bass	32'
Principal-Bass	16'
Contra-Bass	16'
Sub-Bass	16'
Gross-Qvinten-Bass	10 2/3'
Octav-Bass	8'
Gemss-Horn-Bass	8'
Jubal-Flöt	8'
Super-Octav-Bass	4'
Jubal-Flöt	4'
Bauer-Flöt	2'
Mixtur 6fach	2 2/3'
Contra-Posaunen	32'
Posaunen	16'
Fagotti	16'
Trompeten-Bass	8'
Tromba	8'
Clarinen-Bass	4'
Vox Angelica	2'
Sonnenmixtur [12fache Pedalmixtur mit Tromba 8']	

NEBENREGISTER
Manualkoppeln: II/I, III/I, IV/I, IV/II, IV/III, III/II, III 16' – I, III 16' – III
Pedalkoppeln: I/P, II/P, III/P, III 4' – P, IV – P
Koppelhilfe
Tutti
Zungen an/ab (frei wählbar)
Tremulant für II
Tremulant für III
Tremulant für IV
Crescendowalze A, B, C, D
Setzeranlage mit 1.000 Kombinationen pro USB-Stick
Sequenzschalter
Schweller für III
Cymbelstern («Umlauffende Sonne»)
Nachtigall
Vogel-Gesang
Tamburo 16'
Kuckuck

KLAVIATURUMFÄNGE:
Manuale: C – a'''
Pedal: C – f'

STIMMTONHÖHE:
440 Hz bei 14,5 °C

STIMMUNGSART:
Neidhardt 1724 („für eine Stadt")

 Eule-Orgel im **Dom St. Petri zu Bautzen**

HAUPTWERK I. MANUAL		OBERWERK II. MANUAL		SCHWELLWERK III. MANUAL		PEDAL	
Principal	16'	Bordun	16'	Lieblich Gedeckt	16'	Untersatz	32'
Principal	8'	Flötenprincipal	8'	Geigenprincipal	8'	Principalbaß	16'
Soloflöte	8'	Konzertflöte	8'	Hohlflöte	8'	Subbaß	16'
Rohrflöte	8'	Gedeckt	8'	Fernflöte	8'	Dolcebaß	16'
Gemshorn	8'	Quintatön	8'	Gedeckt	8'	Octavbaß	8'
Gambe	8'	Violine	8'	Salicional	8'	Flötenbaß	8'
Dolce	8'	Aeoline	8'	Principal	4'	Oktavbaß	4'
Octave	4'	Vox coelestis	8'	Offenflöte	4'	Prinzipal	2'
Konzertflöte	4'	Octave	4'	Viola	4'	Rauschpfeife	4f.
Gedeckt	4'	Rohrflöte	4'	Nasat	2 2/3'	Posaunenbaß	16'
Quinte	2 2/3'	Gemshorn	4'	Piccolo	2'	Trompetenbaß	8'
Octave	2'	Quinte	2 2/3'	Sifflöte	1'	Clarine	4'
Larigot	1 1/3'	Octave	2'	Mixtur	2–3f.		
Cornett	2–3f.	Terz	1 3/5'	Trompete	8'		
Mixtur	3f.	Mixtur	3f.	Krummhorn	8'		
Fagott	16'	Oboe	8'	Geigenregal	4'		
Trompete	8'						
Kopftrompete	4'						

NEBENREGISTER
Manualkoppeln: II/I, III/I, III/II
Pedalkoppeln: I/P, II/P, III/P
Oberoktavkoppel II/I
Unteroktavkoppel II/I
Oberoktavkoppel III/II
Unteroktavkoppel III/II
Generalkoppel
Feste Kombinationen: Piano, Mezzoforte, Choralwerk, Forte, Fortissimo, Tutti
Crescendowalze, Crescendo ab, Schweller für III, Handregister ab, Zungen ab, Normalkoppeln aus der Walze, 3 freie Kombinationen, Tuttipedal (Fußtritt)
Oberoktavkoppel I/P (Fußtritt), Pedalregister ab (Fußtritt), Tremulant für die gesamte Orgel

KLAVIATURUMFÄNGE:
Manuale: C–c''''
Pedal C–f'

STIMMTONHÖHE:
440 Hz bei 15 °C

STIMMUNGSART:
gleichstufig

 Kohl-Orgel im **Dom St. Petri zu Bautzen**

HAUPTWERK I. MANUAL		OBERWERK II. MANUAL		PEDAL	
Principal	16'	Quintade	16'	Untersatz	32'
Octave	8'	Principal	8'	Principalbass	16'
Konzertflöte	8'	Gedackt	8'	Subbass	16'
Gemshorn	8'	Salicional	8'	Violonbass	16'
Gamba	8'	Dolce	8'	Octavbass	8'
Octave	4'	Octave	4'	Gedacktbass	8'
Spitzfloete	4'	Rohrflöte	4'	Violoncello	8'
Quinte	2 2/3'	Nassat	3'	Octavbass	4'
Octave	2'	Octave	2'	Posaune	16'
Cornett	3f.	Superquinte	1 1/3'		
Mixtur	4f.	Mixtur	3f.		
Trompete	8'				

NEBENREGISTER
Manualkoppel II/I
Pedalkoppel I/P
Sperrventil zum Hauptwerk
Sperrventil zum Oberwerk

KLAVIATURUMFÄNGE:
Manuale: C–f'''
Pedal: C–d'

STIMMTONHÖHE:
440 Hz bei 15 °C

STIMMUNGSART:
gleichstufig

HAUPTWERK I. MANUAL		**HINTERWERK II. MANUAL**		**PEDAL**	
Principal	8'	Gedacktes	8'	Sub-Baß	16'
Qvintadina	8'	RohrFlöte	4'	OctavenBass	8'
Rohr Flöte	8'	Nasat	3'	PosaunenBass	16'
Octava	4'	Octava	2'		
Spitz-Flöte	4'	Tertia	2f.		
Qvinta	3'	Qvinta	1 1/2'		
Octava	2'	Sifflet	1'		
Cornet [ab c']	3f.	Cymbeln	2f.		
Mixtur	4f.				

NEBENREGISTER
Manualschiebekoppel
Calcanten Glöcklein (derzeit Pedalkoppel)
Tremulant
Schwebung
Coppel (zusätzlicher Zug zur Betätigung der Manualkoppel)

KLAVIATURUMFÄNGE:
Manual: C–d'''
Pedal: C–c'

STIMMTONHÖHE:
437,8 Hz bei 15 °C

STIMMUNGSART:
gleichmäßig temperierte Stimmung mit leichter Tendenz zu Neidhardt 1723

Literatur

Christian Ahrens/Klaus Langrock, Geprießner Silbermann. Gereimtes und Ungereimtes zur Einweihung von Orgeln Gottfried Silbermanns, Altenburg 2003

Harry Beyrich, Die Erzgebirgische Silberstraße, in: Mitteilungen des Landesvereins Sächsischer Heimatschutz, Heft 1/1993, S. 8 – 17

Ullrich Böhme (Hrsg.), Die Sauer-Orgel in der Thomaskirche zu Leipzig. Leipzig 1991

Albin Buchholz, Orgeln im sächsischen Vogtland. Eine Dokumentation zu einer reizvollen Orgellandschaft, Altenburg 2005

Hans Burkhardt, Orgeln, Organisten und Kantoren der St. Annenkirche zu Annaberg. Festschrift zur Einweihung der rekonstruierten Walcker-Orgel, Regensburg 1995

Hermann J. Busch (Hrsg.), Die Nikolaikirche zu Leipzig und ihre Orgel, Leipzig 2004

Hermann J. Busch, Friedrich Ladegast – „Meister der alten Schule". Zum 100. Todestag am 30. Juni 2005, in: Ars Organi, Bd. 53 (2005), H. 3, S. 144 – 153

Herbert Collum, Die Königin der Instrumente. Bericht über den Orgelumbau in der Dresdner Kreuzkirche, Dresden 1940

Ulrich Dähnert, Der Orgel- und Instrumentenbauer Zacharias Hildebrandt. Sein Verhältnis zu Gottfried Silbermann und Johann Sebastian Bach, Leipzig/Wiesbaden 1962

Ulrich Dähnert, Betstuben-Orgelwerke im Bergbaugebiet um Freiberg, in: Der Ausschnitt, Zeitschrift für Kunst und Kultur im Bergbau, 15. Jg. (1963), S. 26 – 34

Ulrich Dähnert, Orgel in der Kirche zu Straßberg bei Plauen i. V., in: Der Kirchenmusiker, 14. Jg. (1963), S. 19 – 21

Ulrich Dähnert, Historische Orgeln in Sachsen. Ein Orgelinventar, Leipzig [1]1980, [2]1983

Georg Dehio, Handbuch der deutschen Kunstdenkmäler. Sachsen, München [2]1989

Petra Dießner/Anselm Hartinger, Bach, Mendelssohn und Schumann. Spaziergänge durch das musikalische Leipzig, Leipzig 2009

P. Eckart, Die Orgel der Burgkapelle Burg Schönfels, Faltblatt, Zwickau 1987

Jörg Einert, Die Orgel der Schloßkapelle zu Augustusburg, Faltblatt, o. O., o. J.

Evangelisch-Lutherisches Pfarramt Augustusburg, Ev.-Luth. Stadtkirche St. Petri Augustusburg, o. O., o. J.

Evangelische Kirchengemeinde St. Marien Gneisenaustadt Schildau (Hrsg.), Stadtkirche St. Marien zu Schildau. Festschrift zur Einweihung der restaurierten Orgel, erbaut 1805 von Mathias Vogler, Belgern 2003

Hans-Joachim Falkenberg, Wilhelm Sauer 1831 – 1916, Lauffen 1990

Walter Fellmann, Sachsen. Kultur und Landschaft zwischen Vogtland und Oberlausitz, Leipziger Tiefland und Erzgebirge (DuMont Kunstreiseführer), Ostfildern [5]2009

Festschrift zur Orgelweihe der Hildebrandt-Orgel zu Langhennersdorf, Langhennersdorf 1996

Festschrift zur Weihe der Jehmlich Orgel in der St. Wolfgangskirche zu Schneeberg, 2. Aufl., o. O., o. J.

Eszter Fontana/Birgit Heise, Museum für Musikinstrumente der Universität Leipzig, Leipzig 2008

Förderverein zur Erhaltung des Domes „St. Marien" zu Zwickau (Hrsg.), Dom St. Marien [Informationsheft], H. 6 (1994)

Förderverein zur Erhaltung und Sanierung der Trampeliorgel zu Straßberg (Hrsg.), Festschrift. Zur Wiedereinweihung der Orgel und des erneuerten Kirchenraumes [der Kirche zu Straßberg] am 31. Oktober 1998, o. O. 1998

Freundeskreis Schloss Hubertusburg e.V. (Hrsg.), Eine Einführung durch die katholische Kapelle im Schloss Hubertusburg, Wermsdorf o. J.

Felix Friedrich, Orgelbau in Sachsen. Bibliographie, Kleinblittersdorf 1995

Felix Friedrich, Die Orgelbauer Zacharias und Johann Gottfried Hildebrandt. Bibliographie zu Leben und Werk. Kleinblittersdorf 1998

Felix Friedrich, Christian Förner und die Orgel der Schlosskirche zu Weißenfels, in: Acta Organologica, im Auftrag der Gesellschaft der Orgelfreunde hrsg. v. Alfred Reichling, Berlin Bd. 27 (2001), S. 21 - 108

Felix Friedrich/Dieter Voigt/Markus Voigt (Hrsg.), Beiträge zum Orgelbau im östlichen Mitteldeutschland aus Anlass der Jubiläen 2005: 100 Jahre Mitteldeutscher Orgelbau A. Voigt Bad Liebenwerda und 150 Jahre Orgelbau in Bad Liebenwerda, Dresden 2005

Klaus Gernhardt/Hubert Henkel/Winfried Schrammek, Orgelinstrumente. Musikinstrumenten-Museum der Karl-Marx-Universität Leipzig. Katalog, Bd. 6, Leipzig 1983

Klaus Gernhardt/Roland Börger (Hrsg.), Die Orgel zu Pomßen. Festschrift zur Wiederweihe, Beucha 2006

Frank-Harald Greß, Die Klanggestalt der Orgeln Gottfried Silbermanns. Leipzig/Wiesbaden 1989

Frank-Harald Greß, Die Orgeln der Frauenkirche zu Dresden, Freiberg 1994

Frank-Harald Greß, Dresden als Orgelstadt, in: Matthias Herrmann (Hrsg.), Die Dresdner Kirchenmusik im 19. und 20. Jahrhundert (Musik in Dresden, Bd. 3), Laaber 1998, S. 241 – 258

Frank-Harald Greß, Die Daniel-Kern-Orgel der Frauenkirche Dresden, in: Ars Organi, 53. Jg. (2005), H. 4, S. 240 – 243

Frank-Harald Greß, Die Orgeln Gottfried Silbermanns, Dresden [1]2000, [3]2007

Wolfram Hackel/Christine Zimmermann/Peter Härtel, Silbermann – Hildebrandt – Silbermann: Die Orgel aus Hilbersdorf im Musikinstrumentenmuseum der Universität Leipzig. Ars Organi, Jg. 58 (2010), S. 18 – 21

Andreas Hahn, Die Orgel von Gotthelf Friedrich Jehmlich in der ev. Stadtkirche zu Lauenstein (Erzgebirge). Geschichte – Restaurierung – Untergang, in: Acta Organologica, im Auftrag der Gesellschaft der Orgelfreunde hrsg. v. Alfred Reichling, Bd. 28, Berlin/Kassel 2004, S. 239 – 265

Hartmut Haupt, Orgeln in Ost- und Südthüringen, Arbeitsheft des Thüringischen Landesamtes für Denkmalpflege, 1/1995, Bad Homburg/Leipzig 1995

Jürgen Helfricht, Dresden und seine Kirchen, Leipzig 2005

Fritz Hennenberg, Geschichte der Leipziger Oper, Markkleeberg 2009

Andreas Henning/Karin Kolb/Harald Marx u.a., Staatliche Kunstsammlungen Dresden. Gemäldegalerie Alte Meister. Führer durch die ständige Ausstellung im Semperbau, München 2006

Hermann Eule-Orgelbau 1872 – 1997. Ein Beitrag zur Orgelgeschichte Sachsens, Berlin 1997

Matthias Herrmann (Hrsg.), Die Dresdner Kirchenmusik im 19. und 20. Jahrhundert (Musik in Dresden, Bd. 3), Laaber 1998

Matthias Herrmann, Kreuzkantor zu Dresden. Rudolf Mauersberger, Mauersberg 2004

Werner Kaden, 120 Jahre Erzgebirgische Philharmonie Aue. Festschrift, Altenburg 2008

Alfred Kirsten, Die Lebensgeschichte der Silbermannorgel in der Georgenkirche Rötha, Rötha 1935

Michael Kirsten, Dom St. Marien Zwickau, Regensburg [5]2008

Günter Lade (Hrsg.), Die Sonnenorgel der evangelischen Pfarrkirche St. Peter und Paul zu Görlitz, Görlitz 1997

Ladegast-Orgel in der Kirche Alt-Leisnig zu Polditz, Polditz 1997

Lauenstein, Ev. Stadtkirche. Rekonstruktion der G. F. Jehmlich-Orgel opus 3 Baujahr 1818/2005, Faltblatt, Dresden o.J. [2005]

Günter Leistner, In ursprünglicher Klarheit. Wechselburger Schramm-Orgel erklingt wieder nach Restaurierung, in: Die Union, 10./11. Juni 1989, S. 7

Steffen Lieberwirth, Die Gewandhaus-Orgeln (Bilder aus Leipzigs Musikleben), Leipzig [1]1986, [2]1986

Heinrich Magirius, St. Annen zu Annaberg, München/Zürich 1991

Heinrich Magirius, Nikolaikirche Leipzig, Regensburg [5]2010

Heinrich Magirius/Hartmut Mai, Dorfkirchen in Sachsen, Berlin 1990

Walter Merkel, Die Orgelbauerfamilie Trampeli, in: Vogtländische Musiker vor 1900, Plauen 1957, H. 12, S. 87 – 91

Günter Metz, Geschichtlicher Überblick über die Orgeln im Dom, in: Der Dom St. Marien zu Zwickau, o. O. 1965, S. 21 – 23

Gisela Müller, 10 Jahre „Gottfried-Silbermann-Museum", in: Sächsische Heimatblätter, 39. Jg. (1993) H. 1, S. 53 – 55

Werner Müller, Gottfried Silbermanns letztes Werk, in: Sächsische Heimatblätter, 19. Jg. (1973), H. 3, S. 129 –133

Werner Müller, Auf den Spuren von Gottfried Silbermann, Berlin [1]1968, Leipzig [8]1993

Werner Müller, Gottfried Silbermann. Persönlichkeit und Werk, Leipzig 1982

Werner Müller, Gottfried Silbermann 1683 – 1753, Königl. Pohln. und Chur-Fürstl. Sächß. wohlbestalter Hof- und Land-Orgel-Bauer in Freyberg. Beiträge zum Leben und Wirken des sächsischen Orgelbauers, Scheibenberg 1999

Musikinstrumentenmuseum Markneukirchen, München 2000

Gerhard Nöbel, Die Eule-Orgel (1909) im evangelischen Teil des Petri-Doms zu Bautzen, in: Ars Organi, 28. Jg. (1980), H. 2, S. 117 – 121

Fritz Oehme, Handbuch über ältere, neuere und neueste Orgelwerke im Königreich Sachsen, Dresden 1889 – 1897, Reprint mit Supplement, hrsg. von Wolfram Hackel, Leipzig 1978

Martin Petzoldt, Bachstätten. Ein Reiseführer zu Johann Sebastian Bach, Frankfurt a. M./Leipzig 2000

Martin Petzoldt, St. Thomas zu Leipzig, Leipzig 2000

Günter Pohlenz, Eine „vergessene" Orgel [Stadthalle Görlitz], Triangel [Programmzeitschrift MDR Kultur] 3/1997, S. 22

Günter Pohlenz, Die Trampeli-Orgel in Straßberg, in: Triangel 7/2001, S. 68 – 72

Günter Pohlenz, „Klingendes Porzellan". Eine Orgel aus weißem Gold in Meißen, in: Triangel 7/2002, S. 40 – 42

Günter Pohlenz, Die Schramm-Orgel in der Stadtkirche Wechselburg, in: Triangel 10/2002, S. 36 f.

Günter Pohlenz, Lebendigkeit in Tradition und Gegenwart. Die Dresdner Kreuzkirche und ihre Orgel, in: Triangel 1/2004, S. 26 – 29

Günter Pohlenz, „Eine romantische Meisterorgel...". 75 Jahre Eule-Orgel in der St. Nicolaikirche zu Döbeln, in: Triangel 12/2004, S. 41 – 43

Christian Reinhold, Bericht über die Restaurierung an der Eule-Orgel des Doms in Zwickau, Bernsdorf 2011

Johann Ludwig Ritter, Etwas zur Feyer des ersten Jubiläums der beyden Silbermannschen Orgeln in Rötha, Leipzig 1821

Rötha und die Orgeln Gottfried Silbermanns, Rötha 2001

Paul Rubardt, Die Silbermannorgeln in Rötha, Leipzig 1953

Marc Schaefer (Hrsg.), Das Silbermann-Archiv. Der handschriftliche Nachlaß des Orgelmachers Johann Andreas Silbermann (1712 – 1783), Winterthur 1994

Richard Scherer-Hall, Die neue Sonnenorgel zu Görlitz, in: Ars Organi, 46. Jg. (1998), H. 1, S. 43 – 48

Sabine Schneider, St. Marienkirche, in: Die Kirchen Röthas, Rötha [2]2011, S. 5 – 10

Hansjürgen Scholze/Klemens Ullmann (Hrsg.), Die Silbermannorgel der Kathedrale zu Dresden, Dresden 2002

Winfried Schrammek, Die Wiederherstellung der Silbermannorgel in der Dresdner Hofkirche, in: Denkmale in Sachsen. Ihre Erhaltung und Pflege in den Bezirken Dresden, Karl-Marx-Stadt, Leipzig und Cottbus, Weimar 1978, S. 318 – 321

Winfried Schrammek, Bach-Orgeln in Thüringen und Sachsen, in: Johann Sebastian Bach. Lebendiges Erbe, Leipzig 1983

Winfried Schrammek, Zur Geschichte der großen Orgel in der Thomaskirche zu Leipzig von 1601 bis 1885, in: Beiträge zur Bachforschung, Leipzig 1983, H. 2, S. 46 – 55

Winfried Schrammek, Die letzte Orgel von Gottfried Silbermann in der Kathedrale in Dresden, in: Ars Organi, 51. Jg. (2003), H. 1, S. 33 – 36

Christoph Schwarzenberg/Kristian Wegscheider, Die große Silbermann-Orgel im Dom zu Freiberg, Freiberg 1995

Reinhard Seeliger, Die Sonnenorgel in St. Peter und Paul zu Görlitz an der Neiße, in: Ars Organi, 40. Jg. (1992), H. 1, S. 16

Stiftung Frauenkirche Dresden (Hrsg.), Die neue Orgel der Dresdner Frauenkirche. Der Weg zur Entscheidung, Dresden 2003

Klaus Walter, Leben und Schaffen des sächsischen Orgelbauers Carl Eduard Schubert (1830 – 1900), in: Acta Organologica, Bd. 16, im Auftrag der Gesellschaft der Orgelfreunde hrsg. v. Alfred Reichling, Berlin 1982, S. 65 – 216

Frank Weiß, Plauen. Hauptkirche St. Johannis, Regensburg ²2006

Hermann Wettstein, Die Orgelbauerfamilie Silbermann. Bibliographie zu ihrem Leben und Werk, Freiburg i. Br. ¹1983, Buren ²1989

François Widmer/Günter Lade, Die Sonnenorgel der Stadtpfarrkirche St. Peter und Paul in Görlitz (http://www.edition-lade.com/b__cds/d__cd__orgeln/orgel_cd_047.htm) (Stand: 20.02.2012)

Christian Wolff (Hrsg.), Die Orgeln der Thomaskirche zu Leipzig, Leipzig 2005

Christoph Wolff/Markus Zepf, Die Orgeln J. S. Bachs. Ein Handbuch, Leipzig ¹2006, ²2008

Register der Orgelbauer

Das Register umfasst die Namen aller Orgelbauer und Orgelbaufirmen, die im Hauptteil des Buches genannt sind, ferner die aller physisch an der Errichtung bzw. Restaurierung Beteiligten (z.B. Prospektschnitzer, Restauratoren). Nicht verzeichnet werden in den Bildunterschriften, im Dispositionsanhang und im Literaturverzeichnis genannte Namen. Der Erbauer einer heute noch existenten Orgel steht für alle Seiten seines Instrumentenkapitels verzeichnet, auch wenn sein Name nicht auf jeder Seite neu genannt ist. Das Register ist nicht buchstabengetreu, sondern sinngemäß aufgebaut (Beispiel: Andreas Silbermann erhielt auch dann einen Eintrag, wenn im Text nicht sein Name, sondern nur „Bruder von Gottfried Silbermann" steht).

Ebenfalls erhältlich:

Felix Friedrich/Eberhard Kneipel

Orgeln in Thüringen – Ein Reiseführer

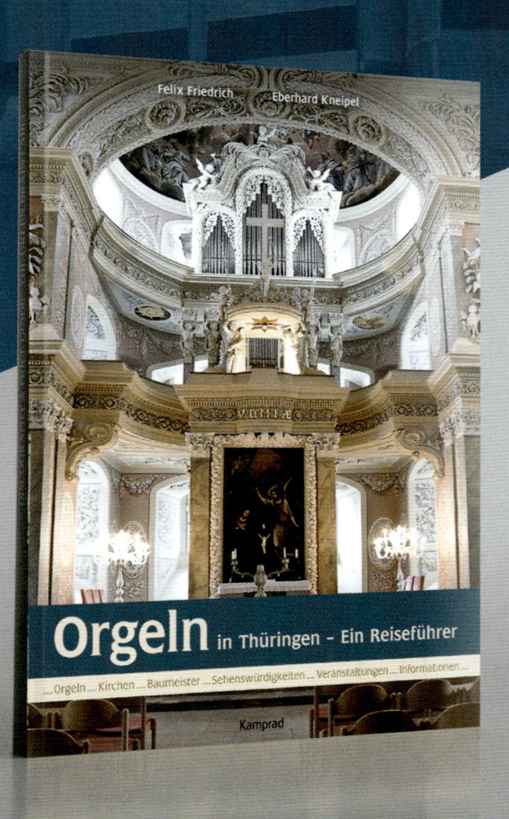

Ein Wegweiser zu **26 der bedeutendsten Orgeln im Freistaat Thüringen**, u. a.:

- Trost-Orgel in der Schlosskirche Altenbu
- Silbermann-Orgel in Ponitz
- Donat-Trost-Orgel in Eisenberg
- Schuke-Orgel im Dom St. Marien Erfurt
- Volckland-Orgel in der Neuwerkskirche Er
- Wender-Orgel und Steinmeyer-Orgel in c
  Johann-Sebastian-Bach-Kirche Arnstadt
- Trost-Orgel in Waltershausen
- Schuke-Orgel in Divi Blasii Mühlhausen
- Trost-Orgel in Großengottern
- Orgel in der Kapelle auf Burg Bodenstei
- Schuke-Orgel in der Georgenkirche Eisena
- Jehmlich-Orgel auf der Wartburg Eisenac
- Orgelpositive im Bachhaus Eisenach
- Meyer-Orgel in Schmalkalden
- Walcker-Orgel in Ilmenau
- Köhler-Orgel in Suhl
- Schippel-Seeber-Orgel in Bedheim
- Reger-Orgel in Meiningen
- Ladegast-Orgel in Rudolstadt
- Sauer-Orgel in Saalfeld
- Silbermann-Orgel Schloss Burgk

Klappenbroschur
Format (BxH): 15 x 21 cm
192 Seiten
ca. 130 Fotos vierfarbig
Preis: 14,80 Euro

ISBN 978-3-930550-67-8

VERLAG KLAUS-JÜRGEN KAMPRAD

Erschienen im Verlag Klaus-Jürgen Kamprad
Theo-Neubauer-Straße 7 · 04600 Altenburg
Tel.: 03447 375610 · Fax 03447 892850
E-Mail: verlag@vkjk.de · www.vkjk.de

Diskographischer Hinweis

Die meisten der in diesem Buch vorgestellten Orgeln sind klanglich auch auf CD erlebbar. Hingewiesen sei an dieser Stelle besonders auf zwei CD-Reihen des querstand-Labels:

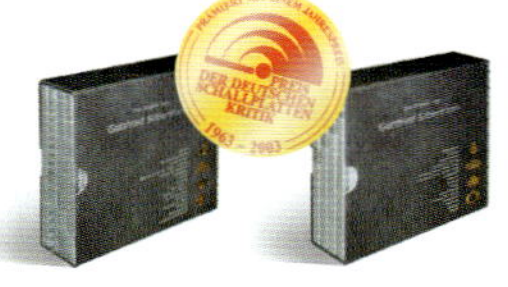

Die Orgeln von Gottfried Silbermann

Diese mit dem Jahrespreis der deutschen Schallplattenkritik ausgezeichnete 8-CD-Serie enthält Aufnahmen an allen 32 noch existierenden Orgeln Gottfried Silbermanns in Sachsen, Thüringen, Brandenburg und Bremen. Die renommierten Organisten Ewald Kooiman, Felix Friedrich, Jean Ferrard, Martin Haselböck, Ullrich Böhme, Wolfgang Baumgratz, Dietrich Wagler und Hansjoachim Scholze spielen Werke des 17. bis 19. Jahrhunderts von Johann Sebastian Bach, Johann Ludwig Krebs, Johann Kuhnau, Johann Schneider, Christian Gotthilf Tag, Johann Bernhard Bach, Michael Gotthard Fischer, Friedrich Wilhelm Marpurg, Georg Böhm und vielen anderen Komponisten.

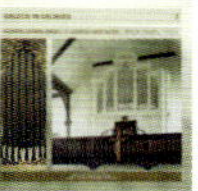
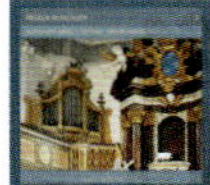

Orgeln in Sachsen

Diese CD-Serie porträtiert bedeutende Orgeln im Freistaat Sachsen. Bisher sind folgende Teile erschienen:

Vol. 1: Dietrich Wagler
an der Hildebrandt-Orgel Langhennersdorf
Vol. 2: Holm Vogel
an der Mendelssohn-Orgel Leipzig-Möckern
Vol. 3: Jürgen Rieger
an der Silbermann-Orgel Tiefenau
Vol. 4: Roland Börger
an der Richter-Orgel Pomßen

Mehr Informationen: www.querstand.de

Impressum

2., verbesserte Auflage 2017

Herausgeber: Verlag Klaus-Jürgen Kamprad
Theo-Neubauer-Straße 7
04600 Altenburg
www.vkjk.de

ISBN 978-3-930550-89-0

257. Veröffentlichung
der Gesellschaft der Orgelfreunde

Redaktion/Konzeption/Texte:
Felix Friedrich, Vitus Froesch
Gestaltung und Satz: Carsten Schenker
Fotos: CMT City-Management und Tourismus Chemnitz GmbH (S. 98 – 100), Festung Königstein/Bernd Walther (S. 176), Ines Linke (S. 32, 37), Alexander Menzer (S. 143), Carsten Schenker (alle anderen)
Eigentümer der abgebildeten Objekte S. 128, 130, 131: Ev.-Luth. Kirchgemeinde Lauenstein-Liebenau
Titelbild: Kern-Orgel in der Frauenkirche Dresden (mit freundlicher Genehmigung der Stiftung Frauenkirche Dresden)
Druck: Printing House Multiprint ltd., Slavyanska Str. 10A, 2230 Kostinbrod, Bulgaria

Gesetzt aus der F760Flare

Leipzig und Nordwestsachsen

Vogtland und Südwestsachsen

Erzgebirge und Erzgebirgsvorland

Dresden und Elbland

Lausitz